JN496534

전략과 경영자

서울대학교 경영대학 박철순교수 강의록(I)

전략과 경영자

經文社

가슴 설레는 구성원을 가진 기업을 꿈꾸며

필자가 미국 컬럼비아 대학교(Columbia University)에서 박사학위를 마치고 런던경영대학원(London Business School)에서 교수생활을 하며 강의를 시작한 지도 벌써 27년이 지났다. 강의는 특별하게 못하지만 않으면 되고 대부분의 시간은 연구에 집중하는 것이 이상적인 교수상이라는 분위기가 지배적인 대학에서 박사과정을 마쳐 필자 역시 그런 생각으로 교수생활을 시작하였다.

귀국한 지 얼마 되지 않아 경문사의 한헌주 대표께서 필자에게 전략 교과서 집필을 요청하셨을 때, 필자는 학술논문을 써야 해서 교과서를 쓸 여유가 없다며 거절했었다. 그래도 일단 계약만 하자고 해 계약을 하고 그 계약을 이행하지 못한 채 20년이 훌쩍 넘어버렸다. 너무나 오랜 시간 기다려 주신 한헌주 대표님께 다시 한번 죄송한 마음과 함께 감사의 말씀을 드린다.

시간이 지나면서 강의에 대한 필자의 생각은 많이 바뀌었다. 수업에서 가르칠 내용, 과제물, 수업 방식 등 모든 걸 필자 스스로 결정하고 실행한다. 수업시간 내내 학생들은 필자의 말에 귀 기울이며 최선을 다해 강의 내용을 이해하기 위해 노력한다. 모든 것을 필자가 결정 및 실행하고 모두가 필자의 강의를 듣기 위해 많은 시간과 노력을 투자할 뿐 아니라 강의 시간 내내 필자의 말을 경청하는 이런 소중하고 고마운 기회는 누구나 쉽게 가질 수 있는 것이 아니다. 이 책의 집필을 본격적으로 시작한 것은 이런 값진 기회를 가질 수 있는 필자의 삶에 감사해 하며 좀 더 많은 학생들에게 보다 충실하고 체계적인 강의를 해야겠다는 결심을 하고 난 이후였다.

이 책은 필자가 30년 가까이 런던경영대학원과 서울대학교에서 '전략'을 가르쳐 온 내용의 일부를 정리한 것이다. 강의해온 내용을 단순히 글로 옮기기만 하면 된다는 생각에 1~2달이면 충분히 작업을 마칠 수 있으리라 생각했다. 하지만 같은 내용이라도 강의에서 제스처가 보완된 말로 전달하는 것과 온전히 글로 전달하는 것은 전혀 차원이 다른 새로운 작업이란 사실을 절감하였다. 강의에서는 전혀 논리상 오류가 없어 보이던 내용도 글로 표현하려고 하니, 빈틈과 오류투성이였다. 뿐만 아니라, 분명 어디선가 읽었던 내용인데 너무 오래돼 그 내용의 출처를 기억하고 확인하는 작업은 더욱 힘들었다.

제1장에서 상세히 설명하겠지만, 본 책은 전략에 대해 독자가 다음과 같은 방법으로 읽을 수 있도록 구성되었다. 우선, 본 책의 각 장은 고유의 주제, 이슈, 이론, 개념 등을 기술하고 있으나, 동시에 이들은 하나의 큰 스토리 아래 서로 긴밀히 연결되어 있다. 따라서 독자가 본 책을 읽고 난 이후에는 책에서 그려진 전략에 대한 전반적인 그림을 참고하여, 각자의 그림을 그려볼 것을 기대한다. 이는 독자가 향후 전략에 관한 특정 단편적인 이슈를 접했을 때 그 이슈가 전체 그림에서 어디에 위치한 이슈인지, 그리고 이와 관련한 다른 이슈는 어떤 것들이 있는지 스스로 파악하여 단편적이고 편향적인 의사결정을 하지 않도록 할 것이다.

또한 본 책은 이론 및 개념을 소개할 때 가능하면 이에 적합한 실제

기업에 적용해 설명함으로써 독자들로 하여금 현실적인 이해를 할 수 있도록 노력하였다. 보다 현실적인 이해를 위해 추가로, 독자는 가능하면 자신이 속한 기업이나 평소 관심있는 기업을 미리 선정하여 이 책의 내용을 선정한 기업에 적용해 보면서 읽으면 더욱 현실적인 이해를 높일 수 있으리라 기대한다.

본 책을 집필하면서 가장 신경을 많이 쓴 부분은 각 이론과 개념의 기반이 되는 경영에 관한 기본 원칙과 철학이다. 겉으로 보이는 여러 경영 기법은 기업에 따라 그리 큰 차이가 없음에도 불구하고 기업 간 경쟁력의 차이가 생기는 이유는 기업 또는 경영자가 가진 경영에 관한 기본 원칙과 철학에 따라 동일한 기법이라도 이것이 운영되는 방법, 과정, 그리고 결과가 달라지기 때문이다. 따라서 독자들은 본 책을 읽을 때 단순히 개념이나 이론을 이해하는 데 그치지 말고 그러한 이론이나 개념이 탄생하게 된 배경인 경영에 관한 기본 원칙과 철학을 고민해 보고 평소 각자가 가지고 있는 원칙과 철학을 더욱 정교하게 다듬었으면 한다.

마지막으로, 독자는 본 책을 읽으면서 전략의 내용(contents of strategy) 자체를 이해하는 것을 넘어, 전략적으로 생각하는 방법(strategic ways of thinking)에 대해 연습을 해 주었으면 한다. 전략가로서 중요한 능력이라 함은 단순히 전략을 이해하는 것이 아니라 특정 이슈에 대해 전략적으로 접근하고 사고하고 해결하는 방법을 찾아내는 것이다. 전략적으로 생각하는 방법에 대해 연습하는 가장 좋은 방법 중 하나는 특정 이슈에 대해 스스로 답을 찾도록 노력하는 것이다. 그리고 이러한 답과 답을 찾는 과정을 다른 사람의 그것과 비교해 보면서 스스로 그 능력을 키우는 것이다.

의도적으로 본 책의 상당 부분은 질문을 하고 이에 답을 하는 형식으로 구성하였다. 독자는 본 책의 질문을 접하면 필자가 제시한 답과 설명을 읽기 전에 반드시 그 질문에 대한 답을 스스로 찾아보기를 강력히 권한다. 그런 후 필자가 생각하는 답과 비교 및 분석하여 스스로 전략적으로 생각하는 방법을 터득하기를 기대한다.

전략가로서 경영자의 역할은 무엇인가? 필자가 그리 달가워하지 않는 용어 중 하나는 '일과 생활의 균형(work-life-balance)'을 뜻하는 '워라밸'이다. 이는 기업 구성원의 사생활을 충분히 배려해 줌으로써 기업에 대한 그들의 충성심과 사기를 더욱 진작시킬 수 있고 그 결과 기업 경쟁력에 도움이 된다는 의미일 것이다. 하지만 이 용어에는 기업에서의 '일'은 뭔가 높은 업무강도, 잦은 업무지시, 야근, 회식 등으로 구성원들에게는 고통스러울 수밖에 없는 시간이라는 전제가 깔려 있는 듯하다. 따라서 이에 대한 보상 또는 균형을 위해서는 업무 후 사생활을 통해 인간적인 삶을 누릴 수 있도록 해야 한다는 뉘앙스가 느껴진다.

직장에서의 '일'은 고통, 분노, 실망의 연속일 수밖에 없고, 이는 직장 밖의 사생활에서만 보상받아야 하는가? 매우 무책임한 기업이고 경영자이다. 우리의 중요한 삶으로서 사생활은 당연히 보장 및 배려되어야 한다. 하지만 '일'에서 우리가 겪는 고통과 어려움은 '일' 그 자체에서도 충분한 보상을 받아야 한다. '일'은 우리에게 힘든 시간과 함께 꿈을 주어야 한다. 우리에게 삶의 의미, 가치, 행복을 주어야 한다. 그래서 우리는 '일'을 하면서 가슴이 떨리고 설레어야 한다. 그 결과 우리는 '일'로 인해 치를 수밖에 없는 많은 어려움과 고통을 기꺼이 감내하고 극복할 수 있어야 한다. 이것이 전략가로서 경영자가 할 일이다.

포드의 리 아이어코카(Lee Iacocca), GE의 잭 웰치(Jack Welch)와 함께 미국을 대표하는 경영자 중 한 사람인 ITT그룹의 최고경영자였던 해럴드 제닌(Harold Geneen)은 다음과 같은 유명한 말을 남겼다. "나는 내가 이 회사를 떠날 때, 원숭이도 와서 운영할 수 있도록 시스템을 구축하고 있다." 이는 완벽한 시스템을 갖춰 사람을 교체가능한 부품으로 만들어 인간으로서의 한계로 인한 기업 내 불확실성을 최소화하겠다는 것이다.

기업 구성원은 '일'을 하면서 가슴이 떨리고 설레어야 한다. 원숭이가 기업을 운영할 수 없는, 아니 절대 운영해서는 안 되는 이유이다.

이 책이 출간되기를 오랜 시간 믿고 기다려 주신 경문사의 한헌주 대표님, 책 초고의 오류를 찾아내고 많은 조언을 아끼지 않은 박선현 교수, 이준만 교수, 홍성민 박사, 김정하, 고경량 등 필자 연구실 출신 여러분께도 감사의 마음을 전한다. 수업시간에 많은 아이디어, 경험, 그리고 생생한 사례를 필자에게 알려줘 본서의 내용을 더욱 알차게 만들어준 서울대학교 경영대학 학부, MBA, 그리고 E-MBA 학생들에게도 고마움을 전한다. 모두는 물론 아니지만, 필자 연구실 출신 졸업생들과 서울대학교 경영대학 학생 모임인 'N-CEO' 재학생 및 졸업생들은 필자가 살아가는 의미와 이유를 갖게 해주고 뿌듯함을 느끼게 해주는 고마운 존재이다. 필자의 열정이 꺼지지 않게 믿고 도와주는 이들 재학생과 졸업생들에게도 고마움을 전하고 싶다. 마지막으로 필자를 너무나 불공정할 정도로 편애하고 무조건 믿어주셨던 작고하신 아버님, 그 누구보다 공정하게 필자를 꾸짖고 지금도 채찍질하고 계시는 어머님을 비롯해 눈에 보이지 않는 곳에서 묵묵히 필자를 믿고 성원해준 가족에게 더욱 감사한 마음을 담아 이 책을 바치고 싶다.

2021년 8월

오랜 숙제를 마치며 관악에서

박철순

차 례

PART 03

전략적 관점에서 기업경쟁력은 어떻게 분석하는가?

PART 04

수립된 전략을 조직 내에서 어떻게 실행하는가?: "꿈을 위한 경쟁"에서의 경영자의 역할

PART 01

전략, 그리고 경영자의 역할은 무엇인가?

Chapter 01

전략에서 우리는 무엇을 고민해야 하는가?

경영학, 그 중에서도 전략에 관한 개념, 이론, 분석틀, 또는 경영기법을 알고자 한다면 우리는 인터넷 검색 등을 통해 얼마든지 그 내용을 쉽게 접할 수 있다. **그럼에도 불구하고 우리가 전략에 대해 체계적으로 공부해야 한다면 그 이유는 무엇인가?**

전략에 관한 내용은 얼마든지 쉽게 접할 수 있고 공부할 수 있음에도 불구하고 우리가 많은 시간과 노력을 들여 체계적으로 공부를 한다면, 이는 단순히 이론, 개념 등을 이해하는 것 이상의 무언가를 얻기 위해서일 것이다. 그 "무언가"는 여러 가지가 있겠지만 그 중에서도 특히 중요하다고 생각하는 것은 다음과 같다.

전략에 관한 전반적인 그림을 머릿속에 정리하라

인터넷과 책자를 통해, 그리고 각종 강연이나 세미나를 통해 우리는 전략에 관한 개념, 이론, 분석틀, 경영기법 등에 대해 많은, 하지만 동시에 단편적인 정보를 가지고 있다. 이러한 단편적인 정보나 지식은 경영자들에게 큰 도움이 되지 못할 뿐 아니라 어떤 경우에는 잘못된 편견으로 인해 매우 위험한 결정을 초래할 수도 있다.

예를 들어, 산업이 기업경쟁력에 미치는 영향을 강조하는 강연을 우리가 듣고 있다고 하자. 강연자는 기업이 구조적으로 매력적인, 그래서 수익성이 높은 사업을 영위하느냐, 아니냐에 따라 그 기업의 성과가 영향을 받는다는 주장을 하고 있다. 강연에서 이러한 주장은 아주 논리 정연한 이론과 엄청난 통계자료를 근거로 그 타당성을 뒷받침하고 있다.

이 강연을 들은 경영자는 평소 자신의 기업이 비록 산업 내 선도기업이지만 산업 자체가 그리 매력적이지 않은 점을 우려하였고 이에 불만도 가지고 있었다. 강연에서 강한 설득력을 가진 이러한 정보를 접한 경영자는 보다 매력적인 사업을 영위하겠다는 결심을 하게 된다. 이에 그 경영자는 현재의 사업을 축소 또는 포기하고, 보다 수익성이 높은, 그러나 그 기업이 결코 다른 경쟁기업보다 더 잘 할 수 없는 산업으로 진출하는 결정을 내리게 된다. 만약 이런 일이 벌어진다면 이는 그 기업에게 되돌리기 힘든 파멸을 초래할 수도 있다.

물론 이 강연에서의 주장은 전략 분야에서 아주 중요한 이론 중 하나인 산업조직론(industrial organization) 관점에서의 주장이다. 하지만 동일한 사안에 대한 또 하나의 중요한 이론적 관점으로 자원준거론(resource-based view of the firm)이 있다. 자원준거론에 따르면 한 기업에게 좋은 산업이란 산업조직론에서 제시하는 수익성이 높은 산업이 아니라 그 기업이 다른 경쟁업체보다 잘할 수 있는 산업이다. 이 자원준거론 또한 산업조직론 못지않은 뚜렷한 이론적, 그리고 실증적 근거를 가지고 있다.

따라서 "우리가 어떤 사업을 영위할 것인가"라는 전략적 의사결정을 할 때에는 단편적인 관점이 아니라 산업조직론, 자원준거론 등 다양한 이론적 관점을 이해하고 이를 바탕으로 통합적이고 균형된 관점에서 의사결정을 내려야 한다.

우리가 전략을 체계적으로 공부해야 하는 이유가 있다면 그 중 하나는 전략에 관한 전반적인 그림을 머릿속에 가지고, 전략에 대해 통합적이고 균형적인 관점에서 이해해야 하기 때문이다. 그리하여 강연, 세미나, 인터넷, 경영관련 신문 및 잡지 기사 등을 통한 단편적인 정보를 접했을 때 이 정보는 전략 전반적인 그림에서 볼 때 어디에 속하는 사안인지 이해할 수 있어야 한다. 그리고 해당 사안에 관한 다른 관점이나 주장에 대한 충분한 검토를 거쳐 최종적인 의사결정을 해야 한다.

▌이론과 현실을 조화시켜라▐

과거 경영대학 교수의 상당수가 은퇴한 경영자였던 시절이 있었다. 이때의 전략 강의는 주로 기업 내 다양한 기능들을 관리 및 통합하는데 필요한 조직 내 비공식적인 규칙을 가르치는 것이었다. 이러한 비공식적 규칙은 주로 이들 경영자 자신의 경험을 바탕으로 한 자신만의 비법이었다. 따라서, 당시 강의는 확립된 이론이나 학문에 기반을 둔 것이 아니라, 경영자 각자의 경험에 의한 각자의 비법을 가르치는 것이었기에 그 내용은 일관성이 없고 체계도 잡혀 않았다.[1]

1959년, 이러한 학부 및 대학원 경영교육에 대한 신랄한 비판을 담은 두 가지 보고서가 발표되었다. 하나는 카네기 재단(Carnegie Foundation), 또 하나는 포드 재단(Ford Foundation)의 후원에 의한 연구과제였다. 카네기 재단 연구 보고서는 경영학 교육의 가장 핵심적인 문제는 이들 교육의 학문적 기준이 매우 낮다는 점이고 이를 현격히 높여야 한다고 질타하였다.[2] 포드 재단 보고서는 경영학 교육에서 향상되어야 할 학문적 기준을 보다 상세히 지적하면서, 고등교육기관의 중요한 기능 중 하나는 기존의 지식을 단순히 전달하는 것이 아니라 현재 지식의 수준을 높이는 것이라는 결론을 내렸다.[3]

경영학 교육에 관한 위의 두 보고서는 경영대학의 구조와 기능에 엄청난 영향을 미쳤다. 그 후 많은 변화를 거쳐 오늘날 경영대학 교수의 대부분은 경영학 또는 경영학 인접 분야의 박사학위를 가진 학자들이고 강의는 주로 학문적 연구에 의해 개발된 다양한 모델, 개념, 그리고 이론에 대해 토론하고 적용하는 것에 초점이 맞춰져 있다.

하지만 이러한 학문적 연구에 기초한 경영학 교육에 대한 비판 또한 만만치 않다. 대표적인 비판은 학문적 연구에 기초한 경영학 교육은 기업의 사업환경을 분석하기 위한 엄격한 방법론을 제공해 주는 반면에, 기업을 경영하는데 있어 현실적으로 매우 중요한 인간적인 측면을 간과하고 있다는 것이다.[4] 실제 기업경영이란 컴퓨터 알고리즘으로 축

---

1 Barney, J. B. 2010. *Gaining & Sustaining Competitive Advantage*(4th ed.). Pearson; Barney, J. B. 1997. *Gaining and Sustaining Competitive Advantage*. Boston: Addison-Wesley Publishing Company, Inc.

2 Pierson, F. C., et al. 1959. *The Education of American Businessmen: A Study of University-College Programs in Business Administration*. New York: McGraw-Hill.

3 Gordon, R. A., & Howell, J. E. 1959. *Higher Education for Business*. New York: Columbia University Press.

약하여 설명할 수 있는 간단한 일이 아니기 때문이다.

뿐만 아니라 엄격한 경영학 연구 중 많은 부분은 실제 경영자가 직면하는 문제와 직접 관련이 없는, 이론을 위한 이론인 경우가 많다. 경영 학술지에 게재된 논문 중 현실적으로 기업에 적용할 잠재력이 있는 논문은 극히 일부분이고 대부분은 기초 연구이다. 이들 기초 연구는 주로 기업 현실에 적용할 가능성이 매우 낮은 이론상의 문제점만을 다루고 있다.

경영학에서 이런 '이론 만능주의'가 팽배해지면서 경영학 이론은 갈수록 정교해 지는 반면 실제 경영에 적용하는 것은 어려워지게 되었다. 그 중에서도 현실 적용이 특히 중요한 전략분야에서 이런 현상은 분야의 존립근거조차 취약하게 만들고 있다. 그 결과 경영학은 최고 경영자가 실제로 전략을 수립하고 실행하는 데 있어 매우 미미한 역할만을 수행하고, 대신 맥킨지(McKinsey & Company), 보스턴 컨설팅(Boston Consulting Group), 베인(Bain & Company) 등 전략 컨설팅기업이 기업의 실질적인 전략적 이슈에 참여하고 기여하는 것이 일상화되었다.

연구중심대학과 강의중심대학의 장단점은?

이러한 현실을 반영하듯, 전 세계 경영대학은 전통적으로 크게 두 진영으로 나눠져 있었다. 경영대학의 주류 진영은 컬럼비아(Columbia), 시카고(Chicago), 와튼(Wharton) 경영대학과 같은 연구중심대학(research-oriented

4 Hayes, R., & Abernathy, W. 1980. Managing our way to economic decline. *Harvard Business Review*, July-August: pp. 67-77.

[그림 1.1] 연구중심대학 vs. 강의중심대학

▲컬럼비아 경영대학(Columbia Business School)

▲하버드 경영대학(Harvard Business School)

▲런던 경영대학(London Business School)

schools)이다. 또 하나의 진영은 수적으로는 비주류이나 비중이나 영향력 면에서 독립된 하나의 진영으로서 손색이 없는 하버드 경영대학(Harvard Business School)을 비롯한 강의중심대학(teaching-oriented schools)이다.

연구중심대학에서 교수들의 연구는 현실적용 가능성 여부보다는 기존 이론상의 문제점 해결이나 개선에 초점을 맞추고 있다. 그리고 이러한 기존 이론상의 문제점 해결이나 개선을 위한 연구 내용은 기존 이론이나 대규모 샘플을 기반으로 한 통계적 결과로 입증되어야 한다.

따라서 이 진영에서의 연구는 지속적인 이론적 발전이 가능하고 동시에 그 연구결과는 대다수의 많은 기업에 적용될 수 있는, 즉 일반화(generalization)가 가능하다는 장점이 있다. 반면에 이론의 점진적인 개선 및 발전이 아닌, 기존 이론과는 획기적으로 다른, 새로운 연구의 가능성은 낮다. 이 진영에서의 강의 또한 이렇게 축적된, 그리고 일반화가 가능한 이론, 개념, 그리고 모델을 가르치는 데 주력하기 때문에, 그 강의 내용은 일반인의 상식을 뛰어넘는, 그래서 혁신적이고 창의적인 아이디어가 부족할 수밖에 없다.

반면, 강의중심대학 교수들의 연구활동은 주로 기업이 실제로 직면하고 있는 현실적 문제 해결을 위한 사례(cases) 개발과 다소 대중적인 경영서적을 집필하는 데 집중되어 있고 강의 또한 이렇게 개발된 사례와 저서 내용을 중심으로 이루어진다. 사례 대상기업은 주로 대다수의 기업과는 다른, 즉 아주 뛰어난 기업이거나 큰 실패를 경험한 특이 기업(outliers)이다. 이 진영의 교수들은 이런 특출한 기업을 심도 있게 연구하여 귀납적으로 이론적인 논리나 명제를 제시하고 있다.

이 진영에서의 연구는 특출한 기업을 대상으로 한 것이라 그 결과는 일반인들이 평소 "예상하지 못한 놀라움(surprise)"일 경우가 많고 이러한 놀라움은 많은 사람들에게 새로운, 혁신적인 것으로 받아들여져 많은 주목을 받게 된다. 또한 실제 기업의 사례를 심도 있게 분석함으로써 엄격한 학문적 연구가 하기 어려운 인간적인 측면에 대한 고려와 실제 경영에서의 시사점이 높은 연구가 가능하다.

따라서, 연구중심대학에서의 강의는 많은 사람들의 상식이나 기대를 그리 벗어나지 않는 연구결과를 기반으로 한 것이라 뭔가 모르던 것을 새로 배웠다는 성취감이 부족한 반면, 강의중심대학의 강의는 사람들이 상상하거나 기대하는 것을 훨씬 뛰어넘는 연구결과를 기반으로 이루어짐으로써 사람들에게 경이로움과 함께 뭔가 새로운 것을 배웠다는 뿌듯함과 만족감을 준다. 그리고 인간적인 측면 등 경영자들이 실제 기업을 경영하는 과정에서 경험하고 고민하는 이슈들을 다룸으로써 학습 그 자체에서의 만족감뿐 아니라 현실적용 가능성 또한 높아 강의에 대한 만족도는 더욱 크다.

한마디로 강의중심대학에서의 강의는 실제 기업을 대상으로 개발된 사례 중심으로 이루어져 매우 현실감이 높으며 인간적인 측면을 고려할 수 있을 뿐 아니라 그 내용 또한 매우 참신하고 혁신적이다.

하지만 강의중심대학의 연구는 이미 입증된 기존 이론에 바탕을 두거나 여러 기업을 대상으로 통계적으로 검증된 것이 아니라, 특정 기업을 대상으로 귀납적으로 도출한 결과이기 때문에 그 결과를 다른 기업에 일반적으로 적용하는 데에는 많은 한계 및 위험이 있다. 또한 이 진영에서의 연구는 하나의 흐름으로서 일관성을 가지고 지속적으로 이론이 발전하는 것이 아니라, 대부분의 연구가 독립적인 것으로서 기존 이론으로부터의 지원이나 기존 이론에의 공헌이 적어 지속적인 이론적 발전이 어렵다는 치명적인 단점이 있다.

양대 진영 경영학 교육의 추세는?

필자가 박사과정을 마칠 무렵인 1990년대 중반의 상황을 보면 두 진영의 연구 및 강의는 서로 수렴하는 추세에 있었다. 그리고 그 추세는 지금도 계속되고 있다고 판단된다.

연구중심대학에서 학문 연구나 학문 후속세대를 위한 대학원 석/박사과정의 교육은 그리 큰 문제가 없다. 하지만 이들 대학도 대부분 실제 기업에서 근무하거나, 하고자 하는 사람들을 대상으로 학위과정인 MBA, Executive MBA, 그리고 다수의 비학위(non-degree) 교육프로그램들을 운영하고 있다. 이들 경영자를 위한 과정에서의 학생들은 이론에 치우친 강의보다 이해하기 쉽고 현실적인 사례중심의 강의를 요구하고 있다.

이에 많은 연구중심대학에서도 경영자를 위한 과정에서는 이론적인 토론은 최소화하고 사례 중심으로 현실 적용 가능한 강의를 추구하고 있다. 하지만 이들 대학교수들의 연구활동은 여전히 사례 개발보다는 이론적인 학술논문에 집중되어 있어, 실제 강의에 사용하는 사례는 대부분 하버드 경영대학을 비롯한 강의중심대학교수들이 개발한 사례를 사용하고 있다. 이에 대한 학생들의 불만도 대단하여 요즘은 연구중심대학들도 교수들로 하여금 직접 사례를 개발하여 강의에 사용하는 것을 적극 장려하고 있다.

훌륭한 사례를 개발하기 위해서는 박사과정에서부터 이를 위한 철저한 트레이닝을 받아야 하고, 사례 개발을 위한 연구인력 및 연구비 지원, 그리고 사례 개발에 대한 엄격한 평가 및 보상이 뒷받침되어야 한다. 하지만 대부분 연구중심대학에서는 말로는 사례 개발에 대한 관심과 노력을 강조하고 있으나, 실제 사례 개발을 위한 투자, 지원, 제도 등은 매우 미흡하고 형식적인 것에 지나지 않아 연구중심대학에서 개발된 사례는 강의중심대학의 사례에 비해 양적, 질적인 측면에서 현격한 차이를 보이고 있다.

연구중심대학에서 강의의 질을 높이기 위해 많은 노력을 하고 있으나 여전히 이들 대학의 강의에 대한 투자, 제도, 그리고 심지어 문화는 이에 미흡한 실정이다. 교수의 강의 능력 향상을 위한 투자와 강의와 교재 개발을 위한 지원은 여전히 낮을 뿐 아니라 형식적이고, 강의에 대한 평가 및 보상 또한 그리 엄격하지가 않다. 연구중심대학에서의 강의평가는 주로 아주 뛰어난 평가를 받은 극소수에게 인센티브를 주는 소극적인 형태로 이루어지고 있다. 뿐만 아니라, 교수사회의 전반적인 분위기 및 문화는 여전히 강의보다는 연구실적에 의해 교수를 평가하는 것이다.

한편 하버드 경영대학원을 비롯한 강의중심대학에서는 학술적 연구에 대해 보다 많은 관심과 투자를 요구하는 목소리가 커지고 있었다. 가장 먼저 불만을 제기한 집단은 박사과정 학생들이었다. 강의중심대학에서의 박사과정은 주로 사례 개발이나 현실적인 문제를 다룬 대중서적 집필에 주력하는 교수들을 지원하면서 이에 대한 트레이닝을 집중적으로 받고 있었다. 그리고 학위 논문도 주로 그동안 개발한 사례들을 집대성해 작성하는 경우가 많았다. 학술연구를 위한 훈련을 제대로 받지 못한 이들 대학의 박사과정 졸업생들은 취업시장에서 대다수를 차지하는 연구중심대학의 교수로 채용되는 것이 매우 어려웠다. 따라서 졸업 후 그들은 운이 좋으면 극소수의 강의중심대학의 교수로 채용되고 그렇지 못한 경우에는 컨설팅 회사나 일반 기업으로 갈 수밖에 없었던 것이다.

이는 젊은 교수들도 마찬가지였다. 교수들의 연구활동이 주로 사례 개발과 대중적 경영서적 집필에 집중되어 교수들의 학문적 연구실적은 턱없이 부족할 수밖에 없었다. 따라서 현재 대학에서 정년보장을 받지 못할 경우 다른 대학으로 이직해야 하는데 학술연구실적이 부족해 타 연구중심대학으로의 이직이 매우 어려웠다. 또한 이들 대학의 학문적 발전에의 기여가 부족하다는 학계의 인식으로 인해 이들 강의중심대학의 교수들은 학계에서 명성이나 주도권을 가지기도 힘들었다. 이에 이들 강의중심대학들도 교수들로 하여금 강의를 위한 사례 개발이나 저서 발간 외에 학술적 이론연구에도 많은 노력을 기울일 수 있도록 여러 가지 제도적 보완을 시도하고 있다.

이처럼 연구중심대학과 강의중심대학이라는 양대 진영에서의 연구와 강의는 그동안 상당히 수렴해 왔고 그 결과 양 진영의 차이는 현격히 줄어들었다. 비록 각 진영의 전통, 문화, 분위기는 여전히 차이가 있으나 그 차이는 상당히 줄어들었고, 이러한 추세는 앞으로도 지속되리라 예상된다.

미국 경영대학에 비해 역사가 짧은 런던경영대학원(London Business School)이나 인시아드(INSEAD)와 같은 유럽의 경영대학들은 처음부터 미국의 연구중심대학과 강의중심대학의 장단점을 고려하여 이들을 절충한 시스템으로 교수들의 연구 및 강의가 이루어지고 있다. 2015년 파이낸셜타임즈 선정 글로벌 MBA TOP 10에는 비(非)미국계 경영대학으로, 영국의 런던 경영대학원(2위), 프랑스의 인시아드(4위), 스페인의 IESE 경영대학원(7위) 등 3개교가 포함되었으나, 2020년에는 인시아드(4위), 중국의 CEIBS(5위),[5] 런던 경영대학원(7위), 프랑스의 HEC(9위) 등

〈표 1.1〉 Financial Times 선정 2015 & 2020년 글로벌 MBA 순위

순위	2015년	2020년
1	하버드 경영대학원(미국)	하버드 경영대학원(미국)
2	런던 경영대학원(영국)	펜실베이니아대 와튼스쿨(미국)
3	펜실베이니아대 와튼스쿨(미국)	스탠포드경영대학원(미국)
4	인시아드(INSEAD)(프랑스/싱가포르), 스탠포드경영대학원(미국)	인시아드(INSEAD)(프랑스/싱가포르)
5	-	중국유럽국제공상대학원(CEIBS)(중국)
6	컬럼비아 경영대학원(미국)	MIT 슬론스쿨(미국)
7	IESE 경영대학원(스페인)	런던 경영대학원(영국)
8	MIT 슬론스쿨(미국)	컬럼비아 경영대학원(미국)
9	시카고대 부스스쿨(미국)	HEC Paris(프랑스)
10	캘리포니아대 버클리캠퍼스 하스스쿨(미국)	시카고대 부스스쿨(미국)

4개교로 증가하였다. 최근 이들 유럽 경영대학의 상대적인 약진도 이론과 현실의 조화를 위한 이들 대학의 노력에 기인한 바 크지 않나 생각된다(표 1.1 참조).

결론적으로 연구중심대학, 강의중심대학의 장·단점과 이들의 변화 추세, 그리고 비교적 후발로 출발한 유럽의 경영대학원들을 보면, 경영학 교육에서 중요한 것은 바로 이론과 현실을 조화시키는 것이다.

---

5 CEIBS는 1994년 중국정부와 유럽위원회(European Commission)의 협의에 따라 유럽MBA 모델을 벤치마킹하여 설립됨.

[그림 1.2] 전략학습의 세 단계

이론과 현실의 조화를 위해서는 어떻게 공부하는 것이 좋은가?

이론과 현실의 조화를 위해 필자가 추천하고 싶은 방법은 다음과 같다(그림 1.2 참조). 먼저, 전략에 있어 확립된 이론과 개념을 이해한다. 둘째, 이렇게 이해한 이론 및 개념을 실제 기업 사례에 적용해 보고 이를 통해 보다 현실감 있는 이해를 높인다. 아무리 이론과 개념을 열심히 공부하고 이해하고 있다고 하더라도 이를 실제 현장에 적용할 때에는 많은 혼란과 어려움을 겪게 된다. 이러한 혼란과 어려움을 해결하는 과정에서 우리는 이론과 개념을 실제 현장에 적용할 수 있는 능력을 키우게 된다. 마지막으로 이론과 개념, 그리고 이를 사례에 적용해 봄으로써 얻은 현실 적용능력을 바탕으로 본인이 속해 있는, 또는 관심이 있는 기업에 학습한 내용을 실제로 적용해 보는 것이다. 배운 이론과 개념을 실제로 본인이 속해 있는, 또는 관심이 있는 기업에 적용해 볼 때 우리는 그들이 의미하는 바를 보다 현실적으로 체감하며 이해할 수 있다. 따라서 여러분들은 이 책을 읽을 때 반드시 읽은 내용을 본인이 생각하고 있는 기업에 적용하여 고민해 보기를 추천한다.

▌전략적으로 생각하는 방법(strategic ways of thinking)에 대해 고민하라▐

전략을 학습하는 데 있어 또 하나 중요한 점은 단순히 전략과 관련된 이론이나 개념을 이해하는 것 외에 특정 이슈에 관해 전략적으로 사고하는 방식을 배우고 연습하는 기회라고 인식하는 것이다. 각종 개념과 이론을 단순히 암기하고 이해하는 것은 인터넷 등 다양한 매체를 통해 누구나 할 수 있다. 그리고 이들에 대한 현실적인 적용도 본인의 노력에 따라 어느 정도는 가능하다. 하지만 우리가 뛰어난 전략가로서의 능력을 갖기 위해서는 특정 이슈에 대해 전략적으로 접근하고 사고하고 결정하는 방법에 대해 숙달되어 있어야 한다.

▌전략적으로 사고하는 방법을 어떻게 연습할 것인가? 여기에 대한 명확한 답은 없으나 지금까지 교육을 담당해온 사람들의 경험에 의하면 동일한 이슈에 대해 고민하는 사람들 간의 토론이 가장 효과적인 방법 중 하나이다. 즉, 어떤 특정 이슈가 주어지면 각자는 그들 나름의 답을 생각해 보고 다른 사람들의 답을 들어보는 것이다. 그리고 자신의 답에 대한 다른 사람들의 의견과 다른 사람들의 답에 대한 본인의 의견을 취합하는 과정에서 다른 사람들의 논리나 접근방법을 배우고 이해하면서 자신의 사고능력을 키우는 것이다.

따라서 본서에서 특정 전략적 이슈에 대해 논의할 때는 먼저 그 이슈에 대한 질문을 먼저 던질 것이다. 그러면 각자는 그 질문에 대한 본서의 답이나 설명을 보기 전에 반드시 각자의 답을 스스로 고민해 봤으면 한다. 그 후, 그 질문에 대한 본서의 논리나 답을 읽어보고 본인의 그것과 비교해 보고 수정 및 판단하여 자신만의 논리 및 답을 정리할 것을 추천한다.

경영에 관한 근본적인 원칙 및 철학을 이해하라

전략을 공부하는 또 하나의 중요한 목적은 전략과 관련한 이론, 개념, 분석틀, 각종 경영기법 등을 단순히 이해하는 것을 넘어 그들의 저변에 깔려 있는 경영 및 전략에 관한 근본적인 원칙 및 철학을 이해하고 이를 참고로 나만의 경영 원칙 및 철학을 구축하는 것이다.

예를 들어 다음의 질문에 대한 답을 생각해 보자.

현재, 그리고 향후 경쟁력 있는 기업과 그렇지 못한 기업을 구별한다면 기업의 무엇을 보면 알 수 있을까?

뛰어난 기업과 그렇지 않은 기업은 뭐가 다를까? 아주 간단한 질문이지만 그 답은 그리 간단하지가 않다. 그들의 미션이나 비전? 그들의 전략? 아니면 그들이 구축하여 사용하는 각종 경영기법, 시스템 및 프로세스? 예를 들어 기업의 비전을 보자. 그들 비전의 대부분은 "XXX분야에서 세계최고의 기업", 고객만족을 극대화하는 기업", 또는 "기술혁신을 선도하는 기업" 등 너무나 당연한, 그리고 누구나 중요하다고 알고 있는, 그래서 너무나 무의미한 내용이 대부분이다. 여기서 우리는 기업 간의 차이를 보기 어렵다. 기업들 간의 전략은 어떤가? 기업, 그 중에서도 동종업계 기업에서 우리는 눈에 보이는 전략상의 차이를 발견하기가 쉽지 않다. 각종 경영기법, 시스템, 프로세스의 차이는 어떤가? 정보통신 등 기술의 발달, 컨설팅업계의 활약, 그리고 기업들 서로 간의 벤치마킹을 통해 대부분의 기업들이 거의 유사한 경영기법, 시스템, 프로세스를 사용하고 있다. 기업들 간 경쟁력의 차이를 알 수 있는 가장 객관적인 방법으로 우리는 그들의 재무적 성과를 비교해 볼 수도 있다. 하지만 현재의 재무적 성과는 해당 기업의 과거 경쟁력을 반영하는 것이지 현재 및 미래의 경쟁력을 의미하지는 않는다. 특히, 급변하는 외부환경 하에서 현재의 성과와 해당 기업의 현재 및 미래 경쟁력의 관계는 더욱 멀어질 수밖에 없다. ▌그렇다면 기업의 경쟁력을 판단하기 위해서는 무엇을 봐야 할까?

예를 들어 기업들이 협의의 구조조정, 즉 비용절감의 노력을 하고 있다고 가정해 보자. 해당 기업의 비용을 절감하는 가장 기본적이고 교과서적인 방법은 그 기업의 비용구조(cost structure)를 분석하는 일이다. 기업의 비용구조는 크게 두 가지로 나눠 생각해 볼 수 있다. 하나는 조직 내부에서 발생하는 비용이고 또 하나는 외부에서 조달하는 비용이다. 내부에서 발생하는 비용을 줄이기 위해 기업들은 부서 통폐합, 인력구조조정, 각종 경비절감 등 전형적인 프로그램을 시행한다.

외부에서 조달하는 비용은 산업 또는 기업에 따라 차이가 있지만 일반적으로 전체 비용구조에서 차지하는 비중이 꽤 높은 편이다. 자동차 산업은 전제 비용 중 외부에서 조달하는 비용의 비중이 거의 90퍼센트에 육박하고 있다. 따라서 이런 기업들은 내부에서 발생하는 비용을 줄이는 것도 중요하지만 외부에서 조달하는 비용을 줄이는 데에도 많은 노력을 기울이게 된다.

▌외부에서 조달하는 원자재, 부품 등의 비용을 줄이는 방법에는 뭐가 있을까? 가장 보편적으로 많이 사용하는 방법은 전 세계 모든 공급자들

로부터 응찰을 받아 가장 좋은 제품 및 서비스를 가장 좋은 가격에 제시하는 공급자로 결정하여 물품을 공급받는 것이다. 지금 현재 이미 이런 보편적 방법을 통해 가장 좋은 제품을 가장 경쟁력 있는 가격으로 공급받고 있다고 하자. ▌그렇다면 이 상태에서 그 비용을 더 줄이겠다면 어떤 방법이 있을까?

여러 방법이 있을 수 있지만 최근 기업들이 많이 사용하는 프로그램으로 '부서간/사업부간 조달기능의 통합'이라는 것이 있다. 이 프로그램에 대한 일반적인 논리는 다음과 같다. 우선 조달기능의 통합, 그리고 이를 통한 주문 물량 증대는 공급자에 대한 해당 기업의 협상력을 높이게 된다. 이렇게 높아진 협상력을 바탕으로 그 기업은 물품 공급자에게 가격인하를 압박할 수 있게 된다. 공급자 입장에서 보면 조달기능 통합 이전에는 이 요구를 무시해도 큰 피해를 보지 않지만 통합을 통해 물량이 커진 이 기업의 요구를 받아들이지 않을 경우 공급자는 생존의 위협을 느낄 수밖에 없고 그 결과 대부분 이 요구를 수용하게 된다는 것이다.

이처럼 조달기능의 통합을 통한 물량 증대와 이를 통한 협상력의 강화에 입각한 가격인하는 기업 규모에 따라 다르긴 하지만 순식간에 적게는 연간 수십 억원, 많게는 수천 억원의 비용절감을 가져올 수 있다. 짧은 기간 내 이런 획기적 비용절감, 이를 통한 수익증대를 목격한 각종 대중매체를 비롯한 조직 내외부의 많은 사람들은 그 기업의 급격한 경쟁력 향상에 대해, 그리고 그러한 경쟁력 향상을 가져온 그 기업의 CEO를 주목하고 찬양하게 된다. ▌협상력 증대를 위한 조달기능의 통합, 그리고 이를 통한 엄청난 비용절감, 이것이 과연 진정한 의미에서 그 기업의 경쟁력을 향상시킨 것인가?

다시 물품 공급자의 입장에서 생각해 보자. 이 공급자는 전 세계의 많은 공급자들 간 응찰을 통한 치열한 경쟁을 거쳐 가장 훌륭한 제품/서비스를 가장 좋은 가격에 제시해서 물품을 공급하고 있었다. 그러던 중 갑자기 고객 기업이 조달기능의 통합을 통해 높아진 협상력을 무기로 20~30% 가격 인하를 요구하고 있다. 이를 거부할 경우 엄청난 매출 감소와 고정비용 비중의 증가로 생존이 어려워지는 상황이다. 이에 공급자는 가격이 가변비용을 충당할 수 있는 정도라면 비록 고정비용에서는 적자를 보더라도 그 요구를 일단 수용하지 않을 수 없다. 하지만 이렇게 적자를 지속적으로 보면서 사업을 지탱할 수는 없다. ▌이런 상황에서 이 공급자가 향후 취할 수 있는 대안은 무엇인가?

아마 두 가지 대안이 가능할 것이다. 하나는 본인 제품에 대해 정당한 가격을 지불할 수 있는 다른 고객을 찾아 떠나는 것이다. 이는 최적의 공급자가 우리 기업을 떠나 경쟁자의 공급자가 된다는 뜻이다. 또 다른 대안이 있다면 공급자는 낮아진 가격에 맞춰 제품의 질을 떨어뜨려 수익을 맞추는 것이다. 이 또한 우리 기업에게는 치명적이다. 따라서 공급자가 이 두 대안 중 어느 것을 선택한다고 하더라도 이러한 조달기능의 통합을 통한 비용절감은 단기적으로 기업의 경쟁력을 높인 것으로 보이지만 중장기적으로, 그리고 실질적으로 보면 그 기업의 경쟁력을 엄청나게 훼손하는 결과를 초래하게 된다.

▌왜 이런 일들이 벌어질까? 필자의 경험에 의하면 대충 다음과 같은 과정으로 생기는 결과인 것 같다. 많은 기업에서 비용절감을 위한 구조조정을 한다고 하자. 이 경우 대부분은 조직 내 태스크포스를 구성하고 또 많은 경우에는 외부에서 컨설팅 회사를 불러 프로젝트를 진행하게 된다. 이들이 제일 먼저 하는 일은 교과서에 나오는 대로 그 기업

의 비용구조를 분석한 후 그 중에서 외부에서 조달하는 비용이 크다는 사실을 인지하고 이를 줄이는 방법을 고민하는 것이다.

이런 고민을 해결하기 위해 가장 많이 하는 일은 벤치마킹이다. 즉, 전 세계에서 가장 효율적으로 물품을 조달하는 기업을 찾아 그 기업이 어떻게 물품을 조달하고 있는지를 분석하는 것이다. 그 결과 그들은 벤치마킹 대상기업이 조달기능의 통합이라는 프로그램을 통해 각종 물품을 낮은 비용으로 조달하고 있다는 사실을 인지하게 되고 이를 기업에 도입 및 시행하게 된다.

▌하지만 실제로 이들 기업의 벤치마킹 대상이 된 기업은 어떤 과정을 통해 이 프로그램을 도입하게 된 것일까? 보통 다음과 같은 과정을 통해서이다. 이 기업도 외부조달비용을 줄이기 위해 고민한 것은 마찬가지이나 이를 어떻게 줄일 것인가에 대한 방법에서는 많은 차이가 있다. 즉, 외부조달비용을 줄일 수 있는 방법은 협상력을 높여 가격인하를 강요하는 것이 아니라, 그들 공급자들의 비용구조를 향상시켜, 다시 말해 공급자들이 보다 낮은 비용으로 제품 또는 서비스를 제공할 수 있게 도와주고 이를 통해 보다 낮은 가격으로 물품을 공급할 수 있도록 하는 것이다.

따라서 이런 기업들은 우선 그들 공급자들의 비용구조를 향상시키기 위해 교육, 공동 R&D, 공동 디자인 등 많은 협력적인 활동들을 하게 된다. 이런 활동 외에도 공급자들의 비용을 더 줄여줄 방법에 대해 치열한 고민을 한 끝에 나온 것이 바로 부서간/사업부간 조달기능의 통합이라는 프로그램이다. 즉, 그 기업의 부서간/사업부간 조달기능을 통합하면 그들 공급자들의 탐색비용(search costs)을 비롯한 거래비용(transaction costs), 마케팅 및 영업비용 등을 줄여줄 수 있다. 또한 조달기능의 통합이라는 프로그램을 통해 물량을 늘려주면 공급자들이 규모의 경제(economies of scale)를 달성할 수 있어 이로 인한 비용 절감 또한 가능하다. 즉, 조달기능의 통합이라는 프로그램은 공급자들의 비용을 줄여주는 하나의 수단이고 이를 통해 공급자들이 보다 낮은 가격으로 물품을 제공할 수 있다라는 믿음으로 시행하고 있는 것이다.

겉으로 보기에 동일한 프로그램인 조달기능의 통합을 시행하고 있는 두 기업을 보자. 한 기업은 이를 협상력 제고를 통한 비용절감 방법으로 생각하고 있고 또 한 기업은 이를 공급자들의 비용절감을 통해 그들의 비용을 줄이는 방법으로 생각하고 있다. 겉으로 보기에 똑 같은 프로그램을 사용하고 있는 기업들로 차이가 없어 보이지만 실제로 해당 프로그램이 사용되는 과정, 방법, 그리고 결과를 보면 엄청난 차이가 있다.

이러한 차이는 과연 어디서 오는가? 우리는 전자의 기업 및 경영자를 기업과 기업 간의 관계, 고용인과 피고용인의 관계 등 모든 기업과 인간들 간의 관계를 "힘에 입각한 관계(power-based relationship)"로 보는 경영원칙, 철학, 가치관을 가진 기업 또는 경영인이라 할 수 있다. 반면에 후자의 기업 그리고 경영자는 이 모든 관계를 "운명 공동체적인 관계(shared destiny relationship)"로 보는 기업 그리고 경영자라고 할 수 있다.

기업 간 경쟁력의 차이는 어디서 오는가? 우리는 눈에 보이는 비전, 전략, 시스템, 프로세스에 있어 기업 간 차이를 찾아보기 쉽지 않다. 기업 간 경쟁력 차이를 초래하는 가장 큰 요인 중 하나는 눈에 보이는 차이가 아니라 그 기업 또는 경영자가 가지고 있는 겉으로 보이지 않는 경영에 관한 기본 원칙 및 철학이다. 경영자의 경영에 관한 기본 원칙 및 철학의 차이에 따라 겉으로 보기에 동일한 비전, 전략, 시스템,

프로세스일지라도 실제로 이들을 운영하는 과정이나 방법이 달라지고 그 결과 기업 간 경쟁력의 차이가 생기는 것이다.

따라서 여러분들이 전략을 공부할 때 반드시 유념해야 할 것은 여러분들은 단순히 전략에 관한 이론, 개념, 경영기법 등 만을 공부하는 것이 아니라 그 아래 깔려 있는 경영에 관한 근원적인 원칙, 철학, 가치관을 고민하고 이해하는 것이다. 그래서 여러분들이 지금까지 가지고 있는 경영에 관한 여러분 나름대로의 원칙, 철학, 가치관들을 보다 정교하게 만들어 가는 것이다. 이것이 여러분들이 진정한 의미의 뛰어난 전략가, 경영자로 성장하고 또한 여러분 기업의 경쟁력을 획기적으로 높이는 방법인 것이다.

기업의 교육시스템 또한 눈에 보이는 것은 기업간에 차이가 없다. 하지만 그 결과는 기업에 따라 많은 차이를 보이고 있다. 그 이유는 무엇일까?

기업의 교육시스템을 보면 눈에 보이는 시스템 그 자체는 기업 간 차이를 찾아보기 힘들다. 교육과정을 보면 신입사원 교육과정, 과·부장 과정, 임원후보자 과정, 임원 과정 등 거의 모든 기업들이 유사한 프로그램을 운영하고 있다. 각 프로그램의 교과과정 또한 직무 교육, 외국어 교육, 리더십 교육, 경영학 교육 등 거의 동일하다. 각 과정에 투입되는 강사도 사내 강사, 산업계 강사, 교수 등으로 구성이 유사하고 심지어 동일인인 경우도 많다. 또한 각 강의의 내용조차도 유사하다. 연수원의 조직, 시설, 장비 등에서도 차이가 크지 않다.

교육시스템과 관련한 눈에 보이는 많은 것들이 유사함에도 불구하

[그림 1.3] **전통적인 고용관계(traditional employment relationship)**

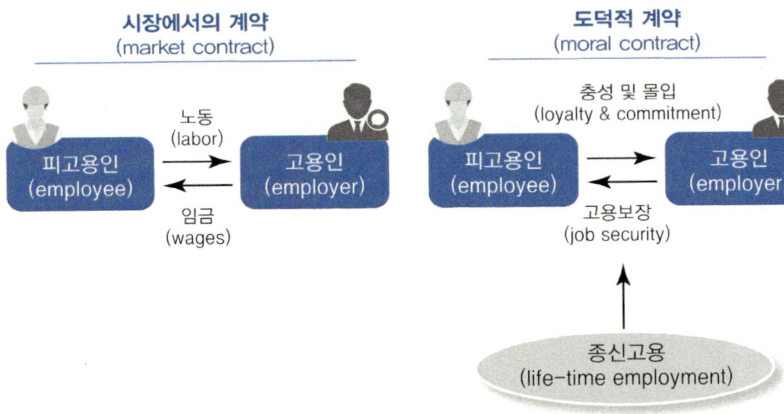

고 이러한 교육시스템이 기업경쟁력에 미치는 영향은 기업에 따라 상당한 차이를 보이고 있다. **▌그 이유는 무엇인가?**

기업의 고용관계(employment relationships), 즉 고용인(employer)과 피고용인(employee)과의 관계는 크게 '시장에서의 계약(market contract)'과 '도덕적 계약(moral contract)'이라는 두 가지 계약으로 이루어져 있다(그림 1.3 참조).

고용관계에서의 시장계약은 피고용인이 노동을 제공하면 고용인은 그 노동의 시장가치에 따라 임금을 지급하는 것이다. 기업의 고용관계는 이러한 시장계약 외에 추가로 도덕적 계약을 맺고 있다. 도덕적 계약에서 피고용인은 고용인에게 충성과 몰입을 제공하고 고용인은 이에 대한 대가로 고용을 보장해 주어야 한다. 이러한 고용보장은 전통적으로 대륙계 유럽국가나 일본을 비롯한 아시아 국가에서는 종신고용(life-time employment)이라는 제도를 통해 제공해 주었다.

1980년대 필자가 처음 미국에서 공부할 당시 미국 재계와 학계는 소위 '일본식 경영(Japanese management)'에 열광하고 이를 배우기 위한 광풍에 휘말려 있었다. 일본식 경영에는 많은 것들이 있었으나 그 중 대표적인 것은 종신고용이었다. 즉, 일본 기업의 강점 중 하나는 피고용인에게 종신고용을 제공하는 것이었고 이에 화답하여 피고용인은 기업에 높은 충성과 헌신을 함으로써 일본 기업은 당시 높은 경쟁력을 보여주었던 것이다. 따라서 많은 서구 기업들은 당시 일본 기업경쟁력의 원천인 종신고용을 앞다투어 도입하여 그들 경쟁력을 향상시키고자 하였다.

80년대 기업경쟁력을 높이기 위한 핵심 수단으로 여겨져 많은 서구 기업들도 도입하고자 했고 실제로 많이 도입했던 종신고용은 90년대에 들어와서는 기업경쟁력의 큰 장애물로 인식되기 시작하였고 실제로 많은 기업들이 이를 포기하였다. 당시 언론 기사들을 보면 "대륙계 유럽기업인 필립스(Philips)는 마침내 종신고용제도를 종식하였다" "심지어 일본계인 소니(Sony)마저 종신고용을 포기하였다" 등 종신 고용의 폐해와 함께 이들 포기한 기업들의 사례가 소개되곤 하였다. 이러한 현상은 한국기업도 예외는 아니었다. 90년대 중반 이후 많은 기업들이 종신고용은 구시대의 유물로서 기업경쟁력을 위해 과감히 제거해야 한다는 인식이 팽배하였고 실제로 상당수의 기업이 이를 없앨 계획을 발표하기도 하였다.

▌80년대 기업경쟁력의 원천으로서 많은 기업들이 벤치마킹을 통해 앞다투어 도입하고자 했던 종신고용제도는 왜 90년대 들어 기업경쟁력의 장애물로서 버림받는 제도가 돼버렸나? 여러 가지 설명이 가능하지만 과거에 성공적이었던 제도가 시간이 지나 그렇지 않은 제도로 바뀌었다면 이는 특정의 환경변화에 의해 그 제도의 단점이 장점보다 커졌기 때문일 것이다. ▌그 환경변화는 무엇일까?

일반적으로 90년대 이전의 환경은 상대적으로 안정적이고(stable), 변한다고 하더라도 그 변화는 점진적이었다(incrementally changing). ▌이러한 환경에서 종신고용은 어떻게 운영되는가? 안정적이거나 변하더라도 점진적으로 변하는 환경에서는, 지금의 종업원을 계속 고용하는 것이 그리 어렵지가 않다. 왜냐하면 기존 종업원이 가지고 있는 지식이나 기량을 그대로 사용하거나 조금만 변형시켜 사용이 가능하기 때문이다. 즉, 이와 같은 환경에서 종신고용제도는 낮은 비용으로 고용을 보장해주는 수단이 된다. 반면 이런 낮은 비용으로 제공하는 고용보장은 종업원의 강력한 충성과 헌신이라는 값진 보상을 돌려주기에 기업경쟁력 향상에 많은 도움이 되는 것이었다.

90년대 이후 환경은 더 이상 안정적이거나 점진적으로 변하는 것이 아니라 급속히 변화하고 그 변화도 비연속적으로 변하게 되었다(rapidly and discontinuously changing). 이런 환경 하에서는 시간이 지나 환경이 바뀌면 기존 종업원이 가지고 있는 지식이나 기량은 바뀐 환경에서는 더 이상 사용할 수가 없게 된다. 따라서 이런 환경에서는 기존의 종업원은 그들의 지식과 기량을 여전히 사용할 수 있는 곳으로 옮기고 새로운 환경에 적합한 전혀 다른 지식과 기량을 가진 새로운 종업원을 채용할 수 있어야 한다. 즉, 노동의 유연성(labor flexibility) 확보가 기업경쟁력을 위해 매우 중요해진다. 하지만 종신고용은 노동의 유연성을 가로막는 제도이기에 바뀐 환경에서 종신고용은 매우 값비싼(costly) 고용보장 수단이 되는 것이다.

요약하면 90년대 이전 환경에서 종신고용은 비교적 저렴한 고용보장 수단이었으나 90년대 이후에는 매우 비싼 고용보장 수단이 된 것이다. 종신 고용은 여전히 종업원의 충성과 헌신을 확보할 수 있지만 이를 확보하기 위해 치루어야 할 비용이 너무 상승해 기업경쟁력에 저해가 되고 따라서 이는 더 이상 유지하기 어려운 제도가 된 것이다.

이러한 상황에서 많은 기업들이 종신고용은 물론이고 더 나아가 도덕적 계약까지 포기하고 고용관계를 시장계약에만 집중하는 경향을 보여왔다. 성과급제를 강화하고 피고용인이 성과를 많이 내면 낼수록, 즉 그들 노동의 시장가치가 높아질수록 더 많은 보상을 하는 분위기로 바뀐 것이다.

종신고용의 비용이 증가해서 기업경쟁력에 부정적이라 이를 포기하는 것은 납득이 가나 도덕적 계약을 포기하는 것은 설득력이 떨어진다. 왜냐하면 급속히, 그리고 비연속적으로 변하는 환경에서도 종업원의 충성과 헌신은 여전히 중요하기 때문이다. 여기서 기업 또는 경영자는 딜레마(dilemma)에 빠지게 된다. 종업원의 충성과 헌신은 여전히 확보해야 하고 이를 위해서는 중, 장기적 고용보장이 필수적이나 과거 이를 위해 운영한 종신고용제도는 너무 비용이 많이 들어간다. ▌이 딜레마를 해결할 수 있는 방법은 무엇인가?

이를 해결할 수 있는 방법은 종신고용에 의한 고용보장이 아닌, 바뀐 환경에 보다 적합한 다른 고용보장 수단을 찾아내는 것이다. 그 중 한 가지 생각할 수 있는 것은 '피고용능력(employability)' 향상을 통한 고용보장이다.[6] 여기서 피고용능력 향상을 통한 고용보장이란 교육을 통해 종업원에게 최첨단의 지식(advanced knowledge), 그리고 현 업무에 특정된 지식이 아닌, 어느 곳에서나 사용할 수 있는 일반적인 지식

---

6 Ghoshal, S., & Bartlett, C. 1998. The new moral contract. *Business Today*, August 22: pp.106-111.

[그림 1.4] 새로운 고용관계(new employment relationship)

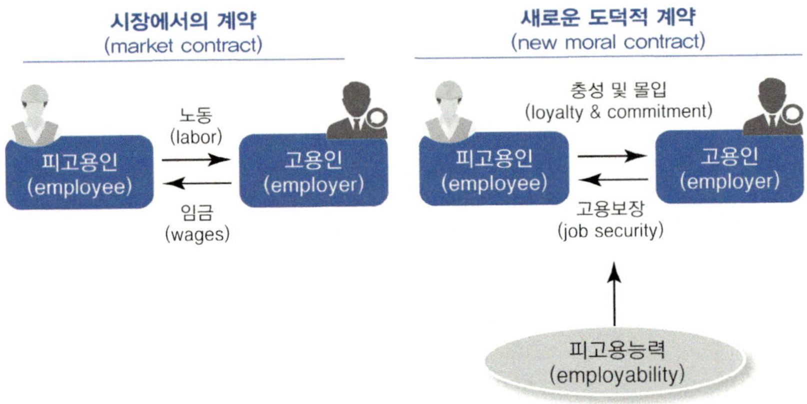

(general knowledge)을 끊임없이 제공하여, 그들이 지금과는 다른 부서나 다른 사업부, 심지어 다른 기업에서도 충분히 고용되어 일할 수 있는 능력을 키워줌으로써 고용을 보장하는 것을 의미한다(그림 1.4 참조). '전통적인 도덕적 계약(traditional moral contract)'에서의 고용보장이 종신고용에 의해서라면 '새로운 도덕적 계약(new moral contract)'에서의 고용보장은 피고용능력 향상을 통해서 이루어진다는 것이다.

피고용능력 향상을 통한 고용보장을 옹호하는 사람들은 이러한 고용보장은 종신고용에 의한 고용보장보다 강력한 형태의 고용보장 방식이라고 주장한다. ▌종신고용, 즉 'life-time employment'에서 'life'는 누구의 life인가? 흔히 종업원의 life라 생각하지만 그렇지가 않다. 아무리 종신고용을 고수하려고 해도 종업원이 속해 있는 부서나 사업부가 없어지면 그 종업원의 종신고용을 보장하기는 매우 어렵다. 심지어 종업원이 근무하는 기업 자체가 문을 닫으면 종신고용은 불가능하다. 따라서 life-time employment에서 'life'는 종업원의 life가 아니라 그 종업원이 속해 있는 부서, 사업부, 그리고 기업의 life에 종속된다.

급격히, 그리고 비연속적으로 변하는 사업환경에 대응하기 위해서 기업은 환경변화에 따라 경쟁력을 잃은 부서/사업부는 없애고 새로운 부서/사업부를 설립하는 끊임없는 구조조정을 필요로 한다. 그리고 이런 환경에서는 기업 자체도 생존을 장담하기 어렵다. 환경변화가 심하면 심할수록 부서, 사업부, 심지어 기업의 life는 짧아지고 따라서 종신고용을 채택한 기업도 종업원의 고용을 보장할 수 있는 기간은 짧아질 수밖에 없다.

따라서 피고용능력 향상을 통한 고용보장은 비록 종업원이 속한 부서나 사업부가 없어지더라도, 심지어 기업이 문을 닫더라도, 그 종업원이 기업 내 다른 부서나 다른 사업부, 심지어 다른 기업에서 충분히 고용될 수 있는 능력을 제공한다는 측면에서 종신고용에 의한 고용보장보다 강한 형태의 고용보장이라는 것이다.

정리하면, 종업원에게 다른 부서 및 사업부, 심지어 다른 기업에서도 충분히 사용할 수 있는 일반적인 지식과 최첨단의 지식을 지속적으로 제공하여 종업원이 현재의 업무뿐 아니라 여러 가지 여건의 변화로 다른 부서나 다른 사업부로 옮기거나, 심지어 현재의 기업이 고용하는 것이 어려워 이직을 해야 할 경우에도 충분히 고용이 가능하게 만들어 주겠다는 것이 '피고용능력 향상을 통한 고용보장'이다. ▌여러분이 CEO라면 이 제도를 채택해 시행할 것인가? 실제 적용한다면 어떤 문제가 있을까?

'피고용능력 향상을 통한 고용보장'에 대해 현직에 계신 분들의 즉각적인 반응은 "말이 안 된다"이다. 다들 피고용능력 향상을 위한 교육투자는 이미 다 해 봤으나 실제 결과는 참담한 실패라는 것이다. 많은 기업들이 종업원의 피고용능력 향상을 위해 MBA를 비롯한 석사과정과 박사과정에서의 연수를 지원해왔다는 것이다. 이런 피고용능력 향상을 통한 고용보장에 대해 종업원들이 기업에 충성과 헌신을 할 것이라 하나 실제는 전혀 그렇지가 않다는 것이다. 아니 오히려 정 반대의 결과를 초래한다는 것이다. 즉, 피고용능력 향상을 위해 교육투자를 하면 학위를 마친 후 회사로 돌아와 열심히 근무하는 것이 아니라 대부분 다른 회사로 이직한다는 것이다. 다시 말해 피고용능력 향상은 종업원의 충성과 헌신을 제고하는 것이 아니라 정 반대로 종업원으로 하여금 회사를 배신하게 만드는 것으로서 기업은 절대 이런 제도를 시행해서는 안 된다고 반론을 제기하는 것이다.

사실 우리는 기업 지원으로 학위를 마치고 돌아온 인재 중 상당수가 지원을 해 준 기업을 떠나 다른 기업으로 이직하는 경우를 많이 본다. ▌이 사람들은 고마움을 모르는 배은망덕한 사람일까? 왜 이 사람들은 지원해 준 기업에 더욱 헌신하지 않고 이직을 하는 것일까?

답은 간단하다. 다른 직장에서 더 좋은 조건을 제시하기 때문이다. ▌이는 무엇을 의미하는가? 기업이 고용관계의 두 계약 중 시장계약(market contract)을 위반하고 있다는 것이다. 즉, 시장계약에 의하면 종업원의 피고용능력 향상을 통해 노동의 시장가치가 상승하면 이에 합당한 더 많은 보상을 해야 한다. 그런데 다른 기업에서, 즉 시장에서 더 좋은 보상을 제시한다면 이는 시장계약을 위반하는 것이다. 다시 말해 이는 기업이 고용관계에서의 시장계약을 먼저 위반한 것이지 종업원이 배신한 것이라 얘기하기 어렵다.

▌▌피고용능력향상을 통한 고용보장을 제공하는 기업에서 고용관계는 어떻게 운용되어야 하는가? 원칙적으로 고용관계에서 고용인이 피고용인으로부터 받고자 하는 것은 노동과 함께 기업에 대한 헌신과 몰입, 두 가

지이다. 이에 상응하여 고용인이 피고용인에게 제공해야 하는 것 역시 피고용인이 제공하는 노동의 가치에 합당한 임금, 그리고 피고용인의 헌신과 몰입에 대한 대가로 피고용능력 향상을 통한 고용보장, 두 가지이다. 따라서 고용인으로서 기업은 피고용인의 피고용능력 향상을 위한 교육기회를 제공하고, 이에 피고용인 노동의 시장가치가 상승하면 이에 합당하게 인상된 임금을 지급하고 이를 통해 피고용인으로부터 보다 강한 충성 및 헌신을 받는 것이다.

많은 경영자들은 원칙적으로 교육을 받은 후 노동의 가치가 상승한 피고용인에 대해 더 많은 보상을 하는 것이 맞지만 현실적으로 이를 시행하는 것은 매우 어렵다고 한다. 이유를 물으면 한결같이 '형평성'에 문제가 생긴다는 것이다. ▌형평성 문제가 대두되는 이유가 무엇일까?

기업이 교육기회를 어떤 사람에게 제공하는가를 보면 이유를 짐작할 수 있다. ▌여러분이 특정 부서 또는 사업부를 맡고 있다고 하자. 그리고 여러분 직원 중 한 사람을 장기간 연수를 보내야 한다면 누구를 보낼 것인가?

부서 또는 사업부를 책임지고 있는 여러분은 이번 분기, 반기, 또는 올해 실적을 최대한 끌어올려야 하는 압박을 받고 있다. 이런 상황에서 여러분 부서나 사업부의 실적에 많은 기여를 하는 유능한 인재를 보낼 수 있을 것인가? 그 인재에겐 미안하지만 매우 힘들 것이다. 여러분 개인의 단기적 실적을 위해 가장 좋은 선발 대상은 여러분 부서나 사업부의 실적에 그리 영향을 미치는 않는 사람, 아니 없으면 실적에 더 도움이 되는 사람일 것이다.

평소 기업에 대한 열정, 충성, 헌신도 없고 유능하지도 않은 사람을 피고용능력 향상을 위한 교육에 보냈다고 하자. 그리고 그 사람의 피고용능력이 향상되고 노동가치가 상승해 돌아왔다고 하자. 이런 상황에서 시장계약에 따라 이 사람의 보상을 높여준다고 하자. 분명 심각한 형평성 문제로 조직 운영이 어려워질 것이다.

피고용능력 향상을 통한 고용보장을 위한 교육이라면 절대 이런 식으로 교육대상을 선발하지 않을 것이다. 평소 종업원의 능력, 충성심, 열정 등을 객관적이고 일관된 기준으로 평가하여 선발하게 될 것이다. 그렇더라도 형평성 문제를 완전히 제거하기는 어렵다. 하지만 이는 형평성 이슈를 최소화하고 대신 강력한 종업원의 충성과 헌신이라는 엄청난 혜택을 누릴 수 있을 것이다.

여러분이 한 기업의 CEO라고 생각하고 다음 질문에 대한 답을 생각해 보자. ▮"나는 왜 우리 임직원을 교육시켜야 하는가?" 유급휴가(paid vacation), 즉 열심히 근무한 임직원들에게 업무에서 벗어나 휴식을 취하면서 충전할 기회를 주기 위해 교육 기회를 제공할 수 있다. 또는 현재 하고 있는, 그리고 미래에 맡아야 할 업무에 필요한 정보와 지식을 키워 그 업무를 더욱 성공적으로 수행할 수 있도록 하기 위해 일 수도 있다. 또는 그들의 피고용능력을 높여주고 이를 통해 그들의 고용을 보장해 주어 그들로부터 보다 높은 충성과 헌신을 받기 위해서 일 수도 있다.

CEO로서 여러분들이 기업교육의 목적을 무엇이라고 생각하는가에 따라 교육대상의 선발, 교육, 보상 및 배치 등 많은 것들의 내용과 운영방식이 달라지고 교육의 결과도 엄청난 차이를 보일 것이다. 앞서 우리는 눈에 보이는 교육시스템은 기업 간 차이를 발견하기 힘들다고 하였다. 하지만 기업교육에 대한 경영자의 철학, 원칙, 가치관에 따라 유사하게 보이는 교육시스템이 운영되는 과정, 방법, 그리고 결과는 현격한 차이가 생기는 것이다.

Chapter 02

전략이란?

경영학의 한 분야로서 전략이란?

전략(strategy)이란 무엇인가? 여러분들이 경영학 수업을 듣는다고 하면 거의 대부분의 과목에서 전략이란 용어가 나올 것이다. 마케팅을 들으면 마케팅전략, 인사에 관해 공부하면 인사전략, 생산전략, 재무전략, 회계전략 등 거의 모든 과목에 전략이란 용어는 접미사로 사용되고 있다. 일상생활에서도 재테크 전략, 취업전략, 심지어 옷차림전략 등 온갖 용어와 함께 쓰이고 있다. 기업 내에서도 예를 들어 "전략적" 과제는 마치 "중요한" 또는 "반드시 필요한" 과제 등의 의미로 쓰이고 있다. 이처럼 신문, 잡지 그리고 우리의 일상생활에서 자주 쓰이고 또한 누구나 알고 있다고 생각하는 전략이란 용어의 남용은 최고 경영자의 주 역할로서, 그리고 독립된 학문의 한 영역으로서 전략의 개념을 매우 혼란스럽게 하고 있다. **그럼, 우리가 공부하고자 하는, 독립된 경영학의 한 분야로서 전략이란 무엇인가?**

다들 잘 알고 있다시피 전략이란 용어는 군대에서의 지휘자를 의미하는 그리스어 'strategos'에서 유래하였다. ▌군사학에서 전략(strategy)과 전술(tactics)은 어떻게 정의 및 구별하는가? 군대 경험이 있으신 분들은 잘 알고 계시겠지만 군사학에서의 전략과 전술은 다양하게 정의되고 있다. 기간(time horizon)을 기준으로, 전술은 단기적인 의사결정이고 이는 상황에 따라 적절히 바꿀 수 있는 반면, 전략은 중장기적 의사결정으로 일정 기간 일관되고 안정적으로 유지되는 것으로 설명하기로 한다. 또한 규모(scale)에 따라, 전술은 소규모 국지전 또는 전투에 관한 의사결정이고 전략은 대규모 전면전 또는 전쟁에 관한 의사결정으로 구별하기도 한다. 또한 전략이 목적이라면 전술은 이를 달성하기 위한 수단이라고 주장하기도 한다.

군사학에서의 전략과 전술에 관한 많은 정의 및 구분 중에서 필자가 생각하기에 경영학에서의 전략 및 전술과 가장 근접한 것은 다음과 같다. 즉, 군사학에서의 전략이란 적과 싸울 때 그들과 싸우는 것이 가능한 여러 전쟁터(battle fields) 중에 하나를 선택하는 것이고, 전술은 이렇게 결정된 특정의 전쟁터에서 적을 이기기 위한 구체적인 방법으로 정의하는 것이다. 예를 들어 특정의 적과 평야에서, 계곡에서, 바다에서, 숲 속에서 싸우는 것이 가능하다고 하자. 이때 군사학에서의 전략이란 이런 여러 전쟁터, 즉 평야, 계곡, 바다, 숲 중에서 실제로 싸울 전쟁터 하나를 선택하는 것이다.

▌싸울 전쟁터는 어떻게 선택하는가? 즉, 전략은 어떻게 수립하는가? 우선 각 전쟁터의 특성을 분석해야 하고 또한 적군 대비 아군의 강점과 약점을 고려해야 할 것이다. 이러한 분석 및 검토를 바탕으로 싸워서 이길 가능성이 가장 큰 전쟁터를 최종적으로 선택하게 될 것이다. 만약 이러한 분석결과 여러 전쟁터 중 평야에서 싸우는 것으로 결정했다면

이것이 바로 전략적인 의사결정이다.

전략에 의해 평야를 전쟁터로 선택했다면, 전술이란 전략에 의해 선택된 전쟁터인 평야에서 적을 이기기 위한 구체적인 방법에 대해 의사결정을 하는 것이다. 즉, 평야에서 적을 무찌르기 위해 우리 장병들로 하여금 단검보다는 장검 쓰는 연습에 주력하게 하고, 기마병이 뛰어나야 하기에 튼튼한 말을 많이 확보 및 육성하고 우리 장병들이 말타는 훈련을 더욱 철저히 하게 하는 것 등이 바로 전술적 의사결정인 것이다.

경영학의 한분야로서 전략이 다루는 전략의 범위는?

경영학에서의 전략과 전술에 대해 설명하기 전에 우선 경영학의 한 분야로서 전략이 다루는 범위에 대해 얘기해 보자. 일반적으로 전략은 다음의 네 단계 또는 수준(levels)으로 나누어 생각할 수 있다(그림 2.1 참조).[1]

사회전략(enterprise strategy). 사회전략은 사회의 중요한 구성원 중 하나로서 기업이 사회 내 일상적인 문제에 대해 수행해야 할 전반적인 역할을 규정함으로써 기업을 사회와 조화를 이루게 한다. 기업의 사회적 정당성(social legitimacy)에 관한 요구가 증대하면서 기업은 사회 내에

---

1 Schendel, D., & Hofer, C. W.(Eds.) 1979. *Strategic management: A new view of business policy and planning*. Boston, MA: Little, Brown and Company.

[그림 2.1] 수준별 전략과 통합대상

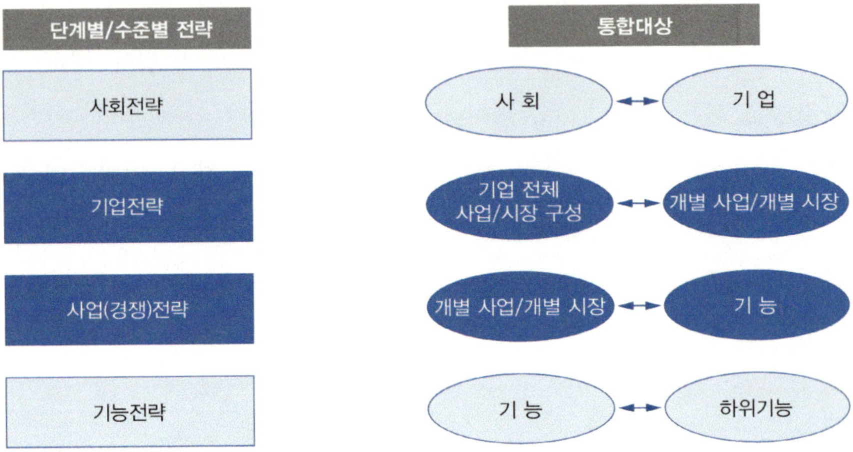

서 그들의 역할을 재점검하고 이에 걸맞은 의사결정과 행동을 해야 한다. 이러한 현상은 최근 더욱 강화되고 있으며 ESG(Environment, Social, & Governance) 경영, 기업의 사회적 책임(CSR: Corporate Social Responsibility), 윤리경영 등에 대한 관심은 이러한 현상을 반영하고 있다.

기업전략(corporate strategy). 기업전략(corporate strategy) 또는 기업수준의 전략(corporate-level strategy)은 "어떤 산업/시장에 참여할 것인가?(which industries/markets should we be in?)"에 관한 의사결정으로 한 기업이 참여하는 산업 및 시장, 즉 사업영역(business boundary)을 결정하는 것이다. 그리고 동시에 이렇게 결정된 산업 및 시장들을 효과적으로 통합하여 시너지를 극대화하고자 하는 것이다. 기업전략을 "어떤 산업에 참여할 것인가?(Which industries should we be in?)"에 관한 의사결정으로 한정하기도 하지만, 본서에서 기업전략은 사업영역에 대한 의사결정이란 점에서 산업 및 시장 영역에 관한 의사결정으로서 다각화전략, 수직적 결합, M&As, 국제화 전략 등을 포함하는 것으로 정의한다.

사업전략 또는 경쟁전략(business strategy or competitive strategy). 사업전략은 “기업전략에 의해 결정된 산업 및 시장 내에서 어떻게 경쟁할 것인가?” 즉, “How should we compete within a given industry or a market?”에 관한 의사결정으로서 각 기능전략은 이 사업전략과 통합 및 조화를 이루어야 한다. 기업이 주어진 산업 내에서 성공하기 위해서는 경쟁사 대비 경쟁우위를 확보해야 한다는 측면에서 사업전략을 흔히 경쟁전략(competitive strategy)이라 부르기도 한다.

기능별 전략(functional strategy). 기능별 전략이란 한 기업 또는 사업부를 구성하는 특정의 사업기능(functions) 또는 운영활동(제품개발, 구매, 생산, 마케팅, 고객 서비스, 인사, 재무, 회계, 고객서비스 등)의 방법에 관한 의사결정으로서 정해진 사업전략의 성공적인 수행이 가능하도록 사업 내 다른 기능과의 일관성이 있어야 할 뿐 아니라 각 기능의 하부 기능과도 조화 및 통합을 이루어야 한다.

▌경영학의 한 분야로서 전략이 다루는 전략의 범위는 어디까지인가? 한 기업이 경쟁력을 갖추기 위해서는 두 가지 조건이 필요하다. 하나는 뛰어난 사업전략으로 그 기업을 구성하고 있는 각각의 사업이 경쟁력이 있어야 한다. 또 하나는 훌륭한 기업전략으로 그들이 영위하는 사업들의 매력도가 뛰어나고 사업들 간의 효과적인 통합을 통해 시너지가 극대화되어야 한다. 따라서 경영학의 한 분야로서 전략은 주로 사

업전략과 기업전략 등 두 단계의 전략을 연구영역으로 다루고 있다. 앞서 언급했듯이 사회전략의 중요성이 점차 커지고 있어 이를 포함하는 경우도 있으나 여전히 주류는 전략의 범위를 사업전략 및 기업전략에 한정하고 있다.

군사학에서의 전략이 전쟁터를 결정하는 것이고 전술은 전략에 의해 결정된 전쟁터에서 이기기 위한 방법에 관한 의사결정이라면, 경영학에서의 전략과 전술은 어떻게 구별하는가?

경영학에서의 전략과 전술을 살펴보기 위해 우선 전통적인 유럽가구업체(traditional European furniture retailers)와 이케아(IKEA)의 사례를 보자. 우선, 전통적인 유럽가구업체는 그들의 사업을 어떻게 영위하고 있었는지 살펴보자.

▌전통적인 유럽가구업체가 취급하는 가구는 주로 어떤 가구인가? 우리가 흔히 유럽풍 가구라 하면 디자인은 아주 고풍스럽고, 매우 견고한 자재를 사용하여 내구성이 매우 높은, 그래서 대대로 물려 쓸 수 있는 고급가구를 의미한다. 전통적인 유럽가구업체는 주로 이런 가구들을 판매하고 있다.

▌그렇다면 이들 유럽가구업체의 고객은 누구일까? 우리는 개념적으로 또는 전략적으로 고객을 "특정의 욕구(needs)를 가진 집단"이라고 정의한다. 따라서 유럽가구업체의 개념적인 고객은 고풍스럽고 내구성이 높은 고급가구에 대한 욕구를 가진 집단이다. 이런 욕구를 많이 가진 대표적인 고객집단(primary customer groups)은 소득별로 보면 돈이 많은 부유층이고 연령대로 보면 나이가 지긋한 중·장년층일 것이다. 따라

서 유럽가구업체의 주 고객은 부유층 및 중·장년층이다.

▌고급가구를 부유층 또는 중·장년층을 대상으로 팔고자 할 때 매장의 위치는 어디가 바람직할까? 돈 많고 연령대도 높은 사람들이 고가의 가구를 쇼핑하기 좋은 위치는 교통이 그리 발달하지 않았던 과거의 상황을 보면 아무래도 중심가 또는 번화가일 것이다.

▌매장의 위치를 중심가 또는 번화가로 결정했다면 매장의 규모는 어떨까? 매장의 규모가 크면 고객이 쾌적한 분위기에서 쇼핑을 할 수 있고 많은 가구를 전시하는 등 여러 가지 장점이 있을 것이다. 하지만 임대료가 높을 수밖에 없고 넓은 부지를 확보하기 어려운 중심가 또는 번화가에 매장을 설치해야 하기에 현실적인 여건을 감안하면 대규모 매장의 장점에도 불구하고 부티크 형태의 소규모 매장을 운영할 수밖에 없다.

▌매장을 소형으로 운영한다면 그들이 팔고자 하는 가구는 어떻게 전시할 것인가? 매장이 소형이므로 그들이 팔고자 하는 모든 가구를 전시하여 판매하는 것은 불가능하다. 팔고자 하는 모든 가구를 전시하는 것이 불가능하기에 그들은 그 중에서 가장 대표적인 제품만 골라 전시하고 고객이 구입은 가능하나 전시되어 있지 않은 제품은 카탈로그로 대신할 수밖에 없다. 실제로 우리가 전통적인 유럽가구업체에 들어가 보면 매장이 침대, 식탁, 소파 등 섹션 별로 나누어져 있고 각 섹션에는 대표적인 샘플 제품만 전시되어 있는 것을 볼 수 있다.

▌이런 매장에서는 영업사원이 필수적인데 이들 영업사원의 역할 중 가장 중요한 것은 무엇인가? 일반적으로 영업사원이 수행하는 역할은 여러 가지가 있다. 하지만 그 중에서도 가장 중요한 것은 고객이 매장에 들어와 제품을 보고 비교하여 최종적으로 선택하기까지의 일련의 과정에서

고객이 겪을 수 있는 불편함을 해소해 주는 것이다. 그리하여 고객이 어려움 없이 제품을 최종적으로 선택할 수 있게 도와주는 것이다.

▌그렇다면 섹션별로 샘플만 전시되어 있는 매장에 고객이 들어와 최종적으로 제품을 선택할 때까지 겪을 수밖에 없는 불편한 점은 무엇인가? 아마도 고객이 구입할 수 있는 여러 제품 중 대표적인 제품만 전시되어 있으므로, 구입은 가능하나 전시되어 있지 않은 제품에 대한 정보가 지극히 부족하다는 점일 것이다. 따라서 영업사원이 수행해야 할 중요한 역할은 비록 전시되어 있지는 않지만 고객이 구입 가능한 제품에 대해 충분한 정보를 제공하기 위해 카탈로그를 통해 자세히 설명해 주는 것일 것이다. 이를 위해 영업사원은 가구 그 중에서도 유럽풍 가구에 대한 많은 정보 및 지식을 가지고 있어야 하고 뛰어난 의사소통 능력을 필요로 한다.

전통적인 유럽가구업체에서 고객이 가구를 최종 선택하는 과정에서 겪는 또 하나의 불편함은 섹션별 전시 방식에 기인한다. 같은 종류의 가구들이 섹션 별로 전시되어 있다는 것은 일반 고객 입장에서 보면 특정 가구가 어떤 공간에, 어떤 형태의 다른 가구들과 잘 어울리는지 판단하기가 어렵다. 이에 영업사원이 해야 할 중요한 일은 고객으로부터 특정 가구를 어디에 설치할 것인가, 그리고 현재 가지고 있는 다른 가구는 어떤 가구들인가에 대한 설명을 듣고 그 공간, 그리고 주위의 가구들에 가장 잘 어울릴 수 있는 제품을 추천해 줄 수 있는 실내디자이너(decorator)로서의 능력과 역할이다.

▌고객이 마침내 가구를 최종적으로 선택하면 이 가구는 어떻게 배달되는가? 일반적으로 전통적인 유럽가구업체는 유통업체로서 그들이 직접 디자인한 가구나 다른 가구제조업체의 가구를 들여와 전시하여 판매만

[그림 2.2] 전통적 유럽가구업체의 전략

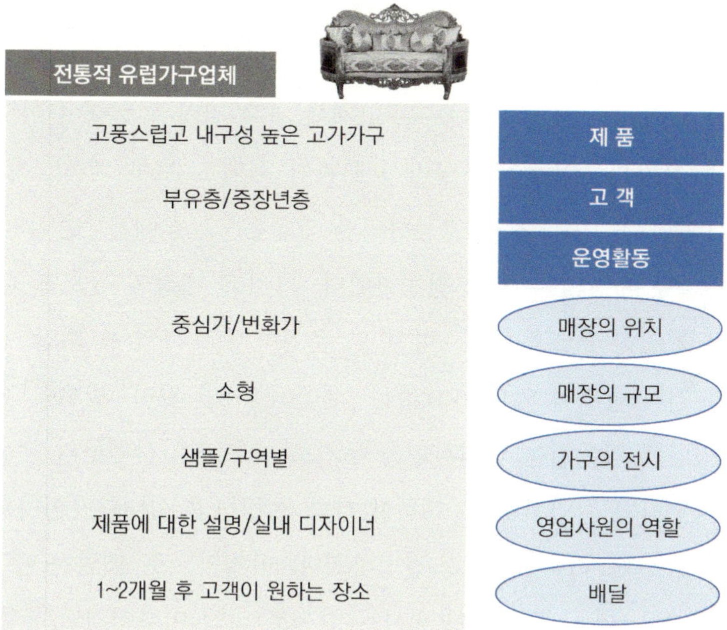

하지 직접 만들지는 않는다. 따라서 고객이 특정 가구를 구매하기로 결정하면 유럽가구업체는 그들의 공급자(suppliers)인 가구제조업체에 주문을 주게 되고 주문을 받은 가구제조업체는 그때부터 제조에 들어가 통상 주문 후 1~2달 후 제작된 가구를 고객이 원하는 장소로 배달해 주게 된다.

지금까지 얘기한 내용이 바로 전통적인 유럽가구업체의 전략이다(그림 2.2 참조). 군사학에서의 전략이 여러 가능한 전쟁터 중 하나를 선택하는 것인 것과 마찬가지로 경영학에서의 전략은 다수의 제품, 다수의 고객, 다수의 운영방식 중 하나씩을 선택하는 것이다.

전통적인 유럽가구업체의 사례에서 보면 그들이 취급가능한 여러 가구 중에서 "고풍스럽고 내구성이 높은 고가가구"를 그들의 제품으로 결정하였다. 즉, 제품에 관한 전략적 선택을 한 것이다. 고객에 있어서도 그들이 대상으로 할 수 있는 여러 고객 중 "부유층/중 · 장년층"을 그들의 고객으로 선정하였다. 즉, 고객에 관한 전략적 선택이 이루어진 것이다. 유럽가구업체의 운영방식에 관한 선택도 보자. 우선, 여러 위치에서 매장을 여는 것이 가능하지만 그들은 그 중에서 "중심가/번화가"를 그들 매장의 위치로 결정하였다. 그리고 매장의 규모도 다수의 대안이 가능하나 그들은 "소형"으로 운영하기로 하였다. 뿐만 아니라 다양한 전시 방법이 있으나 그들은 "샘플/구역 별 전시" 방법을 선택하였고 영업에 있어서는 영업사원을 두기로 하고 영업사원들의 핵심적인 역할을 전시되어 있지 않은 제품에 대해 설명하고 실내디자이너로서의 역할을 충실히 하는 것으로 결정하였다. 마지막으로 배달은 주문 후 일정 시간이 지난 후 고객이 원하는 장소로 직접 이루어지도록 하였다. 즉, 유럽가구업체들은 다양한 제품, 고객, 운영방식 중에서 각각 하나씩을 선택하였고 이러한 제품, 고객, 운영방식의 선택이 바로 그들의 전략인 것이다. 따라서, 본서에서 전략은 일단 다음과 같이 정의할 수 있다: **제품, 고객, 그리고 운영방식의 선택**.

▌이러한 제품, 고객, 운영방식의 선택에서 각 선택 간의 관계는 어떠한가?
우리가 주목해야 할 또 하나의 사실은 이런 하나하나의 선택이 매우 일관된 의사결정 또는 선택이란 점이다. 다시 말해 제품에 관한 선택이 이루어지면 이에 가장 적합한 고객이 결정되고 제품과 고객이 결정되면 자연스럽게 이에 가장 적합한 하나하나의 운영방식이 결정되는 것이다. 이러한 일관성은 제품, 고객, 운영방식 중 무엇을 먼저 선택하더라도 결과는 마찬가지다. 따라서 본서에서 전략은 다음과 같이 정의

하도록 한다: **"제품, 고객, 그리고 주요 운영방식에 관한 일관된 의사결정의 집합."**

▮▮ [그림 2.2]의 내용이 전통적인 유럽가구업체의 전략이라면 이들 가구업체들의 경쟁은 어떻게 이루어지는가? 즉, 무엇을 잘하는 가구점이 전통적인 유럽가구업체에서 뛰어난 경쟁력을 가진 기업인가? 전통적인 유럽가구업체들이 일단 그들의 제품, 고객, 운영방식, 즉 전략을 결정했다면 과연 이들 기업 중 경쟁력의 차이는 무엇에 의해 결정되는가? 당연히 그들이 제공하는 제품이 다른 경쟁사의 그것보다 뛰어나야 한다. ▮ 어떤 제품이 뛰어난 제품인가? 이들은 이미 뛰어난 제품이 어떤 제품인지 전략적으로 선택을 하였다. 즉, 고풍스럽고 내구성이 강한 고급가구가 전략적으로 뛰어난 제품인 것으로 이미 결정을 한 것이다. 따라서 이들 기업 간의 경쟁은 '누가 보다 고풍스럽고 내구성이 강한 고급가구를 제공하는가'에 의해 이루어지는 것이다.

또한 이들 기업 간의 경쟁은 누가 그들 고객의 끊임없이 변화하는 욕구를 정확히 파악하여 이를 제품에 제대로 반영시켜 주는가에 의해 이루어진다. 하지만 이들 유럽가구업체들은 이미 그들의 고객을 부유층/중·장년층으로 결정하였다. 따라서 이들 간의 경쟁은 '누가 이미 고객으로 결정된 부유층/중·장년층의 가구에 대한 욕구를 잘 파악하고 이를 제품 등 그들 사업에 제대로 반영하는가'에 의해 이루어진다. 인과관계에 있어 한 단계 더 들어가 '그럼 누가 이를 더 잘 수행하는가'를 생각해 보자. 그들의 마케팅 능력이 뛰어나 그들이 선택한 고객인 부유층/중·장년층의 가구에 대한 욕구를 다른 경쟁사보다 잘 파악해야 하고 마케팅부서와 디자인부서와의 협업이 뛰어나 파악한 욕구를 가구 디자인에 제대로 반영해 주는 가구점은 그렇지 못한 가구점보다 높은 경쟁력을 보여주게 된다.

경쟁력이 높은 가구점은 당연히 영업을 다른 기업보다 잘해야 할 것이다. 하지만 영업을 어떻게 할 것인가에 대해서는 이미 전략적으로 결정이 되어 있다. 즉, 가구, 그 중에서도 유럽가구에 대한 해박한 지식을 가지고 뛰어난 의사소통능력으로 전시되어 있지는 않지만 고객이 구입 가능한 가구에 대해 정확하게 설명해 줄 수 있고, 실내디자이너로서의 능력이 탁월한 영업사원을 통해 영업을 하기로 이미 전략적으로 결정한 것이다. 그렇다면 이제 이들 기업 간의 경쟁은 어느 가구점이 실제로 이런 능력을 가진 영업사원을 많이 확보하고 있느냐에 의해 이루어진다.

인과관계에 있어 한 단계 더 들어가 생각해 보자. ▌이런 영업사원을 많이 확보하려면 이들 가구점들은 무엇을 잘해야 할까? 아마 영업사원에 대한 채용, 교육, 보상 및 동기부여 시스템이 다른 경쟁사보다 뛰어나야 할 것이다. 즉, 영업사원에 대한 채용, 교육, 보상 및 동기부여 시스템이 뛰어난 가구점이 그렇지 못한 가구점보다 높은 경쟁력을 보일 것이다.

이 업체들이 높은 경쟁력을 가지려면 또 무엇을 잘해야 하는가? 아마 정해진 시간에, 고객이 주문한 그대로의 가구를 제작하여 정확히 요청한 장소로 안전하게 배달해 줄 수 있는 가구점은 그렇지 못한 가구점보다 높은 경쟁력을 보여줄 것이다. 이를 위해 각 가구점들은 무엇을 잘해야 하는가? 각 가구점의 주요 공급자인 가구제조업체들이 주문한 제품을 주문한 대로 정확하게 주어진 시간 내에 제작하고 이를 요청된 장소에 정확하게 배달해 줄 수 있도록 뛰어난 공급자관리능력(SCM: Supply Chain Management)을 갖추고 있어야 할 것이다.

[그림 2.3] **전통적인 유럽가구업체 및 이케아의 전략**

전통적 유럽가구업체		이케아
고풍스럽고 내구성 높은 고가가구	제 품	현대적, 내구성 높지 않은 중저가
부유층/중장년층	고 객	젊은 신혼부부
	운영활동	
중심가/번화가	매장의 위치	교외
소형	매장의 규모	대형
샘플/구역별	가구의 전시	모든 가구/ 실제 배치 및 형태
제품에 대한 설명/실내 디자이너	영업사원의 역할	셀프 서비스
1~2개월 후 고객이 원하는 장소	배달	셀프 서비스

매장의 위치도 마찬가지다. 이미 번화가/중심가에 매장을 설치하기로 전략적으로 결정했기에 이들 가구점들 간의 경쟁은 '누가 보다 번화한 곳에 매장을 가지고 있느냐 아니냐'에 의해 이루어지는 것이다.

▌그렇다면 지금 위에서 설명한 전통적 유럽가구업체 간의 경쟁은 전략에 의한 경쟁인가? 우리는 이런 경쟁을 전략에 의한 경쟁이라 부르지 않는다. 이들 유럽가구업체들의 전략은 동일하기 때문이다. 이들 간의 승자와 패자는 동일한 전략을 누가 더 잘 수행하는가에 의해 결정되는, 즉 전술 또는 관리에 의한 경쟁인 것이다.

▌▌그럼 전략에 의한 경쟁이란 어떤 것인가? 전통적인 유럽가구업체와 이케아(IKEA) 사이의 경쟁을 우리는 전략에 의한 경쟁이라고 한다(그림 2.3 참조).

이케아가 본격적으로 가구업에 진출할 당시의 상황을 보면 오늘날의 베이비부머가 막 결혼을 해 신혼가정을 이루고 있던 시점으로 이들에 의한 가구 수요가 폭발적으로 증가하고 있었다. 이러한 환경변화에도 불구하고 유럽의 기존 대형가구업체들은 새로운 시장을 간과하고 여전히 부유층/중·장년층을 그들의 주고객으로 전략을 수립 및 실행하고 있었다. 이에 이케아는 주고객대상을 기존 업체들이 중점을 둔 부유층/중·장년층이 아닌 젊은 신혼부부로 새로이 정의하였다.

주고객이 젊은 신혼부부라면 이케아는 어떤 제품을 제공해야 할까? 젊은 신혼부부에게 적합한 가구는 기존의 고풍스러운 디자인보다는 현대적이고 단순한 디자인의 가구가 바람직하다. 그리고 젊은이들은 싫증을 잘 내고, 가족이 늘어나고 소득에 증대함에 따라 주기적으로 가구를 교체할 필요가 있기에 가구의 내구성은 그리 중요하지가 않다. 그리고 아직 경제력을 충분히 갖추지 못한 젊은 신혼부부라 가격대도 고가가 아닌 중저가가 적합하다.

경제력을 충분히 갖추지 못한 젊은 사람들은 가격에 매우 민감하다. 따라서 가구 자체가 중저가이어야 할 뿐 아니라 가능한 비용을 줄여 낮은 가격에 제공하는 것이 중요하다. 그 당시 가구업체의 비용구조 중 가장 높은 비중을 차지하는 항목은 매장 임대료와 영업사원에 대한 인건비이다. 아직 인터넷이 발달한 시기가 아니라 매장을 없애는 건 불가능하기 때문에 비용항목에서 높은 비중을 차지하는 또 하나의 항목인 영업사원에 대한 인건비를 줄이기 위해 영업사원을 없애고 셀프서비스를 도입하게 된다.

영업사원을 없애려면 어떤 조건이 충족되어야 하는가? 영업사원 없이 영업이 가능하려면 기존에 영업사원이 수행해왔던 역할을 필요 없게 만들어줘야 한다. 영업사원들이 기존에 수행해 왔던 중요한 역할이란 전시되어 있지 않은 가구에 대해 설명을 해 주는 것과 실내디자이너로서의 역할이다. 이런 역할을 필요 없도록 하기 위해서는 전시방법을 샘플/구역별 전시에서 그들이 팔고자 하는 모든 종류의 가구를 전시하고 그 가구들을 최적의 배치로 실제 모습 그대로 전시하는 것으로 바꾸어야 한다.

모든 가구를 전시하려면 매장의 규모는 대형으로 갈 수밖에 없고 대형매장이 가능 하려면 매장의 위치는 번화가가 아닌 교외가 될 수밖에 없다. 또한 젊은 사람들이 주고객이라 이들은 전통적 유럽가구업체의 고객들과는 달리 주문한 후 1~2달 기다리지 않고 바로 쓰고 싶어 한다. 이러한 욕구를 충족시켜 주기 위해서는 전시한 가구 외에 충분한 재고가 있어야 하고 이러한 재고를 두려면 대형 창고가 필요하게 된다. 따라서 이케아는 대형 전시매장 외에 대형 창고를 운영하게 된다.

▌고객이 제품을 전시매장에서 선택한 후 어떻게 창고에서 그 가구를 가지고 나와 원하는 장소로 가져갈 수 있는가? 이를 가능하게 하기 위해 제품을 디자인할 때부터 모듈 디자인으로 하여 조립식 가구를 만들게 되고, 각각의 부품을 납작하게 포장해서 선반에 올려놓으면 고객은 이를 꺼내 카트에 싣고 계산한 후 차로 가져가 원하는 장소에서 조립해 완성하게 된다. 즉, 배달도 셀프서비스가 가능해지는 것이다.

전통적인 유럽가구업체와 이케아를 보면 전혀 다른 제품, 고객, 운영방식의 집합, 즉 전혀 다른 전략으로 경쟁을 하고 있다. 이들 간의 경쟁은 같은 전략을 누가 더 잘 수행하는가에 의한, 즉 전술 또는 관리에 의한 경쟁이 아니라, 누구의 전략이 더 많은 가치를 창출하느냐 아니냐에 의해 승자와 패자가 결정되는 전략에 의한 경쟁인 것이다.

전략에 의한 경쟁을 하는 기업들은 실제 경쟁을 하는가?

전략에 의한 경쟁을 하는 기업들은 서로 다른 전략을 수립 및 실행하고 있으므로 고객 및 시장이 다르다. 따라서 이들 기업은 넓은 의미, 즉 '누가 보다 많은 가치를 창출하는가'란 관점에서는 당연히 경쟁을 하지만 직접적으로 경쟁하지는 않는다. 직접적인 경쟁은 항상 같은 전략을 수행하는 기업 사이에서 일어나는 것이다. 따라서 직접적인 경쟁을 하는 기업 간의 경쟁은 전략에 의한 경쟁이 아니라 전술에 의한 경쟁이다. 우리가 전략과 전술의 차이에 관해 혼란을 가지는 이유도 바로 여기에 있다고 볼 수 있다.

포터(Michael E. Porter, 1996)[2]에 의하면 운영의 효과성(OE: Operational Effectiveness)이란 유사한 활동을 경쟁사보다 더 잘 수행하는 것이고 전략이란 경쟁사와 다른 활동을 수행하거나 유사한 활동을 다른 방법으로 수행하는 것을 의미한다. 생산성 한계곡선을 보자. [그림 2.4]에서 보는 바와 같이 생산성 한계곡선이란 정해진 비용에서 현재 이용 가능한 최상의 기술, 기능, 관리기법, 그리고 투입재를 사용하여, 특정 재화를 제공하는 기업이 창출할 수 있는 최대의 가치를 의미한다. [그림 2.4]에서 C만큼의 비용으로 현존하는 가장 뛰어난 방법으로 기업이 창출할 수 있는 가치가 V라면 그 보다 낮은 C′의 비용으로 기업이 제공할 수 있는 최대의 가치는 V′가 된다. 따라서 생산성 한계곡선 상에 있는 기업은

2 Porter. M. E. 1996. What is strategy? *Harvard Business Review*, November-December: 61-78.

[그림 2.4] 운영의 효과성과 생산성한계곡선

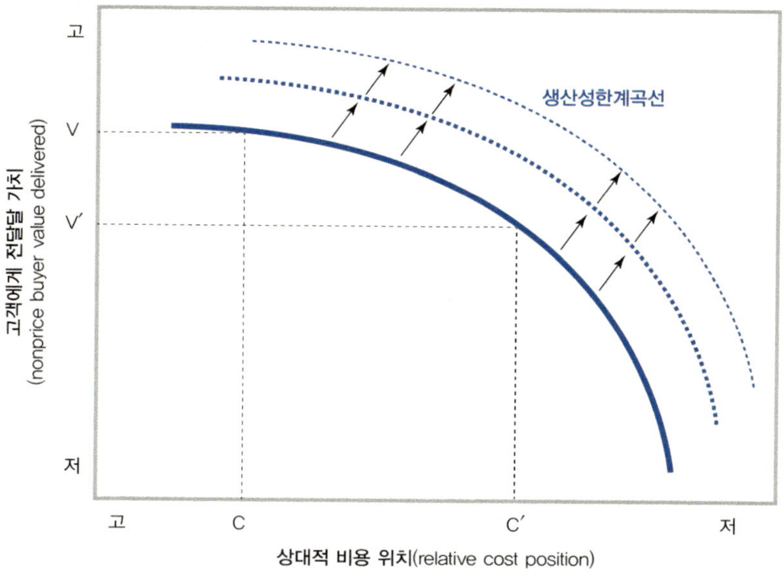

최상의 OE를 달성한 기업이고 그렇지 못한 기업은 생산성 한계곡선 아래에 위치하게 된다. 최상의 OE를 달성하지 못한 기업, 즉 생산성 한계곡선 아래에 위치한 기업이 OE를 향상시킨다는 것은 그들이 생산성 한계곡선 방향으로 이동한다는 의미이다. 뿐만 아니라 보다 뛰어난 새로운 기술이나 경영기법이 개발되거나 보다 새로운 원자재가 시용 가능해지면 이 생산성 한계곡선은 그 자체가 보다 위로 상승하게 된다.

포터 교수는 많은 기업들이 이러한 OE 향상을 위한 경쟁을 하고 있다고 주장한다. 즉, 생산성 한계곡선 아래에 있는 기업들은 TQM(Total Quality Management), 시간기반경쟁(time-based competition), 벤치마킹 등의 프로그램을 통해 생산성 한계곡선으로 나아가기 위해 노력하고 비록 생산성 한계곡선 위에 있는 기업이라 할지라도 끊임없이 위쪽으로 이동하고 있는 생산성 한계곡선을 향해 나아가기 위해 경쟁하고 있다는 것이다. 포터 교수는 OE 향상을 위한 새로운 경영기법, 기술, 원자재, 그리고 고객욕구를 충족시키는 보다 뛰어난 방법 등은 신속히 모방할 수 있기 때문에 이런 OE의 끊임없는 향상은 뛰어난 수익성을 위한 필요조건이지 충분조건은 될 수 없다고 주장한다.

앞서 우리는 전략을 고객, 제품, 주요 운영방식에 관한 일관된 의사결정의 집합으로 정의하고, 특정 전략을 누가 더 잘 수행하는가에 의한 경쟁을 전술에 의한, 또는 관리에 의한 경쟁이라고 하였다. 이런 전술 또는 관리에 의한 경쟁은 포터에 따르면 OE를 위한 경쟁으로, 포터는 이를 모방이 비교적 쉬운, 따라서 지속적 경쟁우위를 달성할 수 있는 경쟁은 아니라고 주장한다.

하지만 이 주장은 전략에 의한 경쟁의 중요성을 강조하기 위한 것이지 OE에 의한 경쟁이 중요하지 않다는 의미로 해석하지 않는 것이 좋다. 왜냐하면 동일한 전략을 수행하는 기업 간에도 지속적인 경쟁력의 차이는 여전히 존재하기 때문이다. 이는 제5장 내부 자원과 능력 분석을 통한 전략수립에서 자세히 논의하기로 하자.

전략(strategy)과 전략경영(strategic management)의 차이는?

그럼 이런 전략을 어떻게 수립할 것인가? 군사학에서의 전략은 여러 가능한 전쟁터 중 하나를 선택하는 것이라 하였다. **그렇다면 전쟁터의 선택, 즉 군사학에서 전략 수립은 어떻게 하는 것이 좋을까?** 아마 다음의 과정을 통해 최종 전쟁터를 선택하게 될 것이다: 1) 먼저 각 전쟁터를 분석해야 할 것이다. 각 전쟁터의 지형지물을 잘 파악하여 그 전쟁터에서 아군에게 위협적인 요소와 동시에 아군에게 기회를 제공하는 요소를 찾아내 그 전쟁터에서 이기려면 무엇을 잘 해야 하는지를 살펴봐야 한다; 또 하나의 중요한 고려요소는 2) 아군과 적군을 분석하여 적군 대비 아군의 강점과 약점을 찾아내야 한다; 그리고 3) 각 전쟁터에서 당연히 위협요소라 인식되는 것들이 오히려 기회요인이 되거나, 기회요인이라 믿고 있던 것들이 위협요인으로 바뀐 것은 없는지를 검토해야 한다; 마지막으로, 4) 이러한 분석들을 종합하여 아군이 이길 수 있는 전쟁터를 최종적으로 선택하는 것이다.

그럼, 경영학에서 전략은 어떻게 수립할 것인가? 군사학에서 각 전쟁터를 선택하는 과정과 마찬가지로 다음과 같은 과정을 생각할 수 있다(그림 2.5 참조): 1) 우선 기업의 외부환경, 그 중에서도 기업의 직접적인 외부환경인 각 산업을 분석하여 그 환경에서의 주요 기회 및 위협요인을 파악하는 과정; 2) 그 기업의 내부 자원과 능력을 분석하여 경쟁사 대비 그 기업의 핵심 강점 및 약점을 찾아내는 과정; 3) 평소 당연히 받아들이고 있는 여러 가지 관행을 깨고 완전히 새로운 사업기회를 모색하는 과정; 4) 그리고 이러한 분석들을 종합하여 최종적으로 전략을 선택하는 과정. 일반적으로 1)~4)의 과정을 우리는 '**전략수립과정**(strategy formulation process)'이라 부른다.

그리고 5) 수립된 전략을 조직구조(organizational structure), 시스템(systems), 과정(processes) 등을 통해 조직을 디자인함으로써 실행하는 과정을 우리는 전략수립과정과 구별되는 '**전략실행과정**(strategy implementation process)'이라 부르고 있다. 전략실행은 다시 두 과정을 통해 전략수립에 영향을 미치게 된다(그림 2.5의 6-1과 6-2). 6-1) 전략을 실행한

[그림 2.5] 전략 및 전략경영

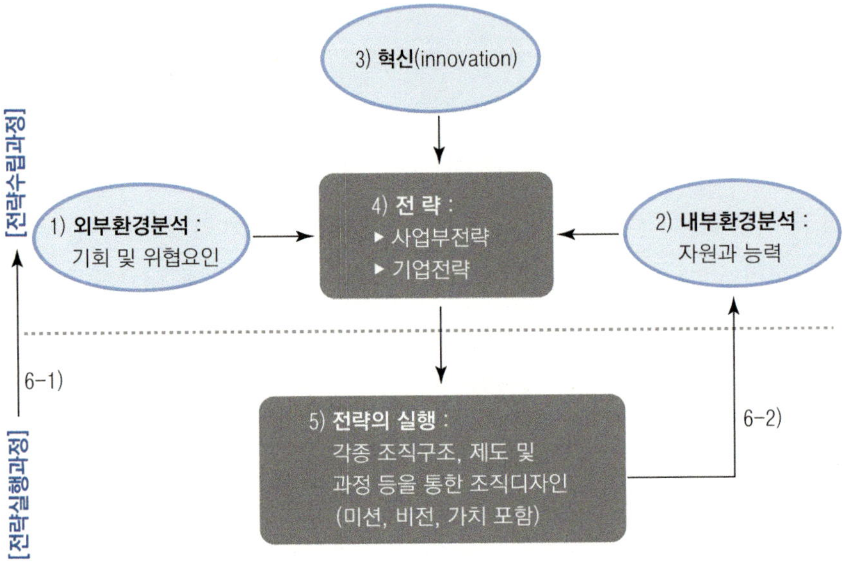

후 기업은 그 결과를 점검 및 평가하게 되고 이는 다시 전략수립에 영향을 미치게 된다. 그리고 6-2) 전략실행과정에서의 조직디자인은 내부 자원 및 능력 구축의 핵심적인 수단이 되고 이 내부 자원과 능력은 다시 새로운 전략수립의 기반이 된다. 두 번째 과정은 제11장에서 상세히 논의하기로 한다.

전략경영이란 일반적으로 이러한 전략의 수립 및 실행과정, 그리고 실행과 수립 사이의 상호작용으로 정의할 수 있다.[3] 본서에서의 전략

3 Hill, C. W., & Jones, G. R. 2012. *Strategic management: An integrated approach*(10th Ed.). South-Western Cengage Learning; Jones, G. R., & Hill, C. W. 2010. *Theory of strategic management*(9th Ed.). South-Western Cengage Learning.

경영은 전략수립과정에 통상적으로 언급되는 내/외부 환경분석 외에 혁신(innovation)을 추가하였다(그림 2.5 상단). 전략을 수립하는 데 있어 내/외부 환경을 분석하는 것도 중요하지만 급속히 변화하는 사업환경에서 평소 당연히 받아들이고 있는 것들에 대한 고정관념을 깨고 전혀 새로운, 그러나 보다 뛰어난 전략을 수립하는 것이 갈수록 중요해 지고 있기 때문이다. 여기에 관해서는 "제6장 혁신적인 전략은 어떻게 수립하는가"에서 자세히 다루고자 한다.

또한 대부분의 전략 교과서에서는 미션, 비전, 가치체계 등을 전략수립과정에서 고려해야 할 중요한 요소로 다루고 있으나 본서에서는 이를 실행과정으로 취급하고자 한다. 본서에서는 이들 요소들은 수립된 전략을 실행하는 데 있어서도 핵심이라 믿고 있기 때문이다. 그리고 동시에 이들 미션, 비전, 가치체계 등은 기업의 핵심 자원과 능력의 원천이기에 전략수립에도 지대한 영향을 미친다. 이는 본서 제4부 "수립된 전략은 조직 내에서 어떻게 실행하는가"에서 보다 상세히 논의하기로 한다.

요약하면 본서에서 다루고자 하는 전략에는 크게 두 가지, 즉 사업전략과 기업전략이 있다. 그리고 전략은 제품, 고객, 그리고 주요 운영방식에 관한 일관된 의사결정의 집합으로 정의하고 전략경영이란 이러한 전략을 수립 및 집행하는 일련의 과정으로 본다.

▌전략은 과연 계획한 대로 수립 및 실행되는가: 의도된 전략과 창발적 전략(intended strategy and emergent strategy)▐

전략을 수립 및 실행하는 과정인 전략경영은 매우 합리적이고 조직화되어 있으며 최고 경영층에 의해 잘 조율된 과정으로 묘사 되어 있다. 하지만 실제로 기업 내에서 전략이 이렇게 수립 및 실행되는가? 현실을 보면 반드시 그렇지 않고, 그렇게 하는 것이 바람직하지도 않은 이유는 다음과 같다.[4] 첫째, 우리가 살고 있는 세상은 불확실성, 복잡성 및 애매 모호함이 갈수록 높아지고 있다. 이렇게 미래를 예측하기 어려운 환경에서 기업은 변화하는 환경에 즉각적으로 대응하여야 하고, 그러기 위해 전략 또한 즉각적으로 바꿔야 한다. 기업의 전략이 공식적 전략기획과정에서 연례행사로만 검토되어서는 안 되는 이유이다. 둘째, 미래 예측이 어려운 상황에서는 최고 경영진보다는 중간관리자가 전략수립과정에서 더 큰 역할을 할 수 있다. 마지막으로 성공한 전략에는 합리적인 전략적 사고보다는 생각하지 못한, 뜻밖의 발견에 의한 경우가 많다.

실제 기업에서 전략이 어떻게 수립 및 실행되는가에 대한 민츠버그(Henry Mintzberg) 교수의 주장을 보자(그림 2.6 참조).[5] 그는 기업이 애초에 '기획하거나 의도한 전략(planned or intended strategy)' 중에는 그대로

---

4 Hill, C. W., & Jones, G. R. 2012. *Strategic management: An integrated approach* (10th Ed.). South-Western Cengage Learning.

5 Mintzberg, H., & McHugh, A. 1985. Strategy formulation in an adhocracy. *Administrative Science Quarterly*. Vol.30(2), June: 160-197.

[그림 2.6] 의도된 전략과 창발적 전략(intended strategy vs. emergent strategy)

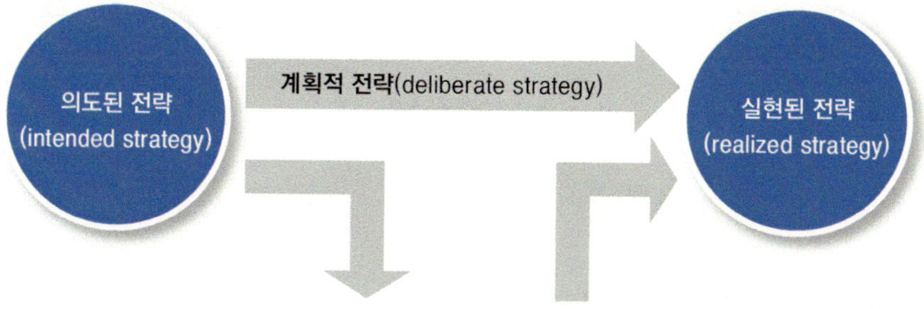

실행되는 전략이 있는 반면 상당수는 사전에 예기치 못한 여러 환경적 요인 또는 조직 내 반발 등의 이유로 중도에 포기된다. 의도한 대로 그대로 실행된 전략을 우리는 '계획적 전략(deliberate strategy)', 중도에 포기된 전략을 '실현되지 않은 전략(unrealized strategy)' 또는 '폐기된 전략(discarded strategy)'이라 부른다.

하지만 실제로 행하는 전략, 즉 '실현된 전략(realized strategy)' 중에는 계획적 전략(deliberate strategy)도 있으나, 전혀 미리 기획되거나 의도한 바없이, 실행과정에서 사전에 예기치 못한 일들에 의해 자연스럽게 발생한 '창발적 전략(emergent strategy)'의 비중도 상당하다.

의도하지 않았으나 실제로 실행하게 된 전략인 'emergent' strategy를 우리는 '창발적' 전략이라 번역하고 있으나 이 번역은 다소 오해의 소지가 있다. 창발적(創發的)의 사전적 의미는 "남이 하지 아니하거나 모르는 것을 처음으로 또는 새롭게 밝혀내거나 이루어 내는"(고려대 한국어 사전)으로, 이는 뭔가 행위자의 의도나 의지가 포함된 것으로 해석될 수 있다. 하지만 창발적 전략은 예기치 못한 일들로 인해 의도하지 않았으나 자연스럽게 발생한 전략으로서 기업이나 경영자의 의지나 의도와 상관없이 수립되고 실행된 전략을 의미한다. 이런 의미에서 '창발적' 전략보다 '우발적' 전략으로 해석하는 것이 보다 타당하다고 생각된다.

일반적으로 '의도된 전략'은 최고 경영진에 의해 구상된 전략을 의미하나 이 또한 이성적인 숙고 끝에 나온 것보다는 전략수립과정에 참여하는 여러 개인 및 집단 간의 협상 및 타협의 결과에 의한 것이 더 많다. 하지만 이러한 '의도된 전략' 중 단지 10~30% 정도만 실현되고, 나머지 대부분은 중도에 포기된다고 한다. 또한 실현된 전략의 상당 부분은 개별 경영자들이 이 의도된 전략을 해석하는 과정에서, 그리고 변화하는 또는 예기치 못한 외부환경에 대응하는 복잡한 과정에서 자연스럽게 형성되는 의사결정인 '창발적 전략'이다.

이러한 관점은 전략이란 수립과 실행 간의 끊임없는 상호작용을 통해 개선하고 학습하는 과정으로서 환경에 맞춰 지속적으로 조절 및 개선되어야 한다는 점을 시사하고 있다.

"혼다의 미국시장 진출전략은 어떠했는가?"

'창발적 전략'의 대표적인 사례는 혼다(Honda Motor Co.)의 미국 모터사이클 시장진출이다.[6] 1959년 6월, 혼다는 그들 최초의 해외 자회사인 'American Honda Motor Co. Inc.'를 설립하였다. American Honda의 매

6 Pascale R. T. 1984. Perspective on strategy: The real story behind Honda's success. *California Management Review*, 26: 47-72.

출은 미국시장 진출 다음 해인 1960년 50만불(판매 대수는 2,000대 이하)에서 5년 후인 1965년에는 무려 7,700만불로 기하급수적으로 증가하였다. 1960년 미국시장에서 거의 존재가 없었던 혼다는 1966년에 이르면 무려 63%에 이르는 시장점유율을 달성하게 되었고 그 결과 미국시장에서 팔리는 오토바이의 절반 이상이 혼다 오토바이였던 것이다.

1975년 보스턴 컨설팅 그룹(Boston Consulting Group)은 전 세계 모터사이클 산업에서 영국기업이 실패한 이유를 분석한 보고서를 발간하면서 혼다의 미국시장에서의 성공요인을 분석하고 이를 정리하였다.[7] 하바드 경영대학원, UCLA, 그리고 버지니아대학의 교수들은 이 보고서를 요약하여 사례로 개발하였고 이는 많은 경영대학의 교재로 쓰이게 되었다.

보스턴 컨설팅 그룹 및 이들 경영대학 사례에서 혼다의 전략은 탁월하고 혁신적일 뿐 아니라 의도하고 계획된 것으로서, 미국 모터사이클 산업을 재정의하여 엄청난 성공을 거둔 것으로 설명하였고 그 내용은 다음과 같이 요약할 수 있다.

혼다는 스스로를 'Hell's Angels', 'Satan's Slaves'라 칭하는 가죽재킷을 입은 난폭한 이미지의 전통적인 고객이 아니라, 이전에는 오토바이 타는 것을 생각조차도 해본 적 없는 일반대중을 고객으로 정의하였다. 그리고 제품도 대형 오토바이가 아닌 가장 소형의 경량 오토바이에 집중하였다. 그 오토바이는 3단 기어, 자동 변속기, 5마력, 전기 시동장치와 여성들을 위한 발 받침대가 부착되어 있었다. 미국과 영국 대형 오토바이가 당시 1,000불~1,500불인데 비해 혼다 오토바이는 소매가

---

7 Boston Consulting Group. 1975. *Strategy alternatives for the British Motorcycle Industry*. Her Majesty's Stationary Office, London.

250불 이하에 팔리고 있었다.

미국에 진출할 무렵 혼다는 이미 일본 국내에서 소형 모터사이클을 대량 생산하고 있었다. 따라서 혼다는 미국에서도 소형 모터사이클에 집중함으로써 규모의 경제에 의해 상당한 비용우위를 점하고 있었다. 이러한 비용우위로 인해 혼다는 소형 오토바이를 250불 이하라는 저렴한 가격에 판매할 수 있었고 이러한 전략은 혼다가 소형 오토바이를 통해 세계시장을 공략하는 데 많은 기여를 하였다.

그리고 혼다의 광고 캠페인인 "You Meet the Nicest People on a Honda" 또한 일반 가족을 겨냥한 것으로서 이는 난폭한 'Hell's Angels' 이미지의 기존 고객과 분리하기 위해 의도적으로 시도된 것이었다. 뿐만 아니라, 오토바이는 당연히 전문 딜러망을 통해 유통하는 것이라는 고정관념을 깨고 그 누구도 생각하지 못했던 백화점을 유통망으로 선택하였다.

과연 실제로 그랬을까? 여러분이 1959년 미국시장에 진출할 당시 혼다의 경영진이라 생각해 보자. 여러분이라면 혼다의 미국시장 진출을 위해 어떤 전략을 수립할까? 합리적이고 이성적인 전략을 생각해 보자. 먼저 고객을 생각해 보자. 미국 시장에서의 오토바이 고객은 당연히 열성적인 오토바이광이고 이들은 일본인보다 상대적으로 체격이 클 뿐 아니라 넓은 면적을 가진 미국이기에 이들은 장거리 주행의 기회가 많다. 따라서 이들 고객에 적합한 제품으로서 오토바이는 일본에서 큰 성공을 거둔 50cc 소형 오토바이가 아니라 할리-데이비슨(Harley-Davidson)과 같은 250cc 또는 305cc 대형 오토바이가 적합하다. 그리고 판매도 당연히 오토바이 전문딜러망을 활용하는 것이 가장 바람직하다고 생각될 것이다.

[그림 2.7] 혼다의 의도된 전략

고객: Hell's Angels

제품: Honda Benly in the 1960s

1959년 미국에 진출할 당시 혼다의 '의도된 전략'은 정확하게 여러분이 위에서 생각한 것과 같다(그림 2.7 참조). 즉, 고객은 가죽재킷의 난폭한 마초 이미지를 가진 체격이 크고 장거리 주행의 욕구가 큰 사람들이었다. 이들 고객의 욕구에 적합한 오토바이로 혼다는 50cc 소형 오토바이가 아니라 250cc와 305cc 대형 오토바이인 Benly를 주력 제품으로 선택하였다. 그리고 다른 업체와 마찬가지로 딜러망을 구축하기 위해 모터사이클 업계 잡지에 딜러 모집광고를 게재하였으나 반응은 매우 낮았다. 1960년 봄에 이르러 혼다는 전국에 40개 정도의 딜러를 겨우 확보할 수 있었고 각 대리점에는 주로 대형 오토바이를 전시해 판매하였다.

하지만 혼다의 이러한 의도된 전략은 완전한 실패로 돌아갔다. 대형 오토바이 판매는 지극히 부진하였고 제품 또한 오일 누수와 클러치 고장 등 기계적인 결함으로 많은 어려움을 겪었다.

평소 혼다 미국법인의 경영자들은 업무용이나 출퇴근용으로 일본에서 사용하던 소형 오토바이를 타고 다녔다. 심각한 실적 부진을 타개하기 위해 많은 고민을 하며 하루하루를 보내고 있던 혼다 경영자들이 로스앤젤레스에서 소형 오토바이를 타고 다니는 모습은 시어즈 백화점(Sears Roebuck and Co.)의 경영인을 포함한 많은 사람들의 눈에 띄게 되었고 이들의 관심을 끌게 되었다.

그러던 어느날 시어즈 백화점은 혼다 일본 경영인들이 평소 L.A.에서 타고 다니던 소형 오토바이를 오토바이광이 아닌 일반 대중을 대상으로 자신들의 백화점에서 팔고 싶다는 제안을 하였다. 처음 이 제안을 받고 혼다 경영자들은 기존의 오토바이 주고객들이 혼다 오토바이를 형편없는 제품으로 생각할까 두려워 이를 받아들이길 주저했었다. 하지만 대형오토바이 전략의 실패로 어떡하든 실적부진을 조금이라도 만회해야 했던 그들은 이 제안을 결국 받아들이지 않을 수 없었다.

혼다의 소형 오토바이 판매 전략은 전혀 예상하지 못한 엄청난 성공을 거두게 되었다. 미국시장에서 그 누구도 시도하지 못했던 소형 오토바이인 'Super Cub 50'을 주력상품으로, 그리고 한번도 오토바이를 소유해본 적이 없는 미국의 일반 대중이라는, 지금까지 그 어느 기업도 접근해 보지 못한 엄청난 잠재 시장으로 혼다는 아주 우연히 뛰어들게 되었던 것이다. 뿐만 아니라 유통채널 또한 오토바이 전문딜러가 아닌 일반 유통업체, 그것도 스포츠용품 매장이라는 어느 기업도 시도해 보지 않았던 채널을 새롭게 발견하게 된 것이다(그림 2.8 참조).

새로운 전략으로 성공을 거두었으나 혼다는 여전히 이 전략에 확신을 갖지 못하고 있었다. 유통업체들의 판매실적은 혼다 Super Cub의 고객이 평범한 일반인이라는 사실을 끊임없이 알려주고 있었으나 혼다의 경영진들은 여전히 전통적인 검은 가죽 재킷을 입은 고객에게 전통적인 딜러망을 통해 대형 오토바이를 판매하는 수익성 높은 전략을 포

[그림 2.8] 혼다의 창발적 전략

제품: Honda Super Cub 50 in the 1960s

고객: "Nicest People on a Honda"

기하는 것이 두려워 새로운 고객에 집중하지 못하고 있었다.

1963년 봄, UCLA의 광고전공 학부학생이 수업 과제물로 "You Meet the Nicest People on a Honda"를 혼다 광고 캠페인으로 제출하였다. 그 학생은 당시 혼다를 고객으로 끌어들이기 위해 노력하고 있던 광고대행사인 Grey Advertising에 그 과제물의 아이디어를 넘겼고 Grey는 이 아이디어를 혼다 경영진에게 제안하였다. 혼다 사장과 회계담당 임원은 전통적인 고객을 도외시하는 캠페인이란 두려움에 반대하였으나 영업담당 임원은 "Nicest People" 캠페인에 절대적인 지지를 보였다.

우여곡절을 겪은 후인 1963년 혼다는 마침내 거대한, 그리고 누구도 발을 들여놓지 않았던 시장을 직접적으로 확정하고 겨냥한 전략을 공식적으로 채택하게 되었다. 그리고 "Nicest People" 캠페인은 혼다의 매출을 훨씬 빠른 속도로 성장시켜 1964년에는 미국에서 판매되는 오토바이 2대 중 한 대는 혼다 오토바이였다.

이것이 바로 미국시장 진출을 위해 혼다가 실제로 전략을 수립하고 집행한 과정이었다. 혼다의 성공사례에 대한 일반적인 평가는 "혼다는 대단히 혁신적인 기업", "역발상으로 성공한 대표적 사례", "창조, 혁신 전략의 대표적 사례" 등 혼다의 '실현된 전략'을 처음부터 혁신적 발상으로 '의도된 전략'으로 보는 것이다. 하지만 실제로 혼다의 전략은 애초에 '의도된 전략'이 아니라 실행과정의 여러 시행착오 또는 기회에 의해 우연히 발생한 '창발적 전략'에 의해 '실현된 전략'이었다.

메리어트(The Marriott Corporation)의 기내식 서비스사업 또한 창발적 전략의 대표적인 사례로 자주 언급되고 있다.[8] 원래 메리어트는 호텔 외 식당사업도 영위하고 있었다. 1930년대 말, 메리어트는 8개의 식당을 소유 및 운영하고 있었는데 그 중 워싱턴 D.C. 공항 근처에 있던 한 식당의 매니저는 탑승객들이 탑승 중에 먹기 위한 음식을 구입하기 위해 식당에 오는 것을 알게 되었다. 이러한 추세를 인지한 메리어트 창업자인 윌라드 메리어트(J. Willard Marriott)는 메리어트 식당에서 비행기에 직접 미리 포장된 점심을 배달하는 계약을 이스턴 항공사(Eastern Airlines)와 맺었다. 이러한 계약은 나중에 아메리칸 항공사(American Airlines)와도 맺게 되고 마침내 전 세계 100개 이상의 공항에서 항공사에 음식 서비스를 제공하는 것이 메리어트의 주요 사업영역이 되었다.

현실에 있어 대부분 기업의 '실현된 전략'에는 처음부터 '의도된 전략'도 있고 '창발적 전략'도 있을 것이다. 여기서 시사점은 '의도된 전략' 외 '창발적 전략'의 중요성을 인식하고 이를 냉정히 평가해 실행여부를 결정하여야 한다는 것이다. 즉, '의도된 전략'을 실행하는 과정에서 여러 환경변화, 기회 및 위기 포착 등의 예기치 못한 상황 등으로

8 Collins, J. C., & Porras, J. I. 1997. *Built to Last: Successful habits of visionary companies.* New York: HarperCollins.

기존 '의도된 전략'의 조절 및 개선 또는 완전한 변화를 통한 새로운 '창발적 전략'이 제시되면 이를 [그림 2.5]에서의 합리적인 전략경영의 틀에 맞춰 우리가 혹 간과하고 있었던 부분이 없는지에 대해 재분석 및 재평가를 해보고 가능성이 확인되면 과감히 실행해 보는 것이 중요하다.

Chapter 03

기업의 목적, 그리고 경영자의 역할은?

기업의 목적은 무엇인가?[1]

기업의 목적은 무엇인가? 영리기관으로서 기업의 목적은 당연히 이윤극대화가 답일 것이다. 하지만 우리는 이윤극대화 외에도 기업의 목적으로 여러 가지를 언급하고 있다. 기업의 목적은 기업의 주인인 주주의 이익 또는 가치를 극대화하는 것이라는 주장도 꽤 설득력이 있다. 기업은 고용을 창출하고 고용된 종업원들의 행복하고 안정된 삶을 위해 고용보장, 충분한 보상 및 복지를 제공하는 것이 바람직하다는 말 또한 충분히 공감이 간다. 그들이 제공하는 제품이나 서비스를 통해 그들의 고객을 최대한 만족시켜야 하는 것이 기업이라는 주장도 의미가 있다. 요즘 화두가 되고 있는 상생경영을 위해서 원자재와 부품을

---

1 본 section의 자세한 내용은 다음 논문을 참조: Park, C. 1998. Mutual Trust: A Critical Linkage between Value Appropriation and Value Maximization. *The Seoul Journal of Business*, Vol.4(1), pp.1-34. The Institute of Management Research, Seoul National University.

비롯한 우리 기업의 운영에 필요한 각종 자원을 공급하는 공급업체(suppliers) 또한 기업의 한 가족으로서 그들을 위해 최선을 다하는 것이 중요한 것도 사실이다. 심지어 기업은 국가와 민족 또는 전인류의 행복을 위해 공헌해야 한다는 주장 또한 일리가 있다.

이 중에서 국가와 민족 또는 전인류의 행복이라는 목적은 지구상에 존재하는 합법적 조직이라면 당연히 추구해야 하는 보편적인 것이기에 타 기관(institutions)과 차별화된 기관으로서의 기업의 목적으로는 너무 포괄적이다. 따라서 기업은 무엇을 통해 국가와 민족 또는 인류의 행복에 공헌하는가에 대한 답이 하나의 독립된 기관으로서의 기업의 목적일 것이다.

지구상 모든 합법적 기관에 적용되는 국가와 민족 또는 인류의 행복을 제외하더라도 나머지 목적 중 중요하지 않은 것이, 그래서 기업의 목적이 되기에 적합하지 않은 것이 있는가? 아마 없을 것이다. 기업의 목적이 이처럼 다양하다면 우리는 기업에서 각종 의사결정을 하는 데 상당한 혼란을 겪을 수밖에 없다. 왜냐하면 위에서 설득력 있는 기업의 목적으로 제시된 '이익 극대화 또는 주주가치 극대화', '종업원 가치 극대화", "고객 가치 극대화" 그리고 "공급자 가치 극대화" 등을 추구하기 위한 방법은 서로 상충할 수밖에 없기 때문이다. 즉, 하나의 목적을 추구하고자 하면 많은 경우 다른 목적을 희생해야 하기 때문이다. 예를들어, 종업원들에게 보다 많은 가치를 부여하기 위해서는 주주, 고객, 또는 공급자에게 주는 가치를 줄여야 한다. 뿐만 아니라 기업의 목적이 이처럼 다양하면 기업은 일관된 의사결정이 불가능해진다. 기업의 목적에 대한 명확한 이해가 필요한 이유는 바로 여기에 있다.

기업의 존립근거는 무엇이며 이를 위한 전략의 역할은?

그렇다면 기업의 근본적인 목적 또는 존립 근거(raison d'etre)는 무엇인가? 기업의 목적에 대한 기존 여러 주장은 잠시 잊고 기업이란 기관(institution)이 수행하는 역할 및 기능에 대해 백지상태에서 한번 생각해 보자.

기업이란 무엇이며, 어떤 역할 및 기능을 수행하는가? 기업이란 외부시장에서 구입한 여러 가지 자원들을 기업내부에서 조합하여 제품이나 서비스 등 최종 산출물을 만들고 이를 고객에게 제공한다. 이러한 역할을 수행하는 기업이라는 기관은 그 기업이 제공하는 최종 산출물의 가치가 이를 위해 사용한 자원의 가치의 합보다 클 때 그 존재이유가 있다고 할 수 있다. 즉, 기업의 존립근거는 추가적인 가치창출에 있다.

고객이 인지하는 최종 산출물의 가치는 고객이 최종 산출물에 대해 기꺼이 지불할 용의가 있는 최고의 가격을 의미한다. 그리고 사용된 자원의 가치는 자원 공급자 기회비용(supplier opportunity cost)으로서 각 자원을 공급하는 자원공급자가 해당 기업 외에서 받을 수 있는 가장 높은 가격, 또는 해당 기업으로부터 받고자 하는 최소한의 가격을 의미한다. 따라서 기업의 존립근거인 "기업이 창출한 가치"는 [그림 3.1]의 오른쪽에서 "고객이 인지하는 최종 산출물의 가치"에서 "최종 산출물을 위해 사용된 자원들의 가치"를 뺀 부분이 된다.

예를 들어, 기업 A가 기존의 냉장고와는 달리 전기를 전혀 사용할 필요가 없는 냉장고를 개발하여 판매한다고 하자. 동일한 용량과 성능의 기존 냉장고 가격이 100만원, 그리고 예상 사용기간인 10년 동안 절

[그림 3.1] 가치창출 극대화

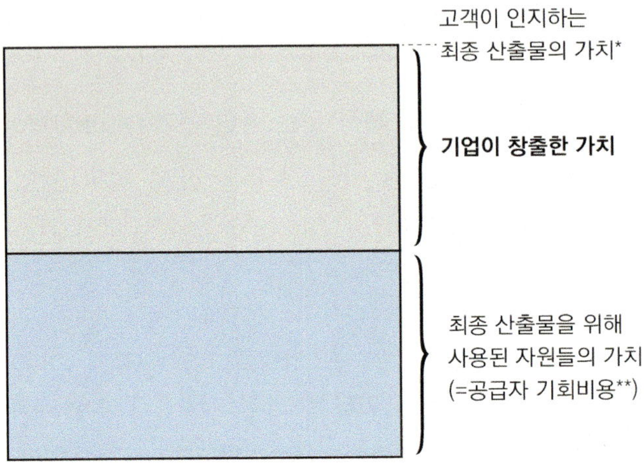

* 최종 산출물에 대해 고객이 기꺼이 지불할 용의가 있는 최고의 가격
** 공급자 기회비용(supplier opportunity cost): 자원공급자가 측정 자원에 대해 받고자 하는 최소한의 가격

약할 수 있는 전기료의 '순 현재가치(net present value)'를 50만원이라고 하자. 환경문제에 대한 가치를 고려하지 않는다고 한다면, 기업 A가 제공하는 냉장고에 대해 고객이 기꺼이 지불하고자 하는 최대 가격인 가치는 150만원(즉, 동일한 기존 냉장고 가격 100만원 + 절약되는 10년간 전기료의 현재 가치 50만원)이 된다. 만약 150만원 이상이라면 고객은 기업 A가 제공하는 냉장고가 아닌 기존 냉장고를 선택할 것이기 때문이다. 기업 A가 전기를 필요로 하지 않는 냉장고를 만들어 판매할 때 들어가는 실제 비용이 110만원이라고 하면 그 제품을 위해 사용한 자원의 가치, 또는 자원공급자 기회비용은 실제 지불한 비용보다 낮은, 예를 들어 100만원이 된다. 자원의 가치 또는 자원공급자 기회비용이란 해당 기업 외에서 받을 수 있는 최대 가격 또는 해당 기업으로부터 받고자 하는 최소한의 가격이므로 이는 실제 기업이 지불한 비용보다 낮게 형

[그림 3.2] 전략과 가치창출

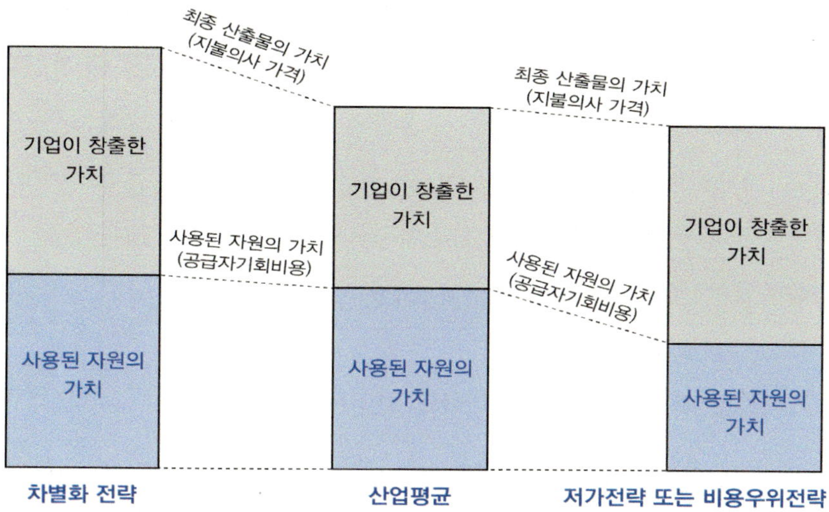

성되기 때문이다. 따라서 기업 A가 창출하는 가치는 150만원(새로운 냉장고의 가치)에서 사용된 자원의 가치인 100만원을 뺀 50만원이 된다.

기업의 경쟁력(competitiveness) 또는 경쟁우위(competitive advantages)란 기업의 존립근거인 최종 산출물의 가치와 사용된 자원의 가치의 차이를 누가 더 크게 하느냐, 또는 누가 더 많은 추가적 가치를 창출하느냐에 의해 결정된다. 추가적인 가치창출, 즉 경쟁력 향상이 어렵다고 하는 이유는 일반적으로 최종 산출물의 가치를 높이기 위해서는 사용되는 자원의 가치 또한 높아지기 때문이다. 따라서 기업경쟁력 향상을 위해서는 1) 사용된 자원의 가치가 다소 증가하더라도 최종 산출물의 가치 증가를 더 크게 하는 방법, 그리고 2) 최종 산출물의 가치는 다소 감소하더라도 사용된 자원의 가치 감소를 더 크게 하는 방법을 찾아내야 하는데, 이 방법들이 바로 전략이다.

본원적 전략(generic strategy)에는 차별화 전략(differentiation strategy), 그리고 저가전략(low-cost strategy) 또는 비용우위전략(cost-leadership strategy)이 있다. 차별화 전략은 가치창출의 첫 번째 방법, 즉 사용된 자원의 가치가 다소 증가하더라도 최종 산출물의 가치증가를 더 크게 하는 것이고, 저가전략이란 두 번째 방법, 즉 최종 산출물의 가치는 다소 감소하더라도 사용된 자원의 가치 감소를 더 크게 함으로써 가치창출을 극대화하고자 하는 것이다(그림 3.2 참조).

가치창출 극대화와 이익 극대화의 차이는?

그렇다면 기업의 존립근거로서 가치창출의 극대화는 우리가 흔히 기업의 목적으로 얘기하는 이익 극대화와 어떻게 다른가? [그림 3.3]의 우측은 최종 산출물의 가치와 이를 위해 사용된 자원의 가치의 차이인 기업이

[그림 3.3] 가치창출 극대화와 이익극대화

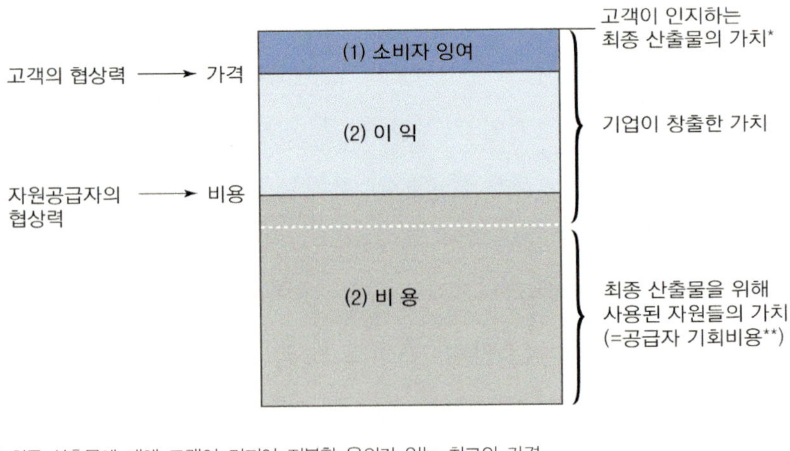

* 최종 산출물에 대해 고객이 기꺼이 지불할 용의가 있는 최고의 가격
** 공급자 기회비용(supplier opportunity cost): 자원공급자가 특정 자원에 대해 받고자 하는 최소한의 가격

창출한 가치를 보여주고 있다.

▌그렇다면 이익이란 무엇인가? 다들 알고 있듯이 이익(profit)이란 매출에서 비용을 제외한 부분이다. 이를 단위당으로 보면 가격(price)에서 단위당 비용(cost)을 뺀 부분이다(그림 3.3 좌측 참조).

▌그렇다면 가격은 어떻게 결정되는가? 최종 산출물의 가치란 고객이 그 산출물에 대해 기꺼이 지불하고자 하는 최대한의 가격을 의미하기 때문에 실제로 고객이 지불하는 가격은 산출물의 가치보다 높을 수가 없다. 따라서 산출물의 가격은 그 산출물의 가치 아래에서 결정이 된다.

우리가 경제학원론에서 배운 기본 지식에 의하면 가치 아래에서 결정되는 가격은 일반적으로 그 산출물이 거래되는 시장에서의 수요와 공급에 의해서 결정된다. 하지만 가격은 수요와 공급을 포함한, 고객의 협상력에 영향을 미치는 여러 가지 요인에 의해 결정된다고 보는 것이 보다 명확한 해석일 것이다. 예를 들어 수요와 공급이 동일하더라도 만약 고객이 하나 밖에 없는 반면에 경쟁기업이 다수 존재하는 시장과 수많은 고객이 존재하고 한 기업이 독점적으로 특정 산출물을 제공하는 시장이 있다면 같은 산출물이라고 하더라도 후자 시장에서의 해당 산출물 가격이 더 높을 수밖에 없다. 이유는 후자 시장의 고객의 협상력이 전자 시장의 고객의 협상력보다 낮기 때문이다. 따라서 가격이란 고객의 협상력에 의해 결정이 되고 이는 시장 메커니즘인 수요와 공급을 포함한 여러 가지 요인에 의해 영향을 받는다고 볼 수 있다.

▌그렇다면 이익을 구성하는 또 하나의 요소인 단위당 비용은 어떻게 결정되는가? 비용이란 기업이 최종 산출물을 제공하기 위해 사용하는 여러 가지 자원을 구입하기 위해 지불하는 금액으로서 이는 자원의 가치 또

는 자원공급자의 기회비용보다 높은 곳에서 결정된다. 왜냐하면 자원의 가치 또는 자원공급자 기회비용이란 해당 기업 외에서 받을 수 있는 최대 가격 또는 해당 기업으로부터 받고자 하는 최소한의 가격을 의미하기 때문이다.

사용하는 자원의 가치보다 높은 곳에서 결정되는 비용은 각 자원이 거래되는 시장에서의 수요와 공급에 의해 결정된다고 하나 실제로는 그 자원을 제공하는 공급자의 협상력에 영향을 미치는 여러 가지 요인들에 의해 결정된다고 볼 수 있다. 예를 들어 임금은 노동시장에서의 수요와 공급에 의해 영향을 받으나 실제로는 단순히 노동시장에서의 수요와 공급 외에도 노동조합의 존재 유무, 그 노동조합의 협상력의 강도 등 노동을 제공하는 근로자의 협상력에 영향을 미치는 여러 요인에 의해 결정된다. 따라서 기업의 비용은 그 기업이 최종 산출물을 제공하기 위해 사용하는 자원들을 공급하는 자원공급자(resource suppliers or resource providers)의 협상력에 의해 결정된다고 해석할 수 있다.

요약하면, 이익이란 가격에서 비용을 뺀 금액이다. 그리고 가격은 고객의 협상력에 의해 결정되고 이러한 고객의 협상력은 산출물 시장에서의 수요와 공급을 포함한 여러 요인에 의해 영향을 받는다. 비용은 최종 산출물 제공을 위해 기업이 사용하는 여러 가지 자원을 공급하는 자원공급자들의 협상력에 의해 결정되고 이러한 자원공급자들의 협상력 또한 각 자원 시장에서의 수요와 공급을 포함한 여러 요인에 의해 결정된다. 따라서 이익이란 기업이 창출하는 가치와는 전혀 다른 개념이다(그림 3.3 참조).

이익이 가격과 비용, 즉 고객의 협상력과 자원공급자의 협상력에 의해 결정된다면, 기업이 이익을 극대화할 수 있는 방법에는 무엇이 있을까? 최종 산출물의 가치에서 실제로 고객이 지불한 가격의 차이, 즉, [그림 3.3]에서 제일 위 상자(1)을 우리는 소비자 잉여(consumer surplus)라 부른다. 따라서 최종 산출물의 가치는 그림 3.3)에서 보는 바와 같이 세 가지 요소, (1)소비자 잉여, (2)이익, 그리고 (3)비용으로 구성되어 있다.

▌최종 산출물의 가치를 누가 가져가는 것인가란 관점에서 이 세 가지 요소를 해석해 보자. 첫째, '(1) 소비자 잉여'란 최종 산출물의 가치 중에서 소비자가 가져가는 가치를 의미한다. 둘째, '(3) 비용'이란 최종 산출물의 가치 중 그 산출물을 위해 기업이 사용한 자원을 공급하는 여러 자원 공급자들이 가져가는 가치이다. ▌마지막으로 '(2) 이익'이란 최종 산출물의 가치 중에서 누가 가져가는 가치인가? 흔히, 기업이 가져가는 가치라고 하나 구체적으로 누가 가져가는 것인가? 기업이란 기업이 필요로 하는 여러 가지 자원을 공급하는 자원공급자 또는 이해관계자들(stake-holders) 간의 묵시적, 명시적 계약들의 집합으로 볼 수 있다.[2] 이렇게 볼 때 이익이란 기업을 구성하는 여러 자원공급자 중 재무적 자원을 자본이란 형태로 제공하는 주주가 가져가는 가치를 의미한다. 따라서 이익 극대화란 주주가 가져가는 가치를 극대화하겠다는 것으로서 이는 주주 가치극대화와 개념적으로 동일하다.

▌이렇게 볼 때, 이익 또는 주주가 가져가는 가치를 극대화하기 위한 방법에는 어떤 것들이 있는가? 기업 또는 경영자들이 쉽게 생각할 수 있는 방법으로는 시장 메커니즘인 수요와 공급이 아닌 다른 여러 가지 방법에 의해 고객의 협상력을 떨어뜨려 가격을 올리는 것이다. 예를 들어 경쟁

---

2 Hill, C. W., & Jones, T. M. 1992. Stakeholder-agency theory, *Journal of Management Studies*, Vol.29(2): 131-154.

사간 담합을 통해, 인위적인 인수합병을 통해, 또는 여러 가지 규제에 의한 진입장벽 구축을 통해 고객의 협상력을 떨어뜨려 가격을 인상하고 이를 통해 이익을 극대화하는 것이다. 만약 산출물의 가치는 그대로 둔 상태에서 이런 방법으로 가격을 인상한다면 이는 소비자 잉여, 즉 고객이 가져가던 가치를 빼앗아 주주에게 주겠다는 것이다. 이는 기업의 존립근거인 가치창출(value creation)과는 전혀 관련이 없는 가치도용(價値盜用) 또는 가치착취(value appropriation)에 지나지 않는 행위이다.

이익극대화를 위한 또 하나의 방법이 있다면 이번엔 비용을 줄이는 것이다. 하지만 동일한 자원을 동일한 양으로 사용하면서 그 자원 시장에서의 수요와 공급이 아닌 다른 방법을 통해 자원공급자의 협상력을 약화시켜 비용을 줄여 이익을 극대화한다면, 이는 기업이 필요로 하는 자원을 공급하는 자원공급자가 가져갔던 가치를 빼앗아 주주에게 주겠다는 것이다. 예를 들어, 동일한 수의 동일한 종업원을 고용하면서 노동조합을 무력화시켜 그들의 협상력을 낮춰 임금을 줄인다면 이는 종업원이 가져가는 가치인 임금의 일부를 빼앗아 이를 주주에게 주겠다는 것이다. 이 역시 가치창출과는 거리가 먼 가치도용 또는 착취에 지나지 않는다.

기업의 사회적 정당성(social legitimacy)은 어디서 오는가?

앞서 기업이란 기업이 필요로 하는 여러 가지 자원을 공급하는 자원공급자 또는 이해관계자들 간의 계약의 집합으로 볼 수 있다고 했다. 이렇게 볼 때, 고객이란 소득(revenue) 또는 수입이라는 자원을 제공하고, 주주란 재무적 자원을 자본이란 형태로 제공한다는 점에서 우리는 이들 또한 기업을 구성하는 자원공급자의 일원으로 포함시킬 수 있다. 기업이란 제품이나 서비스의 제공을 통해 추가적인 가치를 창출하고 이렇게 창출된 가치는 모두 이러한 자원공급자들에게 돌려주는 것이다. 즉, 산출물의 가치는 소비자 잉여란 이름으로 고객이라는 자원공급자, 이익이란 명목으로 주주, 그리고 비용이란 이름으로 기타 각종 자원공급자들에게 모두 돌려주는 것이다.

기업이 추가적인 가치창출이 없는 상태에서 단순히 주어진 최종 산출물의 가치를 이들 자원공급자들에게 배분한다고 하자. 이때 자원공급자들 중 특정 자원공급자의 가치를 극대화하려 하면 반드시 다른 자원공급자의 가치를 빼앗게 된다. 즉, 추가적인 가치창출 없이 이익 또는 주주의 가치를 극대화하려 하면 주주를 제외한 다른 자원공급자들의 가치를 빼앗게 되고, 종업원이 가져가는 가치를 극대화하고자 하면 이 역시 종업원을 제외한 다른 자원공급자들의 가치를 착취하게 된다. 고객의 가치만을 극대화하고자 한다면 이 또한 주주를 포함한 다른 자원공급자들의 가치를 침해하게 된다. 이런 의미에서 이익/주주가치 극대화, 종업원가치 극대화, 고객가치 극대화, 상생경영을 위한 협력업체 가치 극대화 등 특정 자원공급자들의 가치 극대화를 기업의 목적으로 하는 것은 타 자원공급자들의 가치착취를 정당화할 수 있다는 점에서 기업의 목적으로 그리 적합하지 않다.

우리는 협력업체를 쥐어짜거나 종업원들의 희생을 강요하며 이익 또는 주주가치의 극대화를 꾀하는 기업들을 자주 본다. 이들 기업 및 경영자들은 영리기관으로서 기업의 목적은 당연히 이익 또는 주주가치 극대화라며 그들의 행위를 정당화한다. 하지만 기업의 사회적 정당성은 이익 또는 주주가치를 극대화하는 것에 있지 않다. 기업의 진정한 사회적 정당성은 뛰어난 제품이나 서비스를 최소한의 자원으로 제공함으로써 기업이 창출하는 가치를 극대화하고 이렇게 창출된 가치를 창출과정에 참여한 여러 자원공급자들에게 공정하게 나누어 주는 데 있다.

▌이익 또는 주주가치 극대화가 가치도용 또는 가치착취를 정당화할 여지가 있음에도 불구하고 우리 사회에서 이를 보편타당한 기업의 목적으로 받아들이는 이유는 무엇일까? 특정 제품이나 서비스에 대해 사람들이 인지하는 가치(value)라는 것은 사람에 따라 다르기 때문에 이를 객관적으로 측정하는 것은 매우 어렵다. 따라서 개념적으로는 가치창출 극대화가 기업의 목적으로 정당성이 있으나 그 측정의 어려움으로 인해 가치의 대용변수(proxy)로 이익이라는 객관적으로 측정 가능한 변수를 기업의 목적으로 사용하는 것일지 모른다.

이익/주주가치 극대화를 기업의 목적으로 하는 것은 가치착취를 정당화할 수 있다는 치명적 약점을 가지고 있으나 이를 최소화할 수 있는 방법은, 이익/주주가치의 극대화를 기업의 목적으로 할 경우에도 **"추가적인 가치창출을 통한"**이라는 전제를 반드시 추가하는 것이 좋다고 생각한다. 추가 가치창출 없는 이익 또는 주주가치 극대화는 반드시 다른 자원공급자에 대한 가치착취를 수반하기 때문이다.

최근 기업의 사회적 책임(CSR: corporate social responsibility)이 강조되면서 기업은 단순히 이익만 추구해서는 안 되고 사회의 일원으로서 사회적 책임을 다해야 한다고 한다. 이에 많은 기업들이 환경, 건강, 그리고 복지를 위한 여러 가지 대외활동에 적극 참여하고 있다. ▌하지만 주주를 제외한 많은 자원공급자들로부터 가치를 빼앗아 이익/주주가치를 극대화를 하면서 양로원이나 고아원을 찾아 기부하고 봉사한다면 이 기업은 과연 기업의 사회적 책임을 다하는 것인가? 절대 그렇지 않다. 기업의 가장 기본적인 CSR은 기업을 위한 여러 자원을 공급하는 고객, 종업원, 협력업체, 기타 사회공동체를 포함한 주변 이해관계자 또는 자원공급자들의 가치를 착취하지 않는 것이다. 이를 실천할 수 있는 방법은 기업이 기업 본연의 목적인 추가적인 가치창출에 집중하는 것이다. 그리하여 주주를 비롯한 각 자원공급자들에게 그들이 현재 받고 있는 가치 이상의 대가를 돌려주는 것이다.

경영자의 역할은 무엇인가?

경영자의 역할을 살펴보기 위해 우선 다음 질문들에 대한 답들을 생각해 보자.

1) 기업의 목적이 추가적인 가치창출을 극대화하는 것이라면 기업은 과연 어떤 과정을 통해 추가적인 가치를 창출하는가?
2) 이렇게 창출된 가치는 어떻게 자원공급자들 사이에 분배되어야 하는가?
3) 이러한 가치창출과정에서 경영자는 어떤 역할을 하는가?

기업은 어떤 과정을 통해 추가적인 가치를 창출하는가?

앞서 설명한 바와 같이 기업은 최종 산출물을 제공하기 위해 필요한 여러 가지 자원을 외부 시장에서 구입하여 추가적인 가치를 창출한다.

[그림 3.4] 기업이 가치를 창출하는 과정

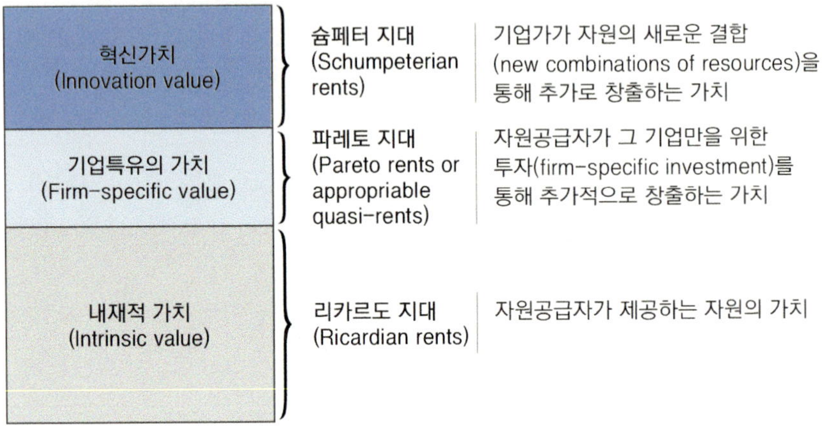

자본을 포함한 이런 여러 가지 자원들이 가지고 있는 가치를 자원의 내재적 가치(intrinsic value)[3]라 하자. 기업은 두 가지 과정을 통해 이러한 자원의 내재적 가치에 추가적으로 가치를 창출한다. 그 하나는 '기업 특유의 가치(firm-specific value)'를 창출하는 과정이고 또 하나는 '혁신가치(innovation value)'를 창출하는 과정이다(그림 3.4 참조).

'기업 특유의 가치'란 각 자원공급자가 그 기업만을 위한 투자(firm-specific investments)를 함으로써 추가적으로 발생하는 가치를 의미한다. 이러한 추가적인 가치는 '파레토 지대(Pareto rents)'와 일맥상통하는 것으로서 이는 흔히 '착취 또는 도용할 수 있는 준지대(appropriable quasi-rents)'로 알려져 있다. '파레토 지대' 또는 '기업 특유의 가치'를

3 [그림 3.1]과 [그림 3.3]에서 이익을 설명하기 위해 최종 산출물을 위해 사용된 자원의 가치는 여러 자원 중 자본의 가치를 제외한 가치를 나타내고 있다. 하지만 [그림 3.4]에서 자원의 내재적 가치는 자본의 가치를 포함한 기업이 사용한 모든 자원들의 내재적 가치를 의미한다.

'착취 또는 도용할 수 있는 준지대'로 부르는 이유는 이러한 가치창출은 각 자원공급자들이 그 기업만을 위한 투자를 함으로써 이루어지는 것이라 그 자원공급자가 다른 기업으로 갈 경우 그 가치는 사라지기 때문이다. 이 가치의 착취 가능 여부는 잠시 후 자세히 논의하도록 한다.

'기업 특유의 가치'가 무엇인지 좀 더 구체적인 예를 들어 생각해 보자. 'A'라는 사람이 현재 아르바이트로 편의점에서 일을 하고 있다고 하자. 현재 이 사람이 하는 일은 본사에서 물건이 들어오면 이를 창고로 옮기고, 모자라는 물건을 진열대에 진열하고 재고를 파악하는 등 매장관리를 한다. 또한 고객을 응대하고 계산대에서 대금을 수령한다. 이렇게 제공하는 'A'의 노동의 가치를 100이라 하면 이는 'A'라는 인적자원의 내재적 가치이다.

이제 이 편의점이 'A'와 정식 고용계약을 체결하여 'A'에게 편의점 운영과 관련된 각종 교육기회를 제공하고 편의점에서 보다 헌신적으로 근무하도록 각종 평가지표 및 인센티브 시스템을 적용하고, 그 평가결과에 따라 차별적인 대가를 지불할 뿐 아니라 향후 편의점 운영의 전권을 갖는 점장으로의 승진이 가능하도록 한다. 이에 'A'는 편의점 창고 공간을 잘 살펴보고 보다 효율적으로 그 창고에 물건을 넣고 꺼낼 수 있도록 물건들을 배치한다. 또한 단골손님들의 개인적인 습성, 취향 등을 잘 파악하고 숙지해 각자에게 가장 적합한 응대를 통해 그들이 원하는 물건을 보다 즐거운 마음으로 쇼핑할 수 있도록 한다. 그리고 편의점 운영에 관한 전문적인 지식을 통해 그 매장에 가장 적합한 재고관리 및 매장관리를 수행하고 있다. 'A'가 이처럼 해당 편의점 운영에서만 사용될 수 있는 일들에 추가적인 시간과 노력을 투입하여 동일한 업무를 수행한 결과 그 업무의 가치가 110이라고 하면 이 추가적인

10을 우리는 기업 특유의 가치라 부른다.

또 다른 가상의 예를 생각해 보자. 특정 자동차 회사가 지금 타이어 제조업체로부터 어떠한 자동차 회사의 자동차에도 쓰일 수 있는 원형 타이어를 제공받고 있고 이 타이어의 내재적 가치가 100이라고 하자.

해당 자동차회사는 올해 혁신적인 새로운 차량을 출시하게 되었고 이 신차에는 원형타이어가 아닌 사각형의 타이어를 사용해야 한다. 이에 이 자동차 회사는 타이어 제조업체에게 사각형의 타이어를 생산해 공급해 줄 것을 요청하게 된다. 이 요청에 따라 타이어 제조업체는 그 자동차 기업만을 위한 사각형 타이어 생산라인을 별도로 구축하게 된다. 즉, 해당 자동차 회사만을 위한 기업 특유의 투자(firm-specific investments)를 하게 되는 것이다.

이렇게 제공된 사각형의 타이어가 그 자동차 회사에 110의 가치를 제공한다면 우리는 이 추가적인 10의 가치를 기업 특유의 가치라 한다. 즉, 기업 특유의 가치 10은 자원공급자인 타이어 제조업체가 해당 자동차 기업만을 위한 기업 특유의 투자를 함으로써 추가적으로 창출된 가치인 것이다.

기업이 창출하는 또 하나의 가치는 '혁신가치(innovation value)'이다. 혁신적 가치에서 혁신이란 슘페터 혁신(Schumpeterian innovation)을 의미하는데 슘페터에 의하면 혁신이란 현존하는 자원의 새로운 조합(new combinations of available resources)을 수행함으로써 다른 것을 생산하거나 같은 것을 다른 방식으로 생산하는 것을 의미한다.[4] 이를 통해 창출된

---

4 Schumpeter, J. A. 1934. *The theory of economic development*. Cambridge, MA: Harvard University Press.

새로운, 그리고 추가적인 가치를 우리는 슘페터 지대(Schumpeterian rents)라 한다.

▌기업은 구체적으로 어떤 방법으로 이런 혁신가치를 창출하는가? ▌같은 제품을 다른 방식을 통해 보다 낮은 비용으로 생산하거나, 동일한 비용으로 고객을 보다 만족시키는 다른 제품을 제공하기 위한 새로운 자원의 조합, 즉 슘페터 혁신은 기업이 구체적으로 어떤 활동을 할 때 일어나는가? 이는 아마 새로운, 그리고 보다 뛰어난 전략을 수립 및 실행할 때일 것이다. 앞서 우리는 전략이란 제품, 고객, 그리고 주요 운영방식에 관한 일관된 의사결정의 집합이라고 정의하였다. 기존의 전략을 성공적으로 수행하기 위해 필요한 자원의 조합이 있을 것이다. 만약 우리가 새로운 전략을 수립 및 실행한다면 이는 새로운 제품을, 새로운 고객을 대상으로, 그리고 새로운 운영방식으로 제공하고 있다는 것이고 이는 새로운 자원의 조합을 요구하게 된다. 이러한 새로운 자원의 조합을 요구하는 새로운 전략이 기존의 전략보다 많은 가치를 창출한다면 이러한 추가적인 가치가 바로 혁신가치이다.

기업의 가치창출을 위해 경영자는 어떤 역할을 수행해야 하는가?

▌기업의 가장 근본적인 목적이자 존립근거인 가치창출을 위해 경영자는 어떤 역할을 수행해야 하는가? 일반적으로 경영자는 두 가지 역할을 수행한다고 한다. 하나는 관리자(administrator)로서의 역할이고 또 하나는 기업가(entrepreneur) 또는 전략가(strategist)로서의 역할이 그것이다(그림 3.5 참조). 경영자의 관리자로서의 역할이란 최첨단의 각종 경영기법,

[그림 3.5] **기업의 가치창출과 경영자의 역할**

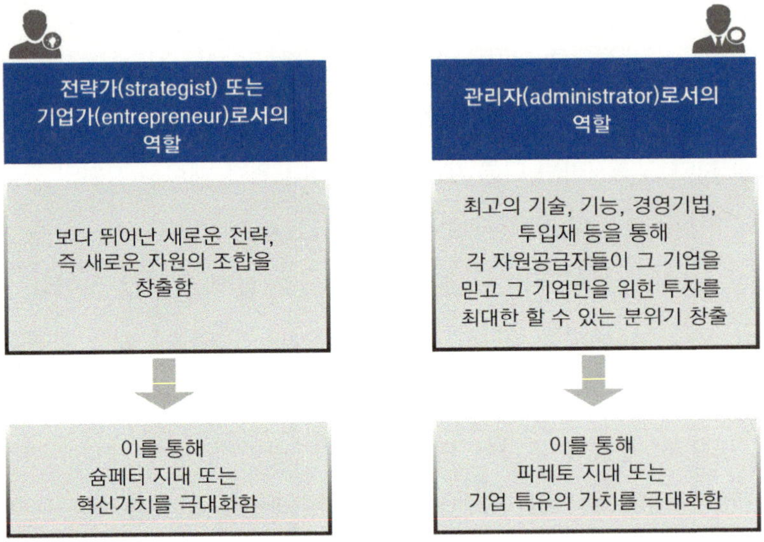

기술, 기능, 그리고 기타 투입재를 통해 기업의 자원공급자들이 그 기업을 신뢰하여 그 기업만을 위한 투자를 극대화할 수 있는 분위기를 만들어 주는 것이다. 그리하여 '파레토 렌트' 또는 '기업 특유의 가치' 창출을 극대화하는 것이다. 그리고 기업가 또는 전략가로서의 경영자는 새로운 자원의 조합을 가져오는 보다 뛰어난 새로운 전략을 통해 '혁신가치'를 최대한 창출하는 사람이다.

경영자의 사회적 정당성은 어디서 오는가?

위 질문에 대한 답을 생각하기 전에 다음 질문을 생각해 보자. **▮ 기업이 창출한 가치는 어떻게 분배되어야 하며, 경영자는 그 중에서 어느 정도의 가치를 자신의 몫으로 주장할 수 있을까?** 앞서 논의한 대로 기업이 제공하는 최종 산출물의 가치는 소비자와 주주를 포함한 기업을 구성하는 모든 자원공급자에게 남김없이 배분된다. 즉, 최종 산출물의 가치는 소비자 잉여라는 이름으로 소비자에게, 이익이라는 이름으로 주주에게, 그리고 비용이라는 이름으로 나머지 자원공급자에게 배분된다. ▌이를 공정하게 배분하는 방법은 무엇인가? 기업의 자원공급자들이 제공하는 각 자원의 가치인 내재적 가치 중 기업, 또는 주주가 가져갈 수 있는 가치인 리카르도 지대(Ricardian rents)는 그 특정 자원이 뛰어나고(superior) 희소(scarce)할 뿐 아니라 그 자원을 실제로 기업이 소유(own)하고 있을 때에만 가능하다. 하지만 기업이 필요로 하는 자원 중 실제로 기업이 소유하고 있는 자원은 브랜드, 기술 등 극히 한정된 자원뿐이다. 인적자원(human resources)을 포함한 대부분의 자원은 자원공급자들이 제공하는 자원들을 계약에 의해 사용하고 있을 뿐이다. 따라서 기업이 소유하고 있는 않는 대부분 자원의 내재적 가치는 각 자원 공급자들의 몫이다.

파레토 지대에 해당하는 '기업 특유의 가치'는 '도용 또는 착취 가능한 준지대(appropriable quasi-rents)'라며 이는 기업 또는 주주가 가져갈 수 있는 가치라고 한다. '기업 특유의 가치'를 기업 또는 주주가 가져갈 수 있는 이유는 '기업 특유의 가치'란 각 자원공급자들이 그 기업만을 위한 투자를 함으로써 창출된 것이라 그 자원공급자가 다른 기업으로 갈 경우 그 가치는 사라지기 때문이다. 따라서 기업이 '기업 특유 가치' 대부분을 가져가도 자원공급자는 그 기업을 떠나 다른 기업으로 갈 수가 없고 여전히 그 기업에 머물 수밖에 없다는 것이다.

▌자원공급자가 그 기업만을 위한 투자를 통해 창출한 가치를 기업이 다 가져가는 것이 가능할까? 만약 그렇게 한다면 어떤 결과가 발생할까? 그 기

업만을 위한 투자를 한 결과 창출된 가치를 기업이 대부분 가져가고 자원공급자에게 돌려주지 않을 경우, 자원공급자는 앞으로 다른 기업에서도 사용할 수 있는 곳에 시간과 노력을 투자해 그들 자원의 내재적 또는 시장 가치를 높이는 데 열중하지 더 이상 그 기업을 믿고 그 기업만을 위한 투자는 하지 않게 될 것이다. 그럴 경우 이제 더 이상 '기업 특유의 가치'는 창출되지 않을 것이고 이는 그 기업이 더 이상 이 가치를 가져갈 수 없다는 것을 의미한다. 다시 말해 '기업 특유의 가치'는 단기적으로, 그리고 한, 두 번은 기업이 가져갈 수 있을지 모르나 이를 지속적으로 가져가는 것은 불가능하다. 따라서 지속 가능한 경쟁우위를 위해서는 '기업 특유의 가치'의 일정부분은 반드시 그 기업만을 위한 투자를 한 각 자원공급자에게 돌려주는 것이 바람직한 가치배분 방식이다.

▌혁신가치는 누가 가져가는 게 바람직한가? 이 역시 그 가치를 창출한 주체가 가져가는 것이 가장 올바른 배분 방식이다. 즉, 보다 뛰어난 새로운 전략의 수립 및 집행을 통해 추가적인 가치를 창출한 집단이 가져가는 것이 바람직하다. 보다 뛰어난 새로운 전략의 수립 및 집행은 경영자에 의해서만 이루어지는 것은 아니다. 훌륭한 전략 수립을 위해 아이디어를 제공한, 그리고 이 전략의 성공적인 실행을 위해 최선을 다한 많은 조직 구성원뿐 아니라 외부 자원공급자들의 역할도 매우 중요하다. 하지만 많은 신선한 아이디어 창출을 위한 분위기를 조성하고, 창출된 많은 아이디어 중에서 가장 바람직한 아이디어를 선택하고 이를 과감히 실행하게 만든 경영자의 역할 또한 이에 못지않게 중요하다. 따라서 혁신가치의 상당 부분에 대해 경영자는 자기 몫을 주장할 근거가 있다.

▌"경영자는 기업이 창출한 가치 중 어느 정도의 가치를 자신의 몫으로 주장할 수 있는가?" 달리 표현하면 "경영자는 조직 내, 외부로부터 어느 정도의 존경과 대우를 받아야 하는가?" 또는 "경영자의 사회적 정당성은 어느 정도인가?" 이는 전적으로 "경영자가 기업의 가치창출에 얼마나 공헌했는가"에 의해 결정되어야 할 것이다.

앞에서 언급했듯이 경영자는 관리자로서 각 자원공급자들이 그 기업을 신뢰하여 그 기업만을 위한 투자를 적극적으로 할 수 있는 분위기 창출을 통해 '기업 특유의 가치'를 극대화하고자 하는 사람이다. 따라서 경영자는 관리자로서 '기업 특유의 가치' 창출에 간접적으로 공헌하고 있다는 점에서 '기업 특유 가치'의 일정부분에 대해 자기 권리를 주장할 수 있다. 경영자는 또한 기업가, 전략가로서 혁신가치 창출에 상당한 공헌을 하고 있고 이의 상당부문에 대해 정당성을 가지고 있다.

요약하면 경영자가 조직 내외부로부터 받아야 할 존경과 대우, 즉 사회적 정당성은 그들이 관리자로서, 그리고 기업가 또는 전략가로서 '기업 특유의 가치,' 그리고 '혁신가치'의 창출에 얼마나 공헌하느냐에 따라 결정되어야 한다.

기업 사회적 정당성의 원천인 기업의 가치창출은 상당 부분은 관리자 그리고 기업가로서의 경영자에 의해 이루어진다. 따라서 경영자들은 관리자와 전략가라는 그들 본연의 역할에 충실하고 이를 성공적으로 수행할 때 그들은 사회적으로 높은 정당성을 주장할 수 있고 또 이를 부여 받아야 한다. 경영자가 사회로부터 받아야 할 존경과 대우는 이런 관점에서 결정되어야 한다.

PART 02

전략은 어떻게 수립하는가?

Chapter 04

산업분석을 통한 전략은 어떻게 수립하는가?

앞서 우리는 산업조직론 관점에서의 전략수립은 기업의 외부환경, 그 중에서도 기업의 직접적인 외부환경인 산업을 분석하여 그 산업의 구조적 매력도에 영향을 주는 해당 산업에서의 주요 기회 및 위협요인을 파악하여 기회요인을 최대한 활용하고 위협요인을 최소화할 수 있는 전략을 선택하는 것이라고 하였다.

기업의 수익성은 크게 다음 두 가지에 의해 결정된다. 하나는 그 기업이 속해 있는 산업의 수익성이고 또 하나는 그 산업 내에서 경쟁사 대비 경쟁우위를 확보할 수 있는 그 기업의 능력이다. 특정 기업이 어떤 산업에서 경쟁을 할 것인가에 관한 의사결정이 기업전략(corporate strategy)이고 주어진 산업 내에서 경쟁우위를 확보하는 것이 사업전략(business strategy)이므로 산업분석은 기업이 이 두 가지 전략을 수립하는데 아주 중요한 역할을 하고 그 결과 그 기업의 수익성에도 많은 영향을 미친다.

본 장에서는 산업에 대한 정의, 산업을 분석하는 목적과 그 목적 달성을 위한 분석틀, 그리고 구체적으로 산업을 분석하는 방법에 대해 기술하도록 한다. 그리고 이러한 산업분석 결과를 전략수립에 구체적으로 활용하는 방법에 대해 설명하고 기존 산업분석에서의 문제점을 극복하기 위한 보완으로 산업생명주기와 전략적 집단에 대해 논의하도록 한다.

산업이란?

일상생활에서 우리는 '산업'이란 용어를 자주 접하고 사용하고 있음에도 불구하고 막상 산업이 무엇인가라는 질문을 받으면 명확하게 답을 하지 못하는 것 같다. 다들 알고 있듯이, 산업이란 따로 실체가 있는 것이 아니라 "여러 기업들로 이루어진 하나의 집단(a group of firms)"을 의미한다. **그렇다면 어떤 기업들의 집단을 하나의 산업으로 보는가?**

코카-콜라음료㈜는 코카콜라와 킨사이다를, 롯데칠성음료㈜는 펩시콜라와 칠성사이다를, 해태htb[1]는 써니텐을, 동아오츠카는 오란씨를 제공하고 있다. 이러한 제품들을 판매하고 있는 이들 기업들의 집합을 우리는 '탄산음료산업'으로 분류하고 있다(그림 4.1 참조). 이러한 기업들의 집단을 '탄산음료산업'이라는 하나의 동일한 산업으로 분류하는 이유는 무엇인가? 이는 이들 기업이 제공하는 제품들이 유사한 고객의 욕구(needs)를 충족시켜 주기 때문이다. 이런 제품들을 우리는 일상적인 용어로는 고객이 유사한, 또는 시장이 유사한 제품이라고도 한다. 이를

1 2016년 해태음료㈜에서 사명변경.

[그림 4.1] 탄산음료산업

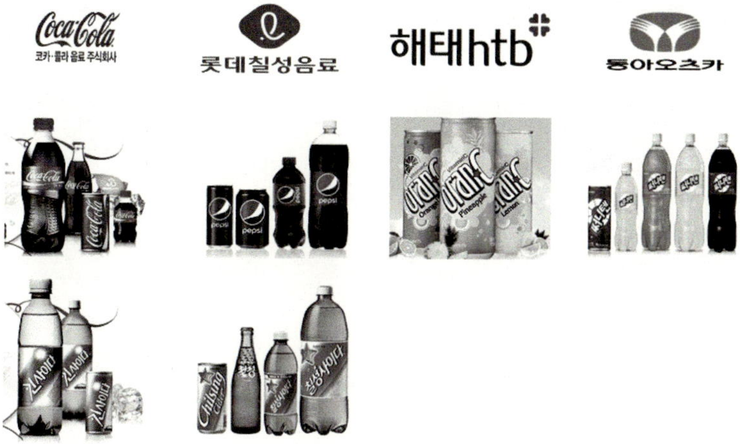

좀 학술적인 용어로는 수요 측면에서의 대체성(substitution in demand)이 높은 제품이라고 한다. 따라서 산업이란 수요의 대체성이 높은, 또는 유사한 고객의 욕구를 충족시켜 주는, 또는 고객/시장이 유사한 제품이나 서비스를 제공하는 기업들의 집단으로 정의할 수 있다.

이번에는 다음의 기업들을 보자. LG전자㈜의 HE(Home Entertainment), HA(Home Appliance), AE(Air conditioner Energy) 사업부는 TV, 홈시어터, 냉장고, 세탁기, 전기 청소기, 에어컨 등을 제조, 판매하고 있다. 삼성전자㈜의 CE(Consumer Electronics) 사업부 또한 TV, 냉장고, 세탁기, 에어컨 등을 취급하고 있다. 코웨이㈜는 정수기, 공기 청정기, 비데 등을, ㈜바디프랜드 또한 안마의자, 정수기 등을 판매하고 있다. 우리는 LG전자와 삼성전자의 이러한 사업부들, 코웨이㈜, ㈜바디프랜드 등을 '가전산업'이라는 동일한 산업으로 분류하고 있다(그림 4.2 참조).

[그림 4.2] 가전산업

▌이들이 제공하는 제품들은 유사한 고객의 욕구를 충족시켜주는가? 그래서 수요의 대체성이 높은 것들인가? 다시 말해, 음식물 저장 및 보관을 위해 냉장고 대신 세탁기를 쓸 수 있는가? 전혀 그렇지 않다. 이들 기업들이 제공하는 제품들은 전혀 다른 고객의 욕구를 충족시켜주고 있음에도 불구하고, 그래서 고객/시장이 다르고 수요의 대체성이 없음에도 불구하고 동일한 '가전산업'으로 분류하고 있는 것이다. ▌그 이유는 무엇인가? 이는 이들 제품들이 수요의 대체성이 아니라 공급의 대체성(substitution in supply)이 높기 때문이다. 공급의 대체성이 높다는 것을 일상적인 용어로는 제품이 비슷하다고 부르기도 한다. 즉, 이들 기업들은 냉장고를 공급하다 그들의 기존 생산설비, 기술 등을 활용하여 세탁기, 에어컨, 청소기 등으로 대체하여 공급하는 것이 비교적 용이하기 때문인 것이다. 따라서 삼성전자㈜와 LG전자㈜뿐 아니라 정수기, 공기청정기, 비데 등을 판매하는 코웨이㈜, 그리고 전기 안마의자를 제공하는 ㈜바디

프랜드 또한 동일한 가전산업으로 분류하는 것이다.

마찬가지로, 트럭과 고급승용차는 서로 수요의 대체성이 높지 않음에도 불구하고 공급의 대체성이 높기에 이를 생산하는 업체들을 같은 산업인 자동차산업으로 분류하는 것이다.

따라서 산업이란 수요의 대체성(substitution in demand)이 높은, 또는 공급의 대체성(substitution in supply)이 높은 제품 및 서비스를 제공하는 기업들의 집단으로 정의할 수 있다.

수요 및 공급의 '대체성'이라는 용어에서 짐작할 수 있듯이 산업은 그 대체성의 정도에 따라 범위가 달라진다. 앞서 얘기한 탄산음료를 제공하는 기업, 과일주스, 우유, 두유 등 영양음료를 제공하는 기업, 커피와 차와 같은 기호음료를 생산 및 판매하는 기업, 그리고 생수를 판매하는 기업들은 보다 넓은 의미의 '비(非)알코올 음료산업'이라 하여 같은 산업으로 분류하고 있다. 이는 비록 탄산음료들 사이의 수요 대체성보다는 정도가 낮으나, 이들 탄산음료, 영양음료, 기호음료, 그리고 생수라는 음료들 간의 대체성이 여전히 존재하기 때문이다.

우리가 일반적으로 사용하는 한국표준산업분류를 보면 대분류, 중분류, 소분류, 세분류, 그리고 세세분류 등 5단계로 나누고 있는데 그 분류범위가 좁으면 좁을수록 수요 및 공급의 대체성이 높은 것으로 이해할 수 있다. 예를 들어, '제조업' 내에 '음료 제조업'이 있고 '음료 제조업'은 다시 '알콜음료 제조업' 및 '비알콜음료 제조업'으로 나눠지고 '비알콜음료 제조업'은 다시 '생수 제조업' 및 '기타 비알콜음료 제조업'으로 구분된다. 그리고 '기타 비알콜음료 제조업'을 보다 세분화하면 탄산음료, 영양음료, 그리고 기호음료로 나눌 수 있다. 이처럼 산업이 세분화된다는 것은 그들 기업이 제공하는 산출물의 대체성이 점점 높아진다는 것을 의미한다.

따라서 산업을 분석할 때에는 먼저 분석하고자 하는 산업의 범위를 명확히 결정하는 것이 중요하다. 탄산음료산업을 분석하는 것과 음료산업을 분석하는 것은 전혀 다른 분석이다. 일반적으로 이러한 산업의 범위는 보통 수립하고자 하는 전략이 어떤 산업을 대상으로 하는 지에 따라 결정된다. 예를 들어, 음료산업 전체가 아니라 탄산음료산업에서의 경쟁우위를 위한 전략이라면 당연히 분석대상 산업은 전체 음료산업이 아닌 탄산음료산업이 되어야 하는 것이다.

산업분석의 목적은 무엇이고 이를 위한 분석틀은 어떻게 구성되어 있는가?

산업분석을 하는 목적은 특정 산업의 잠재적 수익성 관점에서 그 산업의 매력도에 영향을 미치는 구조적인 요인을 파악하고 이를 통해 그 산업에서의 위협 및 기회요인을 이해하는 것이다. 그리고 이러한 이해를 바탕으로 그 산업에서의 위협을 최소화하고 기회를 최대한 활용할 수 있는 전략을 선택하는 것이다.

산업의 매력도 또는 수익성에 영향을 미치는 요인에는 무엇이 있을까?

산업의 수익성에 영향을 미치는 요인으로 우리는 산업 내 기업 간의 경쟁, 성장률, 시장 크기, 고객의 인구통계학적 특성 등 여러 가지를 생각할 수 있다. 하지만 이러한 요인들이 명확한 기준 없이 혼란스럽게 머릿속에 떠오를 때 이를 정리하기 위해 사용하는 것이 분석틀(framework)이다. 그렇다면 이러한 분석틀을 우리가 스스로 만들어 본다

[그림 4.3] 산업의 매력도 또는 수익성 결정요인

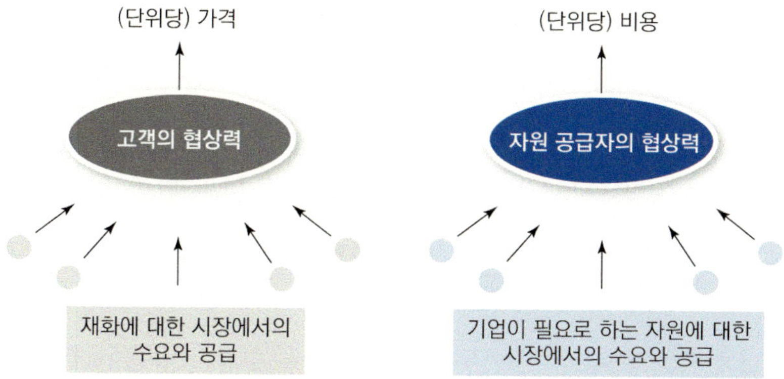

고 생각해 보자.

▌우선 특정 산업의 수익성은 어떻게 결정되는가? 산술적으로 수익이란 당연히 매출에서 비용을, 단위당으로 보면 단위당 가격에서 단위당 비용을 제한 값이다(그림 4.3 참조). ▌그렇다면 특정 재화의 단위당 가격은 어떻게 결정되는가? 경제학에서 우리가 흔히 알고 있는 것은 특정 재화의 가격이란 그 재화가 거래되는 시장에서의 수요와 공급에 의해 결정된다는 것이다. ▌하지만 왜 시장 메커니즘인 수요와 공급에 의해 가격이 결정되는 것인가? 앞서 제3장에서 설명했듯이 전략에서는 그 이유를 수요와 공급이 고객의 협상력(buyers' bargaining power)에 영향을 미치기 때문이라고 해석하고 있다. 즉, 시장에서 특정 재화에 대한 수요가 많아지면 왜 가격이 올라가는가? 이는 고객의 협상력이 낮아지기 때문이라는 것이다. 반대로 공급이 많아지면 고객의 협상력이 올라가 가격이 떨어진다.

가격이 수요와 공급에 의해 직접적으로 결정되는 것이 아니라 고객의 협상력을 통해 영향을 준다는 해석은 가격이란 단순히 수요와 공급에 의해서만이 아니라, 이를 포함한 고객의 협상력에 영향을 미치는 여러 가지 요인에 의해 결정된다는 의미이다.

제3장에서 제시한 예를 다시 생각해 보자. 동일한 제품이 판매되고 있는 'A'와 'B'라는 두 시장이 있다고 하자. 두 시장에서의 수요와 공급은 동일하지만 'A'시장은 고객이 하나 밖에 없는 반면에 다수의 경쟁기업이 존재하고, 'B'시장은 수많은 고객이 존재하지만 제품의 공급은 한 기업이 독점적으로 담당하고 있다고 하자. ▌이 제품의 가격은 어느 시장에서 더 높을까? 비록 동일한 제품이고 수요와 공급이 같다고 할지라도 'A'시장의 고객보다 'B'시장 고객의 협상력이 낮기 때문에 'B'시장의 제품가격이 더 높을 것이다. 따라서 가격이란 시장 메커니즘인 수요와 공급을 포함한 고객의 협상력에 영향을 미치는 여러 가지 요인에 의해 결정된다고 볼 수 있다(그림 4.3 왼쪽 그림 참조).

▌그럼 특정 재화의 비용은 어떻게 결정되는가? 비용이란 기업이 최종 산출물을 제공하기 위해 사용하는 여러 가지 자원을 구입하기 위해 지불하는 금액으로서 이는 각 자원의 가격이다. 자원의 가격은 경제학에서는 이 역시 그 자원이 거래되는 시장에서의 수요와 공급에 의해 결정된다고 한다. 하지만 이 또한 전략에서는 특정 자원을 공급하는 자원 공급자의 협상력(bargaining power of resource providers or suppliers)에 의해 결정된다고 해석한다.

예를 들어 기업이 사용하는 인적자원(human resources)에 대해 지불하는 비용인 임금은 그 인적자원이 거래되는 노동시장에서의 수요와 공급에 의해 영향을 받으나 실제로는 노동시장에서의 수요와 공급 외에도 노동조합의 존재 유무 또는 그 노동조합의 강성의 정도 등 노동을 제공하는 근로자의 협상력에 영향을 미치는 여러 요인에 의해 결정된

[그림 4.4] 기본적 산업 분석체계(framework)

다. 따라서 비용은 최종 산출물을 제공하기 위해 사용하는 자원들을 공급하는 자원공급자의 협상력에 영향을 미치는 여러 가지 요인에 의해 결정된다고 볼 수 있다(그림 4.3 오른쪽 그림 참조).

정리하면, 산업의 구조적 매력도를 파악하기 위한 기본 분석체계(framework)는 [그림 4.4]에서와 같이 '두 가지 경쟁세력 모델(two competitive forces model)'로 볼 수 있다. 즉, 그 산업에서 제공하는 재화의 가격에 영향을 미치는 고객의 협상력과 비용에 영향을 주는 자원 공급자들의 협상력 분석을 통해 그 산업의 매력도 또는 수익성을 파악할 수 있다. 그리고 산업의 매력도에 영향을 미치는 고객과 자원공급자들의 협상력은 어떤 요인들에 의해 결정되는가에 대한 이해를 바탕으로 산업의 매력도에 부정적인 영향을 미치는 요인인 위협요인을 최소화하는 전략을 수립하거나, 또는 산업의 매력도에 긍정적 영향을 미치는 요인인 기회요인을 최대한 활용하는 전략을 선택하는 것이다.

▌그렇다면 우리가 산업분석을 위해 사용하는 대표적인 분석틀인 포터 교수의 '5가지 경쟁세력 모델(five competitive forces model)'[2]은 무엇인가?

2 Porter, M. E. 1979. How competitive forces shape strategy. *Harvard Business Re-*

앞서 우리는 산업을 "수요 및 공급의 대체성"이 높은 제품/서비스를 제공하는 기업들의 집합으로 정의하였다. 포터 교수에 의하면, 우리는 일반적으로 경쟁(competition)을 산업 내 직접적인 경쟁기업들 사이에서만 발생하는 것으로 너무 좁게 해석하고 있다.[3] 실제로 특정 산업에서의 경쟁은 단순히 산업 내 직접적인 경쟁기업들 사이에서만 일어나는 것이 아니라 그 산업에서 발생하는 가치를 서로 경쟁적으로 차지하고자 하는 고객, 공급자, 잠재적 진입기업, 그리고 대체재를 제공하는 기업 사이에서도 발생한다는 것이다. 포터 교수는 산업에서 발생하는 가치를 차지하고자 경쟁하는 이러한 5개의 시장 참여자들을 "경쟁세력(competitive forces)"이라 부르고 이 5가지 세력을 고려한 확장된 개념의 경쟁이 산업구조(industry structure)를 규정하고 산업 내 경쟁의 성격 및 수익을 결정하게 된다는 것이다. 따라서 산업에서 서로 경쟁적인 5개의 세력과 이러한 세력의 근원적인 원인들을 이해하는 것은 산업의 수익성의 원천이 무엇인지, 그리고 향후 그 산업에서의 경쟁 및 수익성이 어떻게 될 것인지를 예상하고 대처하기 위한 분석틀로 사용할 수 있다는 것이다(그림 4.5 참조).

앞서 우리는 산업의 매력도 또는 수익성은 고객의 협상력과 공급자의 협상력에 의해 결정된다고 하였는데, 포터 교수는 왜 이 두 가지 세력 외 세 가지 세력(산업 내 경쟁, 잠재적 진입기업, 그리고 대체재)을 추가했는가? 5가지 경쟁세력이 산업의 매력도에 미치는 영향에 대해 포터 교수는 다음과

---

view, March-April: 134-144.

3 Porter, M. E. 2008. The five competitive forces that shape strategy. *Harvard Business Review*, January: 79-93.

[그림 4.5] 포터의 5가지 경쟁세력 모델

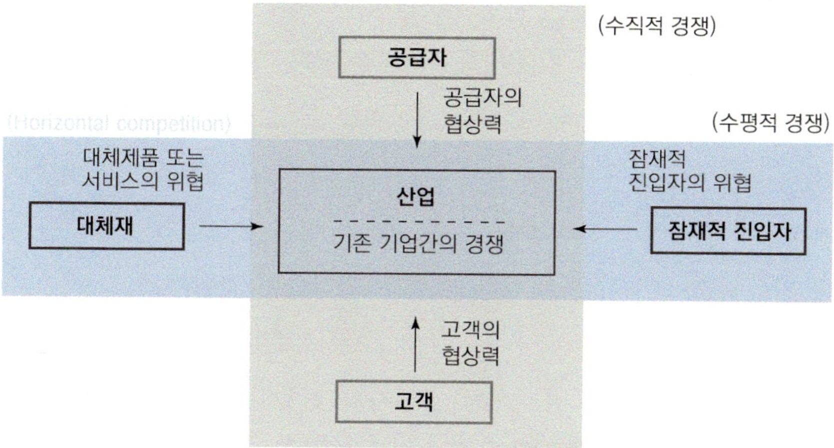

자료: M. E. Porter, 1979 & 2008.

같이 설명하고 있다. 고객의 협상력이 높은 산업은 매력적이지 않다. 이유는 그런 산업은 재화의 가치에 비해 가격이 낮아질 수밖에 없고 따라서 그 산업은 수익이 낮아져 매력적이지 않기 때문이다. 공급자의 협상력이 높은 산업 또한 매력적이지 않다. 그 이유는 그런 산업에서는 공급자들이 그들이 제공하는 자원의 가치에 비해 높은 가격을 요구하게 되고, 따라서 비용이 상승하여 수익성이 낮아지기 때문이다.

그렇다면 경쟁이 심한 산업은 왜 매력적이지 않는가? 포터 교수는 산업 내 경쟁이 심한 산업은 고객의 협상력과 공급자의 협상력이 높아지게 되고 따라서 가격은 내려가고 비용은 상승하게 되어 수익이 낮아지기 때문에 매력적이지 않다고 주장한다. 이는 산업 내 기업 간의 경쟁을 고객의 협상력 그리고 공급자의 협상력을 구성하는 하나의 요소로서 설명하는 것이다. 따라서 산업 내 경쟁은 고객 및 공급자의 협상력이라는 두 개의 경쟁세력에 영향을 미치는 하나의 구성요소이지 직접적이고 독립적인 영향력은 아닌 것이다.

▌포터 교수에 의하면 강력한 대체재가 존재하는 산업은 매력적이지 않다고 한다. 왜? 이런 산업은 고객의 협상력이 높아져 가격이 내려가고 따라서 수익성이 떨어져 매력적이지 않다는 것이다. 대체재 역시 산업의 매력도에 직접적으로 영향을 미치는 것이 아니라 고객의 협상력을 통해 간접적으로 영향을 미치는 것으로 해석하는 것이다.

▌마지막으로 잠재적 진입자가 그 산업으로 진출할 가능성이 높은 산업은 왜 매력적이지 않는가? 잠재적인 진입자가 진출할 위협이 높은 산업은 고객의 협상력과 공급자들의 협상력이 높아지고 이는 역시 수익성을 떨어뜨려 매력적이지 않다는 것이다. 이 또한 독립적인 영향력이기 보다는 고객 및 공급자의 협상력을 구성하는 하나의 요소인 것이다.

이렇게 볼 때 산업분석을 위한 기본적인 체계는 두 가지 영향력, 즉 고객의 협상력과 공급자의 협상력을 분석하는 '2가지 경쟁세력 모델(two competitive forces model)'로 해석할 수 있다. ▌그럼 왜 포터 교수는 '2가지 경쟁세력 모델'이 아니라 세 가지 세력을 추가한 '5가지 경쟁세력 모델'을 제시했는가? 필자 개인적인 추측으로는 기본적으로 '2가지 경쟁세력 모델'이나 나머지 세 가지는 산업에서 발생하는 가치를 경쟁적으로 차지하고자 하는 대표적인 세력일 뿐 아니라, 고객 및 공급자의 협상력에 영향을 미치는 요소 중 가장 중요한 요소들이므로 분석 시 반드시 잊지 말고 확인해 보기를 당부하는 체크 리스트(check-list)로서의 의미가 있지 않을까 생각한다.

어쨌든 포터 교수의 5가지 경쟁세력 모델에 의하면 산업의 수익성은 5가지 경쟁세력에 의해 결정되는데 이러한 경쟁은 두 가지 형태의 경쟁으로 해석할 수 있다. 하나는 공급자, 산업 내 경쟁업체, 그리고 고객 사이의 경쟁인 '수직적 경쟁(vertical competition)', 그리고 또 하나의 경쟁은 대체재, 산업 내 경쟁업체, 그리고 잠재적 진입자 사이의 경쟁을 의미하는 '수평적 경쟁(horizontal competition)'이다(그림 4.5 참조).

포터 교수가 제시한 5가지 경쟁세력은 모두 산업의 매력도에 부정적인 영향을 미치는 것들이다. 따라서 5가지 경쟁세력 중 강한 것이 있다면 이는 그 산업의 위협요인(threats)이고 약한 것은 기회요인(opportunities)이 된다. 전략의 핵심은 이러한 위협요인을 최소화하고 기회요인을 최대한 활용하는 것인데 이를 위해서는 단순히 각 경쟁세력의 강도를 파악하는 것에 머물러서는 안 되고 각 경쟁세력의 강도를 결정하는 근원적이고 구조적인 요인을 이해해야 한다. 예를 들어, 산업이 매력적이지 않은 이유가 고객의 협상력이 높기 때문이라면 그 고객의 협상력이 높은 이유가 무엇인가를 구체적이고 근본적으로 이해해야 한다는 것이다.

각 경쟁세력은 구체적으로 어떻게 분석하는가?

그럼 각각의 경쟁세력은 무엇이며 이의 강도를 알려면 어떤 요인들을 분석해야 하는지 살펴보자.

잠재적 진입자로부터의 위협이 높은 산업과 그렇지 않은 산업은 어떻게 구별하는가?

기업들이 진입할 위협이 큰 산업은 잠재적인 경쟁의 정도가 커지고 이는 고객 및 공급자의 협상력을 높이게 되어 가격을 높이기 어렵고 비용을 낮추기도 힘들어진다. 즉, 잠재적 진입자로부터의 위협은 그 산업의 잠재적인 수익성에 대한 상한을 설정하는 것이다. 따라서 이런 산업은 수익성이 떨어져 매력적이지 않은 산업이 된다. 이러한 잠재적 진입자로부터의 위협 정도는 크게 진입장벽의 높이(height of entry barriers)와 기존 업체들이 진입자에 대해 취할 것으로 예상되는 반격(retaliation)의 정도에 의해 결정된다.

▮ 진입장벽의 높이는 무엇에 의해 결정되는가? 진입장벽이란 특정 산업의 외부에 있는 기업들이 해당 산업으로 진입하는 것을 가로막는 여러 가지 장애물을 의미한다. 진입장벽이 높은 산업은 산업 외부에 있는 기업들이 해당 산업에 진출하기 어렵기 때문에 진입 위협이 낮고 따라서 그 산업의 고객과 공급자의 협상력이 낮아지고 그 결과 매력적인 산업이 된다. 이러한 진입장벽을 구성하는 주요 원천은 다음과 같다.

공급측면에서의 규모의 경제(supply-side economies of scale). ▮ 일반적으로 규모의 경제가 큰 산업은 어떤 산업인가? 공급측면에서의 규모의 경제란 현재 생산량에서 추가로 한 단위 생산할 때 평균비용이 줄어드는 현상을 의미한다. 그리고 생산량이 증가함에 따라 규모의 경제가 존재하다가 더 이상 규모의 경제가 존재하지 않는 생산규모가 있다. 다시 말해, 생산량이 증가함에 따라 평균비용이 줄어들다가 더 이상 감소하지 않는 생산규모가 있다. 우리는 이를 효율을 달성하기 위해 요구되는 최소한의 규모, 즉 '최소효율규모(MES: minimum efficiency scale)'라 부른다(그림 4.6 참조). 규모의 경제가 높은 산업이란 이러한 최소효율규모

[그림 4.6] 공급측면의 규모의 경제와 진입장벽

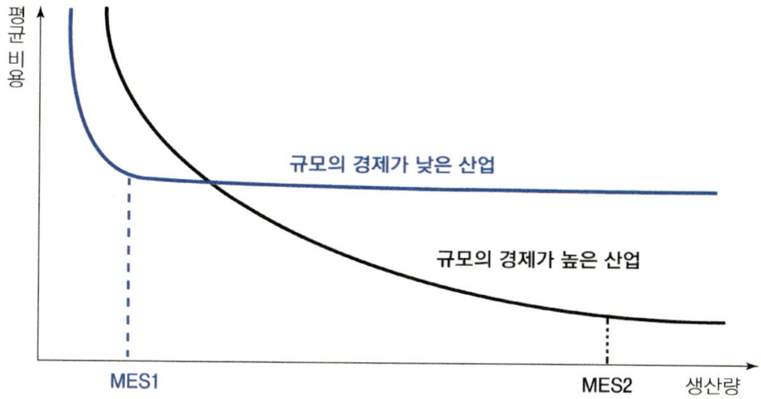

MES: Minimum Efficiency Scale (최소 효율 규모)

가 높은 산업이고 최소효율규모가 낮은 산업이 규모의 경제가 낮은 산업이다.

이를 그래프로 살펴보자. [그림 4.6]에서 규모의 경제가 큰 산업(검정색 그래프)을 보면 생산량이 증가함에 따라 평균비용이 감소하다가 MES2에 이르면 생산량이 늘어도 더 이상 평균비용은 감소하지 않는다. 이때 우리는 MES2를 그 산업의 최소효율규모라 한다. 반면에 규모의 경제가 낮은 산업(파란색 그래프)은 효율을 달성하기 위해 요구되는 최소한의 규모가 MES1으로 낮다. 즉, 규모의 경제가 큰 산업은 그 산업에서 원가경쟁력을 갖추기 위해 요구되는 최소한의 생산량이 높은 반면(MES2), 규모의 경제가 낮은 산업은 그리 높지 않은 생산량(MES1)으로도 충분히 원가경쟁력을 확보할 수 있다. 따라서 특정 산업이 얼마나 규모의 경제가 큰 산업인가 아닌가는 그 산업의 최소효율규모가 얼마나 큰가, 아닌가에 의해 판단할 수 있다.

▌그렇다면 규모의 경제가 큰 산업, 즉 최소효율규모가 큰 산업은 구체적으

로 어떤 산업인가? 최소효율규모가 커지는 이유는 일반적으로 전체 비용 중 고정비용의 비중이 높을 경우 이러한 고정비용이 추가적인 생산에 의해 분산되기 때문이다. 따라서 규모의 경제가 높은 산업이란 전체 비용 중 고정비용의 비중이 높은 산업이라고 할 수 있다.

규모의 경제는 R&D, 광고, 물류 등 기업의 거의 모든 가치사슬활동에서 발생하지만 기업의 비용항목 중 대표적인 고정비용에 해당하는 것은 설비 및 장치에 대한 투자와 R&D투자이다. 따라서 자동차산업, 조선산업, 반도체산업, 통신산업, 화학산업 등과 같은 자본-집약적인 산업(capital-intensive industries)이거나 R&D 집약적 산업(R&D intensive industries)이 규모의 경제가 높은 산업인 경우가 일반적이다.

▌그렇다면 공급측면에서의 규모의 경제가 큰 산업은 왜 진입장벽이 높다고 하는가? 예를 들어 특정 기업이 규모의 경제가 높은 산업(그림 4.6의 검정색 그래프)으로 진출하고자 한다고 하자. 이때 그 기업이 취할 수 있는 방안으로 두 가지를 생각할 수 있다. 하나는 대규모 투자를 통해 MES2이상의 생산규모를 갖추고 진입하는 것이다. ▌이 방안의 문제점은 무엇인가? 이 방안은 비록 최소효율규모를 넘어선 대규모 투자로 비용은 최소화할 수 있으나, 생산된 많은 제품을 판매하는 것이 어렵고 이에 엄청난 재고비용에 따른 적자를 감수해야 한다. 이러한 재고비용에 대한 부담은 판매량을 점차 늘려 이를 최소효율규모까지 확대하고서야 비로소 해소될 수 있다. 따라서 이 방안은 새로운 진입자로 하여금 높은 재고비용을 장기간에 걸쳐 부담하게 하는 것으로 많은 위험부담이 따른다.

이 기업이 진입방식으로 택할 수 있는 또 하나의 방안은 판매 가능한 만큼의 규모로 진입하는 것이다. 하지만 이 방식은 비록 재고비용에 대한 부담은 줄일 수 있으나 최소효율규모를 달성하지 못해 규모의 경제를 충분히 달성한 기존 경쟁업체에 비해 비용이 높을 수밖에 없다. 따라서 이 방식 또한 비용 열위에 따른 많은 적자를 경험하지 않을 수 없다. 이런 비용 열위에 따른 적자는 점차 생산량 및 판매량을 최소효율규모까지 확대하고서야 비로소 해소될 수 있다. 따라서 이 방식 또한 대규모의, 그리고 장기간에 걸친 적자를 감수해야 한다는 점에서 진입자는 진입에 상당한 부담을 느낄 수밖에 없다.

규모의 경제가 높은 산업으로 진입하고자 할 때 기업은 위 두 가지 극단적 방식의 어떠한 결합에 의해서도 장기간에 걸친 대규모의 적자는 피하기 어렵다는 점에서 진입장벽이 높은 것이다.

수요측면에서의 규모의 혜택(demand-side benefits of scale). 수요측면에서의 규모의 혜택은 그 제품을 사용하는 고객의 수가 늘어날수록 제품에 대해 고객이 인지하게 되는 가치, 즉 고객이 그 제품에 대해 기꺼이 지불하고자 하는 가격이 올라가는 경우 발생한다. 이러한 혜택을 우리는 '네트워크 효과(network effects)'라 부르기도 한다.

예를 들어, 전화기가 1대만 만들어져 사용되고 있다고 하면 그 전화기로 다른 사람과의 통신이 불가능해 사용자에게 그 전화기는 통신수단으로서 전혀 가치가 없는 제품이 된다. 하지만 2대가 공급되어 사용되고 있다면 전화기는 약간의 가치를 가지게 되고 점점 많은 수의 전화기가 보급되어 사용될수록 그 전화기의 가치는 올라가게 된다. 이처럼 특정 제품이나 서비스가 많이 보급되어 사용될수록 그 제품 또는 서비스의 가치가 올라가는 것을 우리는 수요측면에서의 규모의 혜택 또는 네트워크 효과라고 한다. 한국에서 많은 사람들이 사용하는 카카

오톡의 모바일 메신저 서비스가 그렇지 못한 업체의 서비스보다 높은 가치를 가지는 되는 것도 바로 사용하는 고객의 수가 많은 제품이나 서비스가 가지는 네트워크 효과 때문이다.

뿐만 아니라 고객은 일반적으로 많이 팔리고 있는 제품, 즉 시장점유율이 높은 제품을 선택에 따른 부담이 적은 제품으로 선호하는 경향이 있다. 사무실에서 많이 볼 수 있는 커피믹스를 보자. 동서식품의 '맥심', 네슬레[4]의 '네스카페', 그리고 남양유업의 '프렌치카페' 등 여러 커피믹스 제품이 있으나 막강한 시장점유율 1위인 맥심은 거의 모든 사무실에서 찾아볼 수 있다. 이는 제품이 우수하기 때문이기도 하겠지만, 음료를 준비하는 부서 입장에서 보면 타 업체 제품을 구매할 경우 불만을 들을 가능성이 있으나 1위 제품인 맥심을 구매한 점에 대해서는 누구도 이의를 제기할 수 없기 때문이다.

이러한 네트워크 효과는 새로운 진입자가 충분한 고객기반을 확보할 때까지 그들 제품을 구매하고자 하는 고객의 의향을 제한함으로써 진입장벽으로 작용하게 된다.

브랜드 충성도(brand loyalty). 고객의 브랜드 충성도가 중요한 산업, 그래서 기존 기업들이 그들의 브랜드를 구축하기 위해 많은 노력을 경주한 산업에서는 기존 업체에 대한 고객의 브랜드 충성도가 높다. 이런 산업에서는 새로운 진입자가 기존 업체에 높은 충성심을 보이는 고객을 자신의 고객으로 전환하게 하는 것이 어렵기 때문에 이는 진입장벽으로 작용한다.

---

4 2014년 한국네슬레㈜는 롯데네슬레코리아㈜로 상호변경함.

보통 브랜드 충성도는 기업이 그들 브랜드나 기업 이름을 알리기 위해 끊임없이 광고하고, 그들 제품이나 기술에 대해 특허로 보호하고, 강력한 R&D 프로그램으로 제품을 혁신하고, 높은 제품 품질을 위해 노력하며, 높은 수준의 after-service를 제공함으로써 구축된다. 이런 산업에서 새로운 진입자가 고객을 확보하기 위해서는 자신도 브랜드 충성도를 확보해야 하는데 이를 위해서는 장기간에 걸친 광고, R&D, after-service에 대한 투자가 이루어져야 한다. 뿐만 아니라 이러한 투자는 다른 일반적 투자와는 달리 만약 실패할 경우 회수가 불가능한 투자이므로 새로운 진입자로서는 매우 위험부담이 높다. 브랜드 충성도가 높은 산업이 진입장벽이 높은 이유이다.

고객전환비용(customer switching costs). 고객전환비용이란 고객이 공급자를 변경할 경우 치러야 하는 시간, 노력, 그리고 비용이다. 이런 전환비용이 높은 산업에서는 비록 새로운 진입자가 보다 우수한 제품을 제공하더라도 고객은 기존 업체 제품 사용을 중단하기 어렵다.

컴퓨터 운영체제(operating system)을 보자. 만약 어떤 사람이 마이크로소프트사(Microsoft)의 윈도우즈(Windows) 운영체제를 사용하고 이 운영체제에서 구동되는 여러 응용소프트웨어 프로그램과 서류파일을 가지고 있다면, 이 사람이 다른 컴퓨터 운영체제로 바꾸는 것은 매우 어렵다. 다른 운영체제로 바꾸기 위해서는 완전히 새로운 응용 소프트웨어를 사야 할 뿐 아니라 기존의 파일들도 모두 새 운영체제에 맞게 새로운 포맷으로 변환해야 하기 때문이다. 그런 돈과 시간을 생각하면 대부분의 사람들은 새 운영체제가 성능 면에서 더 우수하다고 하더라도 새 운영체제로 전환하는 것을 꺼리게 된다.

자본소요액(capital requirements). 일반적으로 특정 산업에 진출해 경쟁하기 위해 많은 재무자원이 요구되는 산업은 기업들로 하여금 진입을 어렵게 만든다. 이런 자본은 단순히 고정자산에 대한 투자뿐 아니라 고객에 대한 신용공여, 재고확보, 그리고 창업초기 손실비용을 충당하기 위해서도 필요하다. 이러한 자본에 의한 진입장벽은 초기 광고나 R&D 투자와 같이 회수가 어려운, 그래서 자본조달이 어려운 곳에 투자를 요구할 경우 더욱 높아진다. 또한 막대한 자본을 요구하는 특정 분야의 경우, 이는 진입할 수 있는 기업의 수를 제한한다는 점에서 진입장벽이 된다.

하지만 이러한 자본소요액에 의한 진입장벽은 자본시장이 충분히 효율적으로 발달되어 있는 경제에서는, 경쟁력을 갖춘 진입자일 경우 진입에 필요한 자본은 외부 자본시장에서 충분히 조달될 수 있다는 점에서 제한적이다.

규모에 따른 우위 외 기존 기업이 갖는 우위(incumbency advantages independent of size). 기존 기업은 규모의 경제에 따른 비용우위 외에도 새로운 진입자에 비해 여러 가지 비용 및 품질 상의 우위를 가질 수 있다. 이는 다음의 요인에 의해 주로 발생된다.

1) 축적된 경험이나 특허 기술 등에 따른 뛰어난 생산 운영 및 과정
2) 공급이 제한적인 인력, 원자재, 설비, 경영 지식 등과 같은 특정 생산요소에 대한 장악
3) 뛰어난 지역에 대한 위치 선점
4) 기존 기업은 새로운 진입자에 비해 사업 리스크가 적음으로 인해 새로운 진입기업에 비해 낮은 자금 조달비용

타겟(Target)이나 월마트(Wal-Mart)와 같은 디스카운트 스토어가 처음 진입할 당시 기존 백화점들이 쇼핑센터를 선점하고 있어 진입이 어려웠다. 타겟과 월마트가 쇼핑센터가 아닌 독립된 단독부지에 입점할 수밖에 없었던 이유이다.

정부 규제. 전통적으로 정부규제는 가장 중요한 진입장벽 중 하나이다. 금융, 통신, 방송 등의 산업으로 진출하기 위해서는 반드시 정부의 허가를 받아야 한다. 지식 집약적인 산업에서는, 특허, 저작권, 기타 법적으로 보호된 여러 가지 형태의 지적소유권 또한 주요 진입장벽의 역할을 한다.

잠재적 진입자로부터의 위협은 위 열거한 진입장벽 외에도 진입하고자 하는 기업에 대해 기존 기업이 얼마나 민감하게 대응 및 보복할 것인가에 대한 진입기업의 예상에 의해서도 영향을 받는다. 기존 기업은 주로 공격적인 가격인하, 적극적인 광고 및 홍보 또는 법률소송 등의 형태로 진입기업에 대해 보복하게 된다.

기존 기업의 이러한 보복을 피하기 위해 새로운 진입기업은 흔히 진입초기에는 소규모로 기존 기업이 민감해 하지 않을 시장으로 진출하곤 한다. 토요타(Toyota), 닛산(Nissan), 혼다(Honda) 등 일본 자동차업체들이 미국 시장에 진출할 당시 기존 미국 자동차산업의 Big Three(GM, Ford, Chrysler)가 수익성이 없다고 포기하고 있던 소형차 시장으로 진출하고, 지역적으로도 미국 자동차업계의 아성인 중서부 지역으로의 진출을 미룬 이유도 바로 여기에 있다.

기존 기업 간의 경쟁의 정도는 어떻게 파악하는가?

산업의 구조적 매력도, 즉 평균적 수익성 수준을 결정하는 또 하나의 변수는 그 산업 내 기업들 간의 경쟁의 정도이다. 이런 경쟁은 주로 가격인하, 신제품 출시, 광고 캠페인, 서비스 개선 등 익숙한 형태로 이루어진다. 이처럼 산업 내 기존 기업 간 경쟁이 심하면 심할수록 고객 및 공급자의 협상력은 올라가고 이에 수익성 및 매력도가 떨어지게 된다. 따라서 산업 내 치열한 경쟁은 그 산업 수익성에 대한 큰 위협이 된다. 한 산업 내 경쟁의 정도는 주로 다음 3가지 요소에 의해 결정된다.

1) 산업경쟁구조(industry competitive structure)
2) 시장 또는 수요상황(demand conditions)
3) 퇴출장벽의 높이(height of exit barriers).

산업경쟁구조(industry competitive structure). 산업경쟁구조는 산업 내 기업들의 수와 전체 시장 대비 기업의 평균 규모라는 두 가지 변수에 의해 산업을 분류하는 것이다. 전체 시장 대비 평균 규모가 작은 수많은 기업들로 구성된 산업을 '분산된 산업(fragmented industries)', 그리고 시장 대비 기업의 평균 규모가 커지고 산업 내 경쟁 기업의 수가 줄어들 때 우리는 이러한 산업을 '집중화된 산업(consolidated industries)'이라 부른다. 집중화된 산업의 극단이 바로 산업 내 기업 수가 하나이고 기업의 규모가 전체 시장과 같은 독점산업(monopoly)이다(그림 4.7 참조).

▌분산된 산업에는 부동산 중개업, 노래방, PC방, 대중음식점, 치킨매장,

[그림 4.7] **산업경쟁구조(Industry competitive structure)**

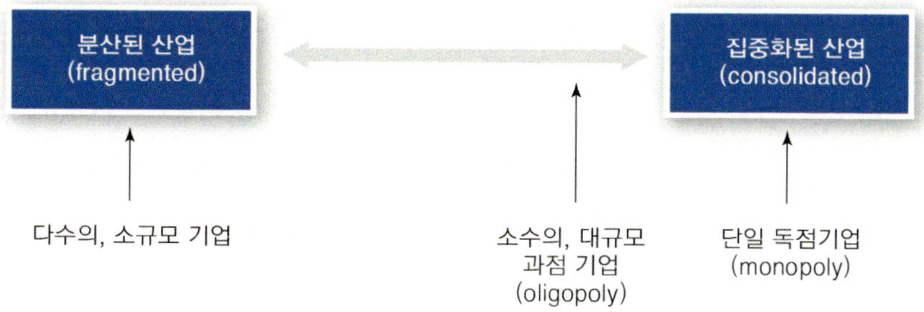

커피숍, 헬스클럽, 미용실 등이 있다. 이러한 산업들의 특징은 무엇인가? 두 가지 특징이 눈에 띈다. 하나는 진입장벽이 낮다는 점이고 또 하나는 범용상품(commodity) 형태의 제품이나 서비스를 취급하여 차별화를 할 수 있는 여지가 지극히 적다는 점이다.

흔히 이러한 산업에서는, 초창기에 진입한 기업들은 초기에 높은 성장과 수익을 누리게 된다. 하지만 이는 많은 잠재적 진입자들의 눈길을 끌게 되고 이들로 하여금 이 산업으로의 진출을 시도하게 한다. 진입장벽이 낮은 탓에 얼마되지 않아 많은 기업들이 이 산업으로의 진출에 성공하고 이는 결국 산업 내 공급과잉을 초래하게 된다. 그 결과 기업들은 이러한 공급과잉을 해소하기 위해 치열한 경쟁을 할 수밖에 없다. 하지만 분산된 산업의 또 하나의 특징인 차별화가 어렵다는 점은 이러한 경쟁이 주로 가격경쟁에 의해 이루어지게 한다.

이러한 치열한 가격경쟁은 산업의 수익성을 떨어뜨리게 되고 마침내 이 산업 내 기업들은 생산비를 간신히 충당할 정도의 한계이익(marginal profit)을 남기는 상태로 균형을 이루게 된다. 이러한 분산된 산업은 초창기의 호황기가 비교적 짧기 때문에 일반적으로 경쟁이 심한,

그래서 매력적이지 못한 산업이 된다.

분산된 산업에서 성공하기 위해서는 어떤 전략이 유효할까? 분산된 산업에서는 차별화가 어렵기 때문에 이런 산업에서 성공하기 위한 대표적 전략은 저가전략(low-cost strategy) 또는 비용우위전략(cost leadership strategy)이다. 즉, 유사한 품질의 제품이나 서비스를 최소의 비용으로 제공하는 것이다. 규제가 풀리면서 수많은 중저가 항공사가 진입하여 과거 집중화된 산업에서 분산된 산업으로 바뀐 미국 항공산업에서 성공한 사우스웨스트 항공(Southwest Airlines)은 분산된 산업에서 저가전략으로 성공한 대표적인 예로 볼 수 있다.

분산된 산업에서 프랜차이즈화 또는 체인화가 활발한 이유는 무엇일까? 분산된 산업에서 흔히 볼 수 있는 현상 중 하나는 프랜차이즈화 또는 체인화가 활발하다는 점이다. 이는 두 가지 해석이 가능하다. 하나는 프랜차이즈화 또는 체인화를 통해 분산된 산업을 집중된 산업으로 바꾸어 산업의 매력도를 높이는 것이다. 예를 들어 제과점 산업을 보자. 제과점 산업은 과거 수많은 소규모 제과점이 난립한 대표적인 분산된 산업이었다. 하지만 SPC의 파리바게뜨, CJ의 뚜레쥬르 등 대형 제과 업체의 프랜차이즈화가 진행되면서 급속히 집중된 산업으로 변모한 것이다.

또 하나의 해석은 프랜차이즈화 또는 체인화는 구매, 물류, 홍보, 광고 등에서의 규모의 경제 실현을 가능하게 하고 이를 통해 저가전략을 효과적으로 수행하게 한다는 것이다. 실제 파리바게뜨의 경우 개인 제과점에 비해 제품이 우수하다는 점 외에도 규모의 경제를 통한 원가 절감, 그리고 이를 통한 가격경쟁력 향상 또한 무시할 수 없는 장점이 된다.

집중화된 산업에서의 경쟁은 어떤가? 집중화된 산업은 시장 대비 기업의 평균 규모가 큰 소수의 기업이 장악하고 있는 산업으로서 통신산업, 반도체산업, 자동차산업, 정유산업, 제철산업 등 한국 경제 내 주요 산업 대부분이 여기에 속한다. 이러한 집중화된 산업의 특징은 한마디로 '상호 의존성(interdependence)'이라 할 수 있다. '상호 의존성'이란 한 기업의 전략적 행동은 경쟁기업의 성과에 직접적으로 영향을 미치게 되고 그 결과 경쟁기업은 이에 적극 대응하지 않을 수 없는 상황을 의미한다.

국내 자동차산업을 보자. 현대자동차의 쏘나타가 장악하고 있던 국내 중형세단시장에서 르노삼성은 2016년 3월 'SM6'를, 한국GM은 6월에 '올 뉴 말리브'라는 완전히 새로운 차종을 각각 출시하였다. 이러한 경쟁업체들의 새로운 모델 출시로 인해 2016년 쏘나타의 내수 판매량은 무려 24.2%나 급감한 8만2,203대를 기록하였다. 경쟁업체의 새로운 차종 출시라는 전략적 행동은 현대자동차 쏘나타의 성과에 직접적인 영향을 미치게 되었고 이에 현대자동차는 기존의 신차 출시 일정에 앞서 2017년 3월 쏘나타 페이스리프트 모델인 '쏘나타 뉴 라이즈'를 조기 투입하지 않을 수 없게 된 것이다.

▌이처럼 상호의존성이 높은 소수의 거대 기업들로 구성된 집중화된 산업에서는 기업 간 경쟁이 높을 수밖에 없을 것 같은데 실제로 그런가? 기업의 수가 적다는 것은 경쟁상대가 명확하여 상호의존성을 높이고 이에 따라 경쟁을 심화시키는 측면이 있으나 이는 동시에 묵시적 담합(tacit collusion)을 가능하게 하여 경쟁을 완화시키기는 결과를 초래하기도 한다. 기업 간의 담합은 한국의 경우 '독점규제 및 공정거래에 관한 법률' 위반사항으로 불법행위이다. 하지만 묵시적인 담합은 실제로 규제하기 매우 어렵다.

예를 들어 집중된 산업에서 가격 또는 품질에 대한 경쟁기업들 간 높은 의존성으로 인한 치열한 경쟁을 줄이기 위해 많이 사용하는 관례 중 하나로 '가격선도협정(price leadership agreement)'이 있다. 이는 산업 내 지배적 사업자가 정하는 가격에 맞춰 각 업체의 가격을 책정하는 관례로서 명시적인 계약에 의한 것이 아니라 각 업체들이 지배적 사업자가 정하는 가격에 따라 지배적 사업자를 자극하지 않는 범위 내에서 적당히 알아서 가격을 책정하는 것이라 실질적인 규제가 매우 어렵다.

집중화된 산업에서는 '가격선도협정' 등과 같은 묵시적 담합을 통해 기업 간 과도한 경쟁을 자제하고 있으나 이는 어디까지나 묵시적인 신사협정으로서 사업환경이 변하거나 특정 기업의 전략이 수정될 경우 얼마든지 깨질 수 있다. 이럴 경우 기업들 간 다시 치열한 경쟁에 돌입하게 되고 일정 기간 이러한 경쟁이 지속된다. 시간이 지나도 이 경쟁의 승패가 명확하게 결정되지 않는 경우, 기업들은 다시 서로 암묵적으로 경쟁을 제한하며 안정적인 상태를 유지하게 된다. 따라서 이런 집중화된 산업에서의 경쟁은 전쟁과 평화가 끊임없이 반복되는 양상을 보여준다.

시장 또는 수요상황(demand conditions). 산업 내 기존기업 간 경쟁에 영향을 미치는 또 하나의 요인은 시장 또는 수요상황이다. 일반적으로 시장 수요와 경쟁의 정도는 반비례한다. 즉, 수요가 증가하면 기존 기업 간 경쟁은 줄어들고 반대로 수요가 감소하면 기업 간 경쟁은 치열해진다.

▌수요가 감소하면 기업 간 경쟁이 치열해지는 이유는 무엇일까? 여러 이유를 생각할 수 있지만 가장 대표적인 이유는 수요가 줄면 산업 내 공

급과잉(overcapacity)이 발생하고 기업들은 치열한 가격경쟁을 통해 시장 점유율을 높여 각자의 공급과잉을 해소하고자 하기 때문이다.

산업 내 수요가 감소할 때 경쟁이 치열해지는 이유가 공급과잉이라는 사실은, 비록 수요가 감소하더라도 공급과잉이 심하지 않은 산업은 기업 간 경쟁이 그리 심해지지 않고 반대로 공급과잉이 심해지는 산업은 기업 간 경쟁이 아주 치열해진다는 것을 의미한다. **▮ 그렇다면 수요가 감소할 때 공급과잉이 심해지는 산업과 덜 심해지는 산업, 그리고 그 결과 산업 내 경쟁이 아주 치열해지는 산업과 덜 치열해지는 산업은 어떤 산업일까?** 이는 다음에 논의할 산업의 퇴출장벽 높이에 의해 판단할 수 있다.

퇴출장벽(exit barriers). 퇴출장벽이란 진입장벽과 반대로 기업이 특정 산업에서 퇴출하는 것을 어렵게 만드는 여러 가지 요인을 의미한다. 퇴출장벽이 높은 산업은 수요가 감소할 때 산업 내 경쟁기업들이 공급을 줄이거나 퇴출하는 것이 힘들어 상대적으로 높은 공급과잉을 경험하게 되고 그 결과 기업 간 매우 치열한 경쟁을 하게 된다. 반면에 퇴출장벽이 낮은 산업은 수요가 감소할 때 산업 내 기업들이 공급을 줄이거나 그 사업을 그만두는 것이 상대적으로 용이해 산업 수요 감소에 따라 산업 공급 또한 줄어들어 공급과잉이 그리 심하지 않고 그 결과 경쟁이 덜 치열해진다. 즉, 수요가 감소할 때 산업 내 경쟁의 정도는 퇴출장벽이 높아질수록 강해진다.

퇴출장벽으로 가장 대표적으로 거론되는 것은 '경제적 퇴출장벽(economic exit barriers)'이다. 기업이 특정 사업을 그만두고자 하나 퇴출에 따른 경제적인 손실이 상대적으로 높은 경우 이러한 산업을 경제적 퇴출장벽이 높은 산업이라고 한다.

▌경제적 퇴출장벽이 높은 산업은 어떤 산업인가? 경제적 퇴출장벽이 높은 산업과 그렇지 않은 산업은 특정 산업에서만 쓰일 수 있는 자산, 즉 '산업고유자산(industry-specific assets)'의 비중에 의해 구분한다.

예를 들어 철강산업에서 용광로 등 각종 철강생산설비는 철강산업 외에는 사용하기 어렵다. 특정 기업이 철강산업에서의 수요가 줄어 퇴출하고자 한다면 이러한 설비자산을 처분해야 하는데 자산의 특성상 철강산업이 아닌 다른 산업에 있는 기업에게 처분하는 것은 불가능하다. 따라서 이는 철강산업 내 경쟁업체에게 처분할 수밖에 없는데 이들 또한 공급과잉으로 인한 유휴 설비로 어려움을 겪고 있기에 이를 인수하는 것은 매우 힘들다. 따라서 이런 산업에서는 수요가 감소할 경우 기업들은 퇴출을 위한 자산 처분이 어려워 비록 그 자산에 대한 고정비용에서는 적자를 보더라도 변동비용만 충족되면 어쩔 수 없이 그 사업을 계속 영위할 수밖에 없고 그 결과 매우 치열한 경쟁을 경험하게 되는 것이다.

산업수준의 퇴출장벽인 경제적 퇴출장벽 외 개별 기업수준의 퇴출장벽으로는 '전략적 퇴출장벽(strategic exit barriers)'과 '감성적 퇴출장벽(emotional exit barriers)'이 있다. '전략적 퇴출장벽'이란 기업이 특정 사업을 그만두고 싶으나 그 사업의 퇴출이 그 기업이 영위하고 있는 다른 사업에 부정적인 영향을 미치기 때문에 퇴출하지 못하게 하는 것을 의미한다. 즉, 전략적 퇴출장벽이 큰 산업이란 특정 기업이 영위하는 사업들 중 다른 사업과의 시너지가 큰 산업을 의미한다.

질레트(Gillette)는 면도기 사업 외 면도 전후에 사용하는 면도크림(shaving foam)사업을 함께 영위해 왔다. 한때 전기면도기, Bic의 저가 면도기 등의 등장으로 질레트 면도기의 매출이 대폭 감소하면서 오랜 기간 면도기 사업에서 적자를 기록하였다. 이에 면도기 사업 철수를 고려하였으나 면도기 사업을 그만둘 경우 당시 매우 수익성이 높았던 면도크림사업이 많은 타격을 받을 것이 예상돼 철수를 포기한 적이 있다. 이런 경우 우리는 질레트의 면도기 사업은 전략적 퇴출장벽이 높은 사업이라고 한다.

'감성적 퇴출장벽'이 높은 산업이란 경제적인 요인 외에 감성적 요인에 의해, 즉 기업이 영위하고 있는 여러 사업 중 감성적인 애착이 커서 퇴출하기 어려운 사업을 의미한다. ▌기업은 어떤 사업에 애착을 많이 가지고 있는가? 일반적으로 처음 시작한 사업(original business)이나 해당 기업의 정체성과 관련이 높은 사업인 경우 이러한 감성적인 애착이 클 것이다. LG그룹의 치약사업, 그리고 과거 두산그룹의 맥주사업 등이 이런 사업에 해당한다고 볼 수 있다.

대체재로부터의 위협과 기회는 무엇인가?

대체재란 유사한 고객의 욕구를 충족시켜줄 수 있는 다른 산업에서의 제품이나 서비스이다. 예를 들어, 커피, 차, 청량음료는 비알콜음료에 대한 유사한 고객의 욕구를 충족시키는 제품이기에 우리는 이들 제품을 대체재라 부른다. 마찬가지로 화상회의시스템은 항공업과 여행업을 비롯한 해외출장을 위한 각종 제품이나 서비스의 대체재이고 이메일 또한 속달 우편(express mail)의 대체재이다. 강력한 대체재가 존재하는 산업에서는 고객의 협상력이 높아지게 되고 그 결과 가격은 낮아져 수익성이 떨어지게 되고 산업의 매력도에 부정적 영향을 미치게 된다.

대체재는 항상 존재하지만 외형 상 기존 제품과 매우 다른 것처럼 보이는 경우가 많아 간과하기 쉽다. 한국 유통업계의 강자인 신세계그룹의 정용진 부회장은 유통업에서는 고객 경험이 중요하기에 소비자의 '시간'을 얼마나 점유하느냐가 유통업 경쟁의 핵심이라 주장한다. 실제로 2016년 경기도 하남에 처음 문을 연 복합쇼핑몰 스타필드는 다른 일반 유통시설 대비 2배 긴 소비자 체류기간을 보여주고 있다. 즐겁고 행복한 경험을 추구하는 소비자의 욕구를 충족시켜주기 위한 소비자의 시간 점유가 유통업 경쟁의 핵심이란 관점에서 정용진 부회장은 "우리의 경쟁상대는 야구장이나 테마파크"라는 점을 여러 차례 강조해왔고 마침내 2021년 신세계그룹은 한국 프로야구구단 중 하나인 'SK와이번스'를 인수하여 'SSG랜더스'를 출범시켰다.

인공지능(AI), 사물인터넷(IoT), 로봇, 드론, 가상현실(VR), 자율주행차 등에 의한 디지털 경제로의 전환, 인구통계학적 변화, 환경관련 관심 증가 등 경제전반에 걸친 급격한 거시환경 변화 속에서 기존 기업이나 산업이 직면하게 되는 가장 큰 위협이자 기회가 바로 강력한 대체재의 등장이다.

2007년 아이폰을 필두로 한 스마트폰에 의해 기존 피처폰이 대체되었고 블록버스터(Blockbuster Inc.)가 장악하고 있던 영화대여산업은 고정 시청료와 스트리밍 서비스로 무장한 넷플릭스(Netflix)에 의해 철저히 대체되었다. 또한 전통적인 오프라인 보험산업은 온라인 보험의 출현으로 상당 부분 대체되었고, 이마트, 홈플러스, 롯데마트 등 대형 마트는 쿠팡, 11번가, 옥션/G마켓, 위메프, 티몬, 마켓컬리 등 온라인 쇼핑몰에 의해 급속히 시장을 빼앗기고 있다. 내연기관자동차 또한 전기차, 수소차 등 친환경자동차들에 의해 대체가 빠른 속도로 진행되고 있다.

대체재의 존재에 대해 관심을 갖게 한 대표적인 사건은 1970년대 브라질의 냉해에 대한 커피업체의 대응이었다. 1970년대 당시 커피원두의 주 생산지였던 브라질에 극심한 냉해가 발생하였고 이로 인해 원두 공급이 현격히 줄면서 원두 가격이 폭등하였다. 원두가격 폭등에 따라 원가가 상승하자, 커피업체들은 그들의 커피가격을 대폭 인상하였다. 뉴욕에서 판매되는 커피선물세트의 경우 그 가격이 무려 3배나 인상되었다. 커피 가격이 큰폭으로 급속히 상승하자 많은 커피 고객들은 커피 대신 대체재인 차(茶)를 마시기 시작하였다. 그후 브라질에 풍년이 들어 원두의 수확량이 증가하였고 이에 원두가격이 내리자 커피업체들은 그들의 커피 가격을 인하하였다. 하지만 커피 가격 인하에도 불구하고 차로 옮겨간 고객들은 다시 커피로 돌아오지 않았다.

브라질 냉해 사례는 기업들로 하여금 강력한 대체재가 존재할 때는 가격을 포함한 기업의 주요 의사결정은 반드시 대체재의 존재를 고려해 이루어져야 한다는 교훈을 주었다.

강력한 대체재가 등장할 경우 기존 기업은 이에 어떻게 대응하는가? 새로운 대체재가 등장할 때 기존 기업, 그 중에서도 잘 나가는 선두그룹의 기업들의 반응은 대부분 무시(ignorance)하는 것이다. 잘 나가는 기존 기업들은 기존 제품과 서비스로 지금까지 상당한 성공을 이루었기에 이와 다른 제품이나 서비스의 성공 가능성을 과소평가하거나 무시하여 이에 대한 대응을 소홀히 하게 되는 것이다.

2007년 1월 애플이 처음 아이폰을 출시했을 때 당시 휴대전화 시장의 선두주자였던 노키아(Nokia), 삼성전자, LG전자, 모토로라(Motorola) 등 기존 업체들의 처음 반응은 무시(ignorance)였다. 노키아 경영층과 마찬가지로, LG전자 경영층은 샤인폰, 프라다폰, 그리고 초콜릿폰과 같은 피처폰의 연이은 성공에 심취해 새로운 대체재에 큰 위협을 느끼지 않았고 이에 적극적인 대응을 하지 않았다. 게다가 스마트폰 시장의 성장은 당분간 제한적일 것이라는, 당시 LG전자의 컨설팅을 맡아온 맥킨지의 전망은 LG전자 경영층의 기존 편견에 더욱 확신을 주었다.

▌하지만 그 대체품의 위협이 무시할 수 없는 현실적인 위협으로 다가올 때는 어떻게 대응해야 하는가? 급격히 성장하는 새로운 대체재의 영역으로 진출할 것인가 말 것인가를 결정해야 한다. 하지만 이런 의사결정 과정에서 새로운 영역으로의 진출을 반대하는 가장 흔한 논리는 "진출할 경우 우리의 기존 사업이 피해를 보니 진출해서는 안 된다"는 것이다. 이는 얼핏 설득력이 있어 보이나 매우 잘못된 주장이다. "우리가 진출하지 않으면 우리의 기존 사업은 피해를 보지 않는가?" 절대 그렇지 않다. 우리가 진출하지 않아도 새로운 제품이나 서비스가 기존 제품이나 서비스보다 우월하다면 어차피 다른 기업에 의해 우리의 기존 사업은 피해를 보게 된다. 어차피 기존 사업의 피해가 불가피하다면 다른 기업에 의한 피해보다 스스로에 의한 피해가 보다 나은 선택일지 모른다(self-cannibalization is better than cannibalization by others).

폭발적인 매출 성장을 기록하고 있던 아이팟(iPod)을 단종 시키고 그 기능을 아이폰(iPhone)에 포함시킬 때 스티브 잡스는 "만약 우리가 스스로를 잠식하지 않으면 다른 기업이 우리를 잠식할 것이다(If you don't cannibalize yourself, someone else will)"라고 주장하였다.

그렇다고 새로운 대체재의 등장에 대해 자기잠식(cannibalization)을 감수하고 대체재의 영역으로 진입하는 것이 반드시 성공하는 것은 아니다. 오히려 실패하는 경우가 더 많을 것이다. 삼성전자의 스마트폰 사업과 같이 패스트 팔로어(fast follower) 전략으로 성공한 예도 없지 않으나 많은 경우 대체재로서 새로운 제품이나 서비스는 기존 기업이 보유하고 있는 자원과 능력과는 전혀 다르거나 심지어 상충되는 자원과 능력을 요구하기에 이는 기존 기업으로 하여금 두 가지 큰 과제를 부여한다. 하나는 새로이 요구되는 자원과 능력을 구축하는 것이고 또 하나는 상충하는 기존 자원과 능력을 포기하는 것이다. 제6장에서 자세히 논의하겠지만 첫 번째 과제는 매우 어렵고 두 번째 과정은 더욱더 어렵다. 따라서 대체재인 새로운 영역에 후발로 진입해 경쟁에서 이기는 것은 상당히 힘든 일이다.

이마트, 홈플러스, 그리고 롯데마트와 같은 오프라인 유통업체들이 쿠팡, 마켓컬리 등 온라인 쇼핑몰이라는 강력한 대체재의 영역으로 진입하는 경우를 생각해 보자. 우선 온라인 쇼핑몰 구축 및 운영에 필요한 새로운 자원과 능력을 구축해야 한다. 힘든 일이지만 불가능하지는 않다. 하지만 더욱 힘든 과제는 온라인 유통으로의 진입은 기존 오프라인 유통에서 그동안 쌓아온 핵심적인 자원과 능력인 매장, 인력 등을 축소 또는 포기해야 한다. 이는 더욱 고통스러운 과제일 것이다.

▌새로운 대체재의 영역으로 진입하여 직접적인 경쟁을 하는 것 외 기존 기업은 대체재에 대해 어떤 대응이 가능할까? 대체재라는 새로운 영역으로의 진입으로 성공하기 어렵다면 기존 사업의 전략 변경을 통해 대응하는 것도 하나의 방법이라 할 수 있다.

한때 ㈜웅진씽크빅의 전집(全集)사업은 영업사원 네트워크를 막강한 채널망으로 활용하여 해당 영역에서 선두의 지위를 누리고 있었다. 하지만 홈쇼핑, 온라인 등 새로운 채널을 이용한 강력한 대체재의 등장으로 많은 시장을 잃으면서 선두의 위치를 내려놓게 되었다. 이에 웅진씽크빅도 홈쇼핑 등 새로운 채널을 확보하여 대체재의 영역으로 진출하는 방안도 고려하였다. 그러나 이미 경쟁업체들이 장악한 신(新)채널을 빼앗는 것도 어려웠지만 그동안 힘들게 구축한 자사의 핵심 자원인 영업사원 네트워크를 상당 부분 포기하는 것은 거의 불가능에 가까웠다.

이에 웅진씽크빅은 기존 영업사원에 대한 철저한 교육을 통해 그들로 하여금 단순히 전집을 판매하는 것이 아니라 교육 서비스를 함께 제공할 수 있도록 하였다. 이에 영업사원은 학부모에게 교과과정을 설명해 주고 각 과정에 적합한 책을 추천해줄 뿐 아니라 유아의 학습진도 관리를 포함하는 교육 서비스를 제공하였다. 웅진씽크빅은 새로운 대체재의 영역으로 진입하기 보다는 그들 사업을 전집이라는 출판물을 판매하는 출판업에서 교육 서비스업으로 재정의하여 그들의 전략을 새로이 수립하여 실행함으로써 다시 선도기업의 위치를 차지할 수 있었던 것이다.

고객의 협상력은 어떻게 분석하는가?

▌고객은 누구인가? 제6장에서 상세히 논의하겠지만 특정 산업을 중심으로 최종 소비자에 이르기까지의 수직적 가치사슬 상에는 여러 단계의 고객이 있다. 예를 들어, 비누, 샴푸, 치약 등을 제조 판매하는 기업들의 집합인 '세제, 화장품 및 광택제 제조업(한국표준산업분류)'의 고객으로는 이들 제품을 최종 소비하는 개인이나 기업뿐 아니라, 수직적 가치사슬 상 중간에 이 제품들을 최종 소비자에게 유통 및 재판매하는 슈퍼마켓과 대형마트와 같은 유통업체가 있다.

수직적 가치사슬 상의 여러 고객 중 어느 단계의 고객을 주고객으로 선택할지는 산업 내 각 기업의 전략에 따라 달라진다. LG생활건강은 그들의 전략에 따라 개인이나 기업을 주고객으로 정할 수도 있고 슈퍼마켓이나 대형마트 같은 유통업체를 주고객으로 선택하는 것도 가능하다. 어느 단계의 고객을 주고객으로 설정하느냐에 따라 고객의 협상력은 달라지고 핵심성공요인도 달라진다. 이러한 고객의 협상력이 높으면 높을수록 가격은 떨어지고 수익성도 낮아져 매력도는 떨어진다.

▌일반적으로 협상력이 높은 고객은 어떤 고객인가? 많은 것을 고려할 수 있으나 협상력이 높은 고객은 다음과 같은 방법으로 파악할 수 있다. 첫째, 고객 산업의 산업경쟁구조(industry competitive structure)에 의해 고객의 협상력을 측정할 수 있다. 즉, 고객의 산업이 집중화된 산업일수록, 고객의 수가 적고 각 고객의 규모가 크기 때문에 고객의 협상력은 높아진다. 고객이 개인 소비자인 경우는 고객의 산업이 분산된 산업으로 보고 협상력이 상대적으로 낮다고 해석할 수 있다.

둘째, 고객이 해당 산업에 대한 정보와 지식을 많이 가지고 있을수록 고객의 협상력은 높아진다. 이 경우 고객은 해당 산업의 비용구조, 적정 이윤, 그리고 경쟁구도 등을 너무나 잘 알고 있기 때문에 제품의 가격 등 모든 사안에 대해 높은 통제력을 가지기 때문이다.

셋째, 해당 산업이 많은 힘을 행사하고 그 결과 높은 수익을 누리고 있다고 판단하여 고객이 후방 수직적 결합(backward vertical integration)을 통해 해당 산업의 제품을 직접 생산할 능력과 위협이 크면 클수록 고객의 협상력은 높아진다.

넷째, 고객이 공급처를 전환하는 비용(switching costs)이 낮으면 낮을수록 고객의 협상력은 높아진다.

마지막으로, 고객이 가격에 민감할수록 협상력은 높아진다. 구입하는 제품이 고객의 전체 비용구조나 구매예산에서 차지하는 비중이 클수록, 고객의 수익성이 낮을수록, 그리고 고객의 제품이나 서비스의 품질수준이 해당 산업의 제품에 의해 영향을 받는 정도가 낮을수록, 고객은 가격에 민감해진다.

고객의 협상력이 높은 대표적인 산업으로는 자동차부품업계와 식음료제조업계가 있다. 자동차부품산업을 보자. 이 산업의 고객은 자동차조립업체로서 토요타, 폭스바겐, GM, 포드 등 소수의 거대한 자동차회사들로 이루어진 집중화된 산업이다. 그리고 고객인 이들 자동차 업체들은 부품업체로부터 부품을 구입하지만 많은 부품에 대해서는 시험공장(pilot plant)을 운영하면서 적정 비용, 생산 방식, 품질 등에 대한 많은 지식과 정보를 가지고 부품업체들을 통제하고 있다. 그리고 이들 자동차 제조업체의 요구사항이 제대로 반영되지 않을 경우 거래관계를 끊고 다른 거래선으로 대체하거나 아예 자체적으로 제작한다.

식품제조업체의 고객 또한 매우 높은 협상력을 가지고 있다. 이들 고객은 슈퍼마켓, 대형 마트와 같은 거대 유통업체로서 이 식품유통업은 소수의 대규모 업체들이 장악하고 있는 집중화된 산업이다. 뿐만 아니라 이들 유통업체는 최종 소비자와 직접 접촉함으로써 고객의 욕구와 취향, 그리고 이에 적합한 제품의 품질, 사이즈, 포장 등에 대한 많은 지식과 정보를 가지고 있다. 그리고 이들 식품제조업체가 이들 유통업체들의 요구를 들어주지 않으면 PB 제품 등 자체적으로 식품을 조달하기도 한다. 이와 같은 산업은 고객의 높은 협상력으로 인해 수익과 매력도가 낮은 산업이다.

공급자의 협상력은 어떻게 분석하는가?

공급자는 해당 산업이 필요로 하는 자재, 용역, 인력 등의 투입재(inputs)를 제공하는 개인, 단체, 기업들이다. 이들의 협상력이 높으면 투입재의 가격이 상승하여 해당 산업의 비용이 증가하고 이에 따라 수익성이 떨어지게 된다.

PC제조업계의 대표적인 공급자를 보자. 2017년 인텔(Intel)은 마이크로 프로세서(microprocessors)의 78%를 공급하고, 마이크로소프트(Microsoft)는 2018년 거의 90%에 달하는 운영체제(OS: Operating Systems)를 PC제조업체에 제공하고 있었다. 이 두 기업은 그들의 막강한 협상력으로 그들 제품 가격을 인상함으로써 수많은 소규모 기업들이 난립해 있는 PC제조업계의 수익을 떨어뜨리고 있다.

고객의 거울 이미지(mirror image)로서의 공급자는 언제 협상력이 높은가? 일반적으로 다음과 같은 경우 공급자의 협상력은 높아진다. 첫째, 공급자 산업의 경쟁구조가 집중화되어 있을수록, 그리고 해당 산업이 분산된 산업일수록 공급자의 협상력은 높다. 거의 독점에 가까운 마이크로 프로세서와 운영체제, 그리고 지극히 분산된 산업인 PC제조업계는 이러한 상황을 여실히 보여주고 있다.

둘째, 해당 산업이 공급자 산업 전체 매출에서 차지하는 비중이 크지 않을 때 공급자의 협상력은 높다. 해당 산업이 공급자 산업 전체 매출이나 수익에서 차지하는 비중이 크면, 공급자는 합리적인 가격 책정을 통해 그 산업을 보호하고 R&D 등의 활동에 있어 도움을 주고자 한다. 그렇지 않은 경우 공급자는 그들의 협상력을 최대한 실행하여 해당산업으로부터의 수익을 극대화하고자 한다.

셋째, 해당 산업의 기업들이 공급 거래선을 전환하는 데 따르는 비용이 클 때 공급자의 협상력은 높아진다. 예를 들어 자동차제조업체의 공장이 특정 부품업체와 인접해 있다고 하자. 이 경우 자동차제조업체가 다른 지역에 있은 타 부품업체로 공급처를 전환하는 것은 매우 어렵다.

넷째, 공급자가 매우 차별화된 제품을 공급하거나, 대체재가 존재하지 않는 제품을 제공할 때 공급자의 협상력은 높아진다. 예를 들어 특허를 가진 약품을 취급하는 제약회사는 그렇지 못한 일반 범용 약품을 제공하는 제약회사보다 병원, 약국 등 고객에 대한 협상력이 높다. 마찬가지로, 마땅한 대체재가 없는 전력을 독점적으로 공급하는 한국전력공사의 공급자로서의 협상력은 정부의 규제가 없다면 매우 높을 수 밖에 없다.

마지막으로, 공급자가 해당 산업으로 진출할, 즉 전방 수직적 결합(forward vertical integration)을 시도할 능력과 가능성이 높을 경우 공급자의 협상력은 높아진다.

보완재란 무엇이며 이는 산업의 매력도에 어떤 영향을 미치는가?

한 산업의 매력도 또는 수익성에 영향을 미치는 또 하나의 경쟁세력으로 많이 제시되는 것으로는 보완재(complements or complementary goods)가 있다. 포터 교수는 이를 정부와 마찬가지로 5대 경쟁세력을 통해 산업의 매력도에 미치기 때문에 별도의 경쟁세력이 아니라 경쟁세력에 영향을 미치는 경쟁요소(factor)로 봐야 한다고 주장한다.[5] 하지만 보완재의 중요성은 시간이 갈수록 커지고 있으므로 이에 대해 간단히 논의를 하도록 하자.

대체재의 존재는 해당 산업 제품의 가치를 떨어뜨리는 반면, 보완재는 함께 사용할 때 고객의 욕구를 보다 잘 충족시켜줄 수 있는 제품이나 서비스로서 해당 산업제품의 가치를 증가시킨다. 성능이 뛰어나고 편리한 프린터 카트리지(printer cartridge)는 프린터의 가치를 높이고, 주유소, 세차장, 자동차 정비업소가 주변에 많으면 이는 자동차의 가치를 증가시킨다. 맛있고 신선한 커피캡슐을 제공하는 기업이 많으면 많을수록, 그 캡슐을 사용하는 커피 머신의 가치는 상승한다. 스마트폰에 탑재할 수 있는 좋은 애플리케이션이 많으면 많을수록 이를 탑재한 스마트폰의 효용은 증대한다. 즉, 뛰어난 보완재의 존재는 해당 제품의 가치와 수요를 높이게 된다.

5가지 경쟁세력이 산업에서 발생하는 가치를 서로 차지하기 위해 경쟁하는 세력이라면, 보완재는 산업에서 발생하는 가치를 증가시키는 것이다. 다시 말해, 5가지 경쟁세력이 주어진 파이를 서로 차지하기 위해 경쟁하는 세력이라면, 보완재는 파이 자체를 키우는 세력이다. 이런 점에서 보완재는 경쟁세력이라기 보다 지원세력이라 부를 수 있다.

대체재와 마찬가지로 보완재 또한 외형상 관련이 없어 보여 간과하기 쉬운 경우가 많다. ▌우리가 가정이나 직장에서 즐겨 마시는 일회용 커피믹스의 보완재는 무엇인가? 일회용 커피믹스는 1976년 12월 동서식품㈜가 커피, 크리머, 그리고 설탕을 혼합한 '맥스웰하우스 커피믹스'를

---

5 Porter, M. E. 2008. The five competitive forces that shape strategy. *Harvard Business Review*, January: 79-93.

세계 최초로 개발하여 출시하였다. 그 후 1989년 '맥심 모카골드'를 출시하면서 일회용 스틱형 커피믹스 시대가 본격적으로 펼쳐지게 되었다. 원래 등산 등 야외활동을 할 때 마실 수 있는 용도로 개발되었으나 IMF 금융위기 이후 커피를 타 주던 인력이 사라지면서 사무실용으로 사용되기 시작하였다.

이러한 사무실용 커피믹스 시장이 급속도로 성장한 계기는 1990년대 말 이후 적극적으로 보급되기 시작한 냉온 정수기의 대중화였다. 정수기의 보급은 일회용 커피믹스의 편의성을 획기적으로 높이게 되었고 사무실뿐 아니라 음식점 등 정수기가 있는 곳이면 어디나 그 옆에 커피믹스가 비치되어 누구나 자유롭게 커피를 즐길 수 있게 되었다. 이러한 냉온 정수기뿐 아니라 커피 자판기 또한 커피믹스의 편의성이라는 제품의 가치를 높여줌으로써 수요를 획기적으로 증가시켰다.

▌보완재와 경쟁재 또는 대체재는 어떻게 구별하는가?[6] 만약 고객이 우리 기업 제품만 사용할 때보다 다른 기업의 제품을 함께 사용할 때 우리 기업 제품의 가치가 상승한다면, 그 기업은 보완재를 제공하는 기업이다. 반면에 다른 기업의 제품이 우리 기업 제품의 가치를 떨어뜨린다면 그 기업의 제품은 경쟁재 또는 대체재이다.

▌일반적으로 뛰어난 보완재의 존재는 제품의 가치를 높이지만 이렇게 증가된 가치는 보완재를 제공하는 기업들 사이에 어떻게 분배되는가? 이러한 보완재를 제공하는 기업들의 협상력과 이 협상력을 어떻게 사용하는가에 의해 결정된다. 1990년대 초 닌텐도(Nintendo)는 비디오 게임 콘솔에서 막대한 수익을 거두었다. 매출 및 고객이 인지하는 가치의 대부분

---

6 Brandenburger, A. & Nalebuff, B. 1996. *Co-opetition*. New York: Doubleday.

은 하드웨어인 게임 콘솔이 아니라 독립적인 게임 개발업체가 제공하는 게임 소프트웨어이다. 그럼에도 불구하고 닌텐도는 콘솔시장에서의 지배력과 콘솔 운영체제의 소유권을 활용하여 게임 소프트웨어 개발업자에게 제한적인 개발자 허가증을 배부함으로써, 게임 카트리지의 제작과 유통을 철저히 통제하였고, 이를 통해 막대한 로열티를 받았다. 이와는 달리 PC에서는 하드웨어가 아닌 소프트웨어 공급자, 특히 마이크로소프트가 거의 독점적으로 운영체제인 윈도우즈(Windows)를 제공함으로써 가치의 대부분을 가져가고 있다.

한 기업이 해당 산업 제품과 그 보완재를 함께 제공하고 있는 경우, 그 가치 배분은 그 기업의 전략에 따라 달라진다. 예를 들어 특정 기업이 커피머신과 커피캡슐을 함께 제공하고 있고 그 기업이 전략적으로 커피캡슐을 주 사업으로 선택했다면 그 기업은 커피머신에서의 수익은 그리 중요시하지 않을 것이다. 왜냐하면 커피머신은 커피캡슐 사업을 위한 하나의 수단에 지나지 않기 때문이다.

이러한 보완재는 하이테크 산업에서 특히 많은 관심을 받고 있다. 애플의 '디지털 허브 전략(digital hub strategy)'은 기본적으로 아이클라우드(iCloud)를 통해 데이터, 사진, 음악 등을 인터넷 공간에 저장하여 맥(Mac), 아이폰(iPhone), 아이패드(iPad), 아이팟 터치(iPod Touch) 등 다양한 애플 기기를 매끈하게 서로 동기화하는 것으로, 이는 아이클라우드를 중심으로 애플의 다양한 기기를 서로 보완재로 만드는 전략으로 해석할 수 있다.

산업분석을 활용하는 방법은?

우리는 지금까지 산업의 수익성 또는 구조적 매력도에 영향을 미치는 경쟁세력을 얘기하면서 이들 세력에 영향을 미치는 산업특성 또는 구조에 대해 논의하였다. 이러한 산업분석 결과는 어떻게 활용할 것인가?[7] 앞서 논의한대로 산업분석의 목적에는 크게 이를 통해 해당 산업의 수익성 또는 매력도를 파악 및 예측하는 것과 그 산업의 위협 및 기회요인을 파악하여 위협요인을 최소화하고 기회요인을 최대한 활용하는 방법, 즉 전략을 찾아내는 두 가지가 있다. 이를 좀 더 자세히 보도록 하자.

산업의 수익성/매력도를 파악 및 예측하라

우리는 산업분석을 통해 특정 산업이 왜 수익성이 높거나 낮은 지를 이해할 수가 있다. 하지만 우리에게 더욱 중요한 것은 이 산업이 향후 수익성이 높아질지 낮아질지를 예측하는 것이다. 이를 예측할 수 있는 한 가지 방법은 각 경쟁세력에 영향을 미치는 산업의 구조가 어떻게 변하고 있는지를 분석하는 것이다. 즉, 한 산업의 수익성 또는 매력도는 경쟁세력에 의해 결정되고 이 경쟁세력의 높이는 산업구조에 의해 결정되므로, 산업구조의 변화 추세를 분석하면 우리는 이를 근거로 그

---

7 다음을 참조할 것: Grant, R. M. 2018. *Contemporary Strategy Analysis*(10th Ed.). Wiley; Casadesus-Masanell, R. 2014. *Industry Analysis*. Harvard Business Publishing.

[그림 4.8] 산업분석의 목적과 과정

산업의 경쟁 및 수익성의 변화 추세를 예측할 수 있다. 즉, 산업구조의 변화추세를 분석하고(그림 4.8의 왼쪽 박스) 이러한 구조적 변화가 경쟁세력에 어떤 변화를 가져올지, 그리고 이에 따라 산업의 수익성이 어떻게 변화할지를 예측할 수 있다.

구체적으로 우선, 현재 산업구조에서 변화의 추세를 파악한다. 예를 들어, 산업이 통합되고 있는가? 우리 산업에서 인터넷 또는 모바일 확산은 어느 정도 진전되고 있고 향후 어떻게 될 것인가? 우리 산업에 새로이 진입하고자 하는 기업들이 있는가? 제품이 보다 차별화되고 있는가, 아니면 점점 범용상품화되고 있는가? 산업 내 공급 증대가 수요 증가를 넘어서는가? 등을 파악하는 것이다. 둘째, 이러한 산업의 구조적 변화가 경쟁세력에 어떤 영향을 미치는가를 분석하고, 마지막으로 이러한 경쟁세력의 변화가 해당 산업의 수익에 어떤 영향을 미치고 이에 따라 전략은 어떻게 바뀌어야 하는가를 결정한다.

포지셔닝(positioning)을 통해 산업 내 주요 기회요인을 최대한 활용하라

포터의 5대 경쟁세력은 모두 산업의 매력도에 부정적인 영향을 미치는 위협요인이다. 따라서 각 경쟁세력을 강하게 만드는 것이 그 산업의 위협 요인이고 반대로 각 경쟁세력을 약화시키는 요인이 그 산업의 기회 요인이다. 따라서 산업분석을 통해 기회요인을 최대한 활용하기 위한 방법은 경쟁세력이 가장 약한 시장영역(market segment) 또는 포지션(position)을 찾아내는 것이다.

미국의 트럭업체인 파카(Paccar)는 경쟁세력 중 하나인 고객의 협상력이 약한 시장영역으로 포지셔닝 함으로써 성공한 사례이다. 트럭업계의 주고객은 대량으로 구매하는 트럭운송업체(feet buyers)로서 강력한 협상력을 행사하고 있었다. 이에 파카는 상대적으로 협상력이 낮은 개인 트럭운전자(independent owner-operators)를 고객으로 설정하고 이들을 위해 고급스러운 침실, 높은 사양의 운전석, 주행보조시스템 등을 갖춘 트럭을 생산, 제공하였다.

할리-데이비슨(Harley-Davidson)은 오토바이산업에서 대규모의 저가시장 대신 주문제작의 고가시장에 집중하였다. 이를 통해 할리-데이비슨은 거대 경쟁업체가 누리고 있던 규모의 경제에서의 불리함을 피할 수 있었다. 그리고 제품을 차별화하고 강력한 브랜드를 구축함으로써 경쟁자들로부터의 경쟁 또한 완화시킬 수 있었다. 그리고 오토바이 소유주들 간의 끈끈한 공동체를 구축함으로써 고객이 다른 제품으로 전환하기 어렵게 만들었다.

산업 내 주요 위협요인을 최소화하라

산업의 경쟁세력 중 강한 세력이 그 산업에서의 위협 요인인데 이를 최소화하는 방법 중 하나는 산업구조 자체를 바꾸는 것이다. 하지만 한 기업이 산업구조를 바꾸는 것은 한계가 있기에 이는 산업 내 지배적인 기업이나 다수 기업의 협업을 통해서 가능하다.

예를 보자: 1) 2002년~2008년 사이 세계 철강산업의 괄목할 수익성 향상은 미탈 스틸(Mittal Steel)[8]이 주도한 산업 내 급속한 인수합병을 통한 통합작업에 의해 가능하였다; 2) 유럽 석유화학산업에서 가장 큰 골칫거리는 공급과잉이었다. 이를 해소하기 위해 유럽의 석유화학 업체들은 일련의 쌍방 공장 교환(a series of bilateral plant exchange)을 통해 각 기업이 특정 제품 분야에서 지배적 위치를 점유하는 것으로 산업구조를 개편하였다. 그리고 3) 미국의료협회(American Medical Association)의 주요 목표는 미국 내에서 교육받는 의사 수를 제한하고 해외로부터의 의사 유입을 막음으로써 협회 회원의 수입을 유지하는 것이다.

다수의 교과서[9] 또는 논문에서 위와 같은 기업 간 인위적인 구조조정이나 인위적인 진입장벽을 통해 산업 내 위협요인을 줄이고 산업의 수익성을 높이는 전략을 제언하고 있다. 하지만 이는 지극히 가치 착취적(value appropriation) 관점에 따른 제언이다. 즉, 위의 사례들은 추가적인 가치창출 없이 기업들의 협상력을 높여 이를 이용해 고객, 공급자 등이 가져가던 가치를 뺏겠다는 것이다. 이러한 방법들이 바람직한

---

8 2006년 Arcelor와의 합병을 통해 ArcelorMittal로 승계됨.

9 Grant, Robert M. 2018. *Contemporary Strategy Analysis*(10th Ed.). Wiley.

기업의 활동인가에 대해서는 논란의 여지가 있다.

산업 내 구조조정의 경우에도 인위적인 구조조정이 아니라, 시장 메커니즘에 따라 경쟁력을 상실한 기업들이 파산하거나 다른 기업에 인수 또는 합병되는 과정, 즉 시장에 의한 구조조정, 그리고 이에 따른 가치의 재배분 및 새로운 균형상태 확립이 보다 자연스러운 과정일 수 있다.

▌그렇다면 가치 착취적이지 않은 방법으로 산업 내 위협요인을 줄이려면 어떻게 해야 하는가? 예를 들어 특정 산업을 분석해 보니 그 산업은 잠재적 진입자로부터의 위협이 매우 크다는 사실을 알게 되었다. 즉, 그 산업의 주요 위협요인은 잠재적 진입자로부터의 위협인 것이다. 이러한 위협을 줄일 수 있는 전략 중 하나는 제품의 명성(reputation) 강화를 통해 진입장벽을 높이는 것이다. 이는 산업전체의 진입장벽을 높이는 것이 아니라 개별 기업에 대한 진입장벽을 높이는 것이다. 즉, 잠재적 진입자는 여전히 해당 산업으로 진입할 수 있으나 진입 후 해당 기업의 경쟁력을 따라잡기 힘들게 만드는 것이다. 따라서 개별 기업입장에서 산업 내 위협요인을 극복하는 방법은 이러한 위협을 줄일 수 있는 기업 내부의 핵심 자원과 능력을 강화하는 것이다. 이에 대해서는 제5장에서 좀 더 자세히 논의하기로 하자.

▌산업조직론의 한계와 이를 보완하는 방법은 무엇인가? ▌

산업조직론, 그 중에서도 포터의 '5대 경쟁세력 모델'에 따르면 5가지 경쟁세력은 같은 산업 내에서 동일하고 따라서 그 산업 내 기업들의 전략 및 수익성에 차이가 없어야 한다. 하지만 현실은 그렇지 않다. 동일한 산업 내에서도 기업마다 서로 다른 전략을 추구하고 있고 그 기업들의 성과 또한 많은 차이를 보이고 있다. 즉, 산업조직론은 동일한 산업 내 기업 간 전략 및 성과의 차이(intra-industry differences in strategy and performance)를 설명하기 어렵다. 이러한 한계점을 보완해 주는 개념이 바로 '전략적 그룹(strategic group)'[10]이다.

산업조직론에 따른 산업분석에 대한 또 하나의 비판은 분석이 매우 정태적(static)이란 것이다. 특정 산업의 경쟁세력의 강도는 일정한 것이 아니라 시간에 따라 변할 수 있다. 따라서 동일한 산업이라도 시간에 따라 경쟁세력의 강도는 달라지고 그 결과 기업의 전략 및 성과는 달라야 한다. 이러한 동태적(dynamic) 분석을 위해 흔히 '산업 생명주기(industry life cycle)' 개념을 활용하고 있다.

전략적 그룹(strategic group)이란?

전략적 그룹이란 "한 산업 내에서 동일한 또는 유사한 전략을 추구하는 기업들의 집단[11]"으로서 이들 기업은 산업 내 다른 집단에 속한 기업과는 다른 전략을 추구한다. 보통 전략적 그룹간의 전략적 차이는

10 Caves, R. E., & Porter, M. E. 1977. From entry barriers to mobility barriers, *Quarterly Journal of Economics*(6): 55-73; Hatten, K. J., & Schendel, D. E. 1977. Heterogeneity within an industry: From conduct in the U.S. brewing Industry, 1952 -71, *Journal of Industrial Economics*(26): 97-113; McGee, J., & Thomas, H. 1986. Strategic groups: Theory, research, and taxonomy, *Strategic Management Journal*(7) : 141-60.

11 Porter, M. E. 1980. *Competitive strategy*. New York: Free Press.

[그림 4.9] 제약산업에서의 전략적 그룹

From Jones & Hill, 2013

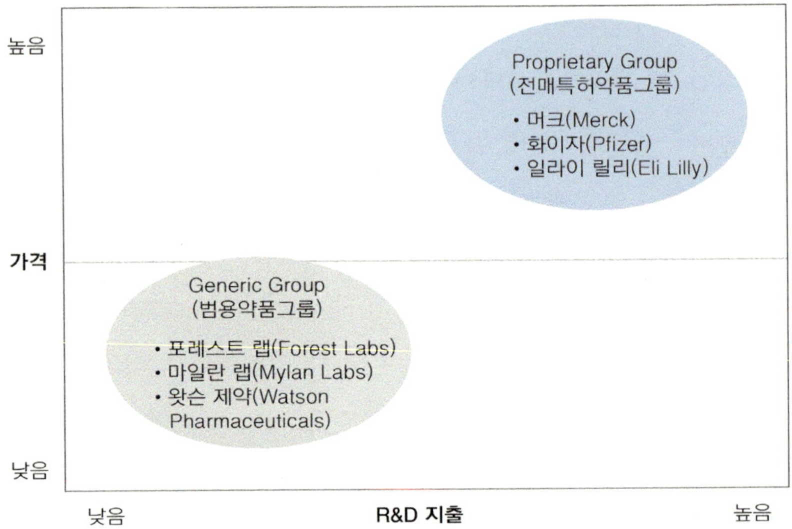

상대적으로 소수의 전략적 요인 또는 변수에 의해 파악할 수 있다.

예를 들어, 제약산업을 보자. 이들 제약업체들은 서로 다른 전략을 추구하는 두 그룹으로 명확히 구분할 수 있다(그림 4.9 참조).[12] 한 그룹은 머크(Merck), 화이자(Pfizer), 일라이 릴리(Eli Lilly) 등의 기업이 속해 있는 그룹으로서 막대한 R&D투자를 통해 신약개발에 집중하는 기업들의 집단으로서 이들의 약품은 강력한 특허권으로 보호를 받고 있다('전매특허 약품그룹: proprietary group'). 일반적으로 신약을 출시하는 데에는 약 8억불 정도의 R&D비용이 소요되고, 10여년에 걸친 장기간의 연

12 Jones, G. R., & Hill, C. 2013. *Theory of strategic management*(10th ed.). South-Western, Cengage Learning.

구와 임상실험을 거쳐야 한다. 뿐만 아니라 이러한 신약개발 노력은 실패할 확률도 매우 높다. 보통 임상실험에 들어간 신약이 미국 FDA (Food and Drug Administration)의 승인을 얻을 확률은 5개의 신약 중 불과 1개 정도이다. 따라서 이 그룹의 기업들이 추구하는 전략은 기본적으로 고위험/고수익 전략이라 할 수 있다.

또 다른 전략적 집단은 포레스트 랩(Forest Labs), 마일란 랩(Mylan Labs), 왓슨 제약(Watson Pharmaceuticals)과 같은 기업들이 속해 있는 '범용 약품그룹(generic group)'이다. 이 기업들은 전매특허 약품그룹에 속해 있는 기업들이 개발했으나 특허기간이 지난 저가의 복제약품 생산에 집중한다. 이러한 기업들의 전략은 낮은 R&D비용, 높은 생산효율, 그리고 낮은 가격 등으로 특징지을 수 있는 저위험/저수익 전략으로 볼 수 있다.

▌그렇다면 산업분석과 전략적 그룹 분석의 차이는 무엇인가? 이는 분석단위(unit of analysis)의 차이로서 산업분석은 분석단위가 산업인데 비해 전략적 그룹분석은 분석단위가 산업 내 전략적 그룹이다. 따라서 산업분석에서 우리는 그 산업 내 기업들이 평균적으로 마주치는 5대 경쟁세력의 강도를 분석하지만, 전략적 그룹 분석에서는 그 산업 내 특정 전략적 그룹에 속한 기업들이 평균적으로 직면하는 5대 경쟁세력의 강도를 파악하는 것이다.[13]

따라서 동일한 산업에 있는 기업이라 할지라도 어떤 전략적 그룹에

---

13 마찬가지로, 진입장벽(entry barriers)과 이동장벽(mobility barriers)도 같은 개념이나 분석단위에 따라 달리 쓰이는 용어이다. 즉, 진입장벽이란 특정 산업으로의 진입을 저지하는 장벽인 반면, 이동장벽이란 산업 내 특정 전략적 집단에 속한 기업이 산업 내 다른 전략적 집단으로의 진입을 가로막는 장벽을 의미한다.

속하느냐에 따라 경쟁세력의 강도는 달라지고 이에 따라 성과의 차이가 나게 된다. 예를 들어, 5대 경쟁세력 중 "경쟁의 정도(rivalry)"를 제약산업의 전략적 집단에 적용시켜보자. 여기서 우리는 제약산업에서의 경쟁의 정도가 아니라 제약산업 내 각 전략적 그룹에서의 경쟁의 정도를 점검해야 한다. 우선, 전매특허 약품그룹의 경쟁의 정도를 보자. 이 그룹에서의 경쟁은 누가 신약에 대한 특허를 먼저 획득하고 출시하는가에 의한 경쟁이기에 기업 간 가격경쟁은 약하다. 반면, 범용 약품그룹에서 기업들은 특허 유효기간이 지나 누구나 만들 수 있고 차별화되지 않은 약품을 만들고 있다. 따라서 서로 간의 대체가 매우 용이해 기업들 간 치열한 가격경쟁을 경험하게 된다. 경쟁뿐 아니라 나머지 경쟁세력 분석도 결과는 거의 비슷하다. 즉, 경쟁을 포함한 5대 경쟁세력으로부터의 위협은 전매특허 그룹보다 범용 약품그룹에서 훨씬 강하고 따라서 후자의 수익성은 전자의 수익성보다 낮을 수밖에 없다. 따라서 각 기업의 성과는 비록 동일한 산업에 속해 있다 하더라도 그 산업 내 어떤 전략적 집단에 속하느냐에 따라 달라진다는 것이다.

산업생명주기(industry life-cycle)란?

한 산업 내 경쟁세력의 강도와 성격은 일정한 것이 아니라 시간이 지남에 따라 변화한다. 이에 따라 그 산업에서의 기회 및 위협 요인 또한 달라지고 기업의 전략도 바뀌어야 한다. 시간에 따라 산업 내 경쟁세력의 강도가 달라진다는 것은 산업의 매력도 또한 달라진다는 것을 의미한다. 산업이 진화함에 따라 경쟁세력이 어떻게 변하는가를 분석

[그림 4.10] **산업생명주기의 단계**

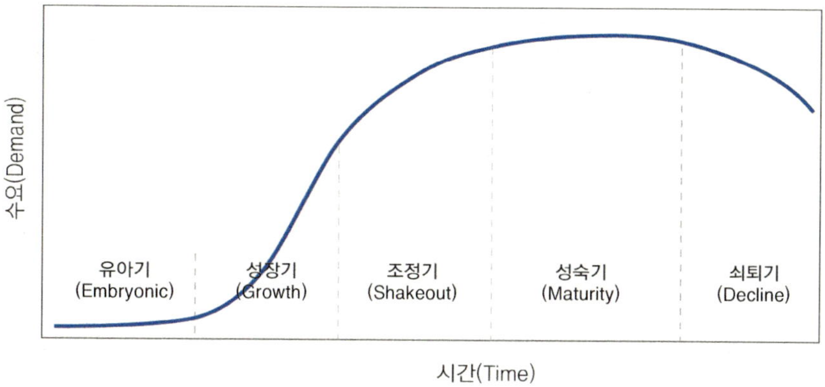

하기에 유용한 도구 중 하나가 산업생명주기 모델이다.

산업생명주기 모델은 산업의 진화과정을 유아기(embryonic), 성장기(growth), 조정기(shakeout), 성숙기(mature) 및 쇠퇴기(decline)라는 5개의 연속적 단계로 구분하고 있다(그림 4.10 참조). 이를 통해 산업이 진화함에 따라 경쟁세력의 강도가 어떻게 변하는지 예측하고, 이에 따른 기회를 최대한 활용하고 다가올 위협을 줄일 수 있는 전략을 수립하는 것이다.

유아기(embryonic stage). 유아기란 한 산업이 막 태동하여 형성되기 시작하는 시기로서 1970년대 PC산업, 90년대 초 인터넷 유통산업, 80년대부터 90년대 초까지의 한국 무선통신사업, 2021년 수소차 산업 등이 이에 해당된다고 볼 수 있다.

▌일반적으로 유아기의 산업 성장은 매우 지지부진하다. 그 이유는 무엇인가? 유아기에서는 다음의 세 가지 이유로 산업 성장이 매우 지지부진하다.

1) 새로운 제품/서비스의 용도, 사용방법, 심지어 제품/서비스 그 자체에 대한 고객의 인지도가 낮다.
2) 아직 시장 규모가 작아 대부분의 기업들이 규모의 경제를 달성하지 못하여 가격이 비싸다.
3) 새로운 제품/서비스를 위한 유통망을 비롯한 각종 인프라가 제대로 구축되어 있지 않다.

현재 유아기로 볼 수 있는 수소차 산업, 심지어 유아기의 후반 단계로 생각되는 전기차 산업의 경우에도 위에 언급한 세 가지 성장의 장애물을 발견할 수 있다.

이 단계에서는 기업 간 경쟁은 그리 치열하지가 않다. 기업들은 업체 간 가격경쟁보다는 주로 고객의 인지도를 높이기 위해 교육을 제공하거나, 유통망을 확보하거나 제품 디자인의 완성도를 높이는 데 집중한다.

성장기(growth stage). 시간이 지나면서 새로운 제품에 대해 고객이 점점 익숙해지고 그동안 유통망 및 각종 인프라도 점차 정비된다. 그리고 동시에 산업의 성장과 함께 기업들이 규모의 경제를 달성하기 시작하면서 제품의 가격이 획기적으로 낮아지게 된다. 즉, 유아기에서 산업성장을 가로막는 장애물들이 동시에 해결되면서 산업이 폭발적으로 성장하게 되는 시점이 있다. 이때가 바로 성장기의 시작이다.

한국 무선통신서비스 산업의 경우 1990년대의 대부분은 성장기라 볼 수 있다. 이 기간 한국 무선통신서비스시장은 1990년 719억원에서 2000년 12조 3,331억원으로 10년간 무려 172배 증가하였다. 매년 거의 2배정도 성장하던 시장이 1997년 42%로 성장률이 다소 꺾이긴 했으나

1997년부터 2000년까지도 연평균 37%라는 여전히 높은 성장률을 보여주기에 이 기간 역시 성장기에 포함시키는 것이 타당하다.

성장기는 높은 성장률에 고무된 많은 기업들이 해당 산업에 진출하고자 함으로써 잠재적 진입자로부터의 위협이 가장 높은 시기이다. 하지만 시장이 급속히 팽창하는 시기로서 기업들이 서로의 점유율을 빼앗기 보다는 팽창하는 시장을 충족시켜 주기 위한 공급확대에 주력함으로써 기업 간 경쟁의 정도는 상대적으로 여전히 약한 시기이다.

조정기(shakeout stage). 시장이 점차 포화상태에 가까워지면서 성장기에서의 폭발적인 성장은 주춤하게 된다. 여전히 성장은 하지만 그 성장률이 과거에 비해 급격히 감소하는 시점이 있는데 이때가 바로 그 산업이 조정기에 접어드는 시점이다. 산업 생명주기에 있어 기업 간 경쟁이 가장 치열한 시기가 바로 이 조정기이다.

▌조정기에는 산업이 여전히 성장하고 있음에도 기업 간 경쟁이 치열한 이유는 무엇인가? 일반적으로 기업의 투자의사결정은 미래시장 규모를 예측함으로써 이루어진다. 미래시장의 예측은 대부분 과거 실적을 기반으로 이루어진다. 따라서 성장기에 엄청난 성장을 경험한 기업들은 조정기에서의 투자의사결정을 과거 성장기의 높은 성장 실적을 기반으로 함으로써, 많은 기업들이 해당 산업에 진출하게 되고 동시에 기존 기업들은 그들의 공급량을 확대하게 된다.

이에 산업 내 공급은 크게 증가하게 되는 반면에 수요는 예측과는 달리 그 성장률이 급속히 낮아짐으로써, 산업 내 상당한 공급과잉이 발생한다. 이러한 산업 내 공급과잉을 해소하기 위해 기업들 간 치열한 경쟁을 치르게 된다.

이러한 치열한 경쟁에서 살아남기 위해 기업들은 비용을 최대한 줄이는 동시에 R&D투자와 각종 추가 서비스의 제공 등을 통해 고객 충성도 획득에 최선을 다하게 된다. 그 결과 경쟁력이 떨어지는 한계기업들은 대부분 도태하고 경쟁력을 갖춘 소수의 기업만이 조정기에서 살아남게 된다.

한국 무선통신서비스 산업의 경우 지난 1990년대 10년간 연 평균 55% 이상의 성장을 보여주던 시장이 연 평균 7%대로 급속히 떨어지는 2001년부터 2006년 기간이 조정기에 해당한다고 볼 수 있다.

성숙기(mature stage). 시간이 지나면서 시장은 점점 포화상태에 이르고 최초 구매수요는 거의 소진되고 대부분의 수요는 대체 수요로서 성장이 거의 없는 성숙기에 접어들게 된다. 조정기에서 치열한 경쟁을 통해 살아남은 기업들은 대부분 원가경쟁력 및 고객 충성도를 확보한 높은 경쟁력을 보유한 기업들이기에 이 시기의 진입장벽은 높은 편이다. 또한 낮은 성장률은 새로운 기업이 해당 산업으로 진출하고자 하는 의욕을 떨어뜨리게 된다. 따라서 이 시기 잠재적 진입자로부터의 위협은 상대적으로 낮다.

쇠퇴기(declining stage). 일정기간의 성숙기를 거친 후, 대부분의 산업은 쇠퇴기로 접어들게 된다. ▮ 산업은 왜 쇠퇴하는가? 산업이 쇠퇴하는 대표적인 원인으로는 강력한 대체재의 등장, 사회적 인식의 변화, 인구통계학적인 변화, 그리고 국제적 경쟁 심화 등이 있다.

최근 많은 산업이 쇠퇴하는 가장 대표적인 요인은 당연히 강력한 대체재의 등장이다. 과거 진공관이 트랜지스터에 의해 대체되면서 쇠퇴하였고, 유선통신서비스 또한 무선통신서비스에 의해 급속히 쇠락하였다. 전통적 오프라인 유통산업은 온라인, 모바일 유통업체에 의해 대체되고, 내연기관자동차 또한 전기자동차를 비롯한 친환경 자동차에 의해 대체되면서 각각 쇠퇴의 기미를 보이고 있다. 전통적인 궐련형 연초 담배산업 역시 액상형 및 궐련형 전자담배에 의해 급속히 대체되면서 수요가 줄어들고 있다.

특정 산업이 쇠퇴하게 되는 또 하나의 요인은 사회적 인식의 변화로서, 건강에 대한 관심 고조로 인한 담배산업, 패스트푸드산업의 쇠퇴, 그리고 환경에 관한 사회적 관심 고조에 따라 석탄발전, 내연기관 자동차산업 등 환경오염산업의 시장이 감소하는 경우가 여기에 해당한다.

인형산업, 유아학습지 산업, 기저귀산업, 산부인과 등 유아관련 산업이 쇠퇴하는 이유는 출생률 감소에 따른 인구통계학적 변화가 그 요인이다.

산업이 쇠퇴하여 수요가 줄어든다는 것은 공급이 수요를 초과하게 된다는 의미이고 이러한 공급과잉은 산업 내 기업 간 경쟁을 높이게 된다. 따라서 일반적으로 한 산업이 쇠퇴할 때에는 기업 간 경쟁이 상승하나 그 상승의 정도는 그 산업의 퇴출장벽의 높이에 비례한다. 즉, 퇴출장벽이 높은 산업이 쇠퇴할 때에는 수요가 줄어도 공급이 이에 따라 줄기가 어려워 공급과잉이 많아지고 이에 경쟁은 치열해 진다. 하지만 퇴출장벽이 낮은 산업이 쇠퇴할 때에는 줄어든 수요에 따라 공급도 줄어들어 공급과잉의 정도가 심하지 않고 그 결과 경쟁도 덜 치열해진다.

모든 산업이 다 위와 같은 생명주기를 따르는가? 지금까지 논의한 산업생명주기는 일반적으로 많은 산업이 이와 같은 패턴을 따른다는 것이지 모든 산업이 그렇다는 것은 아니다. 새로이 탄생하는 수많은 산업들이 성장기에 이르지 못하고 유아기에 소멸한다. 또 어떤 산업은 좀처럼 쇠퇴하지 않고 오랜 기간 성숙기를 유지하고 있다. 의류, 음식, 주거 등 의식주와 관련된 산업, 냄비, 그릇, 컵, 수저 등 주방용품 관련 산업, 그리고 휴지, 비누, 치약, 샴푸, 화장품 등 가정용품 관련 산업 등 의식주를 비롯한 생활필수품 관련 산업이 주로 이런 경우에 해당한다.

한편 어떤 산업은 쇠퇴하다가 다시 성장기로 재진입하기도 한다. 글로벌 자전거 산업을 보자. 자동차, 오토바이 등 강력한 대체재의 등장으로 자전거 산업은 쇠퇴기에 접어들게 되고 이에 미국 및 유럽의 자전거 업계 강자들 상당수가 시장에서 퇴출하였다. 축소된 글로벌 자전거 시장에서 대만의 자전거 업체들이 이들 강자가 비운 자리를 메워주고 있었다. 하지만 전혀 예상하지 않았던 환경 변화에 의해 자전거 산업은 폭발적으로 성장하게 되었다. 건강에 대한 사회적 관심 고조 그리고 야외 활동의 증가 등으로 전통적인 자전거뿐만 아니라 레저용 및 헬스 실내자전거 등에 대한 수요가 폭발적으로 증가한 것이다.

요약하면, 산업 내 경쟁세력의 강도는 산업생명주기 상의 단계에 따라 달라진다. 이에 동일한 산업이라 할지라도 시간에 따라 경쟁세력의 강도가 달라지고 그 결과 산업의 매력도와 위협 및 기회요인이 달라지고 이에 따라 전략도 달라져야 한다.

Action Learning(Ⅰ): 산업환경분석 연습

액션러닝(action learning)이란 기업이 실제로 직면한 문제를 해결해 봄으로써 학습하는 것이나 본서는 특정 기업을 대상으로 한 것이 아니기에 학습한 내용을 실제 현실에 적용해 연습하기는 어렵다. 따라서 지금까지 산업환경분석과 관련해 논의한 내용을 실제로 직면한 문제가 아니라, 사례에 적용해 봄으로써 학습한 내용을 실제 기업현실에 어떻게 적용할 수 있는지를 연습해 보고자 한다. 그리고 여러분들은 본 액션러닝에서의 연습을 바탕으로 각자가 속한 기업 또는 관심이 있는 기업을 대상으로 실제 적용해 보기를 추천한다.

지금부터 월마트(Walmart Inc.) 사례[14]에서의 내용을 바탕으로 산업환경 분석과 관련해 지금까지 논의한 내용을 여러 문헌과 필자의 의견을 종합하여 적용해 보자.

일반적으로 액션러닝 과제수행을 위해서는 첫째, 과제에서 다루고자 하는 전략적 이슈를 선정하고 둘째, 선정한 이슈의 해답에 대한 가설을 도출한 후 셋째, 도출된 가설을 검증하기 위한 분석을 시행하는 것이 좋다.

---

14 Meier, S. & Oberholzer-Gee, F. 2020. *Walmart: In search of renewed growth*. Columbia CaseWorks case# 080408 CU20. NY: Columbia Business School; Pankaj Ghemawat, Stephen Bradley, and Ken Mark, 2004. *Wal-Mart Stores in 2003*. HBS No. 704-430. Boston: Harvard Business Publishing; Ramon Casadesus-Masanell. 2014. *Industry analysis*. Boston: Harvard Business Publishing. 위 세 문헌의 내용을 참고하여 본서의 목적에 맞게 필자의 의견 및 판단을 추가해 편집 작성됨. 수정 및 편집된 사례의 내용은 전적으로 본서에서의 이론, 개념, 기법 등의 설명을 위한 것으로 1차 자료나 경영의 실제 사례로 사용될 수 없음.

산업환경 분석을 통한 전략적 시사점 도출은 다음의 과정에 따라 진행하도록 한다.

1. 분석하고자 하는 산업의 범위를 정의하라.
2. 산업 내 주요 참여자를 찾아내 확인하라.
3. 주요 참여자들이 산업의 매력도에 미치는 영향과 산업 내 위협 및 기회요인을 파악하라.
4. 분석결과를 기업전략 수립에 활용하라.

전략수립을 위해 추가로 다음의 두 가지 분석을 활용할 것을 추천한다.

1. 환경 및 산업의 변화를 예측하고 이를 위한 전략을 수립하라(산업생명주기 포함).
2. 전략적 집단 분석을 활용하라.

▌분석하고자 하는 산업의 범위를 정의하라▐

제4장에서 우리는 산업을 '수요의 대체성 또는 공급의 대체성이 높은 제품 및 서비스를 제공하는 기업들의 집단'으로 정의하였다. '대체성'이라는 용어에서 알 수 있듯이 산업은 그 대체성의 강도에 따라 그 범위가 달라진다. 유통업을 분석하는 것과 식음료 유통업을 분석하는 것은 전혀 다르다. 마찬가지로 글로벌산업(global industries)으로서 식음료 유통업을 분석하는 것은 지역산업(local industries)으로서의 유통업을 분석하는 것과 확연한 차이가 있다. 따라서 산업분석을 할 때 가장 처음 해야 할 일은 우리가 분석하고자 하는 산업의 범위를 먼저 명확히

하는 것이다.

산업 범위는 우리가 어떤 전략적 이슈를 다룰 것인가에 따라 결정하는 것이 좋다. 예를 들어 해외시장진출 전략에 관해 분석하기를 원하면 당연히 지역산업이 아니라 글로벌산업으로서 산업을 정의하는 것이 좋고 새로운 제품/서비스 또는 새로운 고객을 찾기 위한 이슈에 관해서라면 산업을 보다 넓게 정의하는 것이 좋다. 현재 하고 있는 사업의 경쟁력 강화를 위한 이슈라면 가능한 현재 하고 있는 사업으로 산업을 한정하는 것이 좋다.

이번 액션러닝에서 과제의 목적을 월마트(Walmart)가 현재 영위하고 있는 가정용품 및 식료품 사업 유통에서 수익향상을 위한 기회요인을 찾아 활용하고 위협요인을 해결할 방법을 찾는 것이라고 하자. 가정용품과 식품은 슈퍼마켓, 편의점, 전문매장 등에서도 판매한다. 하지만 월마트 사업은 이들보다 불편하지만 낮은 가격으로 판매하기에 이들을 직접적인 경쟁자라기보다 대체재로 볼 수 있다. 코스트코(Costco)와 같은 창고형 매장 또한 판매 품목 수가 월마트보다 훨씬 적다는 점에서 역시 차이가 있다. 실제로 월마트의 샘즈클럽(Sam's Club)이 코스트코의 직접적인 경쟁자라 볼 수 있다. 아마존(Amazon.com) 또한 월마트보다 낮은 가격에 판매하고 편의성은 떨어진다는 측면에서 월마트의 사업과는 차이가 있다. 대신 아마존과는 월마트의 월마트닷컴(Walmart.com)이 직접적인 경쟁을 하고 있다. 따라서 이 과제에서 우리는 분석해야 할 산업을 미국 내에서 가정용품 및 식료품을 판매하는 대형 할인유통업체인 '미국 대형마트(superstores)산업'으로 정의하는 것이 적합하다.

산업 내 주요 참여자들(players)을 찾아내 확인하라

분석하고자 하는 산업의 범위를 결정한 이후 해야 할 일은 산업의 매력도(수익성)와 그에 따른 산업의 기회 및 위협요인에 영향을 미치는 기업 또는 조직을 구체적으로 확인하는 일이다. 이는 산업 내 5대 경쟁세력을 구체적으로 적시함으로써 우리가 산업전체의 경쟁구도를 머릿속에 그리고 이들의 영향력을 매우 현실적으로 확인할 수 있다는 점에서 매우 요긴한 과정이다.

미국 대형마트산업에서 각 경쟁세력 별로 다음과 같은 주요 참여자를 찾아낼 수 있다(그림 AL1.1 참조).

[그림 AL1.1] 미국 대형마트 산업에서의 주요 참여자

산업 내 경쟁자	월마트(Walmart), 타겟(Target), K마트(Kmart)* *K마트는 2004년 시어즈(Sears)와 합병됨
공급자	• P&G(Procter & Gamble), 코카콜라(Coca-Cola) 등 식료품 및 가정용품 제조업체(자체 브랜드 제조업체 포함) • 기타 주요 공급자 – 토지: 토지소유자, 토지, 건축 인허가 담당 지방정부당국 – 인력: 노동조합 – IT 하드웨어/서비스, 교통 및 물류, 마케팅 서비스
고객	일반 개인 소비자 및 일부 기업고객
잠재적 진입자	테스코(Tesco), 알디(Aldi), 세이프웨이(Safeway) 등과 같은 미국 국내 및 해외 슈퍼마켓 체인
대체재	슈퍼마켓, 창고형 매장, 온라인/모바일 유통업체, 편의점, 음식배달업체, 식당, 다이어트
보완재	교통, 금융서비스

분석대상 산업을 미국 대형마트산업으로 한정했으므로 산업 내 경쟁사로는 월마트를 비롯해 타겟(Target corporation)과 K마트(Kmart)를 고려할 수 있다.

주요 공급자는 가정용품과 식품 제조업체로서 P&G(Procter & Gamble), 코카콜라(Coca-Cola)와 같은 브랜드 소비재 제조업체들과 월마트 자체 브랜드상품(PB: Private Brand) 제조업체들을 포함한다. 가정용품과 식품 제조업체 외에 또 다른 공급자로는 토지와 인력을 공급하는 자들로 토지 소유주, 토지, 건축 인허가를 담당하는 지방정부당국, 그리고 노동조합이 결성된 곳에서는 노동조합 등이 있다. 그 외 기타 공급자로는 IT 하드웨어와 IT 서비스 제공업체, 교통 및 물류업체, 마케팅 서비스 업체 등이 있다.

주 고객은 개인 소비자이나 일부 기업고객도 존재한다.

대체재는 크로거(Kroger), 퍼블릭스(Publix)와 같은 슈퍼마켓, 코스트코 등 창고형 매장, 아마존을 비롯한 온라인 쇼핑업체, 편의점 등이 있다. 좀 더 넓은 의미에서는 음식배달업체, 식당 및 다이어트도 대체재로 볼 수 있다.

잠재적 진입자는 대체재에 있는 대부분의 기업들이 포함되나 그 중에서도 테스코(Tesco), 알디(Aldi), 세이프웨이(Safeway)와 같은 국내외 대형 슈퍼마켓 체인이 진입할 잠재력이 가장 높다.

가장 대표적인 보완재로는 교통 및 금융 서비스가 있다.

▌주요 참여자들이 산업의 매력도에 미치는 영향과 산업 내 위협 및 기회요인을 파악하라▐

산업에서의 주요 참여자를 확인했으면 과연 이들이 산업의 매력도에 어떤 영향을 미치는지 분석해야 한다. 포터의 5대 경쟁세력은 모두 산업의 매력도에 부정적인 영향을 미치는 위협요인들이다. 따라서 산업의 전반적인 매력도는 이들 세력의 전반적인 강도를 분석해 판단한다. 그리고 각 세력의 강도를 분석한 후 각 세력 중 특히 강한 요인을 우리는 그 산업에서의 주요 위협요인(primary threats)이라 하고, 특히 약한 요인을 주요 기회요인(primary opportunities)이라 한다. 이러한 분석을 바탕으로 우리는 주요 위협요인을 최소화하고 기회요인을 최대한 활용할 수 있는 전략적 대안을 찾아내는 것이다.

포터모델에서의 가이드라인을 체크리스트로, 미국 대형마트산업에서 각 경쟁세력이 산업 매력도에 미치는 영향은 다음과 같이 분석할 수 있다.

잠재적 진입자로부터의 위협

대형마트산업은 규모의 경제와 선점에 의한 절대비용우위에 의한 진입장벽이 높은 산업임. 따라서 이미 대형마트가 존재하는 시장에서는 진입장벽이 높아 진입자로부터의 위협이 낮으나 그렇지 않은 시장에서는 위협이 높음.

— 규모의 경제 : 매장 설비투자에 쓰인 고정비용(매장 수준의 규모의 경제);

집중화된 물류센터(지역 수준의 규모의 경제); 구매 & IT투자(국가 또는 세계 수준의 규모의 경제)

- 절대비용우위 : 인구밀집지역에서 대형마트가 들어갈 만한 토지의 희소성; 기존업체와 건설 인허가 담당 지방당국과의 밀접한 관계

공급자 협상력

미국 대형마트산업에서 제품 공급자, 인력 공급자, 그리고 토지 공급자 등 세 집단을 주요 공급자로 볼 수 있다.

- 제품 공급자 : 제품 종류에 따라 공급자들의 협상력에 차이가 있음. 코카콜라나 P&G와 같은 브랜드 파워가 있는 제품을 공급하는 기업들의 협상력은 브랜드 파워가 없는 범용상품을 제공하는 기업보다 협상력이 높음.
- 인력 공급자 : 마진이 낮고 노동집약도가 상대적으로 높은 대형마트 산업에서 인건비(매출액의 8~9%)는 아주 중요한 비용 항목임; 종업원의 대부분이 비숙련공이라 종업원 개개인의 협상력은 높지 않음; 하지만 강한 노동조합이 있는 지역에서 종업원의 협상력은 높음; 그리고 최저임금제도와 같은 노동관련 규제 또한 협상력에 많은 영향을 미침.
- 토지 공급자 : 미개발지가 많은 소도시 토지 공급자의 협상력은 높지 않으나 도심 또는 교외지역에서는 적정한 토지가 희소하여 협상력이 높음.

고객의 협상력

대형마트의 고객은 일반적으로 가격에 민감한 저소득가구이고 식료품 및 가정용품의 구입은 이들 가구들의 지출 중 상당 부분을 차지하기에 고객의 협상력은 높은 편임; 하지만 기존의 대형마트가 지배하고 있는 지역에서는 고객이 다른 마트를 이용하기 위해 장거리 운전을 해야 하므로 전환비용이 높아 고객의 협상력은 낮음; 고객 마일리지 프로그램 또한 전환비용의 상승을 가져옴.

경쟁의 정도

대형마트산업에서 기업들은 대부분 차별화되지 않은 범용제품들을 판매하기에 주로 가격경쟁에 집중함; 그리고 짧은 유통기한은 더욱 제품 가격 인하를 촉진함; 따라서 일반적으로 경쟁의 정도는 높은 편임; 하지만 K마트가 파산 및 구조조정됨으로써, 그리고 타겟은 좀 더 고급화전략에 치중하여 월마트 대비 10~15% 정도 높은 가격으로 경쟁함으로써 직접적인 경쟁의 정도는 낮아짐.

대체재

대형마트에서 대체재로부터의 위협은 아주 높음; 창고형 매장, 슈퍼마켓, 토이저러스(Toys R Us)와 홈디포(Home Depot) 같은 카테고리 킬러, 염가 판매점(dollar stores), 편의점, 온라인/모바일 유통업체 등 수많은 대체재가 존재함; 대부분 대체재는 동일한 상품을 좀 더 높은 가격에, 그러나 좀 더 높은 편의성을 제공함; Amazon.com과 같은 대형 온라인 유통업체는 상당한 규모의 경제를 구가하고 있음.

보완재

교통이나 지불수단은 이 산업에서의 보완재로 볼 수 있음; 주유소, 자동차부품 및 정비 서비스, 대중교통 노선, 결제 수단과 기본 은행거래 서비스 등은 보완재의 역할을 함.

[그림 AL1.2]는 지금까지의 내용을 정리한 표이다. 이에 따르면 미국 대형마트산업은 구조적으로 매력적이지 못한 산업이다. 구체적으로 강력한 공급자, 가격에 민감한 고객, 산업 내 치열한 경쟁, 그리고 무엇보다 강력한 대체재의 존재에 의해 구조적으로 그리고 평균적으로 기업들이 고통을 받는 산업이다.

이러한 분석이 제대로 되었는지 확인할 수 있는 방법은 분석 결과를 실제 산업의 평균 수익성과 비교해 보는 것이다. 실제로 미국 대형마트산업은 이러한 구조적인 어려움으로 인해 산업 내 대표적 경쟁사 중 하나인 K마트는 지속적인 적자를 경험하게 되고 급기야 파산 및 구조조정의 길을 걷게 된 사실을 확인할 수 있다.

[그림 AL1.2] 미국 대형마트산업에서의 위협 및 기회요인과 매력도

경쟁세력	매력적이지 않은 요인(위협요인)	매력적인 요인(기회요인)	매력도
진입자로부터의 위협	기존 대형마트가 없는 지역(−)	기존 대형마트가 있는 지역(+ +)	+
공급자 협상력	• 브랜드파워가 있는 제품 공급자(−) • 강성 노동조합이 있는 지역(−) • 최저임금제 등 근로조건이 엄격한 지역(−)	• 브랜드파워가 없는 범용제품 공급자(+) • 강성 노동조합이 없는 지역(+) • 근로조건이 엄격하지 않은 지역(+)	−
고객 협상력	주고객이 가격에 민감하고 식료품 등 지출이 전체 소득에서 차지하는 비중이 큼(−)	교통, 마일리지프로그램 등에 의한 전환비용이 큰 경우 협상력 낮음	−
경 쟁	짧은 유통기한의 범용제품으로 가격경쟁 치열(−)	산업 내 구조조정의 가능성	−
대체재	수많은 구역 내 온/오프라인 유통업체(− −)		− −
보완재		교통, 금융서비스	
전반적 매력도			− − − −

▌분석결과를 기업전략 수립에 활용하라▐

지금까지 우리는 미국 대형마트산업의 매력도와 위협 및 기회요인에 대한 분석을 하였다. 다음은 이렇게 파악한 산업 내 위협요인을 최소화하고 기회요인을 최대한 활용할 수 있는 전략을 수립하는 것이다. **▌월마트는 어떻게 산업 내 기회요인을 활용하고 위협요인을 줄였는가?** 월마트의 전략을 보자.

기회요인을 최대한 활용할 수 있는 전략을 수립하라

미국 대형마트산업에서 5대 경쟁세력 중 가장 약한 것이 잠재적 진입자로부터의 위협이다. 특히 기존 대형마트가 존재하는 시장에서는 진입자로부터의 위협이 매우 낮은데 그 이유는 주로 높은 규모의 경제, 그리고 매장 대지의 희소성 때문이다. 따라서 이 산업에서의 기회요인은 바로 여기에 있다. 그리고 이런 기회요인을 효과적으로 활용하기 위해서는 규모의 경제를 달성하고 매장 개장을 위한 대지의 희소성을 높여야 한다.

▌월마트는 이러한 기회요인을 활용하기 위해 어떤 방법을 사용했는가? 우선 매장 수준에서의 규모의 경제를 보면 하나의 대형마트 운영이 가능하기 위해서는 최소 76,000명의 고객 기반이 필요하다. 따라서 76,000~150,000명의 인구를 가진 시장에 진출하면 하나의 매장은 충분히 운영이 가능하나 추가 매장이 들어서는 것은 어려워져 새로운 진입자가 진입하는 것이 매우 힘들어진다.

물류에 있어 규모의 경제는 주로 보다 넓은 지역기반(region)에서 발생한다. 일반적으로 하나의 물류센터는 반경 150마일 이내의 150여 개 매장을 담당할 수 있다. 따라서 월마트 매장을 위한 가장 바람직한 지역은 물류센터를 중심으로 150마일 내에 있는 인구 76,000~150,000명의 여러 소도시가 되고 실제로 월마트 매장의 대부분은 이런 지역에 집중되어 있다.

위협요인을 최소화할 수 있는 전략을 수립하라

[그림 AL1.2]를 보면 대형마트산업에서 위협요인은 거의 모든 경쟁세력에서 찾아볼 수 있다. 우선 산업 내 위협요인 중 하나인 높은 공급자 협상력을 보자. ▌이를 어떻게 줄일 것인가?

제품 공급자 협상력을 줄이는 방법으로는 흔히 두 가지 방법이 있다. 하나는 경쟁자보다 많은 구매를 하는 것이고 또 하나는 공급처를 늘리는 것이다. 월마트는 이 두 가지 방법 모두를 사용함으로써 공급자로부터의 위협을 최소화하고 있다. 실제로 월마트는 제품 공급자들 매출의 상당 부분을 월마트에 의존하도록 함으로써 공급자의 협상력을 대폭 줄이고 있다. 예를 들어 월마트는 2003년 P&G 총 매출의 17%를 구매함으로써 P&G의 가장 큰 고객이다. 이에 월마트에 대한 P&G의 협상력은 상당부분 저하된다.

월마트가 공급자의 협상력을 줄이기 위해 사용하는 또 하나의 전략은 공급처 다변화이다. 이를 위해 월마트는 자체 브랜드 출시에 많은 노력을 기울여 왔다. 2003년 월마트의 자체 브랜드 매출 비중은 무려

20%에 이른다. 이러한 노력의 결과 제품 공급자들의 협상력은 산업 평균으로 볼 때는 높으나 월마트 개별 기업에 대해서는 그다지 높지 않다.

일반적으로 토지 공급자의 협상력은 높다. 하지만 월마트는 소도시와 같은 유휴지가 많은 미개발 지역에 매장을 출시함으로써 이들의 협상력을 무력화시키고 있다. 인력 공급자들의 협상력을 줄이기 위해 월마트는 주로 최저 임금이 낮고 노동조합의 힘이 약한 지역에 주로 출점하고 있다.

고객의 높은 협상력으로부터의 위협을 줄이기 위해 월마트는 일단 하나의 대형마트가 입점하면 인구 수가 적어 또 하나의 마트가 들어오기 어려운 소도시에 집중 출점하고 있다. 이는 고객으로 하여금 다른 대형마트를 이용하기 위해서는 장거리 운전을 할 수밖에 없게 만들어 고객의 전환비용을 상승시키게 된다. 월마트 마일리지 프로그램의 활성화 또한 고객의 전환비용을 더욱 높여 고객의 협상력을 줄이는 수단이 되고 있다.

월마트는 두 개 이상의 대형마트가 출점하여 운영하기 어려운 소도시를 선점하여 지역 내 독점적 지위를 누림으로써 산업 내 기업 간 경쟁의 정도를 크게 줄이고 있다. 그리고 K마트나 타겟과 같은 다른 대형마트와 직접적인 경쟁을 피할 수 없는 경우에는 규모의 경제에 의해 가격경쟁에 있어 우위에 있는 월마트는 이들 경쟁업체와 기꺼이 치열한 가격경쟁을 감수하여 이들을 무력화시키고 있다. 그 결과 K마트는 파산 후 구조조정에 들어가게 되었고, 타겟 또한 월마트와의 직접적인 경쟁을 피하기 위해 고급화 전략으로 선회하였다.[15] 그 결과 기업 간

15 타겟은 고급화 전략에서 성공하게 되고 2020년 월마트는 타겟의 영역으로의 진출을

경쟁의 정도는 매우 낮아졌다.

미국 대형마트산업에서 무엇보다 큰 위협요인은 강력한 대체재이다. 강력한 대체재의 위협에 대응하여 월마트는 이들 대체재 사업으로 진출하였다. 즉, 코스트코(Costco)와 같은 창고형 매장업체에 대해서는 샘즈클럽(Sam's Club), 그리고 아마존(Amazon.com)과 같은 온라인/모바일 유통업체에 대해서는 월마트닷컴(Walmart.com)을 통해 대응하고 있다. 월마트의 대체재에 대한 이러한 대응의 결과에 대해서는 2021년 현재 아직 판단이 쉽지 않다.

지금까지 우리는 산업을 어떻게 분석하고 이를 기업 전략 수립을 위해 어떻게 활용할 것인가에 대해 논의하였다. 여기에 전통적인 산업분석에 대한 약점을 보완하기 위해 다음의 두 가지를 추가로 고려하는 것이 좋다. 하나는 환경 및 산업의 변화를 예측한 후, 이에 대한 전략을 수립하는 것이고, 또 하나는 전략적 집단 분석이다.

환경 및 산업의 변화를 예측하고 이를 위한 전략을 수립하라

산업분석은 특정 산업의 매력도를 평가하고 그 산업에서의 위협요인을 최소화하고 기회요인을 최대한 활용할 수 있는 전략을 수립하는데 유용하게 쓰일 수 있다. 뿐만 아니라 산업분석은 여러 거시 환경 및

심각하게 고려하고 있다. 이는 곧 다룰 전략적 집단 분석에서 좀 더 자세히 논의하고자 한다.

산업환경 변화가 산업의 매력도에 어떤 영향을 미치는 지 분석하고 이러한 변화에 대응할 전략을 수립하는 데에도 활용이 가능하다. 즉, 여러 가지 환경 변화에 의해 각 경쟁세력이 어떻게 변하는지를 분석하고 이에 따라 해당 산업의 매력도의 변화, 그리고 기회 및 위협요인의 변화를 예측할 수 있다. 이렇게 예측된 산업 내 기회요인 및 위협요인의 변화에 대응하여 예측된 위협을 최소화하고 예측된 기회를 최대한 활용할 수 있는 전략을 수립할 수 있도록 한다.

전략적 집단 분석을 활용하라

전략적 집단이란 한 산업 내 유사한 전략을 추구하는 기업들의 집단이다. 이러한 전략적 집단은 다음과 같은 단계로 분석할 수 있다.[16]

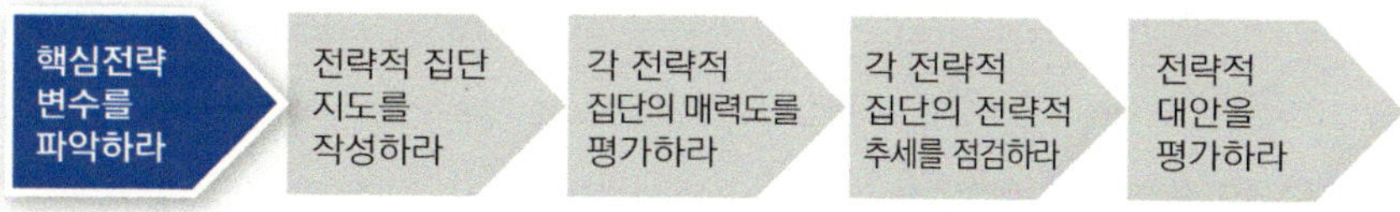

핵심전략변수(key strategic variables)를 파악하라

산업을 세분화할 때 어떤 변수를 기준으로 세분화하느냐는 매우 중요하다. 흔히 시장 세분화(market segmentation)에서는 시장 및 고객관련

16 Grant, R. M. 2018. *Contemporary strategy analysis*(10th Ed.). Wiley의 제4장 내 "segmentation and strategic groups" 참조.

변수로 산업을 나누는 반면에 산업 세분화(industry segmentation)에서는 시장/고객관련변수와 제품관련변수로 나누게 된다. ▌그러면 전략적 그룹 분석을 위해서는 산업을 어떤 변수로 나누어야 하는가? 많은 학자들이 여러 변수들을 제안하고 있으나,[17] 필자는 제2장에서 제시한 전략의 구성요소, 즉 제품, 고객, 주요 운영방식과 관련한 변수 중에서 선택할 것을 제안한다.

고객관련변수(customer-related variables)로는 기업고객/개인고객, 수직적 가치사슬 상의 고객(예를 들어 유통망/최종 소비자) 등으로 나누어 볼 수 있다. 그리고 기업 고객의 경우 기업의 규모, 사용하는 기술의 난이도 등을 사용할 수 있고, 개인 고객인 경우 연령, 소득, 성별 등의 인구통계학적 변수, 라이프스타일, 구매 목적 등으로 나눠볼 수도 있다. 유통망이 고객일 경우에는 그들을 규모, 자신의 비용과 위험부담으로 거래하는 판매대리점(distributor)/거래서비스를 제공하고 이에 대한 수수료만 받는 브로커(broker), 자사 제품만 파는 채널(exclusive)/타사 제품과 함께 파는 채널(nonexclusive), 여러 제품을 파는 채널(generalist)/한 가지 제품만 파는 채널(specialist) 등으로 구분해 볼 수 있다. 또한 지역(geographic location)에 따라 고객을 나눌 수도 있다.

제품관련변수(product-related variables)로는 제품의 크기, 가격, 제품 특징, 사용된 기술, 소재, 성능, 사전 및 사후 서비스 등의 변수를 사용할 수 있다. 주요 운용관련변수(operation-related variables)는 각 산업 및 기업에 따라 차이가 있으나 일반적으로 제5장에서 설명할 포터의 가치사슬

---

17 McGee, J., & Thomas, H. 1986. Strategic group: Theory, research, and taxonomy. *Strategic Management Journal*, 10(1): 141-160.

활동(value chain activities)들과 관련된 변수들(재고관리, 생산, 물류, 마케팅, 사후 서비스 등)을 참고로 사용할 수 있다.

▌이렇게 다양한 변수 중 실제로 분석에 사용할 변수는 어떻게 선택하는가? 전략의 구성요소와 관련된 다양한 변수 중 중요하다고 생각하는 후보 변수들의 리스트를 작성한 후 그 중에서 최종적으로 2~3개의 변수를 선택한다. 이때 다음의 세 가지를 고려하는 것이 좋다.

1) 특정 기업이 현재 당면한, 그리하여 해결하고자 하는 중요한 전략적 이슈
2) 차별성이 있는, 즉 산업 내 기업들 간 차이를 보이는 변수
3) 상관관계가 높은 변수들은 가능한 하나로 통합하여 사용. 예를 들어 요식업의 경우, 후보 변수로 가격, 서비스 수준(waiter service vs. self-service), 조리법(fast-food vs. full meals), 주류 제공여부 등의 변수가 있다면 이 4가지 변수는 간단히 식당 유형(full service restaurant/cafes/fast-food outlets)이라는 하나의 변수로 사용할 수 있다.

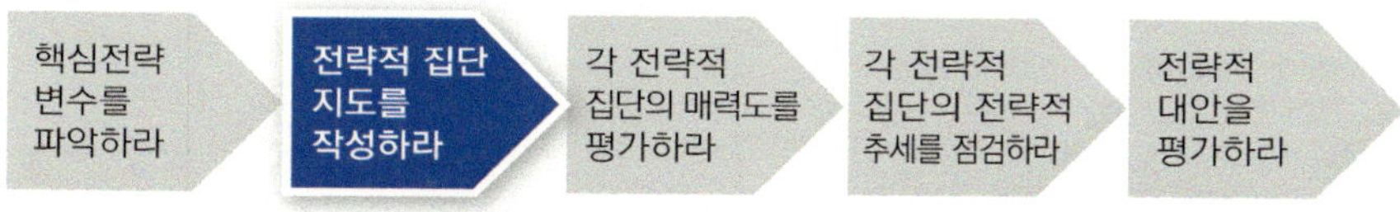

전략적 집단 지도(strategic group map)를 작성하라

핵심 전략변수를 결정하기만 하면 다음 단계인 전략적 집단지도 작성은 비교적 기계적인 것으로서 단순하다. 예를 들어 자동차산업의 전략적 집단 지도를 작성한다고 가정해 보자. 관심대상 자동차 업체가

[그림 AL1.3] 글로벌 자동차산업에서의 전략적 집단(가상)

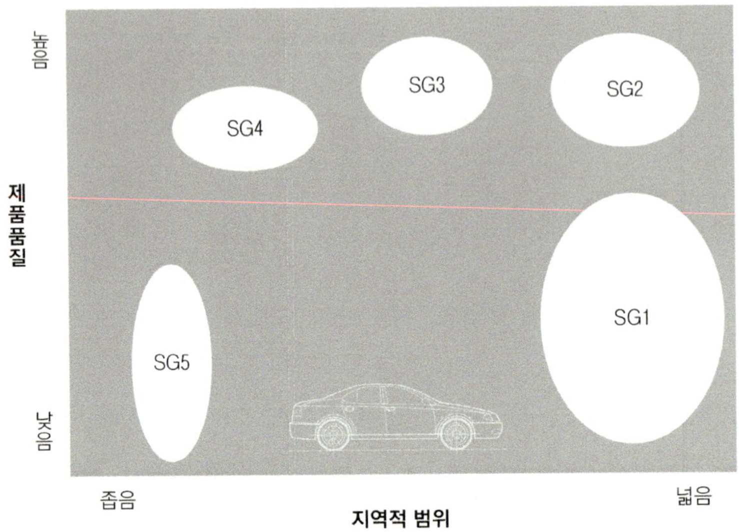

해결하고자 하는 전략적 이슈가 그 기업의 사업영역(business boundary)을 점검하고 이에 대한 새로운 전략을 수립해 보는 것이라 하자. 이 경우 우리는 여러 가지 전략적 변수 중 제품관련변수로 '제품의 품질(product quality)', 그리고 시장 또는 고객관련변수로 '지역적 범위(geographical scope)'를 사용할 수 있다. 이 두 가지 전략적 변수를 사용한 자동차산업의 전략적 집단지도는 다음과 같이 작성할 수 있다(그림 AL1.3 참조).[18]

SG1은 대중적인 차에서부터 고급차에 이르기까지 다양한 차종을 생산할 뿐 아니라 전 세계 광범위한 지역에 진출하고 있는 기업들이나

18 설명의 편의상 실제 자료에 입각한 자동차산업이 아닌 가상의 자동차산업을 상정하고 이를 분석함.

아직 럭셔리카(luxury cars) 영역으로는 진출하지 않은 기업들의 집단이다. 캐딜락(Cadillac), 링컨(Lincoln), 렉서스(Lexus), 아큐라(Acura), 인피니티(Infinity) 등 럭셔리카 부문을 제외한 G.M., 포드(Ford), 토요타(Toyota), 혼다(Honda), 르노-닛산(Renault-Nissan) 등과 같은 기업들이 이 집단에 속한다. 제네시스(Genesis)를 출시하기 전 현대자동차 역시 이 집단의 일원이다.

SG2는 럭셔리카에만 집중하는 기업들의 집단이다. 소형차 시장에 진입하기 이전의 메르세데스-벤츠(Mercedes-Benz), BMW, 인수/합병되기 전 독립 기업으로서의 벤틀리(Bentley), 롤스로이스(Rolls-Royce), 재규어(Jaguar) 등이 이 전략적 집단의 일원으로 볼 수 있다.

SG3는 럭셔리카에 집중하는 기업이나 그들의 시장이 아직 전 세계적으로 확장되기 못한 기업들의 집단이다. 포르쉐(Porsche), 람보르기니(Lamborghini), 마세라티(Maserati) 등의 차를 제공하는 기업들이 이 집단에 속한다.

SG4는 제공하는 차는 고급이나 국내시장 그리고 인접국가에 한정해 사업을 진행하고 있는 기업들이 속한 집단이다. 피아트(Fiat), 알파-로메오(Alfa-Romeo) 등을 제공하는 기업들이 이 집단에 속한다고 볼 수 있다.

SG5는 대중적인 차를 국내 및 해외 몇몇 지역에서만 제공하고 있는 기업들의 집단으로서 현재 SAIC Motor, Dongfeng, FAW, Chang'an 등 대부분의 중국 자동차업체가 이 집단에 속한다.

각 전략적 집단의 매력도를 평가하라

전략적 집단 지도를 작성한 이후 다음 단계는 각 전략적 집단의 위협 및 기회요인, 그리고 매력도를 평가하는 것이다. 산업분석과 전략적 집단 분석과의 차이는 분석단위이다. 즉, 산업분석에서 5대 경쟁세력 분석의 단위는 산업인 반면, 전략적 집단 분석에서는 산업 내 전략적 집단이다. 따라서 [그림 AL1.2]의 표를 각각의 전략적 집단에 적용해 분석 및 평가하는 것이다(그림 AL1.4 참조).

글로벌 자동차산업 전략적 집단분석에서 우리는 5개의 집단을 분석하므로 [그림 AL1.4]의 표를 각 전략적 집단에 대해 작성하여 총 5개의 표를 완성해야 한다. 여기서 중요한 점은 각 전략적 집단이 현재 매력적인, 또는 매력적이지 않은 이유에 대해 명확히 이해하는 것이다. 그리고 이 이해를 기초로 그 집단의 매력도에 영향을 미치는 여러 가지 요인들의 변화를 예측하고 이를 전략수립에 반영하는 것이다.

예를 들어, 분석할 당시 전 세계에 럭셔리카를 제공하는 기업들의 집합인 SG1이 매력적이었고 그 이유는 경쟁사의 수가 상대적으로 적고, 높은 제품 차별화로 고객의 충성도가 높으며, 고객이 상대적으로 그리 가격에 민감하지 않기 때문인 것으로 분석되었다고 가정해 보자. 하지만 신제품 출시가 점점 짧아지고 타 전략적 그룹에 있는 기업들이 해당 집단으로 진입하고 있고 그 추세는 점점 강화되고 있다고 가정해

[그림 AL1.4] 글로벌 자동차산업 내 "전략적 그룹 1(SG1)"에서의 위협 및 기회요인, 그리고 매력도

경쟁세력	매력적이지 않은 요인(위협요인)	매력적인 요인 (기회요인)	매력도
진입자로부터의 위협			
공급자 협상력			
고객 협상력			
경 쟁			
대체재			
보완재			
전반적 매력도			

보자. 그럴 경우 향후 전략적 집단 SG1의 매력도는 당연히 떨어질 것이고 집단 내 기업들은 이에 대한 적절한 대처가 요구되는 것이다.

또한 각 전략적 집단의 매력도는 각 전략 자체의 일반적인 우열을 판단하는 기준이 된다. 즉, 예를 들어 전략적 집단 SG1의 매력도가 SG4의 매력도 보다 높다면 일반적으로 SG1에 속한 기업들이 추구하는 전략이 SG4 기업의 전략보다 우월하다는 의미가 된다.

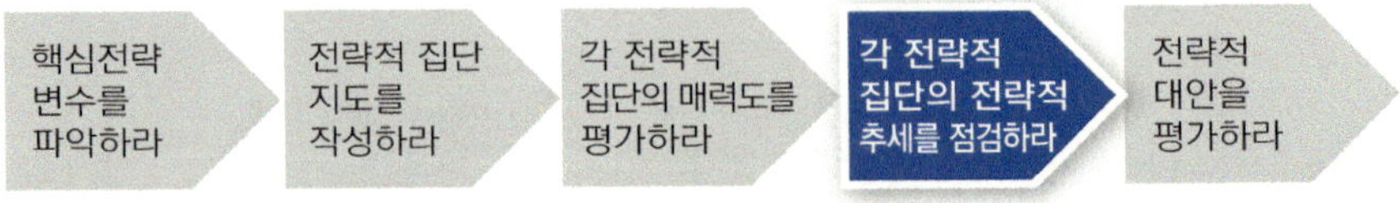

각 전략적 집단의 전략적 추세를 점검하라

각 전략적 집단에서의 위협 및 기회요인, 그리고 매력도를 분석한 다음 할 일은 현재 각 전략적 집단에 속해 있는 기업들이 어떤 전략적 변화를 취하고 있는지를 점검하는 것이다. 이는 각 전략적 그룹의 움직임에 대해 간단히 화살표로 표기할 수 있다(그림 AL1.5 참조).

[그림 AL1.5]에 따르면 전략적 그룹 SG1은 전략적 그룹 SG2로 그 사업영역을 확장하고자 하고, 전략적 그룹 SG2 또한 전략적 그룹 SG1

[그림 AL1.5] 글로벌 자동차산업에서의 전략적 변화 추세(가상)

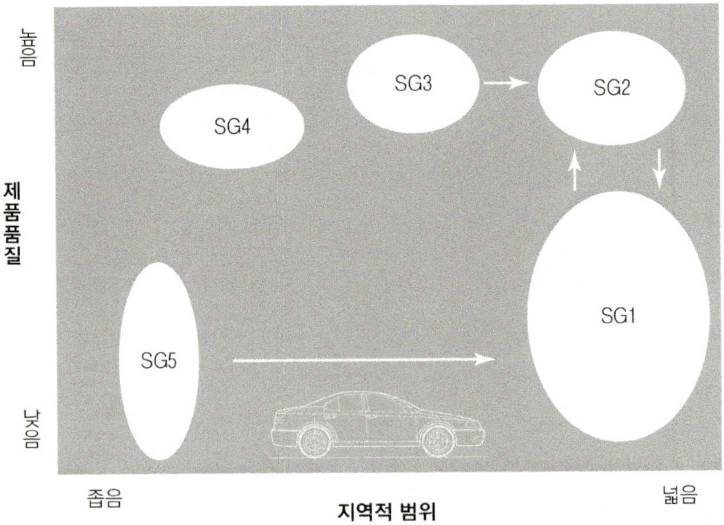

으로 진출하고자 한다. 또한 전략적 그룹 SG3와 SG5는 해외진출을 통해 그들의 지역적 확장을 노리고 있는 추세를 파악할 수 있다.

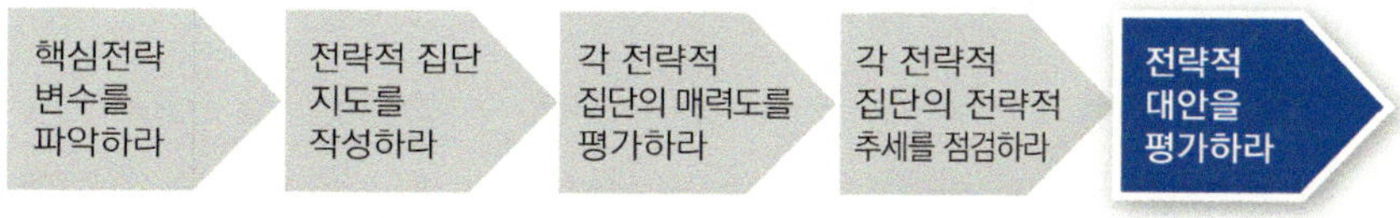

전략적 대안을 평가하라

각 전략적 집단에서의 위협 및 기회요인, 매력도, 그리고 각 집단의 현재 움직임을 파악한 후 기업은 이에 대한 전략을 수립할 수 있다. 전략적 집단 분석 후 기업이 검토할 수 있는 전략적 대안으로는 다음의 4가지를 생각할 수 있다.

현재 전략적 위치를 강화하는 전략을 수립하라. 이는 분석 단위를 산업에서 전략적 집단으로 낮추어 산업분석에서와 마찬가지로 각 전략적 집단에서의 위협 및 기회요인을 파악하고 이들 위협요인을 최소화하고 기회를 최대한 활용할 수 있는 여러 가지 대안을 찾아 시행하는 것이다.

전략적 집단의 영역(scope)을 점검 및 조정하라. 이는 현재 집단의 영역에서 이를 확대하거나 축소하는 방안을 점검 및 조정한다는 것인데 영역을 확대하는 방안에 관한 의사결정의 경우 다음의 장단점을 분석 및 평가하여 결정한다.

일반적으로 영역 확대의 장점은 기존 영역과 새로운 영역의 핵심적인 자원과 능력의 공유 및 이전에 따른 시너지의 가능성이다. 그 중에서도 R&D, 생산, 유통, 서비스, 광고 등의 활동에서 규모의 경제를 통한 비용 감소가 가장 중요한, 그리고 대표적인 장점이다.

예를 들어, 전략적 집단 SG2의 기업이 전략적 집단 SG1으로 그 영역을 확장하고자 한다고 하자. 그럴 경우 가장 큰 장점은 부품, R&D 및 디자인 활동의 공유를 통한 규모의 경제를 달성할 수 있게 되고 이를 통한 획기적인 비용절감이 가능하다는 점이다. 롤스로이스(Rolls-Royce), 벤틀리(Bentley), 재규어(Jaguar), 사브(Saab) 등 좁은 영역에 집중했던 자동차 업체(narrow-segment players)가 메르세데스-벤츠(Mercedes-Benz), 토요타(Toyota) 등 넓은 영역의 사업을 영위하는 기업(broad-segment competitors)에 비해 경쟁열위에 있게 되고 급기야 인수/합병된 배경은 바로 여기에 있다.

반면에 영역 확대의 단점으로는 서로 다른 전략적 영역을 함께 운영하는 것에 따른 조직 운영 상의 어려움과 신뢰성(credibility) 또는 평판(reputation)의 훼손을 생각할 수 있다. 예를 들어 럭셔리카 자동차사업을 위한 핵심성공요인이 우수한 R&D 및 디자인 능력이라면 대중적 자동차사업에서는 효율적인 생산이 중요하다. 따라서 핵심성공요인이 다른 두 영역을 관리하기 위한 조직, 시스템, 프로세스 등을 달리해야 하는데 이는 조직 내 많은 혼란과 어려움을 야기하게 된다. 또한 럭셔리카 자동차사업을 영위하던 기업이 대중적인 자동차사업으로 진출하게 되면 기존 사업에서 구축한 럭셔리카 자동차회사로서의 이미지 또는 평판에 상당한 손상을 입게 된다. 1999년~2000년 메르세데스-벤츠(Mercedes-Benz)가 A-클라스 컴팩트카를 출시한 것이나 1970년대 초 할리-데이비슨(Harley-Davidson)이 경량 오토바이 모델을 출시할 때 유사한 어려움을 겪었다.

관련 사례: 월마트 Walmart

앞서 논의한 월마트 역시 최근 전략적 집단 영역과 관련한 이슈로 고민하고 있다. 2020년 세계최대의 유통업체인 월마트는 오랜 기간 저성장의 고리를 끊고 동일매장매출(same-store-sales)에서 개선을 보이면서 '포춘 500대 기업(Fortune 500)'에서 1위를 차지하였다. 하지만 해외진출의 성과는 아직 미지수이고, 아마존 등 강력한 대체재와는 여전히 치열한 경쟁을 하는 등 월마트는 산적한 과제를 안고 있다. 현재 영위하고 있는 사업에서의 성장기회를 찾기 어려워진 월마트는 뭔가 새로운 영역에서 그 기회를 모색해야 한다.

그 중 하나는 타겟(Target)처럼 보다 고급스러운 제품과 쇼핑경험을 제공하는 전략을 추구하는 것이다. 최근 고객의 선호는 점점 월마트에게 불리한 쪽으로 진전되고 있었다. 쇼핑객들은 매장 환경의 외양, 청결, 편의성 등에 점점 민감하게 반응하게 된 것이다. 월마트가 아무리 저렴한 가격에 제품을 판매한다고 할지라도 이것이 월마트에서의 쇼핑을 피곤하고 우울한 것으로 만드는 보잘 것 없는 고객서비스, 엉망진창인 통로, 그리고 낡은 물리적 공간 등을 정당화하기 어렵게 되었다. 실제로 2019년 '미국 소비자만족지수(American Consumer Satisfaction Index)'에서 월마트는 타겟, 시어즈(Sears), 코스트코(Costco) 등 경쟁사에 월등히 떨어지는 최하위를 기록하였다.

반면, 월마트의 경쟁사들은 오랫동안 보다 뛰어난 제품과 보다 쾌적한 쇼핑경험을 강조하면서 월마트의 저가전략에 대응해 오고 있었다. 그 중에서도 타겟은 2000년대 초 "Everyday Low Prices(EDLP)" 정책을 내세운 월마트의 저가전략에 시달리다 월마트와의 직접적인 경쟁을 피하기 위해 "Expect More, Pay Less"란 메시지를 내걸고 최고 디자이너들과의 독점 계약을 맺는 등 고급화 전략을 추구해 왔고 지금은 이 영역에서 확고히 자리를 잡고 있는 상황이다.

고급화 전략을 위해 월마트는 2000년을 시작으로 비싼 가격의 브랜드 의류를 출시해 왔다. 그리고 열악한 매장 분위기 개선을 위해 매장에 나무마루를 깔고 더 많은 탈의실을 구비하였고, 본사 사무실 또한 뉴욕 맨해튼(Manhattan)의 Fashion District로 이전하고 300명 이상의 패션 상품기획자(merchandisers)를 추가로 채용하였다. 그리고 많은 브랜드 디자이너 의류 회사와의 계약을 통해 그들 의류를 월마트에서 독점 판매하고자 하였다.

지금까지 월마트 고급화 전략은 어느 정도 성과는 있었지만 성공이라 말하기 힘들었다. 이에 CEO인 맥밀런(McMillon)은 월마트의 고급화 전략을 위한 노력을 재개하였다. 가장 중요한 목적은 고객의 매장 내 경험을 획기적으로 개선하는 것이다. 이를 위해 월마트는 2020년 초 50만 명에 달하는 종업원의 시급을 12불로 대폭 인상하고 종업원을 위한 새로운 교육 프로그램을 개발하는 등 종업원의 복지 및 능력 향상을 위해 노력하였다. 이를 통해 고객서비스를 획기적으로 개선 및 강화하겠다는 것이다. 또한 브랜드 의류 외, 유기농 제품으로 유명한 와일드 오츠(Wild Oats)와의 관계를 확대함으로써 식품사업에서의 고급화도 추구하고 있다.

▌저가전략을 추구해 온 월마트가 이런 새로운 영역으로 진출하는 전략이 성공할 수 있을까? 이 새로운 시도의 성공 여부에 관한 분석은 전략적 집단 영역에 관한 의사 결정 기준에 따라 할 수 있다. 즉, 장점으로서 저가전략과 고급화 전략이라는 두 영역이 핵심적인 자원과 능력의 공유 및 이전에 의한 시너지가 얼마나 가능한 영역인가를 확인하는 것이다. 그리고 단점으로 서로 다른 전략적 영역을 함께 운영하는 것에 따른 조직 운영 상의 어려움과 신뢰성(credibility) 또는 평판(reputation)의 훼손은 얼마나 큰가를 분석하는 것이다. 아마 장점보다는 단점이 더 클 수도 있다.

출저: Meier, S. & Oberholzer-Gee, F. 2020. Walmart: In search of renewed growth. Columbia CaseWorks case# 080408 CU20. NY: Columbia Business School.

전략적 집단 지도에서 비어 있는 영역을 점검하고 평가하라

전략적 집단 지도에서 기업들이 참여하고 있지 않는 영역(unexploited segments 또는 empty segments)은 일반적으로 매력적이지 않은 영역이라 비어 있는 경우가 대부분이다. 그럼에도 불구하고 이를 점검해야 하는 이유는 과거에는 매력적이지 않아 기업들이 관심이 없었으나, 환경 변화로 인해 매력적인 영역으로 변모했을 수도 있기 때문이다. 1960년대만 해도 마이크로 오븐(microwave ovens)이나 식기 세척기는 케이터링(catering)용으로 사용되었으나 여성의 사회진출이 활발해지면서 일반 가정에서의 수요가 큰 시장으로 자리잡게 되었다. 이에 초기에 이 영역으로 진출한 소비재 가전업체들은 높은 성과를 달성할 수 있었다.

보다 매력적인 전략적 집단으로의 이동을 고려하라

흔히 이 방법도 하나의 전략적 대안으로 제시되고 있으나 그다지 바람직한 것으로 생각되지 않는다. 이는 예를 들어 [그림 AL1.3]에서 전략적 집단 SG2가 매력적이라 할 때 다른 전략적 집단들이 기존 전략을 포기하고 이 전략적 그룹 SG2로 진입하는 것을 고려하라는 것이다. 하지만 이는 '이미 전략적 집단 SG2 내에서 활동하고 있는 기존 기업들에 비해, 다른 전략적 집단에서 새로이 진입한 기업들이 해당 전략을 더 잘 수행할 수 있는가?'라는 관점에서 보면 성공의 가능성이 그리 크지 않으리라 판단된다.

Chapter 05

내부 자원과 능력에 입각한 전략은 어떻게 수립하는가?

앞장에서 우리는 특정 기업이 얼마나 매력적인 사업을 영위하는가에 따라, 그리고 그 산업 내 얼마나 매력적인 전략적 그룹에 속해 있는가에 따라 그 기업의 성과가 달라진다는 이론적 관점을 살펴보았다.

▌실제로는 어떤가? 현실을 보면 동일한 산업 내에서도 기업 간 성과는 차이가 많고 심지어 동일한 전략적 그룹 내에서도 기업 간 성과의 차이는 크다. 실제로 기업 간 성과의 차이는 얼마나 매력적인 산업 또는 전략적 그룹에 속하는가 보다는 그 기업이 타 기업에 비해 특정 사업 또는 특정 전략적 그룹이 요구하는 핵심적인 자원과 능력(R&C: Resource and Capabilities)을 얼마나 가지고 있느냐에 의해 더 많은 영향을 받는다. 기업전략과 성과의 주요 기반으로서 기업 내부 R&C에 대해서는 1990년대 본격적으로 많은 논의와 연구가 이루어졌는데 이러한 일련의 연구들을 우리는 자원준거론(resource-based view of the firm)[1]에

---

1 Wernerfelt, B. 1984. A resource-based view of the firm, *Strategic Management Journal,* 5(2): 171-180; Barney, J. B. 1991. Firm capabilities and sustained

입각한 연구라 부른다. 본 장에서는 이러한 전략수립 및 성과의 원천으로서 R&C에 대해 논의하고자 한다.

▌자원준거론 관점에서 본 애플(Apple Inc.)의 전략▐

'자원준거론(RBV: Resource-Based View of the firm)'이란 말 그대로 기업을 최종 제품이 아니라 이러한 최종 제품을 가능하게 하는 그 기업이 보유한 R&C의 집합으로 보고, 전략 또한 이러한 R&C를 최대한 활용할 수 있도록 수립해야 한다는 관점이다. 이러한 관점의 의미와 시사점은 무엇인지 구체적으로 과거 및 현재 애플의 전략을 통해 살펴보기로 하자.[2]

1990년대 및 2020년대 애플의 전략

애플(Apple Inc.)은 1976년 창립 이후 지금까지 미국은 물론이고 세계에서 가장 주목 받는 기업 중 하나이다. 포춘(Fortune)은 2008년 이래 매년 애플을 "세계에서 가장 존경받는 기업(the number one world's most admired company)"으로 선정해 왔고 애플이라는 브랜드 네임은 혁신 그 자체와 동의어가 되었다.

---

competitive advantage, *Journal of Management*(17): 99-120.

2 Yoffie, D. B., & Baldwin, E. 2019. *Apple Inc. in 2018*(#9-718-439). Boston, MA: Harvard Business School Publishing 참조.

[그림 5.1] 애플 매출액 및 순이익(1981-2019)

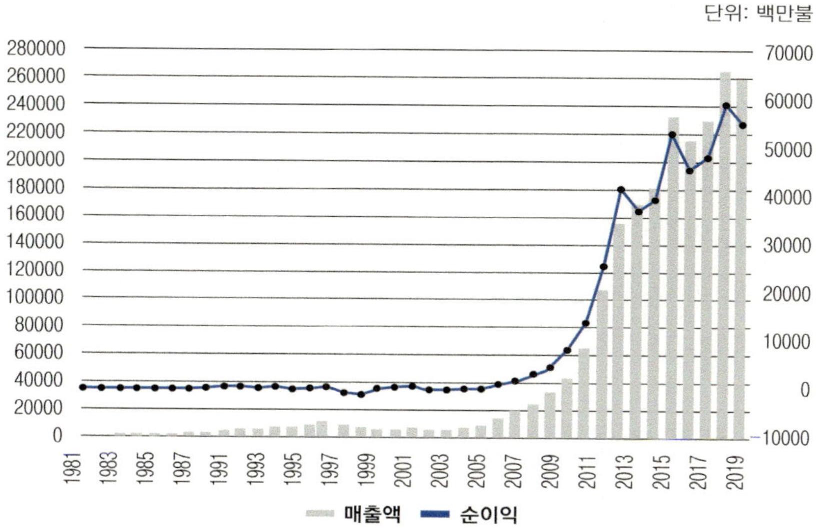

90년대 초 환경변화에 따른 위기 극복에 실패하고 1996~1997년 거의 파산 직전이었던 애플은 1997년 스티브 잡스(Steve Jobs)가 CEO로 복귀하면서 위기를 극복하고, 팀 쿡(Tim Cook)이 진두지휘하는 지금까지 눈부신 발전을 거듭하였다. 특히 2001년 아이팟(iPod) 출시를 계기로 2004년부터 애플은 타의 추종을 불허하는 성과를 이루었다. 그동안의 성과를 수치로 보면 2003년 60억불에 불과했던 매출이 2018년 2,656억불로 44배 이상 증가하였으며, 순이익은 같은 기간 6,900만불에서 595억불로 무려 863배나 증가하였다. 2019년에는 매출 2,602억불, 순이익 552억불로 전년 대비 다소 감소하기는 했으나 여전히 애플은 전 세계에서 가장 뛰어난 실적을 자랑하는 기업 중 하나이다(1981~2019년 애플의 매출액 및 순이익은 그림 5.1 참조).

전 세계에서 가장 추앙받는 기업 중 하나인 애플은 1990년대 PC산업에서 IBM진영과의 치열한 경쟁을 치렀고 2021년 현재 애플은 안드로이드 진영과 피를 말리는 경쟁을 하고 있다. 애플이 과거 IBM진영과, 그리고 현재 안드로이드 진영과 경쟁하는 내용, 방법, 과정 등은 매우 유사하다. 따라서 우리는 과거 애플이 IBM진영과의 경쟁에서 어떤 위기를 맞이했고 이러한 위기를 극복하기 위해 취한 전략이 무엇이었는지를 점검 및 평가해 봄으로써 현재 애플의 전략에 대해 분석 및 예측을 해 보고자 한다.

1990년대 초 애플이 직면한 위기의 원인은 무엇인가?

1990년대 초 애플은 두 가지 요인에 의해 심각한 위기를 맞게 된다. 하나는 1990년 마이크로소프트(Microsoft)가 '윈도우즈 3.0(Windows3.0)'을 출시함으로써 IBM호환기종과 애플기종 사이의 사용자 편의성의 격차가 급속도로 줄어들었고 이에 따라 애플이 지금까지 향유했던 가격 프리미엄이 더 이상 정당화되기 어렵게 되었다. 그 결과 애플기종의 가격이 제공하는 편익에 비해 과도하다고 생각한 많은 고객들이 IBM기종으로 넘어가게 되었다.

윈도우즈의 출시에도 불구하고 애플의 운영체제는 사용자 편의성(user-friendliness)에 있어 여전히 윈도우즈보다 앞서 있었다. 따라서 여전히 이러한 차이에 많은 가치를 부여하며 기꺼이 가격 프리미엄을 지불하고자 하는 고객들이 상당 수 남아 있었기에 윈도우즈의 출시는 애플에 심각한 타격을 입혔으나, 그렇게 치명적인 위기는 아니었다.

보다 치명적인 위기는 고객의 PC구매에 영향을 미치는 요인의 변화로부터 찾아왔다. PC 구매 시 고객은 점차 범용화 되어 가는 하드웨어의 우수성보다는 특정 PC에서 얼마나 뛰어난 응용 소프트웨어를 많이 사용할 수 있느냐에 더욱 비중을 두게 된 것으로 기종선택의 기준이 바뀌게 된 것이다.

그럼, 애플기종과 IBM호환기종 중 어느 기종을 위한 응용 소프트웨어가 더 많았을까? 응용 소프트웨어 산업은 R&D를 포함한 고정비용은 큰 반면에 가변비용은 지극히 낮은, 그래서 규모의 경제가 큰 대표적인 산업이다. 따라서 마이크로소프트를 비롯한 응용 소프트웨어 제작업체들은 설치기반(installed base), 즉 현재 공급되어 사용되고 있는 기종의 수가 많아 그들의 연구개발비를 비롯한 고정비용을 회수할 잠재력이 높은 시장을 위한 응용 소프트웨어 개발에 더욱 많은 투자를 하게 된다.

당시 IBM호환기종과 애플기종이 판매되어 사용되고 있는 대수는 약 9:1의 비율로 IBM기종 시장이 월등히 컸다. 따라서 응용 소프트웨어 개발업체들은 애플기종보다는 IBM호환기종을 위한 소프트웨어 개발에 더 관심을 갖게 되고 그 결과 IBM호환기종은 애플기종보다 훨씬 뛰어난 응용 소프트웨어를 많이 가지고 있었던 것이다.

애플기종과 IBM호환기종 사이의 차별화가 줄어들었을 뿐 아니라 뛰어난 응용 소프트웨어는 애플기종보다 IBM호환기종에 더 많다는 것을 인지한 고객들은 보다 많은 응용 소프트웨어 사용을 위해 IBM호환기종으로 옮겨가게 되었다. 이는 애플에게는 치명적인 타격이 될 수밖에 없었다.

이것이 애플에게 치명적이었던 이유는 무엇일까? IBM호환기종을 위한 응용 소프트웨어가 더 많았던 이유는 그 시장이 애플시장보다 컸기 때문인데 이로 인해 고객이 IBM호환기종으로 넘어간다는 것은 IBM시장 규모가 더 커진다는 의미이고 이는 응용 소프트웨어 개발업체들이 IBM호환기종을 위한 응용 소프트웨어 개발에 더 많은 관심을 갖고 개발한다는 뜻이다. 따라서 이는 두 진영 간 응용 소프트웨어의 질과 양에 있어 더욱 많은 차이를 가져오고 이러한 추가적인 차이는 또 다른 추가적인 고객 이탈을 가져오게 하는 것이다. 즉, 이는 애플로 하여금 끊임없는 악순환의 고리(vicious circle)에 빠지게 하는 것으로서 이는 빠른 시일 내 해결하지 않으면 애플은 도산할 수밖에 없게 되는 것이다.

이러한 위기를 극복하기 위한 애플의 전략은 어떻게 평가할 수 있는가?

애플의 경영진도 이러한 치명적인 위기를 감지하고 이의 극복을 위한 여러 전략적 대응을 수립 및 시행했는데 그 중에서 가장 대표적인 전략은 저원가/저가전략(low cost/low priced strategy)과 히트상품전략(hit-product strategy)이었다. **당시 애플이 직면한 위기극복을 위한 대응으로서 이 두 전략을 우리는 어떻게 평가해야 하는가?**

저원가/저가전략. 저원가/저가전략의 가장 직접적인 목적은 저가의 컴퓨터를 제공하여 애플기종을 사용하는 고객기반을 넓히는 것이다. 그리고, 이를 통해 응용 소프트웨어 개발업체가 애플기종을 위한 소프트웨어 개발에 더욱 관심을 갖도록 하여 응용 소프트웨어에서의 열세를 만회하겠다는 것이다. 이러한 응용 소프트웨어에서의 열세를 만회함으로써 당시 애플이 맞이한 악순환의 고리를 끊어보겠다는 전략이다.

이 전략을 성공적으로 실행하기 위해 애플은 우선 비용절감을 위해 많은 노력을 하였다. 구체적으로 10%(1,560명)에 이르는 대대적인 인력 감축을 단행하고, 각종 복지혜택을 줄이고, 거의 대부분 자체 제작 및 공급하던 부품 중 외부에서 구입이 가능한 일부 부품을 아웃소싱 하였다. 또한 주요 공급자들에게 납품가 인하를 요구 하였는데, 그중에서도 특히 가장 원가가 높은 마이크로프로세서를 공급하던 모토로라에게 집중적으로 납품가 인하를 압박하였다. 그리고 마침내 1990년 10월 애플은 '맥 클래식(Mac Classic)'이라는 저가의 컴퓨터를 999불에 시장에 내놓게 되었다.

과연 이 전략은 성공적인 전략인가? 우선 이 전략의 논리를 보자. 응용 소프트웨어의 중요성이 갈수록 커지고 있으나, 가격 또한 여전히 고객의 구매결정에 많은 영향을 미친다. 애플기종을 구매하고 싶으나 가격이 높아 사지 못하는 고객은 분명히 있다. 따라서 가격이 낮은 애플기종을 제공하는 것은 이러한 고객을 끌어들이고 애플기종의 고객기반을 넓힐 수 있다. 그리고 고객기반이 커지면 당연히 응용 소프트웨어 제작업체들은 애플기종을 위한 소프트웨어 개발에 더 많은 투자를 할 것이고 이를 통해 애플은 응용 소프트웨어에서의 열세를 만회할 수 있다. 그리고 이는 현재 직면하고 있는 악순환의 고리를 끊을 수 있다.

충분히 설득력 있어 보이는 위 논리의 문제점은 무엇인가? 우리가 특정 전략을 평가할 때 범하는 가장 일반적이고 치명적인 오류 중 하나는 **"우리는 해당 전략을 잘 수행할 수 있다"란 가정** 하에 평가한다는 것이다. 즉, 저비용/저가전략을 다음과 같이 평가하는 것이다. "우리는 경쟁업체보다 낮은 비용으로 가격경쟁력이 높은 컴퓨터를 제작 및 공급할 수 있다. 이런 전제하에 저비용/저가전략은 어떤 결과를 가져올까?" 하지만 전략 평가에 있어 가장 중요한 것은 바로 이 가정을 평가하는 것이다. 즉, "동일한 또는 유사한 전략을 수행하고 있는 다른 경쟁업체에 비해 우리는 특정 전략을 더 잘 수행할 수 있느냐?"가 그 전략을 평가하는 핵심적인 기준인 것이다.

저원가/저가전략을 "우리는 이 전략을 잘 수행할 수 있다"는 가정 하에서 평가하면 이는 당연히 애플이 직면한 위기를 만회할 수 있는 성공적인 전략이다. 하지만 이 가정을 평가해 보자. ▌"과연 애플은 저원가/저가전략을 동일한 또는 유사한 전략을 수행하고 있는 다른 경쟁업체에 비해 더 잘 수행할 수 있는가?"

먼저, ▌'애플의 저원가/저가전략과 유사한 전략을 수행하고 있는 경쟁업체'는 어떤 기업들인가? 아마 IBM호환기종을 공급하는 기업들일 것이다. 그렇다면 우리는 구체적으로 ▌"과연 애플은 IBM호환기종 생산업체에 비해 저원가/저가전략을 더 잘 수행할 수 있는가, 아닌가?"를 평가해야 한다.

이를 위해, 우선 애플이 해당 전략을 성공적으로 수행하기 위해 취한 구체적인 활동들을 보자. 10%(1,560명)의 인력감축을 단행하였다. ▌과연 이러고 나면 애플은 인력운영의 효율성 측면에서 IBM호환기종 생산업체를 따라갈 수 있는가? 애플은 R&D와 스태프 인력을 포함해 상당한 오버헤드(overhead)를 가지고 있는 기업이다. 반면에 IBM호환업체들을 보면 이러한 오버헤드가 거의 없는 기업들이다. 심지어는 CEO가 총무나 회계업무까지 스스로 수행하는 매우 슬림(slim)한 조직을 가진 기업이 대부분이다. ▌10% 인력감축을 하면 애플의 인력 효율성은 경쟁업체보다 높아질까? 아마 애플은 10%가 아니라 90% 이상의 인력감축을 해야 인력 효율성 측면에서 경쟁업체와 비슷해질 것이다. 그것도 따라가는 정도지 결코 뛰어넘지는 못할 것이다.

필요부품의 아웃소싱 정도를 보자. 애플의 경우 경쟁력이 떨어지는 일부 부품의 아웃소싱을 단행하고 나머지는 여전히 자체 조달하고 있다. ▌IBM호환기종 업체는 어떤가? 아마 거의 모든 부품을 외부 시장에서 조달하고 있을 것이다. 아웃소싱을 통한 효율성 향상 또한 충분하지가 않다는 결론에 도달할 것이다. 일부가 아니라 아마 100% 가까운 아웃소싱을 단행해야 간신히 따라갈 수 있을 것이다. 직원들에 대한 복지수준 또한 현 수준보다 줄여도 그 결과는 IBM호환기종 업체들의 평균적인 수준을 여전히 상회할 것이다.

요약하면 애플이 저원가/저가전략을 성공적으로 수행하기 위해 원가절감을 위한 여러 가지 프로그램을 시행했으나 대부분 충분하지가 않고, 그 결과 그들의 원가구조는 여전히 경쟁업체인 IBM호환기종 업체보다 취약할 수밖에 없다. 따라서 경쟁업체보다 낮은 비용으로, 보다 낮은 가격의 컴퓨터를 공급하는 것이 불가능하다. 즉, 애플은 저원가/저가전략을 경쟁업체보다 더 잘 수행할 수가 없고 따라서 이 전략은 애플에게 성공적인 전략이 될 수 없는 것이다.

이 결론에 대해서는 "단지 애플은 저원가/저가전략의 실행을 철저히, 그리고 충분히 못했을 뿐이지 전략 자체는 문제가 없다"라는 반론을 제시할 수도 없다. ▌과연 그런가? 즉, 애플이 저원가/저가전략을 철저히 실행만 제대로 한다면 이 전략을 경쟁업체들보다 더 잘 수행할 수 있는가?

그럼 이번엔 애플이 저원가/저가전략을 성공적으로 수행하기 위한 여러 활동들을 제대로 그리고 철저히 시행한다고 하자. 즉, 인력도 90% 이상 감축하고 부품도 모두 자체 생산을 포기하고 100% 아웃소싱을 하고 종업원 복지도 최저 수준으로 낮춘다고 하자. 이는 힘들기는 하지만 전혀 불가능한 것은 아니다.

▌과연 그러면 애플은 경쟁업체에 비해, 보다 낮은 비용으로 보다 낮은 가격의 컴퓨터를 제공할 수 있는가? 제조원가에서 가장 높은 비중을 차지하는 OS와 마이크로 프로세서를 보자. 당시 차세대 OS를 개발하는 데 약 5억불이 소요되고, 차세대 마이크로 프로세서를 개발하는 데에는 R&D와 생산라인 구축 등에 약 10억불이 요구된다. 두 부품 모두 이처럼 높은 고정비용을 필요로 하는데 비해 가변비용은 아주 미미하다. 즉, 두 부품 모두 규모의 경제가 아주 큰 산업들인 것이다.

애플기종을 위한 OS는 애플이 자체 제작하고 마이크로 프로세서는 모토로라가 독점적으로 공급하고 있다. 반면에 시장이 9배가량 큰 IBM 호환기종 시장에서 OS는 마이크로소프트가, 마이크로 프로세서는 인텔이 제공하고 있다.

따라서 애플이 공급하는 애플기종을 위한 OS은 아무리 애플이 최선을 다해 원가를 줄여 만들려고 해도 이는 마이크로소프트가 9배 크기의 시장인 IBM호환기종을 위해 제공하는 OS보다 비쌀 수밖에 없다. 마찬가지로, 아무리 모토로라로 하여금 납품원가를 낮추라 압박을 해도 모토로라가 제공하는 마이크로 프로세서는 인텔이 제공하는 IBM호환기종을 위한 마이크로 프로세서보다 비쌀 수밖에 없다.

요약하면 규모의 경제가 큰 OS과 마이크로 프로세서의 경우, 시장이 1/9밖에 안 되는 애플기종을 위해 애플과 모토로라가 제공하는 OS와 마이크로 프로세서는 IBM호환기종을 위해 마이크로소프트와 인텔이 제공하는 OS와 마이크로 프로세서보다 비쌀 수밖에 없다. 따라서 애플기종은 IBM호환기종보다 구조적으로 원가가 높을 수밖에 없다.

따라서 애플은 IBM호환기종 제공업체들에 비해 저원가/저가전략을 본질적이고 구조적으로 더 잘 수행할 수 없다. 즉, 저원가/저가전략은 구조적으로 애플이 경쟁업체 대비 더 잘 수행할 수 없는, 실패할 수밖에 없는 전략인 것이다.

▌성공적인 전략이 경쟁사 대비 더 잘 수행할 수 있는 전략이라면 이런 전략은 어떻게 수립하는가? 이 질문에 대한 답이 자원준거론에 입각한 전략수립이다. 자원준거론은 성공적인 전략이란 단순히 외부 환경, 즉 산업환경에 적합한, 그래서 산업에서의 위협요인을 최소화하고 기회요인을 최대한 활용할 수 있는 전략이 아니라, 다른 기업보다 더 잘 수행할 수 있는 전략이라고 주장한다.

▌그럼, 다른 기업보다 더 잘 수행할 수 있는 전략은 어떻게 수립하는가? 먼저 외부환경이 아니라 기업의 내부환경, 즉 내부 R&C를 분석 및 평가해서 다른 기업보다 뛰어난 R&C를 찾아내고 이런 뛰어난 R&C를 최대한 활용할 수 있는 전략을 수립하면 그 전략은 우리가 다른 기업보다 더 잘 수행할 수 있는 전략이고 이는 바람직한, 그리고 성공적인 전략이라는 것이다.

히트상품전략(Hit Product Strategy). **▌그렇다면 1990년대 초 애플이 추구했던 히트상품전략은 자원준거론 관점에서 성공적인 전략인가?** 1990년대 애플의 위기를 극복하기 위해 시도한 또 하나의 전략인 히트상품전략은 '보다 뛰어난 신제품을 6~12개월마다 끊임없이 새로이 출시하는 전략'이다.

이 전략을 자원준거론 관점에서 평가하기 위해 우선 애플의 전통적인 강점을 보자. 애플은 두 가지 측면에서 다른 업체에 비해 뛰어나다고 알려져 있었다. 하나는 뛰어난 하드웨어를 디자인하고 이를 구현하는 기술이다. 애플이 보유하고 있던 또 하나의 강점은 사용자가 컴퓨터와 정보를 교환할 때 그래픽을 통해 작업할 수 있는 환경인 GUI(Graphic User Interface)를 활용한 사용자 편의성이 높은 운영체제(OS)와 비디오, 사운드, 데이터를 결합하는 멀티미디어(multimedia) 소프트웨어 등 핵심 소프트웨어 기술에 있어 애플은 마이크로소프트를 비롯한 타 소프트웨어 전문업체에 비해 2년 이상 앞선 것으로 평가되고 있었다. 그래픽 및 교육용 응용 소프트웨어 또한 타 업체를 압도하고 있었다.

▌애플의 핵심적인 R&C가 하드웨어와 소프트웨어와 관련한 R&C라면 이를 최대한 활용할 수 있는 전략적 대안에는 무엇이 있을까? 여러 가지가 가능하겠지만 히트상품전략도 그러한 전략적 대안 중 하나이다. 따라서 자원준거론에 따르면 히트상품전략은 성공의 가능성이 높은 전략 중 하나이다.

히트상품전략으로 탄생한 제품 중 하나는 1991년 말 출시된 애플 최초의 노트북인 '파워북(PowerBook)'이다. 파워북은 엄청난 히트상품으로서, 출시된 후 첫 해인 1992년 애플은 기존의 Mac 사용자에게 30만대, IBM호환기종 사용자에게 10만대 등 총 40만대를 판매하였고 그 매출액은 10억불에 달했다. 한마디로 파워북은 '빅히트 상품(Big Hit Product)'으로서 애플은 이 상품 하나만으로 출시 첫해에만 10만명의 신규 고객을 애플기종으로 끌어들인 매우 성공적인 전략이었다.

하지만, 파워북 외 히트상품전략으로 나온 애플의 다른 제품들은 모두 실패하고 말았다. 즉, 애플의 히트제품전략은 파워북만의 단발성의 성공으로 끝나고 그 성공은 지속적이지 못했다.

▌히트상품전략은 왜 단발성의 성공으로 끝나고 말았는가? 이를 알아보

기 위해 우선 '보다 뛰어난 신제품을 짧은 기간 내 끊임없이 출시'하는 히트상품전략을 성공적으로 수행하기 위해 필요한 R&C가 무엇인지를 생각해 보자. 애플의 전통적인 강점인 하드웨어와 소프트웨어 기술 및 디자인 능력은 히트제품전략의 성공적인 수행을 위해 필수적으로 요구되는 R&C이다.

하지만 이것만으로 이 전략의 지속적인 수행이 가능한가? 이 전략을 지속적이고, 성공적으로 수행하기 위해서는 기존의 두 가지 강점 외 추가로 요구되는 R&C가 있다. 그것은 바로 끊임없이 변화하는 고객의 욕구와 취향을 파악해 이를 제품에 반영시켜줄 수 있는 마케팅과 관련한 R&C이다.

애플은 전통적으로 기술-지향적(engineering or technology-oriented)인 기업이었다. 뛰어난 기술로 탁월한 제품만 공급하면 고객은 얼마든지 따라온다는 믿음을 가진 기업이었고 마케팅은 그리 중요하게 생각하지 않았다. 애플의 히트제품전략이 단발성의 성공으로 끝난 이유는 바로 이 전략을 성공적으로 수행하기 위해 요구되는 또 하나의 R&C인 마케팅 관련 R&C를 애플은 가지고 있지 않았고 이를 구축하는 데에도 실패했기 때문이다.

따라서 자원준거론 관점에서 지속적이고 성공적인 전략을 수립하는 절차는 다음과 같이 요약할 수 있다(그림 5.2 참조). 첫째, 기업 내부 R&C를 분석 및 평가하여 경쟁업체 대비 뛰어난 R&C가 무엇인지를 파악하라. 둘째, 이렇게 파악된 R&C를 최대한으로 활용할 수 있는 여러 전략적 대안들을 평가하여 그 중 하나를 선택하라. 셋째, 아무리 기존의 R&C를 충분히 활용하는 전략 중 하나를 선택한다 하더라도 새로운 전략은 기존의 R&C 외 현재 보유하고 있지 않는 R&C를 추가로 요

[그림 5.2] 자원준거론에 따른 전략수립의 세 단계

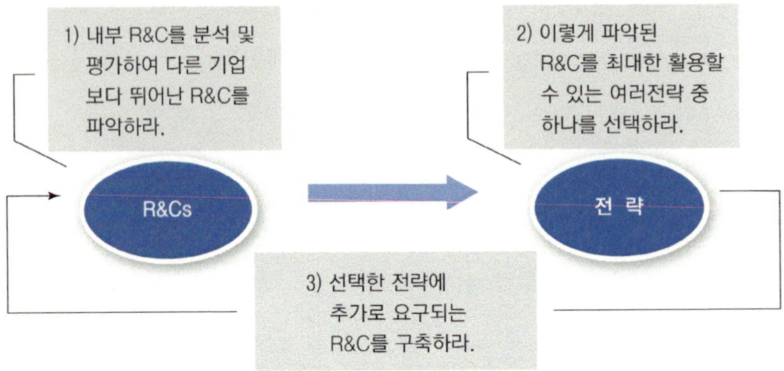

구하기 마련이다. 이를 우리는 'R&C 공백(R&C gaps)'이라 부를 수 있고 이러한 'R&C 공백'을 파악하여 메우는 일(filling the R&C gaps), 또는 추가로 요구되는 새로운 R&C를 구축하는 일이 마지막 단계이다.

이런 관점에서 보면, 자원준거론에 입각한 전략 수립은 기존 R&C의 최대한 활용(exploitation), 그리고 추가로 요구되는 R&C의 개발(development)이라는 역동적인 과정[3]으로 이해할 수 있다. 애플의 히트상품전략은 [그림 5.2]의 1)과 2)단계는 문제가 없으나 3)단계, 즉 히트상품전략이 추가로 요구하는 R&C인 마케팅 관련 R&C를 구축하지 못함으로써 단발성의 성공으로 끝난 전략이라 평가할 수 있다.

---

3 Wernerfelt, B. 1984. A resource-based view of the firm, *Strategic Management Journal*, 5(2): 171-180; Barney, J. B. 1991. Firm capabilities and sustained competitive advantage, *Journal of Management*, (17): 99-120.

1990년대 초 애플이 겪고 있던 위기를 극복하기 위한 전략을 자원준거론 관점을 엄격히 적용하여 수립한다면 어떤 전략이 가능할까?

이번에는 우리가 1990년대 초 애플의 최고경영자라 가정하고, 자원준거론 관점을 엄격히 적용해 애플의 전략을 수립한다면 어떤 전략이 가능할지를 생각해 보자.

자원준거론에 따라 애플의 전략을 수립하는 첫 번째 단계는 애플 내부의 R&C를 분석 및 평가하여 핵심적인 R&C를 찾아내는 것이다. 본 장 중반에 R&C 분석 및 평가에 관해 논의할 때 자세히 설명하겠지만 핵심적인 R&C는 다음의 두 가지 조건을 충족해야 한다.

1) 가치가 있을 것(valuable). 즉, 최종 제품의 가치에 많은 영향을 미칠 것.
2) 모방이 어려울 것(non-imitable). 즉, 타 경쟁업체가 쉽게 구입하거나 구축하기 어려울 것.

앞서 우리는 애플의 전통적인 강점은 하드웨어와 소프트웨어에 관한 뛰어난 R&C라는 사실을 보았다. 과거 전통적으로는 이 두 가지가 강점이었으나 90년대 초에 애플의 강점을 다시 평가한다면 앞으로 정말 가치 있고 경쟁사가 모방하기 어려운 강점은 무엇일까? 당시 상황을 보면 하드웨어에 대한 가치는 점점 줄어드는 반면 소프트웨어의 중요성 및 가치는 나날이 증대하고 있었다. 따라서 1990년대 초에는 하드웨어보다는 소프트웨어에 관한 R&C가 타 업체가 모방하기 어려울 뿐 아니라 그 중요성 및 가치가 점점 더 높아진다는 관점에서 보면, 우리는 당시 애플의 핵심적인 R&C는 하드웨어보다는 소프트웨어에 관한 R&C라 판

[그림 5.3] PC산업 참여자 사업영역(1990)

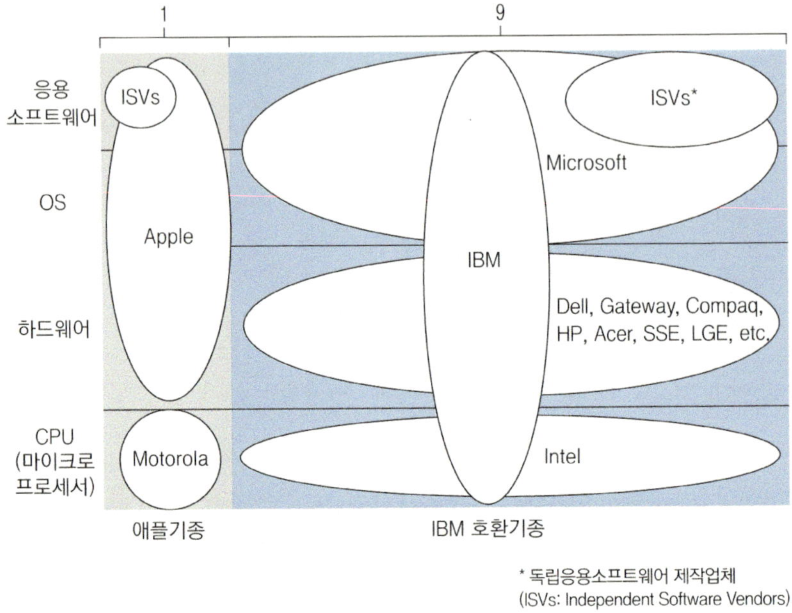

단할 수 있다.

90년대 초 애플의 핵심 R&C를 소프트웨어와 관련한 R&C로 평가했다고 하면, 자원준거론에 입각한 전략수립의 두 번째 단계는 애플의 핵심 R&C인 소프트웨어와 관련된 R&C를 최대한 활용할 수 있는 여러 전략적 대안 중 하나를 선택하는 것이다.

애플의 전략적 대안을 도출하기 전에 먼저 1990년 당시 PC산업에 참여하고 있던 기업들의 사업영역을 보자(그림 5.3 참조). PC산업은 크게 MS-DOS/Intel 표준을 채택한 IBM호환기종과 이와는 전혀 다른 표준을 사용해 IBM기종과는 호환이 불가능한 애플기종이라는 양대 진영으로 나누어져 있었다. 두 진영의 설치기반(installed base), 즉 현재 공급되어 사용되고 있는 기종의 수를 보면 IBM기종이 전체의 90% 정도를 차지하고 애플 기종은 나머지 10% 내외를 차지하고 있었다.

또한 PC산업에서 애플은 IBM을 제외하면 사업영역 측면에서 가장 수직적으로, 그리고 수평적으로 통합된(vertically and horizontally integrated) 기업이었다. 전통적으로 애플은 애플만을 위한 칩, 디스크 드라이브, 모니터, 심지어 섀시(chassis) 등을 구체적으로 디자인하고 명시하여 이들 대부분의 제품을 자체적으로 생산하고 조립하였다. 또한 애플만을 위한 운영체제(OS: operating systems)와 응용 소프트웨어, 심지어는 프린터를 비롯한 많은 컴퓨터 주변기기도 직접 개발하고 생산하였다. 하지만 애플 기종을 위한 마이크로 프로세서는 모토로라(Motorola)가 독점적으로 공급하고 있었고, 응용 소프트웨어의 경우 애플이 자체 생산하는 것도 있었으나 마이크로소프트 외 많은 독립 소프트웨어 제작업체들(ISVs: independent software vendors)도 함께 참여하고 있었다.

애플은 이처럼 보드 디자인에서부터 소프트웨어에 이르기까지 컴퓨터 전반을 통제함으로써 소프트웨어, 하드웨어, 주변기기 등이 일관된 방식으로 상호 작용할 수 있도록 하였다. 이를 통해 애플은 고객들에게 보다 우수한 컴퓨터 시스템을 제공하고자 하였고 이는 애플 고객이 애플 제품에 높은 충성도를 보이는 중요한 이유이기도 하였다.

요약하면, 애플은 애플기종의 하드웨어와 운영체제를 독점적으로 공급하고, 응용 소프트웨어 또한 독립 소프트웨어 제작업체들과 함께 제작에 적극 참여하고 있었다. 그리고 애플기종의 마이크로 프로세서는 모토로라가 독점적으로 애플에게 공급하고 있었다(그림 5.3의 왼편).

IBM 호환기종 진영을 보면(그림 5.3의 오른편 참조), 우선 IBM은 하드웨어뿐 아니라 마이크로 프로세서, 운영체제, 그리고 응용 소프트웨어

[그림 5.4] 1990년대 초 애플의 전략적 대안 I

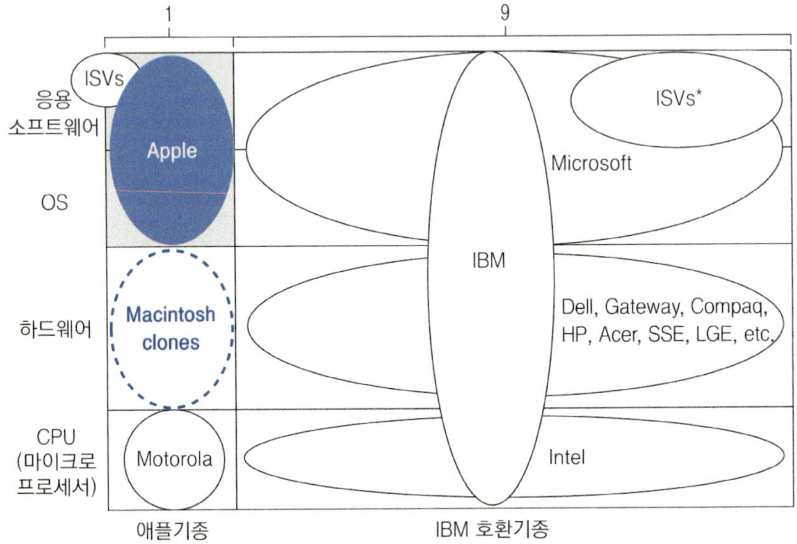

분야 등 거의 모든 영역에 참여하고 있다. 하드웨어 영역에서는 IBM 외에도 델(Dell), 게이트웨이(Gateway), 컴팩(Compaq), HP, 에이서(Acer), 삼성전자, LG전자 등 전 세계 수많은 업체들이 경쟁하고 있었다. 마이크로 프로세서 영역에서는 IBM과 AMD도 일정 부분 참여를 하고 있으나 이 영역은 인텔이 거의 대부분의 시장을 장악하고 있었다. IBM 호환기종의 OS와 응용 소프트웨어 영역은 마이크로소프트가 거의 독점적으로 장악하고 있었고, 응용 소프트웨어는 마이크로소프트 외에 다수의 독립 소프트웨어 제작업체가 참여하고 있었다.

▌이런 상황에서 애플이 핵심 강점인 소프트웨어와 관련된 R&C를 최대한 활용할 수 있는 전략적 대안은 무엇이 가능할까? 한 가지 대안은 매킨토시

(Macintosh) 라이선싱 프로그램을 통해 맥(Mac) 클론업체들에게 하드웨어 생산 및 판매를 맡기고 그들로부터 특허 사용료만 받으면서 하드웨어 자체는 포기하는 것이다. 대신 핵심 R&C인 소프트웨어 관련 R&C를 활용하여 애플기종을 위한 OS, 응용 소프트웨어 등 소프트웨어에만 집중하는 것이다(그림 5.4 왼편 참조).

실제로 애플은 1993년 스핀들러(Spindle)가 CEO로 취임한 후 매킨토시 라이선스를 몇몇 기업에게 주고 맥 복제품 생산을 허용한 적이 있다. 하지만 애플은 당시 하드웨어를 포기한 것이 아니라 여전히 하드웨어를 자체 제작하면서 추가로 클론업체들을 운영해 왔었다. 하지만 여기서 제시된 전략적 대안은 하드웨어 제작 및 판매를 전적으로 클론업체들에게 맡기고 애플은 아예 하드웨어를 포기한다는 점에서 차이가 있다. 자원준거론 관점에서 보면 시도해볼 가치가 있는 전략이다.

▌애플기종을 위한 소프트웨어에만 집중하는 전략도 가능하지만, 애플의 핵심 R&C인 소프트웨어와 관련된 R&C를 이보다 더 잘 활용할 수 있는 전략은 무엇일까? 한 가지 방법은 아예 애플기종 자체를 포기하는 것이다. 즉, 애플은 맥(Mac)이라는 애플기종을 위한 하드웨어뿐 아니라 운영체제 및 응용소프트웨어 등 애플기종을 위한 소프트웨어도 포기하는 것이다. 대신 IBM호환기종을 위한 운영체제 및 응용 소프트웨어에 집중하는 것이다. 이는 애플이 마이크로소프트와 직접 경쟁하겠다는 전략이다(그림 5.5 참조).

▌소프트웨어에만 집중하는 전략, 그것도 애플기종은 다 포기하고 IBM호환기종을 위한 소프트웨어에만 집중하는 전략을 우리는 어떻게 평가해야 할까? 자원준거론에 따라 이 전략을 평가한다면 우리는 ▌"과연 애플은 이 전략을 경쟁사 대비 더 잘 수행할 수 있는가?"에 대한 답을 찾으면 된다. 보

[그림 5.5] 1990년대 초 애플의 전략적 대안 II

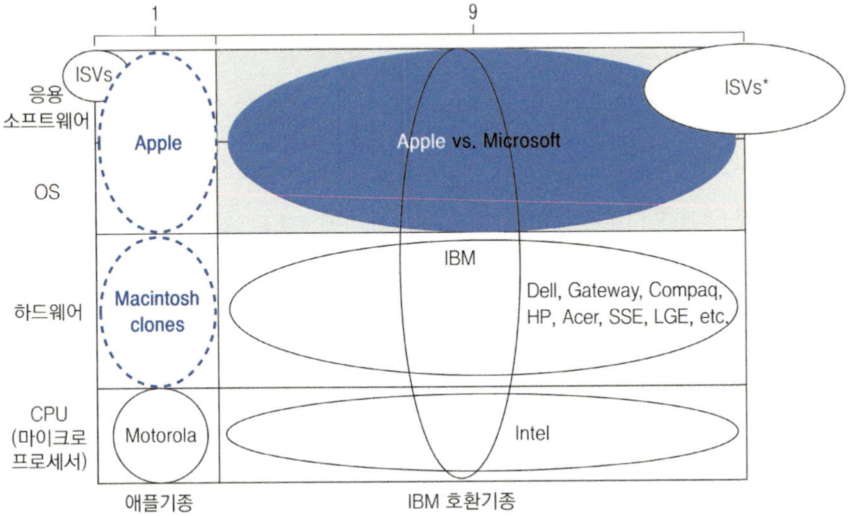

* 독립응용소프트웨어 제작업체
(ISVs: Independent Software Vendors)

다 구체적으로는 ▌"애플은 이 전략을 수행하기 위해 필요한 R&C인 소프트웨어 관련 R&C를 직접적인 경쟁사인 마이크로소프트보다 많이 가지고 있는가?"를 평가하면 된다.

당시 전문가들의 분석에 의하면 애플의 소프트웨어 능력, 그중에서도 특히 OS, 멀티미디어 소프트웨어 등과 관련한 능력은 마이크로소프트에 비해 2년 이상 앞서 있었다. 자원준거론 관점에서 보면 마이크로소프트와 직접 경쟁하겠다는 애플의 전략은 한번 시도해 볼 수 있는 전략이라 할 수 있다.

90년대 초 애플은 위기를 극복하기 위해 많은 전략들을 시도했으나 대부분 실패하고 말았다. 그 결과 90년대 중반 애플은 거의 파산직전까지 몰리게 되고, 아이팟 및 아이폰 출시 이전까지 생과 사를 넘나드

[그림 5.6] 애플 매출액 및 순이익(1981-1997)

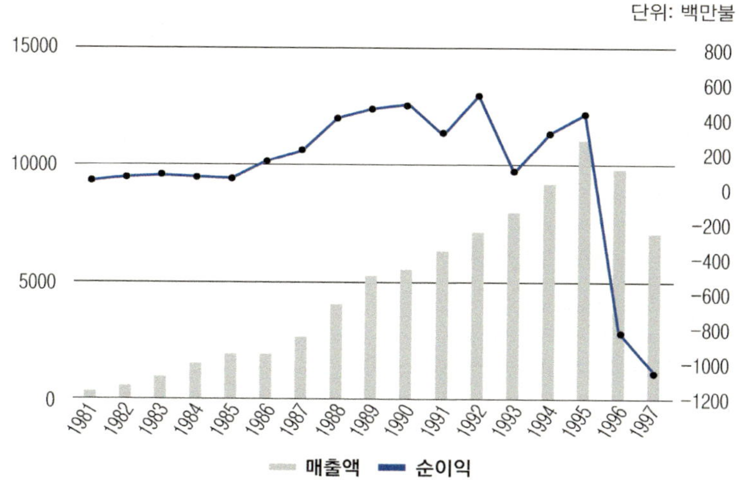

는 한계기업으로 간신히 생존해왔다(그림 5.6 참조). 이를 같은 시기 마이크로소프트의 실적과 비교해 보라. 경영자가 어떤 전략을 선택하느냐에 따라 그 기업의 경쟁력은 극명한 차이를 보여준다는 점을 우리는 확인할 수 있다.

그렇다면 애플은 당시 그렇게 여러 전략을 시도했으면서 소프트웨어에만 집중하는 전략, 그것도 애플기종은 포기하고 IBM호환기종을 위한 소프트웨어에만 집중하는 전략은 왜 시도해 보지 않았을까?

애플이 하드웨어뿐 아니라 애플 기종에 대한 집착을 버리지 못한 이유를 확인해 볼 수는 없지만, 애플 경영자들이 가지고 있던 애플이라는 기업을 보는 관점이 많은 영향을 미치지 않았을까 추측해 볼 수 있다.

일반적으로 우리는 기업을 어떤 관점에서 보는가? 예를 들어, 현대자동차는 어떤 기업인가? 당연히 자동차를 생산하고 판매하는 기업이다. 포스코는? 각종 철강제품을 제공하는 기업이다. 삼성전자나 LG전자는? 전자제품을 생산 및 판매하는 기업이다. 이처럼 일반적으로 우리는 기업을 그 기업이 제공하는 최종 산출물(final outputs) 관점에서 보고 있다.

1990년대 초 애플을 최종 산출물 관점에서 보자. 애플은 맥(Mac)이라는 컴퓨터 하드웨어를 만들어 제공하는 기업이다. 이렇게 볼 때 애플이 애플기종을 위한 소프트웨어에만 집중하고 최종 산출물인 맥이라는 하드웨어를 포기하는 것은(그림 5.4의 전략적 대안 I) 마치 애플이라는 기업을 포기하는 전략으로 보인다. 수용하기 어려운, 아니 생각조차 하기 어려운 전략으로 여겨진다.

[그림 5.5]의 전략적 대안 II를 보자. IBM호환기종을 위한 소프트웨어에만 집중하고 애플기종을 위한 하드웨어뿐 아니라 소프트웨어도 포기하는 전략이다. 이는 아예 애플이라는 기업의 존재 자체를 부정하는, 상상조차 할 수 없는 전략으로 여겨진다.

기업은 최종 산출물 관점에서 볼 수도 있지만, 그러한 최종 산출물을 가능하게 하는 그 기업이 보유한 R&C의 집합(bundle)으로 보는 관점도 있다. 이것이 바로 기업을 자원관점에서 보고 전략도 이를 기반으로 수립할 것을 주장하는 자원준거론(resource-based view of the firm)이다.

이번에는 애플을 최종 산출물이 아니라 그것을 가능하게 하는 R&C 관점에서 보자. 그러면 애플이란 기업은 '소프트웨어와 관련한 뛰어난 R&C의 집합'이다. [그림 5.4]의 전략적 대안 I은 애플이 맥이라는 하드웨어를 포기하고 애플기종을 위한 소프트웨어에만 집중하는 전략이다.

▌이때 R&C 관점에서 애플은 어떤 기업인가? R&C 관점에서 애플은 이때도 '소프트웨어와 관련한 뛰어난 R&C의 집합'으로서 전혀 변함이 없다. 이제 애플이 애플기종을 위한 하드웨어뿐 아니라 소프트웨어도 포기하고, IBM호환기종을 위한 소프트웨어에만 집중하는 [그림 5.5]의 전략적 대안 II를 보자. ▌이때 R&C 관점에서 애플은 어떤 기업인가? R&C 관점에서 보면 애플은 이때도 역시 '소프트웨어와 관련한 뛰어난 R&C의 집합'으로서 전혀 차이가 없다.

Ⅰ▌Apple의 경쟁사는 삼성전자, 화웨이(Huawei), 샤오미(Xiaomi)인가? 아니면 구글(Google)인가?

2021년 현재 애플은 매킨토시를 비롯해, 아이폰(iPhone), 아이패드(iPad), 애플 워치(Apple Watch), 에어팟(AirPods), 홈팟(HomePod) 등 하드웨어뿐 아니라, 애플 앱스토어(Apple App Store), 아이클라우드(iCloud), 아이튠즈(iTunes), 애플 페이(Apple Pay), 오리지널 콘텐츠(original contents) 등 다양한 최종 산출물을 제공하고 있다. 심지어 자율주행차 출시를 위한 움직임도 자주 감지되고 있다. 물론 이런 최종 산출물을 제공하는 것을 가능하게 하는 것은 애플이 보유한 iOS를 비롯한 다양한 핵심 소프트웨어 능력이다. ▌현재 애플의 경쟁사는 삼성전자, 화웨이, 또는 샤오미인가? 아니면 구글인가? 애플이란 기업을 어떤 관점에서 보느냐에 따라 답은 달라질 것이다. 자원준거론 관점에서 보면, 2020년대 애플의 경쟁사는 삼성전자, 화웨이, 샤오미가 아니라 구글일 것이다.

정리하면, 자원준거론이란 기업을 최종 산출물이 아니라 이런 최종 산출물을 가능하게 하는 그 기업이 보유한 R&C의 집합으로 보고 전략도 이러한 R&C를 최대한 활용할 수 있도록 수립하자는 이론적 관점이다.

전략수립방법론으로서 자원준거론은 산업조직론과 어떻게 다른가?

자원준거론은 전략의 수립과정, 기업경쟁력의 원천, 기업을 보는 관점 등에 있어 산업조직론과 확연한 차이를 보여준다. **이런 차이를 정당화하는 자원준거론의 논리와 배경은 무엇인가?**

두 방법론의 전략수립과정은 어떻게 다른가? 그리고 두 방법론은 기업경쟁력의 원천을 무엇으로 보는가?

산업조직론은 다음과 같은 과정을 통해 전략을 수립해야 한다고 주장한다.

1) 기업의 외부환경, 그 중에서도 기업의 직접적인 외부환경인 산업환경을 분석한다. 제4장에서 논의했듯이 산업환경을 분석하는 목적은 해당 산업의 매력도를 파악하고 그 산업에서의 핵심 위협 및 기회요인을 찾아내는 것이다.
2) 이렇게 찾아낸 핵심 위협요인을 최소화하고, 핵심 기회요인을 최대한 활용할 수 있는 전략을 수립한다.
3) 수립된 전략을 실행하는 데 필요한 내부 R&C를 구축한다(그림 5.7 참조).

경제학의 한 분야로서 산업조직론은 모든 인간은 합리적이고 이성적(rational)이라고 가정한다. 따라서 산업조직론은 기업의 의사결정자(decision maker)는 합리적이고 이성적이기에 누구나 산업을 정확하게 분

[그림 5.7] 전략수립과정(산업조직론)

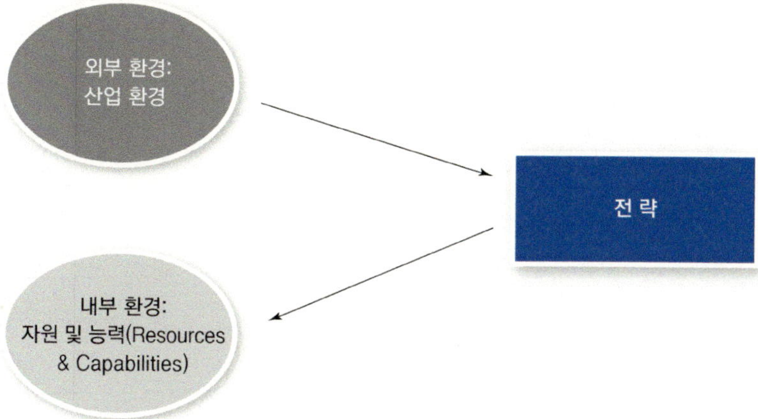

석할 수 있다고 주장한다. 즉, 누가 산업을 분석하더라도 그 산업이 얼마나 매력적인 산업인지, 그리고 그 산업에서의 핵심 위협 및 기회요인은 무엇인지 파악할 수 있다는 것이다.

역시 합리적인 의사결정자들은 그 산업의 위협요인을 최소화하고 기회요인을 최대한 활용할 수 있는 최적의 전략이 무엇인지도 누구나 알 수 있고 그러한 전략의 수립이 가능하다고 주장한다.

그리고 모든 자원이 거래되는 시장(resource markets)은 효율적(efficient)이라고 보기에, 수립된 전략을 실행하는 데 필요한 자원(resources)[4]은 어느 기업이나 외부에서 쉽게 구입이 가능하다고 본다. 그리고 외부시장에서 구입이 힘든 능력(capabilities)은 내부에서 자체적으로 구축해야 하는데 초기엔 기업 간 차이가 있을 수 있으나 시간이 지나면서 그

4 자원(resources)과 능력(capabilities)의 차이에 대해서는 다음의 "내부 자원 및 능력 분석"에서 자세히 설명하기로 한다.

차이는 점차 미미해진다고 주장한다.

산업조직론의 가정과 이에 입각한 주장에 따르면 어떤 기업이든지 산업을 정확하게 분석할 수 있고, 그 산업에 가장 적합한 전략 또한 모든 기업이 수립할 수 있다. 뿐만 아니라 그렇게 수립한 최적의 전략을 수행하기 위해 필요한 R&C도 시간이 지나면 누구나 구축이 가능하다.

여기서 우리는 머릿속에 한 가지 질문을 갖게 된다. 만약 방금 언급한 산업조직론의 가정과 주장이 사실이라면 산업 내 모든 기업은 동일한 전략을 추구하고 그 전략을 실행하는데 필요한 R&C의 수준도 대동소이하기 때문에, 기업들 간 경쟁력의 차이가 없어야 한다. 하지만 현실을 보면 기업 간에는 상당한 경쟁력의 차이가 존재한다.

산업조직론의 가정 및 주장이 사실이라면 산업조직론은 기업들 간 경쟁력의 차이가 존재하는 현실을 어떻게 설명할까? 산업조직론에 따르면 특정 산업 내에서 기업들이 얼마나 산업을 제대로 분석하고, 그 산업환경에 적합한 전략을 수립하고, 그리고 동시에 그 전략에 필요한 R&C를 얼마나 제대로 구축하는가는 기업 간 차이가 없다. R&C 수준이 초기에 다소 기업 간 차이가 있다고 하더라도 이는 점점 줄어들어 균형상태(equilibrium)에 이르면 거의 미미해진다.

이에 산업조직론은 기업 간 지속적인 경쟁력의 차이를 가져오는 것은 기업이 특정 산업 내에서 얼마나 전략을 제대로 수립하고 이를 위한 R&C를 충분히 구축해 성공적으로 실행하느냐가 아니라, 얼마나 매력적인 산업에서 사업을 영위하고 있느냐 아니냐, 즉 산업효과(industry-effects)에 의해 결정된다고 주장한다.[5] 따라서 산업조직론에서 기업경쟁

---

5 Schmalensee, R. 1985. Do markets differ much? *American Economic Review*, 75:

에서 가장 중요한 것은 '얼마나 매력적인 사업들을 영위하느냐', 즉 **'사업 포트폴리오를 위한 경쟁**(competition for business portfolio)'이다.

이러한 주장의 근거로서 흔히 제시되는 것이 바로 우리가 신문, 잡지, 방송 등에서 자주 보는 다음과 같은 그래프이다(그림 5.8 참조).[6] 이런 그래프들은 세로축에는 산업의 매력도, 대표적으로 산업의 평균수익률을 표시하고, 가로 축에는 산업들을 평균수익률에 따라 나열함으로써 산업의 매력도 또는 수익성은 산업에 따라 상당한 차이가 있다는 사실을 극명하게 보여주고 있다. 연구에 따라 정도의 차이가 있으나

[그림 5.8] 미국 산업별 수익성(평균 자본수익률, 1992-2006)

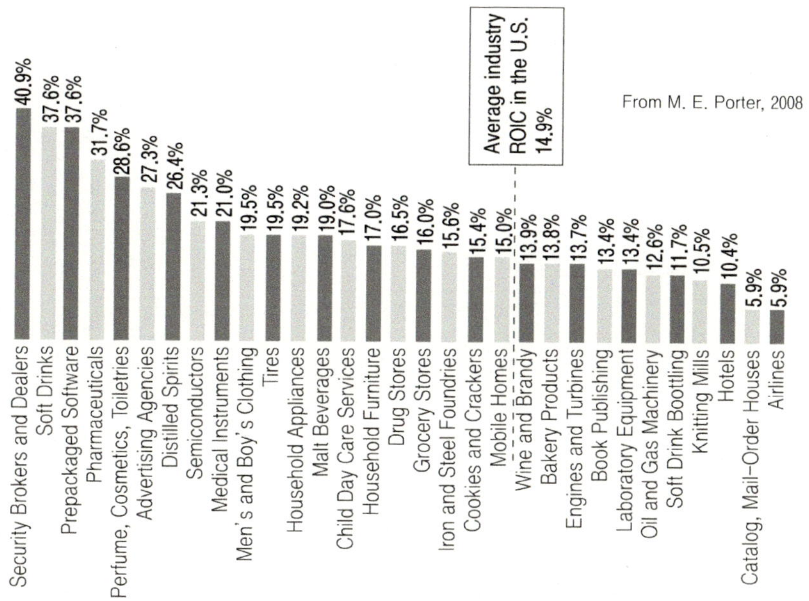

341-51.

6 Porter, M. E. 2008. The five competitive forces that shape strategy. *Harvard Business Review,* January.

산업의 매력도가 기업의 성과에 영향을 미치는 것은 분명하다. 즉, 산업효과(industry effects)는 존재한다.

▌위에 제시된 그래프에 추가로, 이번에는 각 산업에서 가장 뛰어난 성과를 달성하고 있는 기업들의 성과를 산업 별로 연결한 그래프를 상상해 보자. 어떤 그래프가 상상되는가?

[그림 5.9]의 아래 쪽 그래프는 [그림 5.8]의 그래프를 간단히 도식화한 것이다. ▌이들 각 산업에서 가장 성과가 뛰어난 기업의 성과를 산업 별로 연결한 그래프는 (1), (2), (3) 중 무엇일까? (1)이나 (3)의 그래프를 상상하는 사람들은 다음의 경우를 생각해 보라. 여러분들 후배나 자녀가 여러분에게 진로 상담을 한다고 하자. "사회에 나가서 나는 뭘 하는 게 좋은가?"란 질문에 여러분은 어떤 대답을 할 것인가? 여러분들은 우선 이들이 사회에 나가 택할 수 있는 여러 가지 직업들을 고려해 볼 것이다. 이런 직업들의 매력도, 편의상 이들 직업들의 연평균 소득을 생각

[그림 5.9] 산업매력도와 경쟁우위

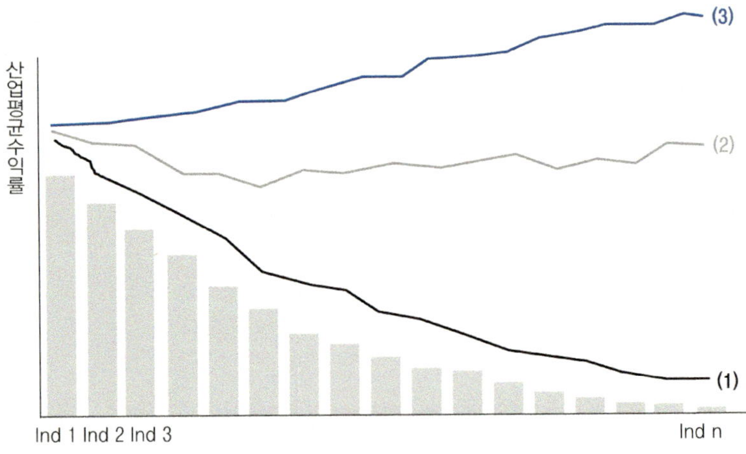

해 보자. 각 직업별로 평균 소득은 상당한 차이가 있다. 평균 수입이 높은 직업에는 어떤 것들이 있을까? 아마 의사, 변호사, 회계사, 도선사 등 전문직들이 가장 높을 것이고, 기업에 취직을 한다면 외국계 투자회사, 외국계 컨설팅, 국내 금융기관에서 일하는 것 또한 꽤 소득이 높을 것이다. 평균 소득이 낮은 대표적인 직업에는 뭐가 있을까? 아마 '영화배우 및 탤런트'라는 직업이 그 중 하나일 것이다. 한국고용정보원에 따르면 '영화배우 및 탤런트'의 2018년 평균소득은 연 1,709만원으로 월급으로 보면 월 140만원 남짓이다. 이는 '가사도우미'의 소득(연 1,850만원)보다 낮은 수준이다.[7]

직업별 평균소득을 그려보면 [그림 5.8]의 산업별 평균수익률 그래프와 유사할 것이다. 이번엔 각 직업별로 가장 소득이 높은 사람들의 소득을 직업별로 연결한 그래프를 생각해 보자. 평균소득은 직업별로 많은 차이를 보여주나 각 직업별로 가장 소득이 높은 사람들의 소득은 직업에 따라 그리 큰 차이를 보이지 않는 사실을 알 것이다. 어떤 경우에는 평균소득이 낮은 직업에서 가장 높은 소득을 올리는 사람의 소득이, 평균소득이 높은 직업에서 가장 소득이 높은 사람의 소득보다 높은 경우도 드물지 않다.

산업도 직업과 마찬가지이다. 산업의 평균수익률은 산업별로 많은 차이를 보이지만, 각 산업의 가장 뛰어난 기업의 성과는 산업별로 큰 차이가 없다. 직업과 마찬가지로 매력적이지 않은 산업에서 가장 뛰어난 기업의 성과가 매력적인 산업에서 가장 실적이 좋은 기업의 성과보다 높은 경우도 적지 않다. 즉, 각 산업별 가장 뛰어난 기업의 성과를

7 2018년 한국의 직업정보. 한국고용정보원.

[그림 5.10] **산업매력도와 경쟁우위**

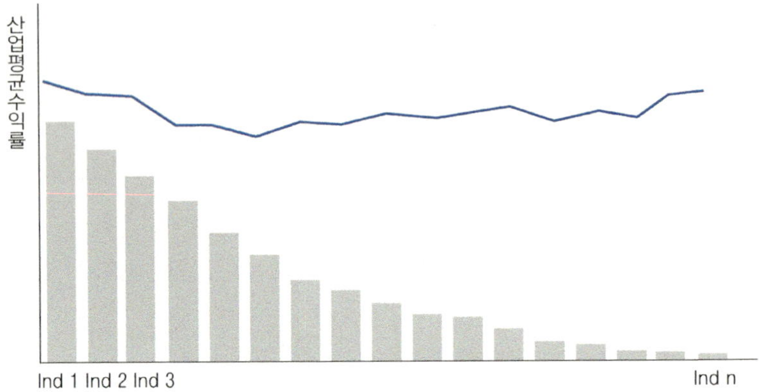

산업별로 연결한 그래프는 [그림 5.10]의 파란색 그래프이다.

[그림 5.10]의 아래 쪽 그래프만 보자. 그리고 현재 우리 기업은 차세대 성장동력 확보를 위해 진출할 산업을 고민하고 있다고 하자. ▌이때 우리는 어떤 산업으로 진출하는 것이 바람직하다고 생각되는가? 아래 쪽 그래프만 고려하면 우리는 아무래도 왼쪽에 위치한, 매력도가 높은 산업으로 다각화를 진행하는 것이 바람직하다라는 생각이 든다. 이는 우리가 자녀나 후배들을 위한 진로상담을 할 때도 마찬가지다. 평균소득에 따른 직업 분포만 보면 아무래도 의사, 변호사 등 평균소득이 높은 직업들이 매력적으로 보이고 이에 그들 직업을 추천하게 된다.

이번에는 [그림 5.10]의 위쪽 그래프(1등 기업의 성과)를 보자. ▌이때는 어떤 산업으로 진출하는 것이 바람직한 다각화의 방향으로 생각되는가? 1등 기업의 성과를 보면 산업에 따라 차이가 그리 크지 않다. 즉, 아무리 매력도가 낮은 산업이라 할지라도 그 산업에서 1등만 하면 그 성과는 매력적인 산업에서의 1등 기업 성과에 못지않다는 사실을 생각해 보면, 가장 바람직한 다각화는 우리 기업이 진출해서 1등을 할 수 있는 확률이 높은 산업으로 진출하는 것이라고 판단하게 될 것이다. 이는 진로상담에서도 마찬가지다. 자녀나 후배들이 어떤 직업을 택하는 게 좋은가? 각 직업별로 가장 소득이 높은 사람들의 소득은 직업에 따라 별로 차이가 없다는 점을 고려하면 우리는 그들에게 다음과 같이 조언하게 될 것이다. "네가 1등을 할 수 있는 직업을 선택하라."

후자의 방법이 바로 자원준거론에 입각한 전략수립 또는 진로상담이다. 즉, 자원준거론에 입각한 진로상담이 "1등을 할 수 있는 직업을 선택하라"이듯이, 자원준거론에 의한 전략수립이란 우리 기업이 1등을 할 수 있는 전략 또는 산업을 선택하는 것이다.

▌그렇다면 1등을 할 수 있는 전략 또는 산업은 어떻게 선택하는가? 우리 후배나 자녀가 1등을 할 수 있는 직업을 선택하려면 어떻게 해야 하는가를 생각해 보자. 우선 본인 자신을 분석하고 다른 사람들과 비교 및 평가를 해봐야 할 것이다. 그런 후 자신이 다른 사람들보다 뛰어난 점이 무엇인지를 찾아내야 한다. 그리고 이렇게 파악된 다른 사람보다 뛰어난 점을 최대한 필요로 하는 직업을 선택하면 자신은 그 직업에서 1등할 확률이 높아지고 이는 바람직한 직업선택이 된다.

마찬가지로 기업이 1등을 할 수 있는 전략 또는 산업을 결정하는 방법은 다음과 같다. 첫째, 기업의 내부 R&C를 분석 및 평가한다. 둘째, 그 중 다른 기업보다 뛰어난 자원 및 능력을 찾아낸다. 그리고 마지막으로 이런 뛰어난 R&C를 최대한 활용할 수 있는 전략이나 산업을 선택한다.

이것이 바로 자원준거론에 입각한 전략수립과정이다(그림 5.11 참조). 이 관점에 따르면 기업경쟁력에 있어 가장 중요한 원천은 'R&C를 위

[그림 5.11] 전략수립과정(자원준거론)

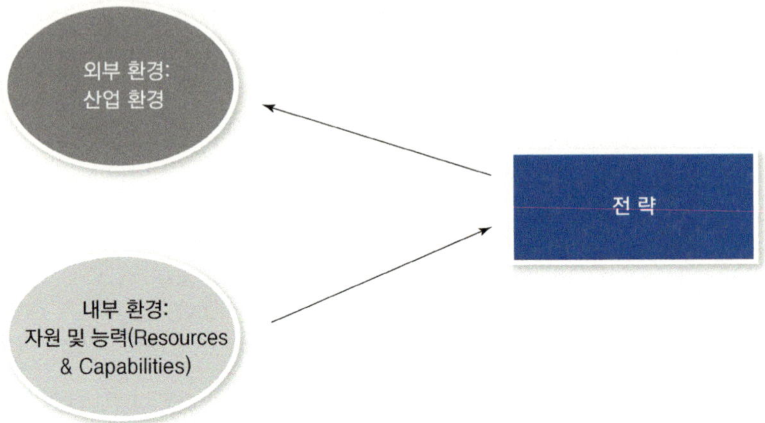

한 경쟁(competition for R&C)', 즉 '특정 산업이나 전략에 필요한 R&C를 경쟁사 대비 얼마나 많이 구축해 1등을 하느냐'이다.

요약하면(그림 5.12 참조), 산업조직론에 입각한 전략수립 과정은 다음과 같다. 첫째, 기업의 직접적인 외부환경인 산업환경을 분석한다. 둘째, 분석된 산업환경에 가장 적합한 전략을 수립한다. 셋째, 수립된 전략에 필요한 내부 R&C를 구축한다(그림 5.12의 검은 색 화살표). 산업조직론에 의한 전략수립과정을 '**외부에서 내부로의 접근법(from outside-in approach)**'이라 부르는 이유가 여기에 있다. 그리고 산업조직론에서 가장 중요한 경쟁력의 원천은 기업이 영위하는 사업들의 구조적 매력도, 즉 '**얼마나 매력적인 사업을 영위할 것인가에 대한 경쟁(competition for business portfolio)**'이다.

반면에 자원준거론은 첫째, 기업이 보유한 내부 R&C를 분석 및 평가하여 다른 기업 대비 뛰어난 R&C를 찾아내고 둘째, 이러한 뛰어난 R&C를 가장 잘 활용할 수 있는 전략이나 산업을 선택해야 한다고 주

[그림 5.12] 산업조직론 vs. 자원준거론

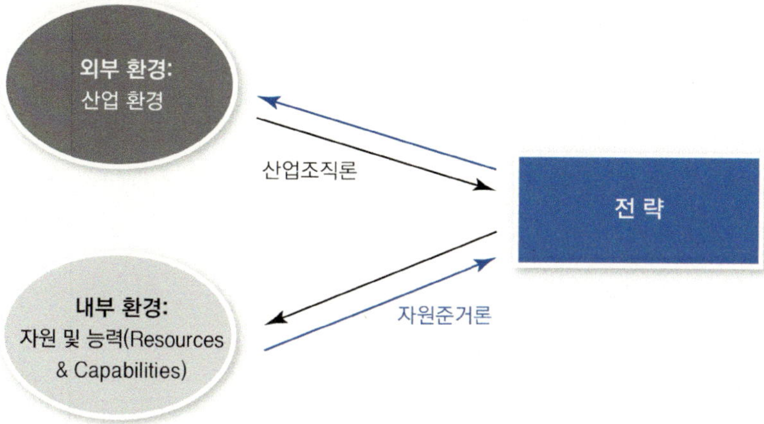

장한다(그림 5.12의 파란색 화살표 참조). 이런 의미에서 자원준거론 관점의 전략수립과정을 우리는 **'내부에서 외부로의 접근법(from inside-out approach)'**이라 부르고 있다. 자원준거론에서는 얼마나 매력적인 산업 또는 전략적 위치(strategic positioning)를 추구하느냐가 아니라, 선택한 산업 또는 전략에서 필요한 R&C를 경쟁사 대비 얼마나 많이 구축해서 그들과의 경쟁에서 이기느냐, 즉 **'자원과 능력을 위한 경쟁(competition for resources and capabilities)'**이 기업 간 경쟁의 핵심으로 본다.

우리는 기업을 어떤 관점에서 보는가?

앞서 언급했듯이 우리가 기업을 보는 가장 일반적이고 전통적인 관점은 그 기업이 제공하는 **최종 산출물인 제품이나 서비스**이다. 애플은 어떤 기업인가? 당연히 애플은 아이폰, 아이패드, 노트북 등을 제조 및 판매하는 기업이라는 생각을 가장 먼저 하게 된다. 즉, 애플이 제공하는 제품이나 서비스 관점에서 애플이라는 기업을 보는 것이다. 필립 모리스(Philip Morris)는 담배회사, 현대자동차는 자동차회사로 보는 것도 마찬가지다.

하지만 우리가 기업을 보는 또 하나의 관점은 기업을 최종 산출물이 아니라 그 최종 산출물이 충족시켜주는 **고객의 욕구(needs)** 관점으로 보는 것이다. 레빗(Levitt) 교수는 1960년대 철도회사의 위기를 설명하면서 당시 철도회사가 위기를 극복하지 못한 이유는 철도가 충족시켜주는 고객의 욕구인 운송(transportation)이 아니라, 그들의 최종 제품인 철도(railroad)에 너무 집착해 운송과 관련된 항공, 고속버스 등 다른 매력적인 산업으로의 진출에 실패했다고 주장하였다.[8] 즉, 철도회사들은 기업을 제품 관점이 아니라 보다 넓은 고객의 욕구 관점에서 정의했어야 했다는 것이다.

앞서 우리는 산업을 '수요의 대체성(substitution in demand)이 높은, 또는 공급의 대체성(substitution in supply)이 높은 제품 및 서비스를 제공하는 기업들의 집단'으로 정의하였다. 즉, 산업을 '유사한 고객 및 제품을 제공하는 기업들의 집단'으로 정의한 것이다. 따라서 우리가 기업을 최종 산출물인 제품 관점 및 고객 관점에서 본다는 것은 기업을 그 기업이 속한 산업 관점에서 본다는 의미가 된다. 다시 말해, 기업을 제품이나 고객관점에서 본다는 것은 산업조직론적 관점에서 기업을 본다는 의미이다.

기업을 제품이나 고객 관점에서 보는 산업조직론적 관점과는 달리

---

8 Levitt, T. 1960. Marketing myopia. *Harvard Business Review*, 38(July-August): 24-47.

[그림 5.13] 혼다의 성장사(1948년-현재)

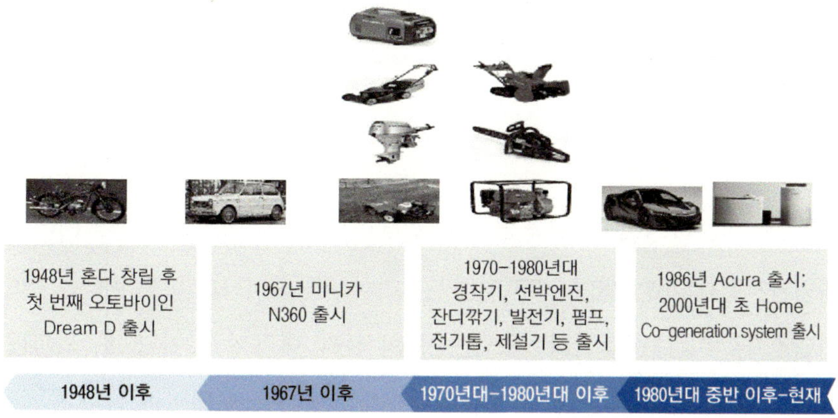

기업이 제공하는 최종 산출물을 가능하게 하는 그 기업이 보유한 **핵심적인 자원과 능력의 집합(bundle of critical resources and capabilities)**으로 보는 관점이 있다. 이것이 바로 자원준거론(resource-based view of the firm)에서 보는 기업이다.

우리는 앞서 애플을 최종 제품인 매킨토시라는 컴퓨터가 아닌, 이런 컴퓨터를 가능하게 한 애플의 핵심적인 R&C인 소프트웨어에 관한 뛰어난 R&C의 집합으로 보고 이에 입각한 전략수립을 연습했을 때 전혀 다른 전략적 대안을 도출한 바 있다. 이번에는 혼다(Honda Motor Company)의 성장사를 최종 산출물 관점에서 보자(그림 5.13 참조).

혼다는 1948년 창립 후 첫 번째 제품인 오토바이 '드림 D(Dream D)'를 출시하였다. 그 후 이보다 업그레이드된 일련의 오토바이를 출시하다 마침내 1967년 혼다 최초의 자동차인 미니카 'N360'을 출시하였다. 그 후 '혼다 시빅(Honda Civic)'을 비롯한 다양한 모델의 자동차를 출시하였다. 그러다 1970년대와 80년대에는 경작기, 선박엔진, 잔디깎기 기계,

발전기, 펌프, 전기 톱, 제설기 등 다양한 사업을 추가하였다. 1986년에는 어큐라(Acura) 사업부를 설립하고 본격적으로 고급승용차 시장으로 진출하였다. 2000년대 초에는 '가정용 열병합발전기(Home Co-generation system)'라는 전력과 난방을 동시에 공급할 수 있는 가정용 발전시스템 사업 또한 시작하였다.

자, 이러한 혼다를 제품 관점에서 보자. 제품 관점에서 혼다는 어떤 기업인가? 1948년 설립 이후 1967년 미니카를 출시하기 이전 혼다는 어떤 기업인가? 우리는 당연히 '오토바이 회사'라 대답할 것이다. 그렇다면 미니카 출시 이후 70~80년대 다양한 사업으로 진출하기 전까지의 혼다는 어떤 기업인가? 오토바이와 함께 미니카를 비롯한 다양한 승용차를 생산 및 판매하고 있으므로 우리는 혼다를 '오토바이 회사이자 자동차 회사'라 부를 것이다. 그럼 70~80년대 경작기, 선박 엔진, 전기 톱, 그리고 심지어 2000년대 초 가정용 열병합발전기 사업 등 다양한 사업으로 진출한 후 혼다는 어떤 기업인가? 대답하기 아주 곤혹스러워진다. '오토바이 회사?' '자동차 회사?' '선박엔진 회사?' '전기 톱 제조회사?' '난방 및 발전 시스템 회사?' 아니면 '이것저것 다 하는 회사?' 혼다를 제품 관점에서 보면 그들의 다각화전략은 전혀 논리도 일관성도 없는 전략이고, 그들의 사업구성 또한 이것저것 기회 닿는 대로 무분별하게 시도한 잡다한 사업들의 집합으로 보인다.

이번에는 혼다를 R&C 관점에서 보자. R&C 관점에서 보면 혼다는 어떤 기업인가? 1948년 이후 1966년까지 오토바이를 생산 및 판매하던 혼다를 R&C 관점에서 보면 어떤 기업인가? 즉, 그 기간 혼다 오토바이를 가능하게 한 혼다가 보유한 핵심 R&C는 무엇인가? '엔진과 관련한 뛰어난 R&C'일 것이다. 그럼 오토바이와 함께 1967년 미니카 생산 이후 1970~

[그림 5.14] 제품 관점에서의 혼다 vs. R&C 관점에서의 혼다

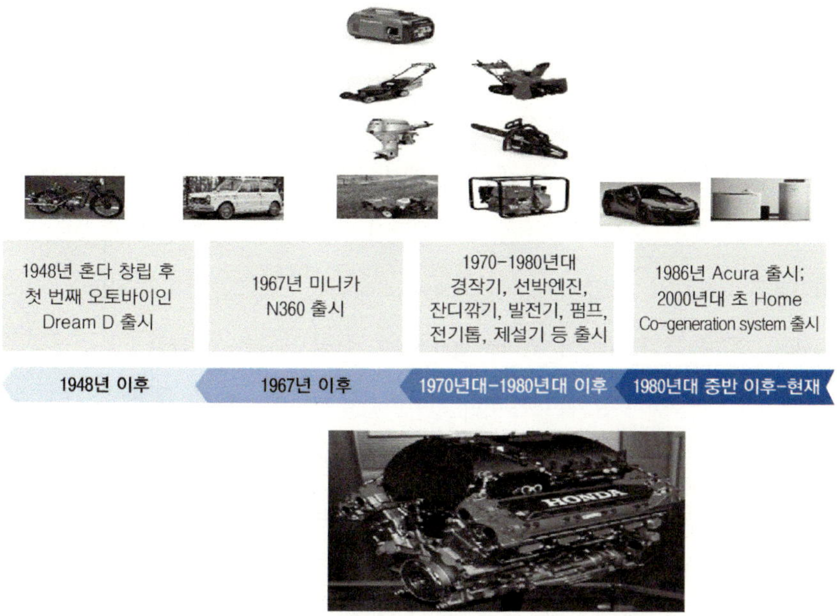

80년대 다양한 사업으로 진출하기 전까지 혼다는 어떤 기업인가? 즉, 당시 혼다 오토바이와 자동차를 제공할 수 있게 한 혼다의 핵심 R&C는 무엇인가? 역시 '엔진과 관련한 뛰어난 R&C'로 변함이 없을 것이다. ▌그렇다면 오토바이와 자동차에 추가로 경작기, 선박엔진, 발전기, 고급 승용차, 발전시스템 등을 제공하고 있는 오늘날의 혼다는 어떤 기업인가? 역시 동일한 답인 '엔진과 관련한 뛰어난 R&C'의 집합이 혼다일 것이다(그림 5.14 참조).

이처럼 혼다를 최종산출물인 제품관점에서 보면 혼다라는 기업은 정체성이 불분명하고 무분별한 다각화를 추구한 기업이다. 하지만 혼다를 R&C관점에서 보면 1948년 설립 이후 지금까지 '엔진과 관련한

뛰어난 R&C의 집합'으로서 혼다는 일관된 전략을 추구한, 그리고 강한 정체성을 가진 동일한 기업이다.

캐논(Canon Inc.)을 보자. 캐논은 세계 최초로 35mm 카메라 생산에 성공한 후 팩스 머신, 계산기, 복사기, 프린터, 비디오카메라, 캠코더, 반도체 생산설비 등 수많은 제품을 개발 및 공급하였다. 이러한 캐논을 R&C 관점에서 보면, 캐논은 이처럼 다양한 제품을 가능하게 한 캐논의 핵심 R&C인 정밀기계(precision mechanics), 초소형전자공학(microelectronics), 그리고 미세 광학(fine optics)의 집합이다.[9]

'Minnesota Mining and Manufacturing Company'란 이름의 소규모 광산 업체였던 3M(3M Corporation)은 사포(sandpaper)를 비롯해 접착테이프, 오디오/비디오테이프, 플로피디스크(floppy disks), 그리고 의료제품 등으로 그들 제품 및 사업영역을 끊임없이 확장해 왔고, 현재 3M의 제품 수는 무려 3만 개를 상회하고 있다. ▌3M은 수많은 사업을 무분별하게 영위하는 백화점식 경영을 하는 기업인가? R&C 관점에서 보면 전혀 다른 모습을 볼 수 있다. 3M의 수많은 제품 및 사업들은 실제로 접착제(adhesives), 미세-필름 코팅(thin-film coating), 소재공학(materials sciences) 등 핵심 기술과 이들 핵심 기술들은 활용해 신제품을 개발 및 출시할 수 있는 뛰어난 능력에 의한 것으로서 3M은 이들 능력의 집합으로 볼 수 있다.

요약하면, 기업을 보는 전통적인 관점은 최종 산출물(제품/서비스) 또는 고객, 즉 산업 관점에서 기업을 정의하는 반면에 자원준거론은 기

---

9 Prahalad, C. K. & Hamel, G. 1990. The core competence of the corporation, *Harvard Business Review*, May-June: 79-91.

업을 그들의 최종 산출물을 가능하게 하는 그 기업이 보유한 핵심 R&C의 집합으로 보는 것이다. 그리고 전략도 이러한 핵심 R&C를 기반으로 이들을 가장 잘 활용할 수 있게 수립해야 한다고 주장한다.

R&C를 기반으로 전략을 수립하는 것이 중요해진 이유는 무엇인가?

자원준거론은 1990년대 초부터 본격적으로 학계와 실무계로부터 많은 관심을 받기 시작하였다. ▌전략수립의 기반으로서 R&C의 중요성이 높아진 이유는 무엇인가? 가장 중요한 이유 중 하나는 산업환경을 포함한 기업의 외부 환경의 변화가 심해졌다는 것이다. 산업조직론에 입각해 전략을 수립할 때 우리는 먼저 산업환경을 분석하고 이에 가장 적합한 전략을 수립해야 한다. 그리고 이렇게 수립된 전략을 실행하기 위한 R&C를 오랜 시간에 걸쳐 구축하여 그 전략을 완성하게 된다. 환경이 안정적일 경우에는 이러한 전략의 수립 및 집행에 큰 문제가 없다.

▌하지만 환경이 자주, 그리고 급격히 변할 경우 산업조직론에 입각한 전략수립은 어떻게 될까? 기존 환경에 적합한 전략을 수립하고 이 전략에 필요한 R&C를 구축하는 동안, 이들 R&C 구축을 완료하기도 전에 환경이 변해버리게 된다. 이렇게 환경이 바뀌면 이에 따라 기존 전략이 완성되기도 전에 또 다시 전략을 바꿔야 하고, 이렇게 바뀐 전략에 따라 기존에 구축하고 있던 R&C와는 다른 새로운 R&C를 구축해야 한다. 그리고 새로운 R&C 구축이 완성되기도 전에 또 다시 환경이 바뀌면 다시 전략을 변경하고 또 다시 새로운 R&C 구축을 해야 한다.

즉, 환경변화가 심할 경우에는 끊임없는 전략적 변화가 요구되고 각 전략에 필요한 R&C 구축이 완성되기도 전에 다시 새로운 전략을 필요로 하게 되는 것이다. 따라서 전략의 일관성을 결여하게 될 뿐만 아니라 R&C 구축이 제대로 이루어지지 않는 불완전한 전략의 수립 및 집행이 지속되는 치명적인 어려움이 있게 되는 것이다.

따라서 환경이 자주, 그리고 급속히 변할 경우에는 이런 불안정한 환경에 따라 전략을 수립하는 것보다는 상대적으로 안정적인 내부 R&C에 입각한 전략의 수립이 전략의 일관성과 전략의 완성도를 위해 점점 더 중요하게 되는 것이다.

전략수립의 기반으로 R&C가 중요해 진 또 하나의 이유는 산업의 매력도보다 기업의 뛰어난 R&C에 의한 경쟁우위가 기업의 성과에 더 많은 영향을 미친다는 주장이 점점 더 설득력을 가지고 있었기 때문이다. 일반적으로 뛰어난 기업성과의 두 가지 원천은 산업 매력도와 개별 기업의 우월한 R&C에 입각한 경쟁우위이다. 하지만 산업 매력도의 상당 부분은 그 산업 내 기업들이 보유한 R&C의 우월성을 반영한다. 예를 들어 한 산업의 진입장벽 높이도 사실상 그 산업 내 기업들이 보유한 특허, 브랜드, 유통망 등과 같은 R&C의 집합에 의해 이루어지는 결과물인 것이다. 기업 간 성과 차이를 분석한 많은 연구들 또한 기업효과(firm effects)가 산업효과(industry effects)보다 크다는 사실을 보여주고 있다.[10]

한 기업이 두 사업을 영위하고 있다고 하자. 그 중 'A'사업은 구조적

---

10 Rumelt, R. P. 1991. How much does industry matter? *Strategic Management Journal* (12): 167-185; McGahan A. M. & Porter, M. E. 1997. How much does industry matter, really? *Strategic Management Journal* (18): 15-30; Misangyi, V. F., Elms, H., Greckhamer, T. & Lepine, J. A. 2006. A new perspective on a fundamental debate: A multilevel approach to industry, corporate and business unit effects, *Strategic Management Journal* (27): 571-590.

으로는 매력적이나 핵심 R&C는 경쟁사에 비해 월등히 떨어져 적자를 보고 있다. 또 다른 'B'사업은 산업은 매력적이지 않으나 핵심 R&C는 경쟁사보다 월등해 현재는 매우 높은 성과를 올리고 있지만 미래 전망은 불투명하다. ▌이때 이 기업이 두 사업 중 하나만 선택한다면 어떤 사업을 선택해야 할까?

'A'사업을 선택한다면 아마 이는 다음의 가정을 전제로 한 선택일 것이다. 즉, 지금은 경쟁사에 비해 R&C가 모자라지만 이는 열심히 구축해서 얼마든지 보완할 수 있다는 가정이다. ▌이 가정이 얼마나 현실적일까? 핵심 R&C란 모방, 즉 구축이 매우 어렵고 시간이 많이 걸리지만 불가능한 것은 아니다. 오랜 시간 열심히 노력하면 현재의 R&C 수준을 높일 수 있다. ▌하지만 그동안 다른 경쟁사들은 가만히 있을 것인가? 아마 그들 또한 그들의 R&C 수준을 더욱 높일 것이다. 따라서 'A'사업의 R&C 수준은 절대적으로는 높아지겠지만 경쟁사 대비 상대적으로는 여전히 차이를 보이게 됨으로써 지속적인 경쟁 열위를 가질 가능성이 크다.

반면에 'B'사업을 보면 산업은 비록 매력도가 낮으나 R&C가 경쟁사 대비 높아 강한 경쟁력을 가진 사업이다. 하지만 이런 사업도 예를 들어 산업 자체가 점점 사양화해 머지않아 아예 산업자체가 없어질 가능성이 있는 경우에는 문제가 있다. ▌이 경우 'B'사업부가 취할 수 있는 전략적 대안이 있다면 무엇이 있을까? 기존의 강한 R&C를 현재 사업 또는 시장보다 더 잘 활용할 수 있는 다른 사업 또는 다른 시장으로 진출하는 방어적 다각화(defensive diversification)가 대안이 될 수 있을 것이다.

요약하면 'A'사업은 매우 성공하기 어려운 반면, 'B'사업은 매우 높은 경쟁우위를 가진, 아주 성과가 뛰어난 사업이다. 뿐만 아니라 'B'사업은 산업이 쇠퇴하는 상황이라 할지라도 이 위기를 극복할 수 있는 방어적 다각화라는 전략적 대안이 있다. 따라서 두 사업 중 하나를 선택해야 한다면 'A'사업보다 'B'사업을 택하는 것이 보다 현명한 선택일 가능성이 크다.

‖ 논리적으로 분석하면 'A'와 'B' 두 사업 중 하나를 선택하라면 'B'사업이 더 나은 선택일 것 같음에도 불구하고 우리는 여전히 'A'사업에 더 매력을 느끼게 된다. 그 이유는 무엇일까? 아마 이는 우리가 기업 또는 사업을 어떤 관점에서 보느냐가 영향을 미치지 않나 생각하게 된다. 예를 들어, 두 사업을 최종 산출물, 즉 제품 관점에서 보자. 'A'사업은 구조적으로 매력적이고 많은 사람들의 관심을 받고 있는, 예를 들어 바이오 관련 또는 AI 관련 산업이다. 반면에 'B'사업은 구조적으로 매력적이지 않은, 예를 들면 전통 의류산업이다. ▌두 사업 중 어느 사업이 매력적으로 보이는가? 당연히 'A'사업이 훨씬 더 매력적이고 미래가 유망해 보이는 사업일 것이다.

이번에는 두 사업을 R&C 관점에서 보자. ▌어느 사업이 매력적으로 보이는가? 'A'사업부는 최종 산출물은 매력적으로 보이나 R&C 관점에서 보면 아무 것도 없는 매우 비약하고 보잘 것 없는 사업부이다. 반면에 'B'사업은 비록 최종 산출물은 별 볼일 없고 진부해 보일지라도 매우 소중하고 가치있는 R&C로 가득한 사업부이다. R&C 관점에서 보면 'A'사업보다 'B'사업이 훨씬 더 매력적으로 보이게 된다.

기업을 어떤 관점으로 봐야 하는가에 대한 명확한 답은 어렵다. 하지만 자원준거론은 우리가 기업을 볼 때 제품/서비스나 고객뿐 아니라 R&C 관점으로도 볼 수 있는 이론적 근거를 제시해 줌으로써 우리가 보다 균형 있는 의사결정을 할 수 있게 해 준다는 점에서 많은 공헌을 하고 있다.

이와 관련하여 다음의 질문에 대해 생각해 보자. **기존 산업에서 핵심 제품이 노후화되고 강력한 대체품에 의해 시장이 잠식될 때, 대체품 대비 약점을 보완하며 기존 시장을 수성할 것인가, 아니면 기존 산업에서 구축해온 강한 R&C를 보다 잘 활용할 수 있는 다른 산업이나 시장으로 진출할 것인가?**

코닥(Eastman Kodak)을 보자. 거의 1세기에 걸쳐 촬영사진시장을 장악해 왔던 코닥은 1990년대에 디지털 이미징(digital imaging)이라는 새로운 기술의 도전에 직면하게 된다. 그동안 구축해온 화학 관련 기술을 활용해 다른 사업으로 진출할 것인가, 아니면 새로운 기술인 디지털 이미징 기술을 새로이 구축하여 기존 사업을 지속할 것인가를 고민하던 코닥은 결국 후자를 선택하였다.

이를 위해 코닥은 1994년 이스트만 케미컬 컴퍼니(Eastman Chemical Company)를 분사시키고 스털링 윈스럽(Sterling Winthrop)의 처방약 사업을 매각하였다. 그리고 10억불 이상을 디지털 기술 및 디지털 이미징 제품에 투자하였다. 이런 코닥의 치열한 노력에도 불구하고 디지털 촬영사진산업(digital photographic industry)에서 코닥이 휴렛-팩커드(Hewlett-Packard)나 캐논(Canon)과 같이 정밀전자기술에 뛰어난 기업과의 경쟁에서 이기고 있는지는 아직 확언하기 어렵다.

R&C는 어떻게 분석하고 평가하는가?

자원준거론에 의한 전략수립의 첫 번째 단계는 해당 기업의 내부 R&C를 분석 및 평가하여 다른 기업보다 뛰어난 R&C를 찾아내는 것이다. 이를 위해 다음 질문에 대한 답들을 생각해 보자.

1) 먼저 자원(resources)에는 어떠한 것들이 있고 각자는 어떤 특성을 가지고 있는가?
2) 능력(capabilities)은 무엇이며 자원과의 관계 및 차이점은 무엇인가?
3) 지속적인 경쟁우위의 원천으로서 R&C는 어떤 조건을 충족해야 하며 그러한 조건을 충족시켜주는 것은 무엇인가?

자원에는 어떤 것들이 있고 각자는 어떤 특성을 가지고 있는가?

자원(resources)과 능력(capabilities)의 관계 및 차이는 다음에 자세히 논의하고 우선 자원을 보자. 자원은 크게 유형자원(tangible resources), 무형자원(intangible resources), 그리고 인적자원(human resources) 세 가지로 분류할 수 있다.

유형자원이란 무엇인가? 유형자원은 기업의 재무제표에서 가장 쉽게 파악할 수 있는 자원으로서 대표적으로 재무적 자원(financial resources)과 토지, 빌딩, 공장, 설비 등과 같은 물질적 자원(physical resources)이 있다. 하지만 우리가 자원을 분석하는 목적은 단순히 자원의 재무제표 상의 가치를 측정하는 것이 아니라, 해당 자원이 얼마나 기업의 경쟁우위를 창출할 수 있는가를 이해하는 것이다.

유형자원으로부터 어떻게 가치를 창출할 수 있는 지를 파악하기 위해서는 다음 두 가지 이슈를 점검하는 것이 좋다. 첫째, 동일한 수준의 사업을 유지하면서 보다 적은 자원을 사용하거나, 현재 수준의 자원을 사용하면서 보다 많은 사업을 수행할 수는 없는가? 둘째, 기존의 자원으로부터 더욱 높은 수익을 올릴 방법은 없는가?

미국 철도회사들은 그들의 철도네트워크를 가스 파이프라인이나 광섬유 통신케이블의 루트를 개발하는 데 사용함으로써 철도네트워크로부터 보다 많은 가치를 창출할 수 있었다.

무형자원으로는 크게 명성(reputation)과 기술(technology)이 있다. 유형자원과는 달리 무형자원은 재무제표에 그 가치가 제대로 반영되지 않아 파악하기가 쉽지 않다. 기업의 재무제표 상의 가치, 즉 장부가격이 주식시장에서의 가치와 차이가 생기는 주 이유가 바로 무형자원의 가치가 재무제표에 제대로 반영되지 않기 때문이다.

우선, ▮ 명성의 가치는 어떻게 측정하는가? 명성이라는 자산은 브랜드네임(brand name)이나 상표(trademarks)라는 형태로 나타난다. 이러한 명성의 가치는 가격 프리미엄(price premium), 즉 고객이 해당 브랜드를 가진 제품에 대해 기꺼이 지불하고자 하는 가격과 브랜드가 없거나 있더라도 잘 알려져 있지 않은 브랜드의 유사 제품에 대해 지불하고자 하는 가격과의 차이에 반영되어 있다. 브랜드 가치는 구체적으로 이러한 가격 프리미엄에 그 제품의 연간 판매수량을 곱하고 이러한 수입흐름(revenue stream)의 현재 가치를 계산함으로써 측정한다.

기업의 브랜드 가치는 그 브랜드를 사용하는 제품/시장의 범위를 넓힘으로써 증가시킬 수 있다. 할리-데이비슨(Harley-Davidson)의 브랜드는 유사한 제원의 타사 오토바이 대비 약 40%가량 높은 가격으로 자사 오토바이 판매를 가능하게 할 뿐 아니라 이 브랜드를 의류, 커피잔, 담배, 식당 등의 업체들과 라이선싱을 체결함으로써 그 가치를 높이고 있다.

일반적으로 명성에는 기업명성(corporate reputation)과 그 기업이 판매하는 제품들의 명성(product reputation)이 있다. 영국의 대형 유통업체인 '막스 앤 스펜서(Marks & Spencer)'의 기업명성은 영국 내 뿐 아니라 해외 많은 국가에서도 잘 알려져 있다. 그리고 동시에 그들의 의류 및 식품제품의 브랜드인 '세인트 마이클(St. Michael)' 또한 뛰어난 품질과 합리적 가격의 대명사로서 매우 잘 알려져 있다.

하지만 기업명성은 높으나 제품명성은 그리 높지 않은 경우도 적지 않다. 예를 들어 한국의 정유업계를 보면 SK에너지, GS칼텍스, 현대오일뱅크, 에스오일(S-Oil) 등 기업명성은 비교적 잘 알려져 있다. 한편, SK에너지는 '엔크린 솔룩스', GS칼텍스는 '킥스 프라임(Kixx Prime)', 현대오일뱅크는 '카젠(Kazen)' 등의 이름으로 그들의 고급 휘발유를 판매하고 있다. 하지만 이들 제품명성은 매우 미미하다. 일반적으로 보쉬(Robert Bosch GmbH)와 같은 B2B 기업의 경우 기업명성에 비해 제품명성이 떨어지는 경향이 있다.

이와는 반대로, 제품명성은 높으나 기업명성은 그리 높지 않은 경우도 있다. '킷 캣(Kit Kat)'이나 '애프터 에잇(After Eight)'은 많은 사람들에게 친숙한 초콜릿 바 브랜드이다. 하지만 이들 제품을 처음 제공했던 기업인 '로운트리스(Rowntree's)'는 거의 알려져 있지 않다. 1988년 네슬레(Nestlé)가 로운트리스를 인수할 때 지불한 프리미엄은 대부분 제품명성의 대가였다.

한국기업의 명성은 어떻게 구성되어 있는가? 한국기업은 제품명성, 기업명성 외 추가로 그룹명성(group reputation)이 있다. '갤럭시(Galaxy)'는 스마트폰 제품명성, 그 제품을 생산하는 기업인 '삼성전자(Samsung Electronics Co., Ltd.)'는 기업명성, 그리고 삼성전자가 속해 있는 그룹인 '삼성그룹(Samsung Group)'은 그룹명성이다. 과거 한국기업은 제품명성은 물론이고 기업명성조차도 그리 중요하지 않고 대부분 그룹명성에 의존해 왔다. 예를 들어 삼성전자나 LG전자는 삼성그룹과 LG그룹의 한 계열사로서 기업명성은 그다지 중요하지 않았고 삼성TV, LG냉장고와 같은 제품명성 또한 삼성그룹과 LG그룹이 제공하는 TV와 냉장고란 점이 중요했지 제품명성 자체는 그리 중요하지 않았던 것이다. 하지만 2000년대로 들어오면서부터 기업명성과 제품명성의 중요성이 커지고 이에 따라 한국기업들도 그룹명성 외 기업명성 및 제품명성의 구축에도 많은 노력을 기울이고 있다.

그룹명성을 기업명성으로, 또는 기업명성을 제품명성으로 사용할 때 문제점은 무엇일까? 1933년 8월 설립된 '조선맥주㈜'는 '크라운맥주'를 생산하다 1993년 '하이트'를 출시하여 대대적인 성공을 거두고 마침내 1996년 당시 부동의 1위였던 OB맥주를 누르고 국내 맥주업계 1위로 등극하였다. 이어 1998년 당시 높은 명성을 가지고 있던 제품인 '하이트'란 제품명성을 차용하여 사명을 '조선맥주㈜'에서 '하이트맥주㈜'로 변경하였다.

사명을 변경한 후 '하이트맥주㈜'는 2006년 '하이트' 외에 보리맥주인 '맥스'를 출시하였다. '하이트' 외에 '맥스'라는 맥주도 취급하는 기업의 이름으로 '하이트맥주㈜'를 사용하는 것은 다소 어색해 보인다. 뿐만 아니라 '하이트맥주㈜'는 2005년 '㈜진로'를 합병한 후 맥주와 소주를 함께 판매하였다. 맥주만이 아니라 소주도 함께 생산 및 판매하는 기업명으로 '하이트맥주㈜'는 역시 바람직한 것 같지 않다. 이에 2011년 9월에는 하이트맥주㈜와 ㈜진로의 합병법인으로 '하이트진로㈜'로 사명을 변경하였고 2012년 3월에는 지주회사인 하이트홀딩스 역시 하이트진로홀딩스로 변경하였다.

하지만 여전히 하이트가 아닌 맥주, 그리고 맥주나 소주가 아닌 복분자, 와인 등 다른 주류나 음료를 판매하는 기업명으로는 여전히 한계가 있는 것으로 보인다. 즉, 하이트진로㈜라는 기업명성은 하이트 맥주나 진로소주 외 현재 생산하고 있는 다른 제품을 취급하는 데 문제가 있을 뿐 아니라, 향후 새로운 사업진출에 있어서도 상당한 제한을 가할 수 있다.

금호타이어, 금호건설, 금호고속, 아시아나항공 등의 계열사를 보유하고 있던 금호그룹은 2004년 그룹명칭을 계열사 중 가장 대중적인 이미지가 좋았던 아시아나항공의 기업명성을 추가한 '금호아시아나그룹'으로 변경하였다. ▌2021년 아시아나항공의 매각이 완료되어 그룹에서 완전 분리되었을 때 그룹명은 어떻게 할 것인가? 아마 또 다시 그룹명을 변경해야 할지도 모른다.

명성 외 또 하나 중요한 무형자원은 기술인데 이 또한 재무제표를 통해 가치를 파악하기 어렵다. 특허권, 저작권, 상표권과 같은 지적재산권은 기술 및 예술적 자원에 대해 법률이 인정한 소유권이다. 지난 20여 년간 이런 지적소유권의 가치에 대한 관심은 지속적으로 커지고 있다. 실제로 퀄컴(Qualcomm) 시장가치에 가장 큰 공헌을 하는 것은 CDMA 등 디지털 무선통신기술과 관련된 특허권이다.

인적자원(human resources)이란 인간이 그들의 노동뿐 아니라 기능, 지식, 사고하고 의사 결정하는 능력 등의 형태로 기업에 제공하는 생산적인 서비스이다. 인간이란 소유가 불가능하기 때문에 인적자원은 재무제표 상에 표기될 수 없는 자원이다.

기업들은 재무제표상에 표기될 수 없는 구성원들의 능력과 잠재력을 평가할 수 있는 보다 효과적인 방법을 끊임없이 찾고 있다. 능력모형(competency modeling)은 특정 직무에서의 고성과자들이 가진 일련의 기능, 지식, 태도, 가치 등을 파악해서 이를 기반으로 구성원들을 평가하는 것이다. 이러한 능력모형의 핵심은 기술적이고 전문적인 능력뿐 아니라 심리적이고 사회적인 적성까지 파악하는 것이다.

실제로 조직 구성원들이 힘을 합쳐 조화롭게 노력하고 그들 하나하나의 기능을 통합하게 해주는 것은 그들의 대인관계 능력뿐 아니라 조직 분위기(organizational context)이다. 이러한 조직 분위기는 또 하나의 핵심 무형자원인 조직문화에 의해 결정된다. 일반적으로 조직문화란 그 조직의 구성원들이 공유하는 가치, 관례, 그리고 사회적 규범으로 정의된다.

지금까지 논의한 기업의 자원들에 대한 특성 및 평가지표를 요약하면 다음과 같다[11](표 5.1 참조).

〈표 5.1〉 **자원의 특성 및 평가지표**

자원		특성	평가지표
유형 자원	물질적 자원	생산가능 범위를 제한하고 비용상의 우열에 영향을 미침 • 공장 및 설비의 규모, 위치, 기술적 수준, 유연성 • 원자재	• 고정자산의 시장가치 • 자본설비의 사용기간 • 공장의 규모 • 고정자산의 유연성
	재무적 자원	기업의 차입능력과 내부 자금 창출능력은 투자의 탄력성 및 역량을 결정함.	• 부채비율 • Cash flow • 신용등급

11 Grant, R. M. 2018. *Contemporary strategy analysis*(10th Edition). Wiley.

자원		특성	평가지표
무형자원	기술	• 지적소유권: 특허권, 저작권, 상표권 • 혁신을 위한 자원: 연구소, 기술 및 과학 인력	• 특허권의 수(數) 및 중요도 • 특허 및 저작권 라이선싱 매출 • 전체 종업원 대비 R&D 인력 비율 • 연구소의 수(數) 및 위치
	평판	• 브랜드와 상표권을 소유함으로써 획득한 고객으로부터의 평판 • 고객과의 확립된 관계 • 품질과 신뢰성에 관한 제품의 평판 • 여러 자원공급자, 정부, 그리고 사회로부터의 기업평판	• 브랜드 인지도 • 브랜드 equity • 재구매 비율 • 공신력 있는 기관의 제품성능에 관한 객관적 평가 • 기업평판 설문조사
인적자원		• 구성원의 교육, 연수 경험은 기업이 활용할 수 있는 기능을 결정 • 구성원의 적응력은 그 기업의 전략적 유연성에 영향 • 구성원의 사회적 및 협력적 능력은 그 기업이 인적자원을 조직 능력으로 변화시키는 능력을 결정 • 구성원의 몰입 및 충성심은 그 기업이 경쟁우위를 획득하고 유지하게 함.	• 산업평균대비 보상수준 • 파업 및 분규로 인한 휴업일수 • 결근율 • 이직률

자료: Grant(2018).

능력은 무엇이며 어떻게 분석하는가?

'조직 능력(organizational capabilities)' 또는 '능력(capabilities)'은 특정의 활동을 수행하는 기업의 역량으로서 이는 여러 자원들이 조화롭게 결합하여 함께 작동함으로써 형성된다. 예를 들어, 어떤 기업이 뛰어난 R&D능력, 즉 R&D라는 특정의 활동을 아주 훌륭하게 수행하는 역량을 가지고 있다고 하자. ▌그럼 이런 역량은 어떻게 형성되는가? 우수한 R&D인력과 협업적인 기업문화라는 인적자원, 쾌적한 연구소와 최첨단의 연구기자재라는 물질적 자원, 연구원들의 학회활동 및 연구과제를 지원하기 위한 풍부한 예산이라는 재무적 자원 등의 여러 자원들이 조화롭게 결합하여 작동함으로써 형성되는 것이다. 그럼 이러한 능력을 어떻게 분석할 것인가를 살펴보자.

▌▌우리가 특정기업의 능력을 분석한다면 구체적으로 어떤 능력들을 분석해야 하는가? 막상 우리가 능력을 분석한다고 하면 어떤 능력들을 분석해야 할 지 매우 혼란스러울 것이다. ▌이런 혼란을 줄이고 체계적으로 정리를 가능하게 하는 것이 분석틀(framework)이라면 능력분석을 위한 분석틀에는 어떤 것들이 있는가?

기능분석(functional analysis)은 기업의 주요 기능영역 목록을 작성하여 하나하나의 기능에 필요한 능력을 나열하여 분석하는 것이다. 이보다 좀 더 체계적이고 이론적인 분석틀은 포터 교수가 제안한 가치사슬분석(value chain analysis)이다(그림 5.15 참조).[12] 포터 교수는 기업이란 그 기업 제품을 디자인, 생산, 출시 및 배달하고 이러한 활동들을 지원하기 위해 수행하는 일련의 가치창출활동들의 집합체라 주장하며 가치사슬(value chain)이라는 분석틀을 제시하였다. [그림 5.15]의 가치사슬은 총가치(total value)를 보여주는데 이는 수익(margin)과 가치활동(value activities)으로 구성되어 있다.

가치활동은 크게 '주 활동(primary activities)'과 '지원활동(support activities)'이라는 두 가지 활동으로 분류된다. 주 활동은 제품의 실체적 창

12 Porter, M. E. 1984. *Competitive advantage*. New York: Free Press.

[그림 5.15] **포터 교수의 일반적 가치사슬(generic value chain)**

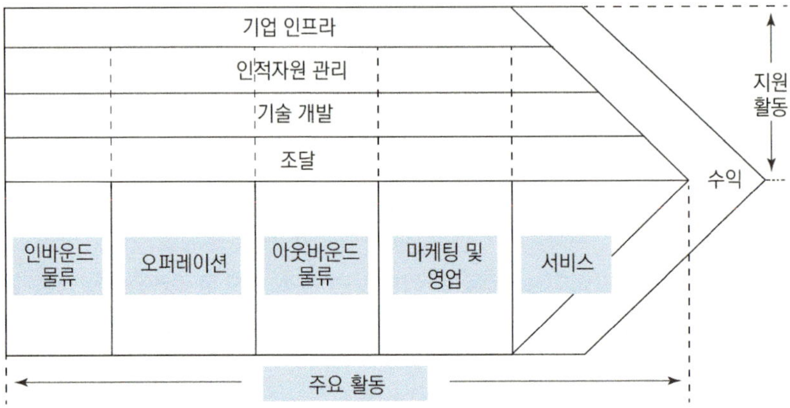

출, 판매 및 고객에의 전달, 그리고 애프터서비스 지원 등으로 이루어져 있는데 이런 주 활동은 인바운드 물류(inbound logistics), 오퍼레이션(operations), 아웃바운드 물류(outbound logistics), 마케팅 및 영업(marketing and sales), 그리고 서비스(service)라는 5개의 일반적인 활동(generic activities)으로 분류할 수 있다.

지원활동은 투입재 구매, 기술개발, 인적자원관리, 그리고 다양한 전사적 기능을 제공함으로써, 주요 활동과 지원 활동 서로를 지원한다. [그림 5.15]의 점선이 의미하는 것은 지원 활동이란 전체 사슬뿐 아니라 주요 활동 각각과도 관련이 있다는 점을 보여준다.

이러한 가치사슬 분석틀은 기업을 먼저 일반적 가치활동으로 크게 나누고 이를 다시 보다 낮은 수준의 세부 활동으로 나누어 분석하는 것을 가능하게 해 준다. 예를 들어, '아웃바운드 물류'라는 일반적 가치활동은 다시 창고보관, 재고관리, 포장과 분배 등 보다 세부적인 활동으로 나누어 분석할 수 있는 것이다.

그렇다면 능력은 자원과 어떤 관계에 있으며 차이는 무엇인가?

예를 들어 생각해보자. 암 치료에 뛰어난 능력을 가진 병원이 있다. 뛰어난 암 치료능력으로 인해 현재 이 병원에는 암으로 고생하는 많은 환자들이 모여들고 있다. **그렇다면 이 병원의 뛰어난 암 치료능력은 어떻게 형성되었나? 보다 구체적으로, 이처럼 암 치료능력이 뛰어나려면 어떤 하위능력들(sub-capabilities)이 필요할까?**

[그림 5.16]을 보자. 우선, 암 치료를 제대로 하기 위해서는 환자가 어떤 암에 걸렸고 현재 이 암이 어느 정도 진행되었는지 등을 제대로 파악할 수 있는 우수한 진단능력이 필요하다. 그리고 수술이 필요하다면 암을 제거하기 위한 수술능력 또한 매우 중요하다. 뿐만 아니라 수술 전후 환자를 잘 돌보고 관리하는 능력도 반드시 갖추어야 한다. 그리고 이러한 활동들을 원활하게 지원하는 행정능력 또한 필수적으로

[그림 5.16] 암 치료능력의 서열

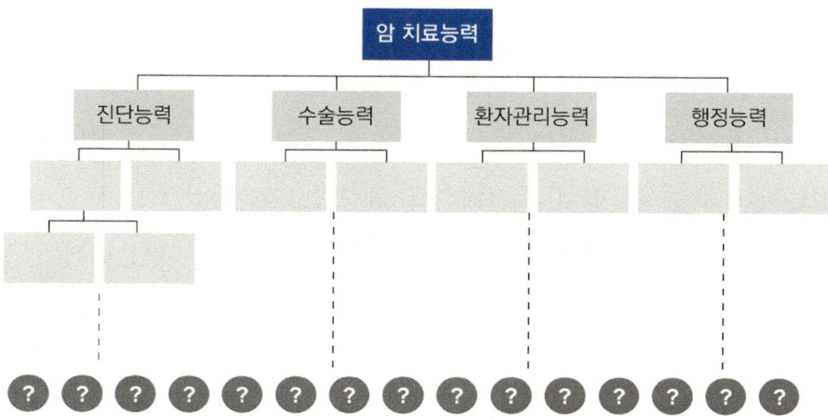

요구된다. 즉, 뛰어난 암 치료능력을 갖기 위해서는 탁월한 진단능력, 수술능력, 환자관리능력, 행정능력 등 여러 가지 하위능력들이 갖추어져야 하는 것이다.

▌그렇다면 진단능력, 수술능력, 환자관리능력, 행정능력 등의 하위능력을 제대로 수행하려면 어떤 차하위 능력들이 있어야 하나? 즉, 진단능력을 위해서는 어떤 하위능력들이, 수술능력을 위해서는 어떤 하위능력들이, 환자관리능력을 위해서는 어떤 하위능력들이, 그리고 행정능력을 위해서는 어떠한 하위능력들이 필요한가? 이들 각각의 하위능력은 여러 가지 차하위능력들의 집합에 의해 형성될 것이다.

▌이런 방식으로 '암 치료능력'의 하부능력들로 구성된 서열 또는 계층을 쭉 내려가면 이 서열의 가장 아래 위치한 것들은 무엇일까? 즉, [그림 5.16]에서 맨 아래 '?'에는 무엇이 있을까? 우수한 의사, 친절한 간호원, 능숙한 행정직원, 최첨단의 진단 및 수술 기구와 장비, 청결한 병동, 위생적인 음식 등의 자원들이 쭉 포진해 있을 것이다.

일반적으로 자원과 능력 간의 관계는 [그림 5.17]의 계층구조로 생각할 수 있다. 자원과 능력의 계층구조에서 계층상 가장 아래에 위치한 것은 유형자원, 무형자원, 인적자원 등의 여러 자원들이다. 그랜트(Grant) 교수[13]는 이를 '개인특화지식(individuals' specialized knowledge)'으로 설명하고 있으나 자원으로 보는 것이 자원과 능력의 관계를 보다 명확히 이해할 수 있고 논리적이라 판단된다.

그리고 이런 자원들의 결합에 의해 개개인의 과업관련능력이 형성되고 이러한 개개인의 과업관련능력들의 절묘한 결합을 통해 제조, 자

---

13 Grant, R. M. 2018. *Contemporary strategy analysis*(10th Edition). Wiley.

[그림 5.17] 자원과 능력의 계층구조

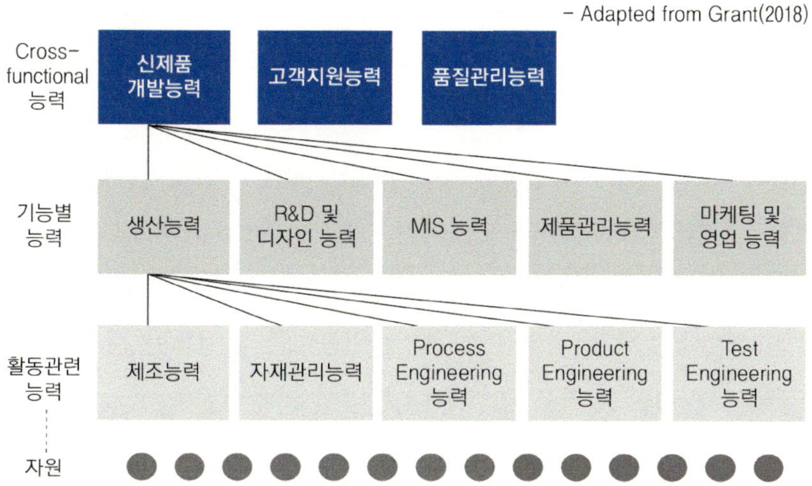

재관리능력 등 보다 상위의 활동관련능력들이 구축된다. 이러한 활동관련능력들의 결합을 통해 생산능력, R&D 및 디자인능력 등 보다 상위의 능력인 기능별 능력이 형성된다. 또한 이러한 기능별 능력들의 결합은 신제품개발능력과 같은 보다 광범위한, 높은 수준의 능력을 가능하게 한다.

요약하면 자원과 능력의 계층구조 상 가장 아래에 위치한 것이 자원이고, 이들 자원들의 결합을 통해 가장 낮은 수준의 능력이 형성되고 이러한 하위능력(sub-capabilities)의 결합을 통해 보다 상위의 능력들이 구축된다. 따라서 자원 및 능력의 계층구조에서 상위로 올라갈수록, 즉 보다 높은 수준의 능력이면 능력일수록, 보다 많은 자원들과 보다 많은 하위능력들의 복잡하고 절묘한 결합으로 이루어져 있다.

자원 및 하위능력들의 결합은 어떻게 이루어지는가?

하나의 능력이 여러 가지 자원 및 하위능력들의 결합에 의해 형성된다면 이러한 결합은 어떻게 이루어지는가? 기업에서 일어나는 대부분의 활동은 뚜렷한 지시나 의사소통 없이도 구성원들의 일련의 행동에 의해 아주 조화롭고 자연스럽게 수행된다. '조직루틴(organizational routines)'이란 조직 구성원의 조화로운 활동의 규칙적이고 예측 가능한 패턴이다.[14] 따라서 능력은 여러 자원 및 하위능력들의 절묘한 결합에 의해 형성되고 이러한 결합은 조직루틴에 의해 이루어진다.

그렇다면 이런 조직루틴은 어떻게 형성되는가? 기업의 조직구조(organizational structure), 통제시스템(control systems), 그리고 각종 과정(processes)은 의사결정이 어디서 어떻게 이루어져야 하는지, 각 구성원은 어떻게 교류하고 조화롭게 협업해야 하는지, 기업이 원하고 보상하는 행동에는 어떤 것들이 있는지 등을 명확히 하고 있다. 이러한 조직구조, 시스템 그리고 과정들이 오랜 기간 기업 내에서 지속적으로 실행되면, 이에 따른 조직 구성원들의 행동방식은 관례화, 일상화되고 조직루틴이 되어 더 이상 명시적인 지시나 통제 없이도 조직 구성원들은 관례에 따라 행동하게 된다. 즉, 조직루틴은 조직구조, 시스템, 각종 과정 등이 조직 내 오랜 기간 지속되어, 일상화되고 관례화됨으로써 이루어지는 것이다.

따라서 조직 능력, 조직루틴, 그리고 조직디자인과의 관계는 다음과

14 Nelson, R. R. & Winter, S. G. 1982. *An evolutionary theory of economic change*. Cambridge, MA: Belknap.

[그림 5.18] 조직 능력, 조직루틴, 그리고 조직디자인

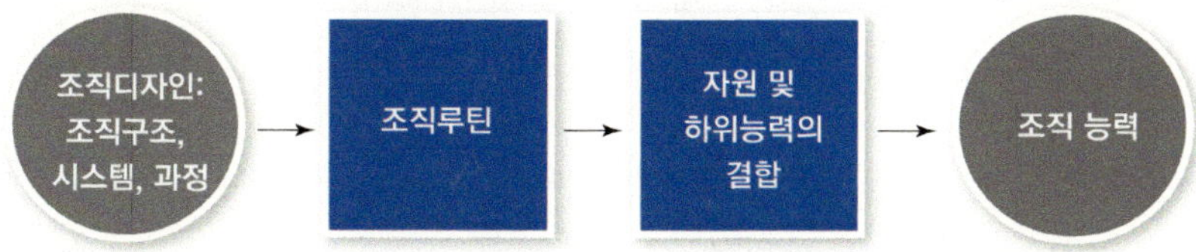

같이 요약할 수 있다(그림 5.18 참조). 조직의 능력은 이를 구성하는 여러 자원 및 하위능력의 결합으로 형성된다. 그리고 이러한 결합은 조직루틴에 의해 이루어지고, 이러한 조직루틴은 조직구조, 시스템, 그리고 각종 과정 등 조직디자인이 오랜 기간 지속됨으로써 형성된다.

조직루틴의 결과물로서 조직 능력은 개인 수준에서 보면 수영, 골프, 운전 등과 같은 기능(skills)과 유사하다. 우리가 오랜 연습을 거쳐 수영하는 법을 몸으로 익히게 되면 그 이후로 우리는 수영하는 구체적인 방법을 생각할 필요 없이 반자동적으로 수영이라는 기능을 수행 할 수 있게 된다. 마찬가지로 조직 능력 또한 조직루틴이라는 기업수준의 묵시적 지식(tacit knowledge)에 내재되어 있는 것으로서 어떠한 지시나 의사소통 없이, 습관적이고 관습적으로 행해지는 것이다. 따라서 조직 능력은 조직 구성원 누구도 조직 능력의 결과만 알 뿐 그 능력의 원인과 방법에 대해 명시적으로 알지 못한다는 것으로서 인과관계의 모호성(casual ambiguity)이 높다.

조직 능력은 특정의 활동을 아무런 의심이나 의사결정 없이 거의 자동적으로 수행되는 것으로서, 이는 조직의 효율성을 높인다. 하지만 동시에 조직 능력은 예외적인 상황이 발생하게 되면 이에 대한 대처를 아주 어렵게 만든다. 즉, 특정활동에 대한 조직 능력이 뛰어나면 뛰어

날수록 그 활동의 효율성(efficiency)은 높아지나, 대신 그 활동에 있어서의 유연성(flexibility)은 떨어지게 됨으로써 효율성과 유연성 간 상충관계(tradeoff)가 발생하게 된다. 뿐만 아니라 급격한 환경변화에 따라 기업의 전면적인 변신(corporate transformation)이 필요할 경우 조직 능력이 뛰어난 기업은 새로운 루틴을 형성해야 할 뿐 아니라 오랜 기간 고착되어온 기존의 강력한 조직루틴을 폐기해야 하기 때문에, 조직 능력이 강하지 않아 폐기해야 할 기존 루틴이 약한 기업이나 신생기업에 비해 기업 변신이 어렵게 된다.

지속적 경쟁우위의 원천으로서 핵심 R&C는 어떤 조건을 충족해야 하는가?

R&C가 기업의 지속적인 경쟁우위(sustainable competitive advantages)의 원천인 핵심 R&C가 되기 위해서는 두 가지 조건이 충족되어야 한다. 하나는 해당 자원 또는 능력이 '가치 있는(valuable)' 것이어야 한다. 즉, 해당 자원 또는 능력으로 인해 기업이 그들 제품의 가치를 더욱 높일 수 있거나, 동일한 가치를 가진 제품을 보다 적은 비용으로 제공할 수 있어야 한다. 애플의 OS기술은 아이폰의 사용자 편의성을 높여 타 스마트폰에 비해 아이폰의 가치를 높여준다는 점에서 애플의 OS기술은 가치있는 자원이다. 캐주얼웨어 사업을 보자. 이 사업을 영위하는 데 필요한 R&C에는 디자인능력, 마케팅 능력, 유통망 등도 있지만 종업원의 유니폼, 사무용품 등도 필요하다. 하지만 전자의 R&C는 최종 제품의 가치에 많은 영향을 주지만 후자의 R&C는 그렇지 못하다. 따라

서 후자의 R&C는 필요하지만 그리 가치가 높지 않은 R&C로서 우리는 이러한 R&C는 핵심적인 R&C라 하지 않는다.

R&C가 지속적인 경쟁우위의 원천이 되기 위한 또 하나의 조건은 해당 자원 또는 능력이 가치 있을 뿐 아니라 타 기업에 의한 '모방이 어려워야 한다(non-imitable)'는 것이다. '닷컴 버블(dot-com bubble or dot-com boom)' 시기였던 1990년대 말을 보자. 인터넷이 발달하면서 기업들은 기업 또는 그들 제품을 알리기 위한 강력한 수단으로 홈페이지를 앞다투어 구축하였다. 이들 기업 홈페이지는 그 기업과 제품을 일반 대중들에게 널리 알림으로써 이들의 가치를 높이는 매우 가치있는 자원이다.

▌이 경우 기업의 홈페이지를 지속적인 경쟁우위의 원천인 핵심 R&C라 부를 수 있을까? 홈페이지란 자원이 가치있는 자원이라 이를 처음 구축한 기업들의 기업 및 제품 가치가 그렇지 않은 기업보다 높을 수 있다. 하지만 우리는 홈페이지와 같은 자원을 지속적인 경쟁우위의 원천인 핵심 자원이라 부르지 않는다. 만약 특정기업의 홈페이지가 기업이나 제품의 가치를 높이는 것이 사실이면 다른 기업들도 이와 같은 홈페이지를 쉽게 구축할 수 있고 따라서 다른 기업 또는 제품의 가치 또한 상승하여 특정기업의 홈페이지는 더 이상 타 경쟁기업 대비 경쟁력의 우위를 가져올 수 없기 때문이다. 즉, 홈페이지라는 자원은 모방가능한, 따라서 지속적으로 경쟁사 대비 경쟁력 우위를 가져줄 수 있는 원천이 아니기 때문에 우리는 이를 핵심 자원이라 부르지 않는 것이다.

따라서 홈페이지와 같이 가치는 있으나 모방이 가능한 자원 또는 능력은 기업이 경쟁에 참여하기 위한 최소한의 요구조건이지 이를 통해 경쟁사 대비 우위를 갖게 해 주는 경쟁우위의 원천, 즉 핵심 자원이나 능력은 아닌 것이다.

지속적 경쟁우위의 원천이 되는 핵심 R&C가 되기 위해서는 가치가 있고 동시에 모방이 어려워야 한다. 특정 R&C가 얼마나 가치가 있느냐 없느냐를 판단하는 것은 현실적으로 그리 어렵지 않다. 하지만 특정 R&C가 얼마나 모방이 어려운가 여부는 개념 상 명확히 할 필요가 있다. 따라서 여기서는 R&C의 모방 가능성에 관해서만 논의해 보도록 하자.

모방이 어려워 지속적인 경쟁우위의 원천이 될 수 있는 R&C는 어떤 것인가?

가치가 있는 R&C 중에, 모방도 어려워 지속적인 경쟁우위의 원천이 되는 핵심 R&C는 어떤 것인가? 궁극적으로 거의 모든 R&C는 경쟁사에 의한 모방 또는 구축이 가능하다. 따라서 모방 가능성은 특정 R&C를 구축하는 데 얼마나 많은 시간이 걸리느냐라는 시간의 문제이다. 즉, 경쟁사가 구축하기에 시간이 많이 걸리면 걸릴수록, 기업은 강력한 시장에서의 입지 및 고객으로부터의 명성을 구축할 기회가 많아지고 이는 경쟁사가 따라오기 어렵게 만든다. 뿐만 아니라 모방에 시간이 많이 걸리면 걸릴수록 기업은 기존의 R&C를 더욱 강화시키거나 추가적인 R&C를 구축함으로써 경쟁자로 하여금 끊임없는 추격전(endless game of catch-up)을 하게 만들 수 있다. '모방장벽(barriers to imitation)'이란 경쟁사가 기업의 R&C를 모방하는 것을 어렵게 하는 요소로서 모방의 속도와 시간을 결정하는, 그래서 기업의 경쟁우위에 영향을 미치는 주요 요인이다.[15]

▌우선 유형자원 중 물질적 자원(physical resources)의 모방가능성은 어떤가? 여러 R&C 중 아마 가장 경쟁사가 모방하기 쉬운 것이 바로 토지, 건물, 공장, 설비와 같은 물질적 자원일 것이다. 이런 자원들은 경쟁사 눈에 쉽게 띌 뿐만 아니라 대부분 외부 시장에서 구입이 가능하기 때문이다.

포드자동차는 1913년 세계에서 처음으로 컨베이어 벨트 조립라인(conveyer belt assembly line)을 구축하여 섀시 조립시간을 기존 12시간 30분에서 무려 1시간 33분으로 줄임으로써 생산 효율성 향상에 엄청난 혁신을 가져왔다. 따라서 포드의 혁신적인 생산라인은 매우 가치있는 자원이었다. ▌하지만 얼마나 모방이 어려웠나? 얼마 지나지 않아 제너럴 모터스(General Motors)는 유사한 생산라인을 구축하였고 이에 포드의 경쟁우위는 바로 소멸되었다.

뿐만 아니라, 이들 물질적 자원의 가치는 시간이 지날수록 떨어지고, 모방하는 기업이 새로이 구축하는 물질적 자원은 더욱 가치가 높은 자원일 가능성이 높다는 점에서 이러한 물질적 자원의 핵심 R&C로서의 중요성은 그리 높지 않다.

포스코(POSCO)는 노후화된 생산설비를 가진 기존 철강업체와는 달리 지속적인 증산에 따라 보다 효율적인 최첨단 생산설비의 구축으로 기존 철강업체 대비 뛰어난 경쟁력을 보여주었다. 기존 철강업체의 경쟁력을 따라잡은 포스코의 최첨단 생산설비에 의한 경쟁우위 또한 새로운 생산설비를 갖춘 경쟁업체가 등장하면 쉽게 사라질 수 있다.

---

15 Reed, R. & DeFillippi, R. J. 1990. Causal ambiguity, barriers to imitation, and sustainable competitive advantage. *Academy of Management Review* (15): 88-102.

▌또 하나의 유형자원인 재무적 자원(financial resources)의 모방 가능성은 어떤가? 재무적 자원의 모방가능성은 크게 다음의 두 가지 질문을 통해 판단이 가능하다. 첫째, 양질의, 그리고 풍부한 재무적 자원이 충분히 축적이 되어 있거나, 그러한 재무적 자원에의 접근이 가능한가? 둘째, 필요로 하는 경제주체에게 재무적 자원을 효율적으로 배분할 수 있는 금융시장은 얼마나 발달되어 있는가? 이 두 가지 조건이 모두 충족되면 재무적 자원 그 자체는 다른 조건이 같다면 금융시장(financial markets)에서 충분히 구입이 가능한 모방이 쉬운 자원이 된다. 하지만 두 가지 조건 중 하나라도 충족이 되지 않으면 재무적 자원은 제한된 소수의 기업에게만 선택적으로 주어질 수밖에 없는 모방이 어려운 자원이 된다.

따라서 금융시장이 효율적으로 발달한 대부분의 선진 경제에서 재무적 자원은 모방 가능한 자원으로서 지속적 경쟁우위의 원천이 되기 힘들다. 이런 경제에서는 성장 잠재력만 있어도 전통적인 금융시장뿐 아니라 벤처캐피털, 사모펀드, 엔젤 투자자 등으로부터 충분한 재무적 자원의 공급이 가능하다.

하지만 과거 한국경제를 보면 자본을 비롯한 양질의 재무적 자원이 충분히 축적되어 있지 않았을 뿐 아니라 이를 효율적으로 분배할 수 있는 금융시장도 제대로 발달되어 있지 않았다. 자본시장은 거의 존재가 미미하였고 유일한 정식 금융시장으로 은행권이 있었으나 이 또한 대부분 정부에 의해 소유 및 통제되어 매우 비효율적으로 운영되고 있었다. 이런 상황에서 재무적 자원은 몇몇 기업만이 가질 수 있는 모방이 어려운 핵심 자원이 된다.[16]

▌무형자원인 명성(reputation)과 기술(technology)의 모방가능성은 어떤

가? 일반적으로 무형자원은 유형자원에 비해 모방이 어려워 핵심 R&C로서의 중요성은 유형자원보다 높다.

먼저 명성의 모방가능성을 보자. 명성은 구축하는데 많은 시간과 노력을 요구한다. 따라서 명성은 모방이 어려운 자원으로서 매우 중요한 핵심 자원이다. 하지만 ▍"우리 기업은 현재 뛰어난 명성을 가지고 있고 이는 모방이 어려워 우리는 이로 인한 경쟁우위를 지속적으로 누릴 수 있다"고 주장한다면 이 주장의 문제점은 무엇인가?

명성은 경쟁사가 모방하기 어려운 자원이긴 하지만 뛰어난 명성을 가지고 있는 기업은 반드시 지속적인 경쟁우위를 누릴 수 있다고 단정하기는 어렵다. 이유는 명성이란 구축과정(reputation-building process)과 파괴되는 과정(reputation-destroying process)이 전혀 다르기 때문이다. 명성의 구축과정은 매우 점진적이고 오랜 시간을 요구하는 반면, 파괴과정은 단 하나의 이벤트(one single event)로 종결된다. 즉, 명성은 단 하나의 사건으로도 순식간에 사라질 수 있는 것이다. 따라서 아무리 뛰어난 명성을 가진 기업이라 할지라도 이에 의한 경쟁우위를 지속하기 위해서는 끊임없이 이러한 명성을 유지 및 관리하는 노력이 요구된다.

▍또 하나의 대표적 무형자원인 기술(technology)은 모방이 어려운가? 한마디로, 자원으로서의 기술 그 자체는 상대적으로 모방이 그리 어렵지 않은 것으로서, 핵심적인 자원이 되기 어렵다. 아무리 복잡하고, 최첨단인 기술이라도 설계도면을 보거나 이들 기술을 보유하고 있는 기술자를 영입하면 얼마든지 모방이 가능하기 때문이다.

---

16 Park, C. 2007. Radical environmental changes and corporate transformation: Korean firms. *LRP: Long Range Planning*, August/October. 40(4-5): 419-430.

모방 가능성이 높은 이러한 기술을 현실적으로 모방하기 어렵게 만드는 것은 바로 특허제도(patent system)이다. 특허란 특정 기술을 발명한 자에게 20년간 해당 기술에 대한 배타적인 권리를 주는 것이다. 하지만 하위기술인 경우 대부분 특허가 만료되었거나 특허기간이 남아 있더라도 라이선스를 통해 기술시장(technology market)에서 얼마든지 구입이 가능하다. 따라서 모방이 어려운 기술은 특허에 의해 보호되고 있을 뿐 아니라 라이선스를 통한 구입도 불가능한 최첨단의 기술이다.

하지만 한 연구에 의하면 특허에 의해 보호된 기술조차도 4년이 지나면 그 기술의 60% 정도는 그 특허를 피한 유사 기술에 의해 모방되고 있다고 한다.[17] 따라서 자원으로서의 기술 자체는 핵심 자원으로서의 역할이 의외로 제한적이라고 할 수 있다.

우리는 "기업경쟁력의 원천은 기술이다"라는 주장을 자주 들어왔고 이 주장은 충분한 설득력이 있다고 믿고 있다. 기술의 모방가능성에 대한 지금까지 우리의 논의는 이러한 믿음과 상충하고 있다. ▌그렇다면 기술과 관련해 모방이 어려운, 그래서 지속적 경쟁우위의 원천이 되는 것은 무엇일까? 곧 상세히 논의하겠지만 이는 고립된 개별 자원으로서의 기술이 아니라, 보다 뛰어난 새로운 기술을 끊임없이 개발하는 능력일 것이다.

▌▌인적자원(human resources)의 모방 가능성은 어떤가? 인적자원의 모방가능성은 재무적 자원의 모방 가능성과 유사한 방식으로 판단할 수 있다. 즉, 1) 양질의, 풍부한 인적자원이 충분히 축적되어 있거나, 그러

17 Mansfield, E. 1981. How economists see R&D? *Harvard Business Review* (November- December): 98-106.

한 인적자원에의 접근이 가능한가? 그리고 2) 그러한 인적자원을 필요로 하는 경제주체에게 효율적으로 분배할 수 있는 노동시장은 얼마나 발달되어 있는가? 위 두 가지 조건이 충족되면 인적 자원이란 외부 노동시장에서 구입이 가능한, 따라서 모방이 쉬운 자원이고, 그 중 한 가지라도 충족되지 않으면 제한된 기업들만 누릴 수 있는 핵심 자원이 된다. 노동시장이 효율적으로 발달되어 있는 서구 선진국에서는 조직 구성원이 제공하는 전문지식 및 노력에 해당하는 인적자원 자체는 외부 시장에서 구입 가능한, 따라서 모방이 가능하여 핵심적인 자원이 아니다.

하지만 구성원들이 그들의 노력을 조율하고 각자의 기능들을 통합하는 능력은 구성원 각자의 대인관계 능력뿐 아니라 조직문화라는 또 하나의 무형자원에 의해 상당히 영향을 받는다. 따라서 인적자원 그 자체는 모방이 쉬울 수 있으나 그 인적자원이 조직에 몰입할 수 있는 분위기를 만들어주는 조직문화는 모방이 매우 어렵다.

요약하면, 지속적인 경쟁우위의 원천으로서 자원의 모방가능성을 보면 물질적 자원 및 재무적 자원 등 유형 자원은 비교적 모방이 용이하여 핵심적 자원이 되기 어렵다. 기술과 명성과 같은 무형 자원은 유형 자원에 비해 모방이 어렵다. 하지만 기술의 경우 특허에 보호된 최첨단의 기술은 모방이 어려우나 이 또한 상당부분은 특허를 피해 유사 또는 모방 기술이 가능하다는 점에서 핵심 자원으로서의 역할은 여전히 제한적이다. 명성은 가장 모방이 어려운, 그래서 지속적인 경쟁우위의 원천으로 중요한 자원이나 이 또한 끊임없는 유지 및 관리가 필요하다는 점에서 역시 한계가 있다. 인적자원의 경우 전문지식이나 노력과 같은 인적자원 자체는 모방이 가능할지 몰라도 각 구성원이 조직에 더욱 몰입할 수 있는 분위기에 지대한 영향을 미치는 조직문화는 모방이 매우 어려운, 핵심적인 자원이다. 따라서 조직문화를 제외한 개별 자원(isolated resource) 하나하나는 모방가능성이 비교적 높아 기업의 지속적 경쟁우위의 원천으로서 한계가 있다.

■ 그렇다면 가장 모방이 어려워 기업의 지속적인 경쟁우위의 원천이 될 수 있는 R&C는 무엇일까? 이는 여러 개별 자원과 여러 하위능력들의 복잡하고 절묘한 결합에 의해 형성되는 "**능력(capabilities)**"일 것이다. 앞서 우리는 조직 능력을 특정의 활동을 수행하는 기업의 역량으로서 이는 여러 자원들이 조화롭게 결합하여 함께 작동함으로써 형성된다고 하였다. 그리고 자원과 능력의 계층구조에서 높은 수준의 능력이면 능력일수록, 매우 많은 자원들과 그들 자원들의 결합으로 이루어진 여러 하위능력들의 복잡하고 절묘한 결합으로 이루어진다는 사실을 보았다.

조금 전 기술의 모방 가능성에 대해 제시했던 질문을 생각해 보자. 개별 자원(isolated resource)으로서의 기술은 특허에 의해 보호된 최첨단의 기술조차 상당 부분 모방이 되고 있다. ■ 그렇다면 기술과 관련해 모방이 어려운, 그래서 기업의 지속적인 경쟁우위의 원천이 되는 것은 무엇일까? 기술과 관련해 기업의 지속적인 경쟁우위의 원천이 되는 것은 개별 자원으로서의 기술이 아니라, 끊임없이 뛰어난 새로운 기술을 개발할 수 있는 능력, 즉 '신기술 개발 능력'이 그 중 하나일 것이다. ■ '신기술 개발'이라는 활동을 수행하는 기업의 역량으로서 '신기술 개발 능력'은 어떻게 형성되는가? 시장 및 기술 동향을 파악하기 위한 인력 및 시스템, 우수한 연구원, 연구원들 간의 팀워크, 최첨단의 연구장비 및 기자재, 풍부한 예산 등 여러 가지 유·무형자원들이 요구된다. 그리고 이들의 결합을 통해 시장변화 및 기술동향 파악 능력, R&D 능력 등의 하위능력들이 형성되고 이러한 다양한 자원 및 하위능력들의 절묘하고 복잡한 결합에 의해 비로소 '신기술 개발 능력'이라는 하나의 능력이 형성된다.

1989년 서울대학교 제어계측학과 석·박사 출신 7명이 설립한 휴맥스가 성공한 첫 번째 제품은 영상가요 반주기, 즉 노래방 기기였다. 노래방 기기를 통해 확보한 현금과 생산, 마케팅, 유통에 대한 경험을 바탕으로 휴맥스는 디지털 위성방송 수신기, 혹은 디지털 셋톱박스(set top box) 사업을 시작하였다. 디지털 셋톱박스는 일반 TV에서 디지털 방송을 수신할 수 있도록 하는 장치이다. 당시 한국은 아직 디지털 방송서비스를 실시하지 않아 휴맥스는 디지털 셋톱박스를 개발함과 동시에 이미 디지털 방송서비스를 제공하고 있던 유럽시장으로 진출하였다. 처음 유럽으로 진출할 당시 휴맥스의 셋톱박스 제품은 단순 수신기능의 셋톱박스였으나 끊임없는 연구개발을 통해 보다 부가가치가 높은 셋톱박스를 지속적으로 개발하였고 그 결과 2002년 휴맥스는 유럽 셋톱박스 일반 유통시장에서 시장점유율 선두를 달리고 있었다.

한참 유럽에서 성장을 거듭하고 있던 시기에 휴맥스 CEO인 변대규 사장께 질문을 한 적이 있다. "유럽시장에서의 놀라운 성공 비결이 무엇입니까?" 변대규 사장은 간단히 대답하였다. "휴맥스 셋톱박스에 적용된 기술은 그 어느 기업보다 뛰어납니다." 다시 질문을 하였다. "셋톱박스에 적용하는 기술은 대부분 범용 기술로서 어느 기업이나 개발할 수 있는 기술이 아닙니까?" 이 질문에 변대규 사장은 이번엔 조금 길게 대답하였다. "맞습니다. 적용된 기술은 누구나 어렵지 않게 개발할 수 있는 기술입니다. 하지만 우리는 한 기술을 개발해 제품에 적용하고, 어느 정도 시간이 지난 후 다른 기업들이 이 기술을 개발해 쫓아

오면 우리는 이보다 좀 더 발전된 또 다른 기술을 개발해 제품에 적용합니다." 지속적인 경쟁우위의 원천은 개별 기술이 아닌, 보다 뛰어난 개별 기술을 끊임없이 개발할 수 있는 능력이라는 것이다.

능력이란 여러 자원과 하위능력들의 복잡하고 절묘한 결합에 의해 형성되는 것이기에 외부에서 파악하는 것이 불가능하고 심지어 내부에서도 명확히 알아내기 힘들다. 따라서 이는 경쟁사가 모방하기 힘든, 지속적 경쟁우위의 원천이 될 수 있다. 이러한 신기술개발능력의 결과물로서 특정의 신기술은 자원으로서 모방이 가능하다. 하지만 신기술개발능력은 비록 특정의 신기술은 모방이 되더라도 또 다시 보다 뛰어난 새로운 기술 개발을 가능하게 하고 이를 통해 기업은 지속적인 경쟁우위를 달성할 수 있다.

능력이 모방이 어려운 이유는 무엇인가? 능력은 여러 자원 및 하위능력들의 복잡하고 절묘한 결합에 의해 이루어지기 때문에 외부인이 볼 수 없을 뿐 아니라, 내부인조차도 여러 자원들과 하위능력들의 절묘한 결합 전체를 이해하기 어렵다. 따라서 능력은 인과관계의 모호성(causal ambiguity)이 높아 그 결과는 알 수 있으나 그 원인은 알기 어렵다.

흔히 조직 능력은 개인의 기능과 비교되곤 한다. 예를 들어, 세계최고 수영선수의 뛰어난 수영실력을 모방하려면 어떻게 해야 할까? 이를 위해서 우리는 그 선수가 어떻게 물속에서 호흡하는가, 어떤 방식으로 발을 차는가, 팔은 어떤 방식으로 뻗는가 등 수영하기 위한 하위기능들을 분석하고 이들 기능들이 어떻게 서로 연결되는 지를 살펴보고 연구하여 그대로 모방해야 한다. 그리고 이러한 하위기능들을 가능하게 하는 그 선수의 폐활량, 팔과 다리의 길이 및 두께, 몸무게 등을 파악해 이 또한 동일하게 모방해야 한다. 이런 모든 신체조건, 하위기능, 그리고 이들의 결합을 그대로 모방하는 것이 가능할 것인가? 아마 불가능할 것이다.

프로축구 구단들을 보자. ▌뛰어난 선수, 우수한 감독, 최첨단 설비를 갖춘 연습장 등 최고의 인적, 물적 자원만 확보하면 우리는 뛰어난 구단을 만들 수 있을 것인가? 이들 자원들은 대부분 시장에서 구입이 가능한, 그래서 모방이 가능한 자원들이다. 따라서 이러한 자원의 확보만으로 구단의 지속적 경쟁우위는 불가능하다. 실제로 특정 구단의 지속적 경쟁우위는 이러한 개별 자원들의 경쟁력이 아니라 이러한 자원들이 하나의 조합 또는 팀으로써 함께 조화롭게 작동함으로써 달성되는 것이다. 그리고 이런 작동 방식은 명문화되지 않은 묵시적으로 조직에 내재화되어 있는 것이다. 심지어 이러한 뛰어난 능력은 개별 자원의 경쟁력이 높지 않아도 가능하다.

▌2002년 대한민국 축구팀의 월드컵 4강 신화는 개별 선수들이 월드 클래스여서 가능했는가? 그들의 탁월한 팀워크에 의한 것인가? 후자일 가능성이 더 크다.

파악한 기존 핵심 R&C를 활용하고 새로운 R&C를 구축하는 방법은?

▌지금까지의 방법으로 기존 핵심 R&C를 파악했다면 이를 어떻게 활용할 것인가? 그리고 새로이 요구되는 R&C는 어떻게 개발 및 구축할 것인가?

앞서 애플 사례에서 우리는 자원준거론에 입각한 전략수립 과정으로 다음의 세 단계를 제시하였다.

1) 내부 R&C를 분석 및 평가하여 다른 기업보다 뛰어난 R&C를 파악하라.
2) 이렇게 파악된 R&C를 최대한 활용할 수 있는 여러 전략적 대안 중 하나를 선택하라.
3) 선택된 전략에 추가로 요구되는 R&C를 구축하라(그림 5.2 참조).

이에 따르면, 자원준거론에 입각한 전략 수립은 기존 R&C의 최대한 활용(exploitation), 그리고 추가로 요구되는 R&C의 개발(development)이라는 역동적인 과정이다.

1980년대 초 월트 디즈니(The Walt Disney Company)는 수년에 걸쳐 매우 저조한 성과에 어려움을 겪었고 마침내 1984년 마이클 아이스너(Michael Eisner)로 CEO가 교체되었다. 아이스너의 취임 후 4년간 디즈니의 매출은 16억 6천만불에서 37억 5천만불로 2배 이상 증가하였다. 순이익은 9천 8백만불에서 5억 7천만불로, 주가 총액은 18억불에서 103억불로 거의 6배 상승하였다. 디즈니의 이러한 성공적인 변신은 디즈니가 가지고 있던 기존 R&C를 최대한 활용하고, 추구하는 전략의 성공적인 실행을 위해 추가로 요구되는 R&C 구축에도 많은 노력을 기울였기 때문에 가능하였다.

당시 디즈니는 엄청난 분량의 영화를 소장하고 있었을 뿐 아니라 뛰어난 애니메이션영화 제작능력 및 브랜드를 보유하고 있었다. 이에 아이스너는 오래된 디즈니 고전들을 처음엔 영화관에서, 그리고 비디오로 재 출시함으로써 많은 수익을 거둬들였다. 그리고 디즈니의 브랜드와 자체 애니메이션영화 제작능력을 활용하여 '인어공주(The Little Mermaid)', '미녀와 야수(Beauty and the Beast)', '알라딘(Aladdin)', '포카혼

타스(Pocahontas)', '라이언 킹(The Lion King)' 등과 같은 일련의 장편 흥행작들을 출시하였다. 또한 영화소장품들과 브랜드를 더욱 적극적으로 활용하기 위해 디즈니채널(the Disney Channel)이라는 케이블TV 채널도 시작하였다. 즉, 이 기간 디즈니는 그들의 기존 R&C를 최대한 활용할 수 있는 전략을 추구하고 있었던 것이다.

디즈니는 그들이 보유한 기존 R&C를 활용하기 위한 전략을 적극 추구함과 동시에 이 전략의 완성에 필요한 추가적인 R&C 구축에도 많은 노력을 기울였다. 컴퓨터에 의한 애니메이션 영화제작에 필요한 R&C 확보를 위해 컴퓨터 애니메이션 기업인 픽사(Pixar)와 장기 계약을 맺은 것이 대표적이다. 픽사와의 전략적 제휴는 '토이 스토리(Toy Story)'와 같은 많은 히트작을 가능하게 하였다.

자원준거론 관점의 다른 학자들[18]과 마찬가지로, 워너펠트(Wernerfelt)[19]는 기업의 최적의 성장은 기존 자원의 활용과 새로운 자원의 개발 간의 균형을 유지함으로써 달성이 가능하다고 주장하였다. 그리고 '자원-제품 행열(resource-product matrix)'을 제시하면서 이를 통해 기업의 성장과정을 설명하였다.

[그림 5.19]의 자원-제품(시장) 행렬에서 가로축은 R&C를, 그리고 세로축은 시장(또는 제품)을 나열하고 "X" 표기는 특정 제품(시장)에서 필요한 자원 또는 특정 자원이 긴요하게 쓰이는 시장(제품)을 의미한다. 특정한 기업이 현재 '국내 접촉망(domestic contacts)'이라는 R&C만을 보

---

18 Penrose, E. G. 1959. *The theory of the growth of the firm*. Wiley: New York; Rubin, P. H. 1973. The expansion of firms, *Journal of Political Economy* (81): 936-949.

19 Wernerfelt, B. 1984. A resource-based view of the firm. *Strategic Management Journal* (5): 171-180.

[그림 5.19] 순차적 진입: 자원의 활용 및 개발

- 출처: Wernerfelt, 1984

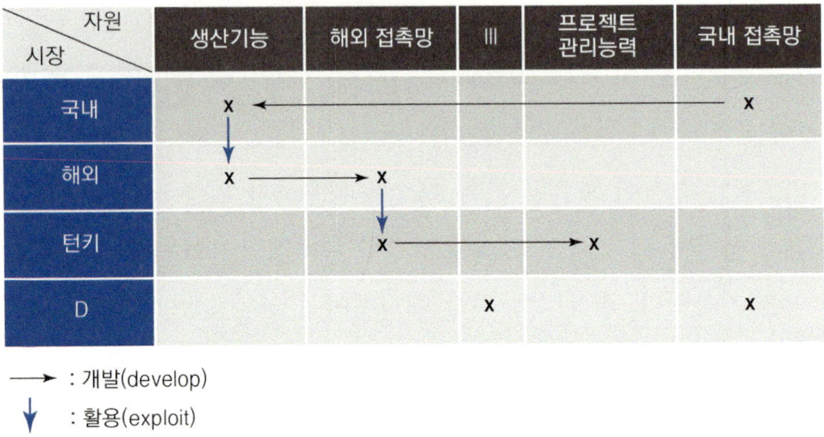

유하고 있다고 하자. 이때 이 기업은 해외 시장(international market)에는 진출할 수 없고 현재 보유하고 있는 '국내 접촉망'이라는 기존 R&C를 활용할 수 있는 '국내 시장(domestic market)'에 일단 진출할 수 있다. 그리고 진출 후 '국내 시장'에서 추가로 필요로 하는 R&C인 '생산기능(production skills)'을 개발 및 구축하여야 한다. '국내 접촉망'만을 보유하고 있는 상태에서는 '해외 시장'에 진출할 수 없으나 '국내 시장'에 진출한 후 '국내 시장'에서 추가로 요구되는 R&C인 '생산기능'를 개발 및 구축한 이후에는 이를 활용해 '해외 시장'에 진출할 수 있다. 그리고 '해외 시장'에서 추가로 요구되는 R&C인 '해외 접촉망(international contacts)'을 개발하는 것이다. 마찬가지로 '턴키(turn-key)' 사업은 '생산기능'만 보유하고 있을 때는 진출해서는 안 되고 '해외 시장'에 진출한 후 '해외 접촉망'을 구축하고 나서야 비로소 이를 활용해 진출할 수 있다. 그리고 '턴키' 사업에서 추가로 필요로 하는 R&C인 '프로젝트 관

[그림 5.20] 일본 기업의 다각화 전략

- 출처: Wernerfelt, 1984

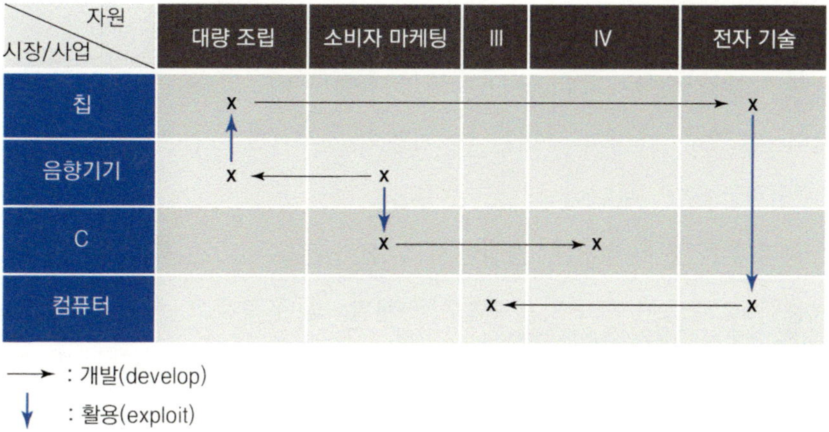

리(project management)' 능력을 개발 및 구축하는 것이다. 즉, '턴키' 사업 진출을 위한 '**발판(stepping stone)**'으로 '해외 시장'으로의 진출이 선행되어야 한다는 것이다.

일본기업들의 다각화 전략도 주로 이런 패턴을 따랐다(그림 5.20 참조). 예를 들어 한 기업이 현재 '소비자 마케팅(consumer marketing)' 관련 R&C를 보유하고 있다고 하자. 이 기업은 현재 보유한 R&C인 '소비자 마케팅'을 활용할 수 있는 사업으로 '음향기기(stereosets)'사업을 선택하여 진출할 수 있다. 그리고 그 후 '음향기기'사업에서 추가로 요구되는 R&C인 '대량조립(mass assembly)' R&C를 개발하여 해당 사업을 영위하게 된다. '칩(chips)'사업은 '전자기술(electronics technology)'과 '대량조립' 관련 R&C를 필요로 하는 사업이라 '소비자 마케팅' 관련 R&C만 보유하고 있을 때는 진출을 고려할 수 없다. '칩'사업으로의 진출은 '음향기기'사업에서 '대량 조립' 관련 R&C를 구축한 다음에나 비로소 이를 활용한 진출을 고려할 수 있다. 그리고 '칩'사업에서 추가로 요구되는 '전자기술'을 개발 및 구축하여 마침내 '칩'사업을 제대로 영위하게 된다. 마찬가지로 '컴퓨터(computers)'사업으로의 진출은 '칩'사업에서 필요한 '전자기술'을 개발 및 구축한 이후에나 비로소 이를 활용하여 진출할 수 있다. 따라서 우리는 이 기업의 경우 '칩'사업은 '컴퓨터'사업을 위한 '발판' 사업이 되는 것이다.

정리하면, 자원준거론 관점에서의 전략수립은 기존 R&C를 최대한 활용하고 새로이 요구되는 R&C를 개발 및 구축하고, 이렇게 새로이 개발 및 구축된 R&C를 활용하는 끊임없는 R&C의 활용, 개발 및 축적이라는 역동적 과정이라 볼 수 있다.

Action Learning(II): 내부 R&C 분석 연습[20]

자원준거론의 논리와 개념은 아주 설득력이 있으나 막상 이를 현실에 적용하려고 하면 많은 어려움을 겪게 된다. 이번 액션 러닝에서는 자원준거론의 개념과 이론을 현실에 적용하는 것이 가능할 수 있도록 R&C 분석 및 평가, 그리고 그 결과를 전략수립에 직접 적용할 수 있는 단계 별 가이드를 제시해 보고자 한다. 일반적으로 자원준거론에 입각한 전략 수립은 다음과 같은 단계로 진행하게 된다.

제1단계 : 핵심 R&C를 파악하라

자원준거론에 따른 전략을 수립한다고 할 때 가장 먼저 해야 하는 작업이 그 기업의 R&C를 분석하여 가치가 있고 동시에 다른 기업이 모방하기 어려운, 그리고 다른 기업들보다 뛰어난 R&C를 찾아내는 것이다.

그렇다면 기업의 수많은 R&C 중 구체적으로 어떤 R&C를 분석해야 하는가? 너무나 많은, 그리고 체계적으로 정리되어 있는 않은 R&C들이 머릿속에 혼란스럽게 떠오를 것이다. 이런 혼란을 줄이고 체계적인 정리를 가능하게 하는 것이 바로 분석틀(framework)이다. R&C 파악을 위

---

20 Grant, R. M. 2010. *Contemporary strategy analysis*(7th ed.). U.K.: John Wiley & Sons Ltd.의 제5장과 제6장의 내용을 참고로 본 교재의 목적에 맞게 필자의 해석 및 의견을 반영하여 편집 작성됨.

한 분석틀은 여러 가지가 있으나 보다 논리적이고 체계적인, 그리고 많이 쓰이는 분석틀은 포터 교수의 가치사슬분석이다(그림 5.15 참조). 이 분석틀을 통해 각 가치사슬활동에서의 핵심 능력을 확인한 후 이를 구성하는 하위 능력 및 자원을 찾아내고 이의 목록을 작성한다.

제2단계 : 파악된 R&C를 평가하라

R&C분석의 목적은 기업의 지속적인 경쟁우위의 원천인 R&C를 찾아내는 것인데 지속적인 경쟁우위의 원천인 R&C는 다음의 세 가지 조건이 충족되어야 한다. 첫째, 가치 있는(valuable) R&C, 즉 최종 제품의 가치를 향상시키거나 최종 제품을 제공하기 위해 사용하는 자원의 가치를 줄일 수 있어야 한다. 둘째, 다른 기업이 모방하기 어려워야 한다(non-imitable). 셋째, 해당 R&C가 다른 기업의 그것과 비교해 우월해야 한다.

이들 조건들의 개념에 대해서는 이미 설명했으나 이를 실제로 적용해 실천하는 것은 매우 어렵다. 이를 극복하기 위한 가장 현실적인 방법은 기업 구성원들 간의 내부 토론 및 검토이다. 포커스 그룹을 만들어 객관적인 입증자료, 그리고 생각 및 판단을 공유하여 R&C분석 및 평가에 관한 합의를 도출하게 하는 것도 도움이 된다.

자원의 상대적 강도는 어떻게 평가하는가? 필자의 개인적 경험에 의하면 첫 번째(가치 유무)와 두 번째 조건(모방 가능성)은 앞에서 배운 개념을 바탕으로 논의 및 토론을 하면 어느 정도 합리적인 결과를 도출할 수 있지만 실제로 가장 어려운 것은 세 번째 조건인 경쟁사 대비 우열을 분석 및 판단하는 것이다. 세 번째 조건의 평가에서 가장 중요한 것은 객관성인데 내부에서 평가할 경우 이러한 객관성을 담보하기가 쉽지 않다. 내부인이 평가할 때 객관적인 평가가 가장 어려운 R&C 중 하나는 아마 인적자원일 것이다. ▌"우리의 인적자원은 경쟁사 대비 뛰어난가?" 아마 대부분의 사람들은 그들의 인적자원은 경쟁사보다 뛰어나거나, 최소한 그들에 못지않다고 할 것이다. ▌정말 그런가? 그렇지 않은 경우가 더 많을 것이다. 따라서 R&C의 세 번째 조건을 평가할 때는 가능하면 주관적 평가보다 객관적인 지표를 사용하는 것이 바람직하다. 즉, 인적자원의 우수성 여부는 내부의 주관적 평가보다는 산업 평균 대비 인건비 수준, 교육수준, 노동 생산성, 파업일수, 결근일, 이직률 등 객관적인 지표로 평가할 수 있다. 따라서 앞서 논의한 대로 자원의 상대적 강도를 평가할 때에는 수량화가 가능한 <표 5.1>과 같은 객관적인 지표를 사용하는 것이 좋다.

┃▌그렇다면 능력의 상대적인 강도는 어떻게 평가하는가? 능력 평가에서도 객관성은 아주 중요하나 자원과는 달리 수량화된 지표를 얻기 어렵다. 따라서 능력의 객관적인 평가를 위해서는 과거 실적을 기초로 예측해 보는 방법이 유용하다. 즉, 해당 기업이 과거 특별히 뛰어났거나 제대로 못한 프로젝트나 활동을 경쟁사와 대비해 점검해 봄으로써 우리는 일정한 패턴을 알 수 있고 이에 따라 능력의 평가가 가능하다. 예를 들어 우리의 신제품 개발 능력이 경쟁사 대비 뛰어난지를 판단하고자 한다면 과거 3년간, 또는 5년간 성공한 신제품의 개수를 경쟁사와 비교해 보는 것이다.

경쟁사와의 비교를 할 때 비교의 대상은 각 R&C에 있어 가장 뛰어난 기업, 즉 벤치마킹의 대상이 되는 기업으로 정하는 것이 좋다. 벤치마킹은 일반적으로 특정 기능이나 활동에 있어 가장 뛰어난 기업의 모범적인 경영방식(best practices)을 연구하고 도입함으로써 그 기능이나 활동에 있어서의 능력을 향상시키기 위한 기법으로 사용된다. R&C 분석에서는 이러한 벤치마킹의 대상이 되는 기업들의 기능 및 활동, 그리고 이에 기반이 되는 R&C를 자사와 비교함으로써 자사 R&C의 강점의 정도를 가름할 수 있다.

제3단계 : R&C 평가 결과를 전략적으로 활용하라

어떠한 R&C를 분석할 것인가? 그리고 하나하나의 R&C는 얼마나 가치가 있고, 모방이 어려우며, 경쟁사 대비 얼마나 뛰어난가? 이러한 제1단계와 제2단계 작업을 마치고 나면 우리는 다음과 같은 표를 만들 수 있을 것이다(표 AL2.1 참조).

〈표 AL2.1〉 R&C 분석 작업표(예시)

가치사슬활동	R&C	가치의 정도	모방의 어려움	상대적 강도	비고

먼저 제1단계에서 가치사슬활동 분석틀에 따라 해당 기업 또는 해당 사업부의 가치사슬활동 분석틀의 작성을 완성하고, <표 AL2.1>의 '가치사슬활동'행에 그 활동들을 표기한다. 그 다음 각 가치사실활동에서 중요하다고 판단되는 R&C를 다음 행, 즉 'R&C'행에 나열한다. 그리고 하나하나의 R&C에 대해 '가치의 정도', '모방의 어려움의 정도', 그리고 '상대적 강도'를 표기한다. 앞에서 설명한 대로 '상대적 강도'는 가장 뛰어난, 벤치마킹의 대상이 되는 기업과 비교하는 것이 유용한데 벤치마킹 대상 기업과 유사하거나 뛰어나면 강한 것으로, 이 보다 뒤쳐서 산업평균 정도이면 보통으로, 훨씬 더 열등해 산업평균보다도 낮은 것을 판단되면 약한 것으로 평가하는 것이 좋다. 그리고 마지막 '비고'행에는 분석 및 평가의 근거를 제시한다.

<표 AL2.1> 작업표의 작성 결과를 편의상 정리하면 다음과 같다(표 AL2.2 참조). 이 평가를 기초로 각각의 R&C를 전략적으로 관리 및 활용할 수 있는 방법을 살펴보자.

〈표 AL2.2〉 R&C 평가

R&C	가치의 정도	모방의 어려움	상대적 강도	평가
I	H	H	H	지속적 경쟁 강점(차별화 요인)
II	H	H	L	구조적 경쟁 약점
III	H	L	H	일시적 경쟁 강점
IV	H	L	L	일시적 경쟁 약점
V	L	H	H	잉여 강점
VI	L	L	H	일시적 잉여 강점
VII	L	H	L	무 시
VIII	L	L	L	무 시

H: High L: Low

R&C I('HHH') : 지속적 경쟁 강점을 어떻게 활용할 것인가?

'R&C I'을 보자. 이는 매우 가치가 높고(H), 경쟁사들이 확보 또는 구축하기도 힘들고(H) 동시에 다른 기업에 비해 우월한 R&C(H)이다. 이러한 R&C를 편의상 'HHH'라 하자. 우리는 이를 '지속적 경쟁 강점(sustainable competitive strengths),' 또는 '차별화 요인(differentiators)'이라 부르기도 한다. 자원준거론에 입각한 전략을 수립한다고 하면 이런 R&C를 최대한 활용할 수 있는 전략적 대안 중 하나를 선택하는 것이다. 자원준거론에 있어 R&C분석의 목적은 바로 'HHH'를 찾아내는 것이다.

'HHH'를 찾아 이를 활용한 전략적 대안은 어떻게 찾는가? 예를 들어, 1990년대 말 IBM을 보자. 엄청난 어려움을 겪고 있던 IBM은 그들의 R&C를 분석 및 평가한 결과 IBM 메인프레임 사업이 번창할 수 있었던 이유는 주고객인 기업고객의 문제를 해결해 주기 위해 IBM은 서비스 네트워크를 강화하기 위해 많은 노력을 기울였고 그 결과 IBM의 서비스 네트워크가 다른 기업의 그것에 비해 훨씬 뛰어났기 때문이었다. 그리고 당시 IBM은 다른 어떤 IT기업보다 많은 IT 관련 특허를 보유하고 있다는 사실 또한 발견하였다. 즉, R&C분석 결과 IBM의 'HHH'는 고객서비스(customer service)능력과 IT기반 기술이라는 판단을 하게 된 것이다.

이에 IBM은 그들의 'HHH'인 IT 지식과 경험을 기반으로 한 고객서비스 능력과 IT기반 기술을 최대한 활용하기 위해 그들의 전략을 전면 수정하였다. 즉, 전통적인 컴퓨터 제조업, 그 중에서도 특히 PC사업의 비중을 획기적으로 줄이고, 그들의 자원을 급속히 성장하고 수익성이 높은 IT컨설팅사업과 델 컴퓨터(Dell Computer)나 시스코(Cisco Systems)

와 같은 다른 IT업체에 부품을 공급하는 사업에 집중하였다. 당시 IBM의 'HHH'를 적극적으로 활용하기 위해, 컴퓨터 제조업에서 IT 컨설팅 사업과 IT 부품사업으로 전략을 전면적으로 수정함으로써 IBM은 90년대 위기를 극복하고 IBM의 새로운 전성기를 맞이할 수 있었다.

R&C II('HHL') : 구조적 경쟁 약점은 어떻게 관리할 것인가? 전략적으로 활용할 수 있는 방법은?

'R&C II(HHL)'는 매우 가치가 있고(H) 모방이 어려운 R&C이나(H) 우리가 다른 기업에 비해 현격한 열위에 있는 R&C이다(L). 중요하지만 경쟁사에 비해 떨어지는 R&C라 '경쟁 약점(competitive weaknesses)'일 뿐 아니라 이를 개발 및 구축하는 것이 구조적으로 어렵기에 우리는 이와 같은 R&C를 '구조적인 경쟁 약점(structural competitive weaknesses)'이라 부른다. 'HHL'에 대한 기업의 대응으로는 다음과 같은 방법이 가능하다.

내/외부적으로 개발 및 구축하라. 매우 중요한 R&C이고 동시에 우리가 취약한 부분이라 이에 대한 대응으로 흔히 생각할 수 있는 방법은 이런 중요하고 부족한 R&C는 개발 및 구축하는 것이다. 즉, "R&C 격차를 줄이는 것(filling the R&C gaps)"이 흔히 생각할 수 있는 대응이다. 새로운 R&C를 구축하는 방법으로는 크게 내부적으로 자체 개발 및 구축하는 방법과 인수/합병 또는 전략적 제휴와 같이 외부로부터 획득하는 방법이 있다. 구체적인 방법에 대해서는 다음 별도 섹션에서 자세히 설명하겠지만 '모방이 어려운' R&C를 구축하는 것은 정의 상 중/단기적으로 매우 어렵다. 따라서 여기서는 'HHL'을 내/외부적으로 구축하는 방법 외 다른 대안에 대해 논의하도록 하자.

아웃소싱(outsourcing)을 활용하라. 자원준거론은 기업이 보유한 강점을 최대한 활용하는 전략을 수립해야 한다고 주장한다. 이는 달리 표현하면 기업의 약점은 이를 깨끗이 인정하고 포기하는 것이다. 즉, 어떤 기업도 모든 걸 다 잘 할 수는 없다. 따라서 약점을 보완하여 없애는 것도 중요할 수 있으나 이러한 약점을 인정하고 포기하는 대신, 이러한 약점을 보완하기 위해 들여야 하는 시간과 노력을 오히려 그 기업의 강점을 더욱 강화시키는데 투입하는 것이다. 그 기업의 약점에서 오는 불리함은 강점을 더욱 강화하여 제고할 수 있는 경쟁력 향상으로 충분히 극복이 가능하다는 것이다. 따라서 'HHL'에 대한 가장 현실적이고 효과적인 대안 중 하나는 이를 포기하고 다른 기업에 아웃소싱하여 이 R&C에 대해서는 평균적인 경쟁력을 확보하는 것으로 만족하는 것이다.

과거 한국은 전/후방산업이 제대로 발달되어 있지 않은 산업들이 많아 전통적으로 수직적 결합의 사업구조를 가진 기업들이 많다. 현대자동차그룹을 보면 자동차 조립 및 생산을 담당하는 현대자동차㈜와 기아자동차㈜를 중심으로, 차량용 강판을 공급하는 현대제철㈜, 자동차 부품전문기업인 현대모비스㈜, 자동차 물류를 담당하는 현대글로비스㈜, 심지어 자동차 고객 금융지원을 위한 현대캐피탈㈜ 등 철저한 수직적 결합의 사업구조를 보여주고 있다.

이렇게 수직적으로 결합되어 있는 산업들이 효율적으로 발달되어 있고 해당 기업이 수직적으로 결합된 사업에서 경쟁력이 높지 않은 경우에는, 굳이 직접 사업을 영위하는 것보다 다른 기업에 아웃소싱하여 수직적 결합의 정도를 줄이는 것이 더 효율적일 수 있다.

실제로 현재 대부분의 자동차업체는 디자인, 부품, IT 등 많은 부분을 아웃소싱하고 있다. 스포츠용 신발 및 의류를 제공하는 나이키(Nike) 역시 상품디자인, 마케팅, 기타 여러 기능들의 전반적인 통합에만 집중하고, 생산, 물류, 등 다른 많은 활동들은 다른 기업에게 아웃소싱하고 있다. 수직적 결합의 장, 단점에 대해서는 다음에 자세히 논의하기로 한다.

약점을 강점으로 인식하라. 'HHL'에 관해 드물기는 하지만 좋은 대안은 'HHL'을 'HHH'로 생각하고 이를 적극 활용하는 전략을 수립하는 것이다. 제6장의 전략적 혁신(strategic innovation)에서 자세히 설명하겠지만 어느 산업에서나 그 산업 내 구성원들이 당연히 받아들이는 관례 또는 관념인 산업규범(industry norms)이 있다. 혁신적인 전략을 수립하기 위해서는 이러한 산업규범을 의심해 보고 바꾸어 보는 것이다.

오토바이산업을 보자. ▌오토바이 산업에서 경쟁우위의 원천으로 중요한 R&C로는 어떤 것들이 있을까? 여러 가지가 있겠지만 가장 먼저 머릿속에 떠오르는 R&C는 연비 및 출력이 뛰어나고 소음이 적은 엔진개발능력, 최첨단의 디자인능력, 그리고 신제품개발능력 등일 것이다. 이러한 R&C가 오토바이산업에서 핵심이라는 점에 대해 반박할 사람들은 그리 많지 않을 것이다. 할리-데이비슨(Harley-Davidson)의 R&C를 이 기준에 따라 분석 및 평가해 보면 엔진개발능력, 디자인능력, 신제품개발능력 모두 'HHL'로 분류될 것이다. 실제로 할리-데이비슨 오토바이는 한물간 구식 엔진인 푸시-로드(push-rod)엔진을 쓰고 있고, 디자인 또한 1950대 이래로 큰 변화가 없었다.

▌오토바이는 소음이 적어야 하는가? 디자인은 최첨단이어야 하고 끊임없이 새로운 모델을 출시하는 것이 바람직한가? 이는 오토바이업계에서 당연히 받아들이는 고정관념으로 아무도 이에 의심을 품지 않는다. 할리-데이비슨은 이런 고정관념을 깼다. 고객은 조용한 오토바이보다는 오히려 소음이 많은, 그리고 전통적인 복고풍 오토바이를 더 선호한다고 생각해 보자. 이런 관점에서는 할리-데이비슨의 낙후된 엔진개발능력, 고혹적인 디자인능력의 부재, 약한 신제품개발능력 등은 약점이기 보다는 오히려 강점이 될 수 있다. 즉, 산업에서의 고정관념 하에서는 이들 능력이 'HHL'로 평가되나 생각을 바꾸면 이들은 'HHH'이 될 수 있다. 그리고 이들 새로이 정의된 'HHH'를 최대한 활용한 전략인 할리-데이비슨 특유의 굉음과 남성적인, 그리고 고전적이고 복구풍 디자인의 오토바이로 성공 신화를 이어가고 있다.

과거 신용카드업계에 돌풍을 몰고 왔던 LG카드[21]는 1997년 말 IMF 관리체제 이전까지만 해도 만년 꼴찌를 벗어나지 못하다가, 그 후 획기적인 전략적 변화를 통해 순식간에 업계 1위로 등극하였다. 당시 한국신용카드업계에서 당연히 믿고 있던 바람직한 고객은 신용카드 지출을 많이 할 수 있는 중·장년층의 고소득자였다. 이런 매력적인 고소득층은 이미 기존 카드업체들이 장악하고 있어, 후발 주자였던 LG카드는 업계에서 전혀 매력적으로 생각되지 않던 젊은 세대, 그리고 중산층 이하의 고객이 주 고객이었다. 당시 신용카드업계의 핵심 R&C는 '중·장년층의 고소득자로 구성된 고객 기반'이었고, 이 점에서 LG카

21 2007년 3월 ㈜신한금융지주의 자회사로 편입되었다가 2007년 10월 신한카드㈜로 상호를 변경하면서 상장폐지됨.

드 R&C분석의 결과는 당연히 'HHL'이었다.

신용카드업계에서 중·장년층의 고소득자를 고객으로 확보하지 못한 것은, 그래서 소득이 높지 않은 젊은 세대를 주 고객으로 확보하고 있는 것이 과연 약점인가? 오히려 그 점이 강점이 아닐까? **소득이 높지 않은 젊은 세대를 고객 기반으로 가지고 있는 것이 약점이 아니라 강점이라 생각한다면 이를 가장 잘 활용할 수 있는 전략은 무엇일까?** 신용카드업계에서의 전통적인 사업인 신용구매업보다 소비자금융, 즉 현금서비스업에 중점을 두는 것으로 전략을 변경하는 것이다. 경제활동 기간이 짧아 은행에 충분한 잔고는 없으나 안정적이고 일정한 수입이 있는 고객을 대상으로 현금서비스업을 적극 확대하는 것이다.

구성원들의 새로운 전략에 대한 공유 실패, 그리고 일관된 실행의 결여로 이 전략은 LG카드뿐 아니라, 한국신용카드업계, 그리고 심지어 한국경제 전체에 엄청난 고통을 주었으나 전략 그 자체는 달리 평가할 수 있다.[22] LG카드 전략에 대해서는 제6장에서 좀 더 자세히 논의하고자 한다.

R&C Ⅲ('HLH'): 일시적 경쟁 강점은 어떻게 관리하는가?

'HLH'에 대한 관리는 비교적 단순하다. 중요하고 다른 기업 대비 강점을 가진 R&C이기에 경쟁 강점이라 할 수 있으나, 모방이 비교적 쉽다는 점에서 이는 지속적인 경쟁우위의 원천이 되기 어렵다. 이런 의미에서 우리는 이들 R&C를 '일시적 경쟁 강점(temporary competitive

---

22 박철순·고샬. 2003. 『세계수준의 한국기업에 도전한다』. 21세기북스.

strengths)'이라 부른다. 이런 R&C는 라이선싱 등 가능한 빠른 기간 내 최대한 활용하는 방안을 통해 이익을 확보하는 것이 바람직하다.

R&C IV('HLL'): 일시적 경쟁 약점은 어떻게 관리하는가?

R&C분석 결과 'HLL'를 찾아내면 이는 가장 우선적으로 처리해야 할 중요한 부분이다. 매우 중요하나 경쟁사보다 열위에 있는 경쟁 약점이지만 비교적 구축이 용이한 R&C이기에 이는 '일시적 경쟁 약점(temporary competitive weaknesses)'이다. 중요하고 구축이 비교적 용이함에도 불구하고 기업이 여전히 약점이 있다는 것은 그동안 기업이 이에 대해 간과하고 소홀히 해왔기 때문이다. 따라서 가능한 빠른 시일 내 이를 구축하고 보완하여야 한다. 짧은 기간 내, 적은 노력으로 기업의 경쟁력 향상을 가져올 수 있는 부분이다.

R&C V('LHH') & VI('LLH'): 잉여 강점은 어떻게 관리하는가?

R&C V('LHH')와 VI('LLH')는 둘 다 그리 중요하지 않은 R&C이나 우리가 경쟁사보다 많이 보유하고 있는 R&C이기에 우리는 이를 잉여 강점(superfluous strengths)'이라 부른다. ▌현실을 보면 기업들은 예상 외로 이런 잉여 강점을 많이 가지고 있는데 그 이유는 무엇일까? 기업들이 잉여 강점을 갖게 되는 대부분의 경우는 환경변화 때문이라 볼 수 있다. 즉, 과거 환경에서 해당 R&C는 매우 중요한 것이라 많은 기업들이 이를 구축하는데 많은 시간과 노력을 투입하여 보유했으나 환경변화로 인해 이들 R&C가 더 이상 중요하지 않은 것이 되었으나 여전히

보유하고 있기 때문이다.

시중 은행들을 보자. 과거 은행 경쟁력에 매우 중요한 자원 중 하나는 은행 지점망이었다. 따라서 많은 은행들이 좋은 위치에 많은 지점들을 설치 및 운영해 왔다. ▌요즘도 여전히 은행의 지점은 은행 경쟁력의 핵심요소인가? ATM, 폰뱅킹, 인터넷뱅킹, 모바일뱅킹 등 기술발전에 따른 새로운 서비스가 지점의 서비스를 대체함으로써 지점망의 중요성은 급격히 떨어졌으나 여전히 많이 보유하고 있는 것이다.

이러한 잉여 강점에 대한 가장 명백하고 단순한 대응은 이에 대한 투자와 기존 R&C의 수준을 축소하는 것이다. 그동안 은행들은 잉여 강점인 그들의 지점 수와 규모를 축소하고 대신 인터넷 또는 모바일 뱅킹을 위한 투자에 많은 노력을 기울여왔다. 금융감독원에 의하면 국내 4대 은행(KB국민은행, 신한은행, 하나은행, 우리은행)의 지점 수는 2014년 말 3,594개[23]에서 2018년 말 3,086개로 약 14%에 달하는 508개가 감소하였다.[24]

이러한 잉여 강점 중 'LHH', 즉 구축하기 어려운 강점이나 별로 가치가 없는 R&C는 단순히 감축하는 방안 외 다른 사업에 공동으로 활용하는 방법과 혁신적인 새로운 전략으로 대응하는 방법이 있다.

비대면 서비스의 중요성이 증대하여 지점망 이용률이 줄어들자 은행들은 지점창구에서 방카슈랑스(bancassurance)[25] 업무를 강화하고 있

---

23 2014년 말 자료는 하나은행에 인수되기 전 외환은행 지점 수 포함.

24 2019년판 은행경영통계. 2019. 금융감독원.

25 방카슈랑스는 '은행(banque)'과 '보험(assurance)'의 프랑스 합성어로서 은행과 보험사가 서로의 판매채널을 이용해 자사의 상품을 파는 형태임.

는데 이는 'LHH'를 다른 사업에 공동으로 활용하는 방법의 예로 볼 수 있다.

'LHH'를 혁신적인 전략을 수립하는데 활용한 예로는 ㈜웅진씽크빅의 전집사업이 있다. 전통적으로 한국/세계 역사, 위인전, 학습백과, 전래동화 등을 영업사원의 방문판매를 통해 사업을 확장해 오던 ㈜웅진씽크빅의 '전집방문판매사업부'는 한때 홈쇼핑, 인터넷쇼핑 등 새로운 채널들이 등장하면서 급격한 위기를 겪게 되었다. 즉, 다양하고 강력한 신(新)채널의 등장으로 과거 전집사업의 핵심 자원이었던 영업사원을 통한 판매망이 순식간에 'HHH'에서 잉여강점인 'LHH"로 전락한 것이다. 이에 대한 대응으로 웅진씽크빅은 잉여 강점이 된 구(舊)채널인 영업사원 판매망을 대대적으로 감축하고 새로운 채널에의 집중을 고려했으나 기존 유통 및 판매망인 영업사원과의 충돌이라는 어려움을 고민하지 않을 수 없었다.

이에 웅진씽크빅의 경영진은 새로운 전략으로 위기를 타개하고자 하였다. 즉, 그들의 전집사업을 출판업으로 보지 않고 교육서비스업으로 재정의를 하는 것이었다. 이에 따라 각 영업사원은 고객방문을 통해 단순히 전집을 판매하는 것이 아니라 하나의 교과과정으로서 각 단계에 맞는 다음 단계의 전집을 추천하고, 진도확인을 하는 등 교육서비스를 적극 강화하였다. 새로운 전략을 통해 신채널이 제공할 수 없는 서비스를 적극 도입함으로써 웅진씽크빅의 전집방문판매사업은 다시 시장 1위의 자리를 되찾을 수 있었다.

R&C 'VII'과 'VIII'은 중요하지 않은 R&C이기에 비록 기업이 이에 약점이 있더라도 관리에 그리 신경을 쓸 필요가 없다.

구조적 경쟁 약점('HHL')을 실제로 구축하는 방법은? 그리고 이것이 어려운 이유는?

앞서 R&C II('HHL')에 대한 대응 방법으로 해당 R&C를 외부에서 획득하거나, 외부 R&C의 이용 및 접근을 가능하게 하거나, 또는 내부적으로 자체 개발하는 방법이 있다는 언급을 하였다. 하지만 'HHL'을 외부로부터 획득하거나 이용 및 접근을 가능하게 하거나 내부적으로 자체 개발하는 방법은 현실적으로 매우 어렵기 때문에 아웃소싱이나 약점을 강점으로 인식한 전략을 고려할 것을 제안하였다. **'HHL'을 외부로부터 획득 또는 보완하거나 내부적으로 자체 개발하는 방법에는 무엇이 있으며 이 방법들은 왜 어려운가?**

M&A를 통한 능력의 획득

능력개발이라는 길고도 복잡한 과정을 단숨에 해결할 수 있는 방법은 이미 그 능력을 보유하고 있는 기업을 인수하는 것이다. 기업 인수합병의 가장 일반적이고 흔한 동기로 피인수 기업의 능력 획득을 거론한다. 이러한 동기는 기존 기업이 새로운 기술 확보를 목표로 하고 있는 기술적으로 변화가 심한 산업에서 특히 강하다. 1994년 이래 이스트만 코닥(Eastman Kodak)은 디지털 이미징 능력을 확보하기 위해 많은 기업 인수를 단행하였다. P&G가 질레트(Gillette)를 인수한 것 또한 질레트의 신제품개발능력을 획득하기 위해서였다.

능력 확보의 수단으로 기업을 인수하는 것은 어떤 위험을 내포하고 있을까? 첫째, 기업인수는 매우 비싼 능력 확보의 수단이다. 일반적으로 기업을 인수할 때에는 인수기업이 필요로 하지 않는 자원이나 능력까지 인수를 해야 하고 이를 인수 프리미엄과 함께 지급해야 한다. 이렇게 인수한 기업의 필요 없는 자원이나 능력은 인수 후 처분해야 하는데 이들의 처분 가격은 구입 가격보다 현저히 낮을 수밖에 없다.

둘째, 능력 확보의 수단으로서 인수합병의 또 하나의 문제점은 인수합병 후 통합(PMI: Post-Merger Integration) 이슈이다. 기업인수 이후 인수기업이 소기의 목적을 달성하기 위해서는 피인수기업과 원활한 통합을 이루어야 한다. 하지만 인수기업과 피인수기업 사이에는 문화적 충돌, 경영진 간의 개인적 충돌, 각종 제도 등의 충돌 등 많은 갈등요소가 존재한다. 이러한 갈등을 원만히 조정해 통합을 이루어야 하나 흔히 인수기업과 피인수기업의 구성원들은 각자를 점령군과 피점령군으로 인식하게 되는 경우가 많고 이에 따라 두 조직간 갈등은 더욱 심화된다.

이로 인해 발생하는 가장 흔한 일이 피인수기업의 핵심인력 유출이다. 앞서 설명한대로 능력이란 여러 자원들의 절묘한 결합으로 이루어지는 것이다. 획득하고자 하는 능력을 구성하는 가장 중요한 요소 중 하나인 핵심인력이 빠진다는 것은 그 능력 자체가 붕괴되는 것이고 이는 능력 확보라는 기업인수 본래의 목적을 달성하지 못하게 되는 것이다.

PMI과정에서 이런 인력유출의 위험을 잘 인식하고 피인수기업의 구성원들을 인수기업 구성원들과 동등하게, 또는 그들보다 나은 대우를 제공해 인력유출을 막는다면, PMI과정에서의 문제점이 해결되는가? 여전히 다른 많은 문제에 직면하게 된다. 우리가 흔히 보게 되는 또 하나의 이슈는 각종 제도, 과정, 심지어 문화가 서로 상충할 때 이를 처리하는 방식이다. 보통 인수 후 초창기에는 각자의 제도 등을 유지하게 된다. 하지만 시간이 지나면서 한 조직 내 두 제도를 동시에 운영하는 데 따른 여러 문제점으로 인해 하나의 제도로 통합하고자 하는 동기가 커지게 된다. 이 때 점령군으로서 인수기업은 자신의 각종 제도, 과정, 심지어 문화는 피점령군인 피인수기업의 그것들보다 우월하다는 굳은 믿음으로 자신의 제도 등을 피인수기업 조직에 반강압적으로 부과하고자 하게 된다. 예를 들어 인수기업과 피인수기업 간 구성원에 대한 각종 보상체계가 다를 경우 흔히 피인수기업의 보상체계는 인수기업의 보상체계로 대체되는 것이다.

앞서 설명했듯이 특정의 능력은 여러 자원 및 하위능력의 결합에 의해 이루어지고 이들 결합은 각종 제도, 과정, 심지어 문화 등에 의해 오래 지속되어 일상화된 것이다. 기존 능력의 결합 수단인 기존 제도 등을 없앤다는 것은 그 능력 자체를 없애는 것이고 그 결과 능력 확보의 수단으로서 기업인수는 실패하게 되는 것이다.

정리하면 능력 확보의 수단으로서 기업인수는 값비싼 수단일 뿐 아니라 인수기업이 뛰어난 PMI능력을 갖추지 못할 경우 성공하기도 어렵다. 따라서 기업의 또 하나의 조직 능력인 PMI능력이 뛰어난 기업만이 기업인수를 통한 능력 확보에 성공할 수 있다. 시스코 시스템스(Cisco Systems)는 1996년과 2004년 사이 무려 136건의 기업인수를 성공적으로 진행했는데 이는 시스코의 기술 및 제품 개발능력의 기반을 확대하는 데 결정적이었다. 시스코의 이러한 성과는 시스코의 뛰어난 PMI능력에 의해 가능한 것이었다.

전략적 제휴(strategic alliances)를 통한 능력의 획득

능력 확보를 위한 수단으로서 기업인수는 이처럼 값비싼, 그리고 실제로 목적을 달성하기도 쉽지 않은 반면, 기업인수보다 비용이 적게 들 뿐 아니라 상대적으로 어려움도 적은 능력 확보의 수단으로 전략적 제휴를 생각할 수 있다.

애초 전략적 제휴의 목적은 보완이었다. 즉, 두 파트너가 필요는 하나 결핍한 능력을 서로 공유 및 보완함으로써 공동의 목적을 추구하는 것이다. 예를 들어, 2005년 월트 디즈니가 픽사(Pixar)를 인수하기 전, 두 기업은 장기계역을 통한 전략적 제휴를 맺고 있었다. 이 전략적 제휴는 디즈니로 하여금 픽사의 컴퓨터 애니메이션 관련 R&C를 이용할 수 있게 하고, 동시에 픽사는 디즈니의 마케팅 및 유통능력에의 접근을 가능하게 함으로써 서로 보완적인 기능을 수행할 수 있도록 하였다.

단순한 보완이 아닌 학습(learning) 또는 능력 확보의 수단으로서 전략적 제휴가 주목을 받은 것은 GM과 토요타(Toyota)가 소형차를 생산하기 위해 설립한 합작법인(joint venture)인 NUMMI(New United Motor Manufacturing Inc.)였다. 1984년 미국 캘리포니아주 프리몬트(Fremont)에 설립된 NUMMI는 25년간 운영되다 2010년 종료되었다. 이후 NUMMI 공장은 테슬라(Tesla)에 인수되었고 지금은 '테슬라 공장(Tesla Factory)'으로 잘 알려져 있다.

NUMMI도 애초에는 여타 전략적 제휴와 마찬가지로 보완의 목적으로 시작되었다. 즉, GM은 NUMMI를 통해 토요타의 '린 생산방식(lean manufacturing system)'을 통한 소형차에서의 경쟁력을 제고하기를 기대하였고, 토요타 또한 NUMMI를 통해 미국에서의 최초 생산기지를 확보하여 수입규제를 회피함과 동시에 미국의 노동환경에서 그들의 생산 시스템을 실행해 볼 기회를 얻고자 하였다.

NUMMI는 두 기업 모두에게 보완적 성격이 있었으나 동시에 능력 확보의 수단으로 사용될 수 있었다. GM은 NUMMI를 통해 토요타의 생산시스템을 보완의 목적뿐 아니라 학습하고자 십여 명의 GM 경영자들을 공장에 파견했으나 이는 GM의 학습에 전혀 도움이 되지 못했다. 반면 토요타는 NUMMI공장을 직접 운영했을 뿐 아니라 경영진의 인사도 총괄하였다. 토요타 경영진의 이러한 '실천적 학습(learning-bydoing)'은 능력 확보에 훨씬 효과적인 학습방법이었다.[26]

능력 확보에 실패한 GM과 달리 토요타는 그들 최초의 미국 내 생산기지였던 NUMMI를 통해 미국 자동차 시장에 대해 많은 것을 배울 수 있었다. 즉, 미국 내 공급업체, 미국 정부규제, 그리고 무엇보다 미국의 노동환경 하에서 그들의 유명한 생산시스템을 어떻게 변형시킬 수 있는가에 대한 충분한 학습을 하게 되었다. NUMMI를 통해 2년간 학습한 이후 토요타는 마침 내 미국 내 최초의 자신만의 공장을 켄터키에 설립하였고 이는 나중에 토요타의 가장 큰 해외 생산기지가 되어 토요타의 본격적인 미국진출이 진행되었다.

▌25년간 수익을 창출하지 못한 NUMMI를 통해 GM과 토요타가 얻은 것은 무엇인가? GM에게 NUMMI는 단순히 GM에게 모자라는 능력에 대한 보완으로만 운영된 것에 지나지 않은 반면, 토요타에게 NUMMI는 미국시장에서의 운영능력 확보를 통한 토요타의 본격적인 미국시장 진

26 Gomes-Casseres, Benjamin. 2009. Nummi: What Toyota learned and GM didn't, *Harvard Business Review*, (September): 2-3.

출을 가능하게 한 프로젝트였다.

능력 확보의 수단으로서 전략적 제휴는 어떤 결과를 가져왔는가? 일단 전략적 제휴를 통해 파트너사의 능력을 확보하고 나면, 전략적 제휴는 더 이상 필요하지 않게 되어 종료된다. 즉, 전략적 제휴는 능력 확보 때까지의 한시적인 제휴로 전락하고 만 것이다. 기업이 해외진출 시 진출국가에 대한 각종 네트워크 및 능력부족으로 현지 기업과 전략적 제휴를 맺으나 진출 후 이들 능력을 확보하고 나면 이러한 전략적 제휴를 종료하고 독자적으로 사업을 영위하는 경우가 많은 것도 이러한 경향을 보여주고 있다.

이에 많은 전략적 제휴에서 각 파트너사는 자신의 능력이 상대방에게 유출되지 않도록 많은 주의와 노력을 기울이고 있다. 이는 전략적 제휴를 통해 능력을 확보하는 것이 점점 어려워지고 있음을 의미한다.

전략적 제휴를 통한 능력 확보는 기업인수에 의한 것보다 적은 비용이 들어가는 방법임에는 틀림없으나 이 또한 과거에 비해 훨씬 어려워지고 있고, 이의 성공을 위해서는 신뢰구축, 지식공유 루틴의 개발, 조정장치 확립 등과 같은 '제휴관계 관리능력'이라는 또 하나의 매우 중요한 조직 능력을 필요로 한다.

자체 개발을 통한 능력의 확보

인적자원 개발을 통한 능력 확보. 능력이란 자원들의 결합에 의해 이루어지고 자원 중 가장 중요한 자원이 인적자원이라면, 능력을 개발하기 위해 가장 우선시되는 것은 그 능력에 필요한 인적자원을 채용하거나, 연수 및 교육을 통해 개발하는 것이다. 능력 확보를 위해 이에 필요한 인적자원을 구축하는 것은 매우 중요하다. ▌하지만 특정 능력을 구성하는 여러 자원 중 하나인 인적자원만 구축되면 그 능력이 개발되는가? 여전히 이 능력을 구성하는 다른 여러 자원, 그리고 이들 자원들의 원활한 결합을 위한 인센티브 시스템 등 여러 제도 및 문화가 보완되어야 한다.

특정 은행이 그들의 약점인 기업금융 능력을 개발하고자 한다고 하자. ▌이를 위해 그 은행은 기업금융에 뛰어난 성과를 보이는 은행의 기업금융담당 책임자를 영입하기만 하면 그 능력이 생길 것인가? 그 책임자와 다른 구성원 간의 팀워크에 문제가 있을 수 있다. ▌그럼 기업금융부서 전체 구성원을 영입하면 어떨 것인가? 전체 구성원을 영입하더라도 다른 부서와의 갈등뿐 아니라 기존 조직의 여러 제도 및 문화에의 부적응 등의 이유로 원하는 능력 구축이 쉽지 않을 것이다. 즉, 인적자원의 개발은 능력 확보를 위한 필요조건이긴 하나 충분조건은 되지 못한다.

독립적인 조직에서의 개발, 그리고 집중 및 순차적 개발. 능력은 여러 자원들의 결합으로 형성되고 이러한 결합은 조직 내 제도, 과정, 그리고 문화 등에 의해 오랜 기간 지속되어 일상화됨으로써 구축된다. 이런 복잡한 과정을 요구하는 능력개발은 다음과 같은 방법을 요구한다. 첫째, 새로운 능력은 기존과는 다른 새로운 제도, 과정, 문화 등을 요구하므로 기존 조직과는 조직적으로나, 가능하면 지리적으로도 분리된 조직에서 개발되는 것이 효과적이다. 둘째, 능력개발은 복잡하고 오랜 시간을 요구하기에 특정기간에 개발하기 위한 능력의 수나 범위는 지극히 제한되어야 한다. 그리고 이러한 능력은 순차적으로 개발되고 축적되어야 한다. 집중 및 순차적 개발의 구체적 과정 및 방법은 앞서 이미 논의하였다(그림 5.19와 그림 5.20 참조).

Chapter 06

혁신적인 전략은 어떻게 수립하는가?

자원준거론의 한계점은 무엇인가?

산업조직론에 의하면 기업 간 지속적인 경쟁력의 차이는 해당 기업이 얼마나 매력적인 사업을 영위하는가('competition for business portfolio')에 의해 결정된다. 반면, 자원준거론은 기업경쟁력이란 영위하는 사업의 매력도보다는 기업이 선택한 산업과 전략이 요구하는 R&C를 얼마나 경쟁기업들보다 많이 보유하여('competition for resources and capabilities required by an industry or a strategy') 경쟁우위를 확보하는가에 의해 보다 많은 영향을 받는다고 주장하고 있다(그림 6.1 참조).

두 이론적 관점 중 자원준거론은 그 개념 및 논리가 설득력이 있을 뿐 아니라 실증적으로도 많은 검증을 받은 이론으로서 80년대 중반 이후 학자들의 본격적인 관심을 받기 시작하였다. 이에 필자가 박사과정에서 공부하던 80년대 말부터 90년대 중반 전략전공으로 박사학위를 받은 사람들의 상당수는 자원준거론에 입각한 연구로 박사학위논문을 쓰고 졸업하였다.

[그림 6.1] 경쟁력의 원천: 산업조직론과 자원준거론

이처럼 오랜 기간 학계뿐 아니라 실무에서도 많은 관심을 받고 있는 자원준거론은 이론적이고 실증적인 강점에도 불구하고 치명적인 한계점을 가지고 있다. **▌전략수립의 방법론으로서 자원준거론의 한계는 무엇일까?**

자원준거론에 따라 전략을 수립한다고 하면 첫째, 우선 우리가 가지고 있는 R&C을 분석하여 다른 기업과 비교한 후 다른 기업보다 뛰어난 자원 및 능력을 찾아내야 한다. 둘째, 이런 뛰어난 R&C을 가장 잘 활용할 수 있는 여러 전략 중 하나를 선택해야 하고 마지막으로 선택한 새로운 전략이 추가로 요구하는 R&C을 구축해야 한다. ▌이 과정에서 문제가 있다면 뭐가 있을까?

여러 가지 문제점들을 생각할 수 있을 것이다. 다른 기업들의 R&C을 분석 및 평가하기 위한 자료 및 정보를 찾기 힘들다, R&C을 객관적으로 측정하기 힘들다 등 여러 문제가 있을 수 있지만 이들 문제는 제5장에서 설명한대로 어느 정도 객관적인 방법들로 해결이 가능하다. ▌그 어떤 방법으로도 해결이 어려운 구조적 문제는 무엇일까?

예를 들어 학생들이 그들의 진로를 자원준거론 관점에서 선택한다고 하자. 이를 위해 학생들은 각자 자기 자신을 분석하고 다른 사람들과 비교한 후 그들이 다른 사람들보다 뛰어난 점이 무엇인지를 찾아내야 한다. 그런 후 남들보다 뛰어난 장점을 가장 잘 써먹을 수 있는 직업을 선택하면 그들은 선택한 직업에서 성공할 확률이 높은, 자원준거론에 따른 바람직한 직업선택을 하는 것이 된다. ▌하지만 만약 아무리 열심히 자신을 분석하고 다른 사람과 비교해 봐도 특별히 남들보다 잘 하는 것이 없을 땐 어떻게 할 것인가? 자원준거론에 입각한 진로선택의 가장 우선적인 조건은 일단 남들보다 뛰어난 강점이 있어야 한다. 이것이 없을 경우엔 어떤 직업을 선택하더라도 그 학생은 일등을 할 수 없고 자원준거론은 이 학생의 직업선택에 아무런 도움을 줄 수가 없다.

기업도 마찬가지다. 제5장에서 자원준거론에 따라 전략을 수립하고자 할 때 첫 번째 과제는 <표 6.1>과 같은 방법으로 해당 기업의 R&C을 분석 및 평가하는 것이다. 그리고 매우 가치가 있고, 모방하기 힘든, 그리고 동시에 다른 기업보다 뛰어난 R&C('HHH')를 찾아내 그것을 가장 잘 활용할 수 있는 전략적 대안 중 하나를 선택하는 것이다. ▌하지만 만약 해당 기업이 이러한 'HHH'를 가지고 있자 못한 경우에는 어떻게 할 것인가? 이 경우 그 기업은 어떤 전략이나 산업을 선택해도 일등을 할 수 없고 자원준거론은 이 기업의 전략수립에 전혀 가이드라인을 줄 수가 없다.

안타깝게도 'HHH'가 없는, 그래서 자원준거론이 전략수립에 아무런 도움을 줄 수 없는 기업은 예상 외로 많다. 예를 들어 한 산업 내

〈표 6.1〉 자원과 능력의 분석 및 평가

R&C	가치의 정도	모방의 어려움	상대적 강도	평가
I	H	H	H	지속적 경쟁 강점(차별화 요인)
II	H	H	L	구조적 경쟁 약점
III	H	L	H	일시적 경쟁 강점
IV	H	L	L	일시적 경쟁 약점
V	L	H	H	잉여 강점
VI	L	L	H	일시적 잉여 강점
VII	L	H	L	무 시
VIII	L	L	L	무 시

H : High　L : Low

최상위 정상급 기업들보다 못한 이류(second tier)기업들을 보자. 그들의 R&C를 분석 및 평가해 보면 정상급 기업들에 비해 뛰어난 R&C를 찾기 힘들다. 거의 모든 R&C가 정상급 기업의 그것들에 비해 떨어진다. ▌그럼 자원준거론 관점에선 어떤 결론을 내리게 되는가? 이들 기업은 어떤 전략을 선택하더라도 1등을 할 수 없고 이들 기업은 계속 이류기업으로 남을 수밖에 없다는 결론이다.

이류기업만이 아니다. 만약 어떤 기업이 특정 산업에서 뛰어난 R&C를 가지고 있다고 하자. 그리고 이 기업이 이들 뛰어난 R&C를 가장 잘 활용할 수 있는 다른 산업으로 진출한다고 하자. ▌이때 이 기업은 그 산업에서 이미 사업을 영위하고 있는 기존 업체에 비해 새로 진출한 산업이 요구하는 R&C를 더 많이 가지고 있을까? 아무리 한 산업에서 뛰어난 R&C를 가진 기업이라도, 그리고 그 뛰어난 R&C를 잘 활용할 수 있는 산업으로 진출하더라도, 그 기업은 새로운 산업에서 이미 사업을 영위하고 있는 기존 업체에 비해서는 그 산업에서 요구되는 R&C가 떨어지는 경우가 대부분이다. 따라서 자원준거론 관점에서는 이러한 후발업체들도 새로 진출한 산업에서 일등을 할 수 있는 전략을 수립할 수가 없다.

좀 더 극단적으로 신생기업을 보자. 새로 창업한 기업의 경우 어떤 사업을 하더라도 이미 그 사업을 하고 있는 기존업체가 존재하는 경우가 대부분이다. ▌이때 신생기업은 이들 기존업체에 비해 그 산업에서 요구하는 R&C면에서 뛰어난 것이 있어 일등을 할 수 있는 전략을 수립할 수 있을까? 아마 그렇지 못할 것이다.

요약하면, 자원준거론은 매우 설득력이 높고 실증적으로도 입증된 이론이나 다른 기업보다 뛰어난 R&C가 없는 기업, 예를 들어 이류기업, 후발업체, 그리고 신생기업 등과 같은 기업에게는 전략수립에 전혀 도움을 줄 수 없다. 그리고 자원준거론에 따르면 이런 기업들은 일등을 하는 것이 어렵고 계속 이등기업으로 남을 수밖에 없다는 결론이다.

하지만 현실을 보면 강한 R&C가 없는 이류기업, 후발업체, 신생기업임에도 불구하고 뛰어난 전략으로 선두를 차지하는 기업들의 예가 꽤 많다. 자원준거론은 이런 경우를 설명해 주지 못하는 치명적인 약점을 가지고 있는 것이다.

따라서, ▌강한 R&C가 없는 이류기업, 후발업체, 신생기업 등이 성공할 수 있는 전략은 어떻게 수립하는가에 대한 고민을 하지 않을 수 없다. 이러한 고민을 해결할 수 있는 방법 중 하나가 바로 혁신(innovation)이다. 본 장에서는 강한 R&C가 없는 기업임에도 불구하고 일등을 할 수 있는 전략은 어떻게 수립하는가, 즉 전략적 혁신(strategic innovation)에 대해 논의해보기로 하자.

전략적 혁신이란 무엇인가?

전략적 혁신이 강한 R&C가 없는 기업이라도 1등을 할 수 있게 만드는 전략을 수립하는 것이라고 하면 과연 이러한 전략적 혁신은 구체적으로 어떤 것인가를 살펴보자. **우선, 아래 기업들의 공통점은 무엇인가?**

하이트맥주㈜[1]는 1933년 8월 '조선맥주주식회사'란 사명으로 설립된 대한민국 최초의 맥주회사이다. 1993년 조선맥주주식회사는 당시 대표 브랜드였던 크라운맥주를 대신하여 천연 암반수를 사용한 신제품 '하이트' 출시로 돌풍을 일으키고 마침내 하이트 출시 3년만인 1996년 당시 한국 맥주업계의 막강한 선두 기업이었던 OB맥주㈜를 물리치고 업계 1위로 등극하였다.

제2장에서 소개한 이케아(IKEA)를 보자. 1943년 당시 불과 17세였던 잉그바르 캄프라드(Ingvar Kamprad)에 의해 스웨덴에서 설립된 이케아는 적극적인 해외진출을 추진해 왔다. 마침내 2014년 한국에도 진출하여 2021년 현재 광명점, 고양점, 기흥점, 동부산점 등 총 4개의 오프라인 매장 운영과 함께 전자상거래도 취급하고 있다.[2] 이케아는 2019년 6월 기준으로 전 세계 52개국에 433개의 매장을 운영하고 있으며, 2019년 매출 454억불로 전 세계 최대 가구소매업체이다.[3]

---

1 2005년 하이트맥주㈜는 법정관리 중이었던 ㈜진로를 인수하였고 2011년 9월 두 기업 간 합병으로 하이트진로㈜ 출범.

2 "연매출 46조 '이케아(IKEA)' 이름에 담긴 창업자의 가족 사랑". 한국경제. 2019년 7월 6일, 2021년 8월 19일 접속, https://www.hankyung.com/economy/article/201907054645g

3 "Meatballs and DIY bookcases: The psychology behind Ikea's iconic success".

1994년 제프 베조스(Jeff Bezos)에 의해 설립된 아마존(Amazon.com)은 서적 판매를 위한 온라인 마켓플레이스(marketplace)로 출발했으나 그 후 전자제품, 소프트웨어, 비디오게임, 의류, 가구, 식품, 장난감, 쥬얼리 등 거의 모든 제품으로 제품군을 확장하였다. 2017년에는 '홀푸드 마켓(Whole Foods Market)'을 인수하여 오프라인 유통에도 진출하였다.[4] 2015년 시장가치는 이미 유통업계의 최강자인 월마트(Walmart)를 넘어섰으며[5] 현재 세계최대 온라인 마켓플레이스, 클라우드 컴퓨팅 플랫폼(cloud computing platform), AI비서 서비스(AI assistant provider), 라이브-스트리밍 플랫폼(live-streaming platform) 업체로 자리매김하고 있다.[6]

사우스웨스트 에어라인스(Southwest Airlines Co.)는 미국 텍사스 달라스에 본부를 둔 세계최대 저가항공사로서 초창기에는 텍사스 주 내에서만 운행하였으나 2020년 현재는 미국 내 101개 지역 외 10개국에서 운항하고 있다. 사우스웨스트의 성수기 출항 횟수는 매일 4,000여회이며 2019년 현재 종업원 수는 60,000명에 달한다.[7] 재무적 성과뿐 아니

CNBC. 2019년 10월 5일, 2021년 8월 19일 접속, https://www.cnbc.com/2019/10/05/psychology-behind-ikeas-huge-success.html

4 "[Premium Report: 미국 유통업계 대격돌]아마존, 홀푸드마켓 인수해 910조원 식품시장 도전". 조선일보. 2017년 9월 22일, 2021년 8월 19일 접속, https://biz.chosun.com/site/data/html_dir/2017/09/12/2017091201676.html

5 "Amazon shares surge 20 percent, market cap surpasses Wal-Mart". CNBC. 2015년 7월 24일, 2021년 8월 19일 접속, https://www.cnbc.com/2015/07/24/amazon-shares-surge-20-percent-market-cap-surpasses-wal-mart.html

6 "What We Do". Amazon. 2021년, 2021년 8월 19일 접속, https://www.aboutamazon.com/what-we-do

7 "Southwest Corporate Fact Sheet". Southwest Media. 2021년, 2021년 8월 19일 접속, https://www.swamedia.com/pages/corporate-fact-sheet.

라 종업원 만족도, 고객 만족도 등 거의 모든 성과지표에서 동종 업계 최고인 항공업체이다.

1976년 스티브 잡스(Steve Jobs), 스티브 워즈니악(Steve Wozniak), 로널드 웨인(Ronald Wayne)에 의해 설립된 애플(Apple Inc.)은 창립 후 지금까지 미국뿐 아니라 전 세계에서 가장 주목 받는 기업 중 하나이다.[8] 여러 우여곡절을 겪은 후 애플은 2007년 노키아(Nokia), 모토로라(Motorola), 그리고 삼성(Samsung) 세 기업이 시장의 60%를 차지하고 있던 휴대폰 사업으로 진출하여 매출 및 수익 면에서 타의 추종을 불허하는 성과를 이루었다.[9] 아마존(Amazon), 구글(Google), 마이크로소프트(Microsoft), 페이스북(Facebook)과 함께 '빅테크 기업(Big Tech companies)'으로 불리고 있다.

스타벅스(Starbucks Corporation)의 최초 커피숍은 대학 동창이었던 3명의 파트너에 의해 1971년 시애틀에 설립되었다.[10] 그 후 1987년 하워드 슐츠(Howard Schultz)가 기존 체인을 인수하여 불과 6개의 매장을 가진 소규모 지역 커피숍에 지나지 않았던 스타벅스를 2020년 초 77개국 이상의 지역에 30,000개 이상의 매장을 가진 세계 최대 커피하우스 체인으로 성장시켰다.[11]

---

8 "Investment fail: Why Apple's little-known third co-founder sold his 10% stake for $800". CNBC. 2017년 9월 12일, 2021년 8월 19일 접속, https://www.cnbc.com/2017/09/12/apples-third-co-founder-ronald-wayne-sold-his-stake-for-800.html

9 "Apple Reinvents the Phone with iPhone". 2007년 1월 9일, 2021년 8월 19일 접속, https://www.apple.com/newsroom/2007/01/09Apple-Reinvents-the-Phone-with-iPhone/

10 "Who started Starbucks?". FOX Business. 2020년 3월 10일, 2021년 8월 19일 접속, https://www.foxbusiness.com/lifestyle/who-started-starbucks

11 "Starbucks celebrates global milestone with 30,000th store". Starbucks' Stories&

▮ 이 기업들의 공통점은 무엇인가? 이들 기업의 공통점은 기존의 강력한 선도기업을 물리치고 선두의 위치에 오른 기업들의 집단이란 점이다. 별로 놀라운 게 아니라 생각할 수도 있으나 실제로 이는 매우 드문 사례들이다. 영국제조업체를 대상으로 한 조사[12]에 따르면 특정 산업에서 1위 기업이 1위를 유지할 확률은 무려 96%에 이른다. 2위 기업이 2위 이상으로 생존할 확률은 91%, 3위 기업이 3위 이상으로 유지될 확률은 80%로서 선두에 있는 기업들은 웬만해서 그 자리를 내주지 않는다.[13]

실증적 결과를 보면 선두에 있는 기업들은 웬만해서는 그 자리를 잘 내주지 않지만 그 드문 사례의 대부분도 인수합병에 의한 것이거나 기술적 혁신(technological innovation)이 있는 경우에 일어난다. 하지만 위에 열거한 기업들은 인수합병이나 기술적 혁신도 없는 상태에서 선두기업을 따라잡은 기업들의 집단이란 점에서 더욱 관심이 가는 기업들이다.

이들 기업에서 주목할 만한 또 하나의 공통점은 이들 기업 중 대부분은 선도기업에 비해 강한 자원이나 능력이 없는 기업임에도 불구하고 선도기업을 따라잡은 기업이란 점이다. 자원준거론에 따르면 경쟁

News. 2019년 3월 18일, 2021년 8월 26일 접속, https://stories.starbucks.com/press/2019/starbucks-celebrates-global-milestone-with-30000th-store/

12 Davies, S., Geroski, P., Lund, M., & Vlassopoulos, A. 1991. *The dynamics of market leadership in U.K. manufacturing industry, 1979-1986*. London: London Business School, Center for Business Strategy, Working Paper 93; Geroski, P., & Toker, S. 1993. *The turnover of market leaders in U.K. manufacturing: 1979-1986*. London: London Business School, mimeo.

13 Markides, C. 1997. Strategic innovation. *Sloan Management Review*, (spring): 9-23.

사 대비 강한 R&C가 없는 기업은 일등을 하기 위한 전략을 수립할 수가 없고 따라서 이들 기업은 일등을 할 수가 없어야 한다. 하지만 이들 기업들은 경쟁사 대비 강한 R&C가 없음에도 불구하고 뛰어난 전략으로 선두기업을 따라잡은 기업이란 점에서 더욱 흥미로운 기업들의 집단이라고 볼 수 있다.

강한 R&C도 없이, 기술적인 혁신도 없는 상태에서 강력한 선도기업을 따라잡고 선두의 위치에 오른 이런 기업들의 공통점은 전략적 혁신(strategic innovation)을 통해 성공한 기업이란 점이다. 흔히, 기술적 혁신(technological innovation)에 의한 성공이란 기존의 선두업체들이 사용하고 있는 기술을 대체하는, 그리고 보다 뛰어난 새로운 기술이 등장할 때 이러한 새로운 기술로 무장한 이류기업, 후발업체, 또는 신생기업들이 여전히 기존의 기술에 연연하는 선두기업을 따라잡는 것이다. 마찬가지로 전략적 혁신(strategic innovation)이란 기존의 선두기업이 추구하고 있는 전략을 대체하는, 그리고 보다 뛰어난 전략으로 무장한 기업이 여전히 기존 전략에 연연하는 선두업체를 물리치는 것을 의미한다. 따라서, 상기 기업들의 공통점은 전략적 혁신을 통해 성공한 기업, 즉 전략적 혁신기업(strategic innovators)이라는 점이다.[14]

---

14 Markides, C. 1997. Strategic innovation. *Sloan Management Review*, (spring): 9-23.

잠자지 않는 토끼를 거북이가 이길 수 있는가?[15]

우리가 어릴 때부터 많이 들어온 이솝우화 '토끼와 거북이' 이야기를 보자. 이 이야기는 토끼와 거북이의 달리기 경주에서 놀랍게도 거북이가 이기는 이야기다. ▌어떻게 거북이는 토끼를 이길 수 있었는가? 평지에서의 달리기 경주에 필요한 여러 가지 신체적 조건을 보면, 거북이는 토끼에 비해 모든 면에서 열등하다. 하지만 다음 두 가지 조건이 충족되어 거북이는 토끼를 이길 수 있었다. 하나는 경기 중 승리를 확신한 오만한 토끼가 중간에 낮잠을 잔 것이고 또 하나는 거북이가 비록 불리하지만 열심히 '하면 된다'는 굳은 믿음으로 최선을 다해 목적지를 향해 쉬지 않고 기어간 것이다. 이 이야기가 주는 교훈은 어떤 일에서나 오만해서는 안 되며 최선을 다하는 사람이 최후의 승리를 거둘 수 있다는 것이다.

현실을 보자. 거북이에 해당하는 이류기업, 후발업체, 신생업체 등이 '하면 된다'는 신념을 가지고 쉬지 않고 우직하게 기어가는 것은 가능할지 모른다. ▌하지만 토끼에 해당하는 선도기업 중 잠자는 토끼가 얼마나 있을까? 현실은 토끼에 해당하는 선도기업들은 거북이에 해당되는 기업들에 못지않게, 아니 많은 경우 거북이에 해당하는 기업들보다 훨씬 덜 자고, 훨씬 더 열심히 뛰고 있다. ▌만약 토끼가 중간에 잠을 자지 않는다면 평지에서 같은 길을 달리는 경주에서 거북이가 토끼를 이길 수 있을까? 결코 이기지 못할 것이다.

---

15 박철순 · 고샬. 2003. 『세계수준의 한국기업에 도전한다』. 21세기북스, "제5장 거북이는 잠자지 않는 토끼를 이길 수 있는가" 참조.

▌그렇다면 잠자지 않는 토끼를 거북이가 이길 수 있는 방법은 무엇인가? 한 가지 가능한 방법은, 예를 들어 경기 도중 토끼가 벼락을 맞는 것이다. 즉, 운(luck)에 의해 거북이는 잠자지 않는 토끼를 이길 수 있을 것이다. 현실을 보면 최고의 기업들이 실수를 해서, 또는 운이 좋지 않아 선두의 자리를 다른 기업에게 내주는 경우가 꽤 있다. 하지만 "언젠가 토끼가 반드시 벼락을 맞을 것이다" 또는 "언젠가 선두기업이 틀림없이 실수를 할 것이다"란 지극히 가능성이 낮은 희망사항을 믿고 기업을 운영하는 것이 현명한가? 그렇지 않을 것이다. ▌그럼, 운을 고려하지 않은 상태에서 잠자지 않는 토끼를 거북이가 이길 수 있는 방법은 무엇인가? 토끼가 뛰어가는 길이 아닌 지름길을 찾아 달리는 것이다. 이것이 바로 전략적 혁신이다.

자신과 동일한 전략, 그리고 자신과 다른, 혁신적 전략에 대해 선도기업은 어떻게 대응하는가?

▌자신과 동일한 전략을 추구하는 기업, 그리고 자신과는 다른 혁신적인 전략을 수립 및 실행하는 기업에 대해 선도기업은 일반적으로 어떻게 대응하는가? 그리고 그 결과는 어떠한가? 이 질문에 대한 답을 위해 캐논(Canon Inc.)의 복사기 산업 진출 사례를 보자.

1970년대 초반 캐논이 복사기 시장에 진출할 무렵 복사기 시장은 제록스(Xerox)라는 절대 강자에 의해 장악되어 있었다. 이런 복사기 시장에 캐논과 함께 IBM과 코닥(the Eastman Kodak Company) 등 세 기업이 거의 비슷한 무렵에 진출하였다. 결과를 보면 당시 많은 R&C를 보유하고 있던 IBM과 코닥은 복사기 산업 진출에서 참담한 실패를 경험한

〈표 6.2〉 제록스의 전략

제록스의 전략		
제품		고속, 대용량
고객		대기업
운영방법	유통망	직접 영업
	서비스	직접 서비스
	판매대금지급	렌탈/ 리스
	생산	비효율적 & 낮은 제품 신뢰성
	기술	PPC & 건식 토너 기술

반면, 상대적으로 R&C 측면에서 매우 열악한 위치에 있던 캐논은 엄청난 성공을 거두어 마침내 절대 강자였던 제록스와 시장을 양분하는, 어떤 의미에서는 제록스를 능가하는 선도기업의 위치를 차지하게 되었다.

제록스가 장악하고 있던 복사기 시장 진출에서 많은 R&C를 가지고 있던 IBM과 코닥은 참담하게 패배한 반면, 상대적으로 약한 R&C를 보유하고 있던 캐논은 성공할 수 있었던 이유는 무엇인가? 먼저 IBM, 코닥, 캐논이 복사기 산업에 진출할 당시 선도기업이었던 제록스의 전략을 보자(표 6.2 참조).

제록스는 복사기 시장의 강자로서 최고의 제품을 제공하고자 고속, 대용량의 대형 복사기에 집중하였다. 그리고 이런 대형 복사기에 대한 니즈가 가장 많은 대표적인 집단인 대기업을 주요 고객으로 선택하였다.

운영방식 또한 대형 복사기를 대기업에게 효과적으로 제공할 수 있도록 고안되어 있었다. 우선 유통방식은 값이 비싸고 기능이 복잡한 대형 복사기를 대기업에게 판매하기 위해 '직접 영업(direct sales)', 즉 영업사원이 직접 고객을 방문하여 제품 및 서비스에 대해 자세히 설명하고 판매하는 방식을 채택하였다.

그리고 대형 복사기이기에 제품에 문제가 생길 경우 고객이 복사기를 운반하여 수리를 받는 것이 불가능하다. 따라서 제록스는 서비스 인력이 고객을 직접 방문하여 문제를 해결하는 '직접 서비스(direct service)' 방식을 쓸 수밖에 없었다.

대형 복사기라 값이 비쌀 뿐 아니라 주고객이 대기업이기에 그들의 세금 및 현금 유동성 문제 또한 덜어주어야 한다. 따라서 판매대금은 렌탈(rental)방식으로 지급받았다.

가격에 그리 민감하지 않은 대기업이 주고객이라 제록스는 가능한 생산설비를 효율적으로 구축하여 원가를 줄여 보다 싸게 공급하고자 하는 동기가 매우 부족하여 그들 생산설비는 매우 비효율적으로 구축 및 운영되고 있었다.

뿐만 아니라 그들 주고객이 가격이 민감하지 않은 대기업이라 제록스는 매달 복사기 렌탈료, 토너비, 용지비용, 그리고 서비스 비용을 통합해 과금하는 패키지 가격정책을 채택하고 있었다. 따라서 그들 수익의 상당 부분은 복사기가 문제가 생겼을 때 해결해주는 서비스비용이 차지하고 있었다. 이러한 수익구조로 인해 복사기가 고장이 없으면 없을수록 제록스의 수익은 악화되기에 제록스는 제품의 고장을 줄여 서비스가 필요 없게 만들고자 하는 동기 또한 부족하였다. 그 결과 그들 생산설비의 구축 및 운용은 제품의 신뢰성 제고와는 거리가 멀었다.

대형 복사기에 집중한 제록스는 초고속, 대량 복사에 적합한 최첨단의 기술인 '일반용지 복사기술(PPC: Plain Paper Copier)'과 '건식 토너기술(dry toner technology)'에 모든 R&D인력을 집중하여 보다 뛰어난 PPC

와 건식토너기술 개발에 전념하고 있었다.

▌IBM과 코닥은 복사기시장에 진입할 때 어떤 전략을 추구했는가? IBM은 제록스와 마찬가지로 중대형 복사기에 집중하고 대기업을 주고객으로 삼았다. 그리고 영업사원을 통한 직접판매와 서비스도 고객을 직접 방문해 제공하는 방식을 택했고 가격정책 또한 렌탈 방식의 패키지 정책을 고수하였다. IBM은 복사기시장에 진입한 후 제록스의 기술, 그 중에서도 특히 제록스의 PPC 기술 특허 침해와 관련해 많은 분쟁을 겪었다.

코닥 역시 대형 복사기와 대기업에 집중하고 직접 판매 및 서비스 방식을 채택하였다. 마이크로 컴퓨터에 의한 자가 진단시스템을 도입하는 등 첨단의 기능을 다소 추가하였고 가격은 제록스 복사기 보다 조금 낮은 수준으로 책정하였다.

▌후발업체로서 IBM과 코닥의 전략은 기존 선도기업인 제록스의 전략과 어떻게 다른가? 우리는 기본적으로 두 기업의 전략은 제록스의 전략과 동일하다고 볼 수 있다. ▌IBM과 코닥이 〈표 6.2〉에 제시된 제록스의 전략과 동일한 전략을 수립 및 시행하고 있다면 이들 기업이 제록스를 이길 수 있는 방법은 무엇인가?

제2장에서 논의한 대로 동일한 전략일 경우 승자와 패자는 주어진 전략을 누가 더 잘 수행하느냐의 여부에 따라 결정된다. 즉, 누가 더 빠르고 용량이 큰 복사기를 제공하는가? 누가 대기업의 복사기에 관한 니즈를 잘 파악해 이를 제품에 반영하고 있는가? 누구의 영업사원의 역량이 뛰어난가? 누구의 PPC와 건식 토너 기술이 더 우수한가? 등에 의해 결정되는 것이다. 이를 R&C 관점에서 설명하면 "주어진 전략이 필요로 하는 핵심적인 R&C를 누가 더 많이 보유하고 있느냐?"에 의해

승자와 패자가 결정되는 것이다.

주어진 전략을 오랜 기간 수행해온 복사기 시장의 선도기업으로서 제록스는 그 전략이 요구하는 R&C를 상당히 구축하고 있다. IBM과 코닥의 경우 아무리 일반적인 R&C가 많은, 뛰어난 기업이라 할지라도 제록스의 전략이 구체적으로 요구하는 R&C의 수준은 제록스의 그것보다 떨어질 수밖에 없다. 따라서 진입 초기 IBM과 코닥은 제록스를 이길 수 없다.

▌IBM과 코닥의 R&C수준이 선도기업인 제록스의 그것보다 낮은 상황에서 IBM과 코닥이 제록스를 따라잡을 수 있는 방법은 무엇인가? 예를 들어, 선도기업인 제록스가 기존 전략이 요구하는 R&C를 보유하고 있는 정도를 '100'이라고 하자. 후발업체인 IBM과 코닥이 가지고 있는 해당 R&C의 정도는 이보다 떨어지는 '80'이라고 하자. ▌이때, IBM과 코닥이 그들의 R&C 수준을 '80'에서 '100' 이상으로 끌어올리면 이제 이 두 기업은 제록스를 따라잡는 것인가?

▌IBM, 코닥, 캐논 등 세 기업이 복사기 산업에 진출했을 때 선도기업이었던 제록스는 어떤 대응을 했는가? 이들 세 기업이 복사기 산업으로 진출했을 때 제록스가 전사적으로 전개한 캠페인은 '전략 Q(Strategy Q)'였다. '전략 Q'의 핵심은 소형 복사기는 줄이고 제록스의 모든 R&D활동을 대기업을 위한 초고속, 대용량의 복사기를 개발하는 데 더욱 집중하는 것이었다.[16] '전략 Q'의 목표는 한마디로 "훨씬 더 빠르고, 훨씬 더 용량이 큰 복사기를 개발하자"는 것이었다.

---

16 Bradley, Stephen P. 1988. World Copier Industry－1973-83. Harvard Business School Background Note 189-102(November).

당연히 이를 위해 R&D인력을 확충하여 이들로 하여금 보다 뛰어난 PPC, 건식 토너기술을 개발하게 하고, 대기업을 위한 영업사원의 역량 강화를 위해 노력하는 등 기존 전략이 요구하는 R&C의 수준을 한 단계 더 높이는 것이다. 즉, 제록스가 보유한 R&C 수준을 현재의 '100'에서 '150'까지로 높이겠다는 것이다.

IBM과 코닥이 그들 R&C를 '80'에서 '100'으로 끌어올리는 것은 시간이 오래 걸리고 힘들지만 불가능한 것은 아니다. ▌IBM과 코닥이 5~10년 열심히 노력해 그들 R&C 수준을 '100'으로 높이면 과연 그들은 제록스를 따라잡을 수 있는 것일까? 결코 그럴 수가 없다. 그동안 제록스의 R&C는 '전략 Q'를 통해 이미 '150'에 도달해 있을 것이고 이는 IBM과 코닥은 여전히 제록스 대비 경쟁 열위에 있다는 것을 의미한다.

경쟁에서의 목표는 고정된 것이 아니라 경쟁사가 있기에 '끊임없이 움직이는 목표물(moving target)'이란 점을 명심해야 한다. 선도기업이 잠자는 토끼라면 목표는 고정되어 있어 후발업체는 열심히 노력하기만 하면 선도기업을 따라 잡을 수 있을 것이다. 하지만 선도기업이 잠자지 않는 토끼라면 목표는 끊임없이 움직이는 것으로서 후발업체가 열심히 따라가면 선도기업은 더 멀리 가고, 또 최선을 다해 주어진 목표까지 추격하면 선도기업은 더욱 더 멀리 달아나는, 즉 '끝없는 추격전(endless game of catch-up)'을 할 수밖에 없는 것이다.

잠자지 않는 토끼를 거북이가 이길 수 있는 방법은 잠자지 않는 토끼가 중간에 벼락을 맞는 운을 기대하지 않는다면, 지름길을 찾아 달리는 수밖에 없을 것이다. 캐논은 선도기업인 제록스와는 다른 지름길을 찾아 달렸다. 캐논의 전략을 보자(표 6.3 참조).

기존 복사기 시장에서 선도기업인 제록스와 동일한 전략으로 진입

〈표 6.3〉 **제록스의 전략 vs. 캐논의 전략**

제품		고속, 대용량	소형
고객		대기업	중소기업 및 개인사업자
운영방법	유통망	직접 판매	대리점
	서비스	직접 서비스	대리점
	판매대금지급	렌탈/리스	현금
	생산	비효율적 &낮은 제품 신뢰성	효율적 & 높은 제품 신뢰성
	기술	PPC, 건식 토너 기술	CPC, 습식 토너 기술

한 IBM, 코닥과는 달리 캐논은 전혀 다른 전략을 추구하였다. 대형 복사기는 매우 빨리, 그리고 많은 양의 복사를 할 수 있다는 장점이 있는 반면에, 복사실을 따로 두기 때문에 복사를 하고자 하는 사람은 각자의 사무실에서 복사실을 방문해 복사하고 돌아가는, 즉 중앙집중식 복사에서 오는 불편함을 감수해야만 했다. 캐논은 대용량의 빠른 복사기가 고객에게 주는 가치도 크지만 중앙집중식 복사방식에서 오는 불편함을 없애 주는 것도 고객에게 매우 많은 가치를 준다고 믿었다. 이를 위해 캐논은 분산형 복사방식, 즉 각 사무실마다 하나씩, 심지어 각 개인 책상 주위에 하나씩 복사기를 비치하고 주위에서 쉽게 복사할 수 있는 방식을 택하였다.

분산형 복사방식을 위해 제품은 제록스와 달리 대형이 아니라 소형 복사기에 집중해야 했다. 이런 소형 복사기는 대기업들도 필요했으나 이를 더욱 필요로 한 집단은 중소기업이나 개인사업자였다.

제품이 비교적 단순한 소형이고 대기업 각 부서, 중소기업, 그리고 개인사업자에게 판매하기 위해 영업사원이 직접 고객을 방문해서 판매하는 것은 매우 비효율적이다. 따라서 대리점을 통해 판매하는 방식을 채택하였다. 사후 서비스 또한 소형이라 고객이 대리점으로 가져가 수리를 받는 것이 가능하여 이 역시 대리점을 통한 방식을 시행하게 되었다. 상대적으로 저렴한 소형 복사기이기에 자금부담이 적어 렌탈이나 리스가 아니라 직접 현금을 받고 판매하는 것이 가능하였다.

기술 또한 소형 복사기이기에 대용량, 고속 복사를 위한 최첨단 기술인 PPC, 건식 토너기술이 아니라 쉽게 구축이 가능한 가공지 복사기술(CPC: Coated Paper Copier)과 습식 토너기술(liquid toner technology)로 사업을 시작하였다.

반면, 주고객이 가격에 민감한 중소기업과 개인사업자이기에 캐논은 그들의 생산 시스템을 가능한 효율적으로 구축해 적은 비용으로 값싼 복사기를 제공하기 위해 노력했다. 그리고 가격에 민감한 고객이라 패키지 가격정책을 채택할 수 없었고, 이 때문에 제품이 고장 나면 이를 무상으로 수리해 줘야 했다. 따라서 그들의 생산 시스템은 제품의 고장률을 최대한 줄일 수 있도록 설계되었다.

요약하면, IBM과 코닥은 선도기업이었던 제록스와 동일한 전략으로 복사기 시장에 진입한 반면, 캐논은 전혀 다른 제품, 고객, 운영방식, 즉 전혀 다른 전략으로 경쟁하고자 하였다. 기존 선도기업인 제록스와 동일한 전략으로 진입한 IBM과 코닥은 그 전략을 제록스보다 더 잘 수행할 수 있는가, 즉 제록스가 달리는 길을 제록스보다 더 빨리 뛰어갈 수 있는가의 여부에 의해 승자와 패자가 결정된다. 반면에 기존 선도기업인 제록스와 다른 전략으로 진입한 캐논의 경우에는 제록스와 캐논의 전략 중 어떤 전략이 더 많은 가치를 창출하느냐, 즉 누가 선택한 길이 더 지름길인가의 여부에 의해 승자와 패자가 결정이 되는 전략에 의한 경쟁을 하는 것이다.

결과를 보면 제록스와 같은 길을 뒤어갔던 IBM과 코닥은 참담한 패배를 경험한 반면, 다른 길을 달려갔던 캐논은 그 길이 제록스에 못지않은 지름길로서 마침내 제록스와 복사기 시장을 양분하는, 선두기업으로 등극할 수 있었다.

여기서 우리는 다음과 같은 질문을 갖게 된다. **▌제록스는 동일한 전략으로 진입한 IBM과 코닥에 대해 '전략 Q' 등을 통해 적극적으로 대응한 반면, 다른 전략으로 진입한 캐논에 대해서는 왜 아무런 조치를 취하지 않았는가?**

두 가지 이유를 생각해 볼 수 있다. 하나는 IBM과 코닥의 경우 같은 전략이라 시장이 대기업으로 동일해 제록스의 시장을 직접 침범해 이에 민감해서 적극 반응했으나, 캐논은 다른 전략으로서 시장이 달라 직접적인 경쟁을 하지 않기에 덜 민감해 반응하지 않았다는 것이다. 직접적인 경쟁(direct competition)이란 같은 전략을 수행하는 기업 사이에 일어난다. 다른 전략으로 경쟁하는 기업은 시장이 달라 직접적인 경쟁을 피하기에 서로 경쟁자란 의식이 상대적으로 적다. 따라서 덜 민감해 대응을 하지 않게 된다. 이 설명도 상당한 설득력이 있다.

또 하나 가능한 설명은 일반적으로 새로운 전략이 요구하는 R&C는 기존의 전략이 요구하는 그것과 상충(trade-offs)하는 것이 많아 대응하기 힘들다는 것이다. 예를 들어 제록스 기존 전략에 요구되는 핵심 자원 중 하나인 영업사원은 캐논의 전략에는 필요가 없는 것으로서 제록스가 캐논의 전략을 채택해 대응하려면 이러한 영업사원을 줄이거나 없애야 하는, 매우 힘들고 고통스러운 과정을 거쳐야 하기 때문이다.

역시 수긍이 가는 설명이다.

위 두 가지 설명 모두 설득력이 있지만 이 보다 더 설득력 있는 해석은 일반적으로 1위 기업이 가지고 있는 고정관념(fixed mentality) 때문일지도 모른다는 것이다. 1위 기업이 가지고 있는 고정관념 중 가장 대표적인 것은 "최고 기업인 우리가 추구하는 전략이 아닌 다른 전략은 우리 전략보다 열등하다"고 굳게 믿는 것이다. 즉, 복사기 시장에서 성공한 제록스는 복사기는 당연히 빠르고 용량이 커야 하고 고객은 대기업을 대상으로 하는 것이 가장 바람직하다고 굳게 믿고 있는 것이다. 최첨단의 기술인 PPC와 건식 토너기술이 아닌 구식 기술인 CPC와 습식 토너기술을 사용한 소형 복사기를, 개인사업자를 대상으로 사업을 영위하는 캐논을 전혀 위협적으로 생각하지 않고 무시하는 것이다. 선도기업이 혁신적 전략에 적절히 대응하지 못하는 여러 이유 중 가장 대표적인 것이 아마 이러한 선도기업의 고정관념에 의한 오만(arrogance), 그리고 이에 따른 무시(ignorance)일 것이다.

제록스는 진입 초기인 1970년대에는 캐논의 전략을 무시해서 아무런 대응을 하지 않았지만, 10년이 지난 1980년대에는 소형 복사기 시장이 폭발적으로 성장하고 이 시장의 선도기업으로서 캐논은 엄청난 성공을 거두면서 이젠 캐논의 전략이 무시할 수 있는 전략이 아니라는 점이 객관적으로 판명되었다. 하지만 이때에도 제록스는 캐논에 대해 아무런 적극적인 대응을 하지 않았다.

▌초기엔 캐논의 전략을 무시해 아무런 대응을 하지 않았던 제록스가 캐논의 전략이 더 이상 무시할 수 없는 전략이란 사실이 객관적으로 판명된 1980년대 이후에도 아무런 대응을 하지 않은 이유는 무엇인가? 여러 가지 가능한 해석 중 하나는 "너무 늦었다(it is too late)"는 것이다. 초기에 제

록스가 무시하지 않고 적극적으로 대응을 했다면, 그리고 기존 전략과의 상충관계(trade-offs)를 잘 관리하기만 하면, 제록스가 가지고 있던 PPC와 건식 토너기술만으로도 충분히 새로운 전략에서도 캐논을 압도할 수 있었을 것이다. 왜냐하면 캐논도 그들의 새로운 전략에 필요한 R&C를 아직 충분히 구축하지 못했던 때이기 때문이다.

하지만 캐논의 새로운 전략이 성공적이란 사실이 객관적으로 판명이 되기까지의 10년 동안, 캐논은 새로운 전략이 요구하는 R&C를 상당히 구축해 놓았다. 이 시점에 제록스가 캐논의 전략을 따라한다는 것은 이제 제록스가 캐논에 대해 "끊임없는 추격전"을 하겠다는 얘기가 된다. 즉, 캐논의 전략이 성공적인 것으로 객관적으로 판명된 시점에서 제록스는 캐논에 대해 아무런 대응을 안 하는 게 아니라 못하게 된 것이다.

요약하면, 선도기업의 전략적 혁신기업에 대한 대응은 다음과 같다. 초기에는 ① 직접적인 경쟁을 하지 않기에 덜 민감해서, ② 기존 전략을 위해 그동안 구축해 온 R&C와의 상충(trade-offs) 때문에, ③ 새로운 전략을 무시해서 대응을 하지 않는다. 후에 성공적인 전략으로 객관적으로 판명되어 무시하기 어렵게 된 시점에는 ① 대응하기에는 너무 늦어 대응하지 못하거나, ② 대응하지만 이미 늦어 따라잡는데 실패하게 된다.

성공으로 입증된 혁신적 전략에 대한 기존기업의 대응과 과제는?

혁신적인 전략에 대해 기존기업은 초기에는 무시하며 이에 대한 대응을 소홀히 한다. 하지만 그 후 그 전략이 성공적인 것으로 입증되면 기존 기업들은 이에 적극적인 대응을 모색하게 된다. **▌성공으로 입증된 혁신적 전략에 대한 대응에서 기존기업이 직면하는 문제점과 과제는 무엇인가?**

혁신 기업의 선점효과 : 하이트 맥주에 대한 OB맥주의 대응. OB맥주㈜가 장악하고 있던 국내 맥주시장에서 30~40%의 점유율[17]로 만년 2위 기업이었던 조선맥주㈜[18]는 1993년 5월 '하이트'라는 완전 새로운 컨셉의 맥주를 출시하였다. '하이트'는 비열처리공법과 천연 암반수를 사용하여 깨끗하고 건강에 좋은 점을 강조한 맥주였다. 이는 술이란 즐겁게 마시고 놀기 위한 것으로서 건강과는 무관한 것이라는 산업 내 통념을 깨는 것이었다. 즉, 주류의 일종으로 맥주는 일반적으로 건강, 깨끗함과는 거리가 먼 것으로 많은 사람들이 생각하고 있었는데 하이트는 정반대로 맥주도 건강, 깨끗함이 중요하다는 파격을 선보인 것이다.

우연히도 필자는 전혀 새로운 컨셉의 하이트 출시에 대한 기존 마켓리더였던 OB맥주의 반응을 직접 볼 수 있는 기회가 있었다. 하이트가 출시된 지 얼마 되지 않은 시점에 필자는 당시 OB맥주를 주 계열사로 두고 있던 두산그룹의 고위 경영진을 대상으로 한 강의를 한 적이 있었다. 필자는 강의 후 쉬는 시간에 OB맥주 경영진과 얘기를 나누던 중 그들에게 국내 맥주시장의 현황에 대해 물어보았다. 이런 대답이 돌아왔다. "우리는 국내 맥주시장에선 독보적 1위 업체입니다. 2위 업체인 조선맥주㈜가 최근 하이트를 출시했는데 이 기업은 이것저것 하다 안 되니 이젠 별 걸 다 시도해 보는 것 같습니다. 이번에도 안 될 텐데

17 2019. 메리츠증권금융 리서치센터. 각 사 자료 취합.

18 1998년, 2011년 하이트맥주㈜, 하이트진로㈜로 각각 사명 변경.

정말 걱정입니다. 2위 업체가 어느 정도는 해 줘야 하는데 망해서 우리가 독점기업이 되면 규제가 심해지고 힘들어지는데…” 전혀 하이트 출시가 위협적이라 생각하지 않았던 것이다. 말도 안 되는 시도라며 무시하는 것이었다. 혁신적인 전략에 대한 선도기업의 일반적인 반응인 것이다.

OB맥주의 예상과는 달리 하이트는 출시 후 엄청난 매출성장을 달성하였다. 하이트의 전략이 무시할 수 있는 전략이 아니라는 것이 객관적으로 판명되자 위협을 실감한 OB맥주는 대대적인 반격을 시도하였다. 1994년 3월 아이스 공법맥주인 ‘OB아이스’를 출시한 것이다. 하이트와 마찬가지로 OB아이스 또한 발효 후 상온에서 숙성시키고 병에 넣은 후 열처리를 하는 기존 맥주와는 다르다는 점을 강조하였다. 그리고 빙점 이하에서 숙성시키고 병에 넣기 전에 마이크로 멤브레인 필터로 미세한 세균과 효모를 걸러 줌으로써 건강 및 위생 측면에서도 하이트보다 뛰어남을 집중 홍보하였다. 광고에서도 하이트가 그 당시 신인 배우에 지나지 않았던 배용준을 CF모델로 기용한데 비해 OB아이스는 당시 월드스타로 각광받던 강수연을 모델로 알프스 광고 로케 촬영을 감행하는 등 언론보도 및 광고 물량 공세를 퍼부었다.

하지만 시장의 반응은 차가웠다. 이미 하이트는 선발업체로서 ‘깨끗한 맥주, 순수한 맥주, 건강에 좋은 맥주’라는 강한 브랜드 이미지를 확고히 하였고 이를 OB아이스가 따라가기에는 역부족이었다. 너무 늦은 것이다.

하이트는 출시 3년 만에 제품기준으로 시장점유율 1위를 차지하였고 OB맥주는 OB아이스를 포기하고 ‘기본으로 돌아가자’라는 캐치프레이즈 아래 기존 OB맥주와 같은 컨셉, 즉 맥주란 마시고 즐기는 것이다는 컨셉으로 OB라거를 출시하였다. 이런 과정을 거쳐 맥주업계의 1위와 2위가 바뀐 채 한동안 그 순위는 고착되었다.

요약하면, 하이트에 대한 OB맥주의 대응을 보면 처음엔 무시하다가 무시할 수 없게 된 시점에 반격을 했으나 하이트의 선점효과(first mover effects or advantage)를 극복하지 못한 것이다.

학습과 망각의 이중과제 : 사우플론(Sauflon Pharmaceutical Limited)[19·20]

영국 콘택트렌즈 및 애프터-케어 용액(after-care solution)산업을 보자. 1985년 설립된 사우플론은 설립된 지 얼마 되지 않아 영국 콘택트렌즈 및 애프터-케어 용액 업계에서 마켓 리더의 위치에 올랐다. ▌설립된 지 얼마 되지 않은 신생기업이 어떻게 그리 짧은 기간 내 업계 1위에 오르게 되었는가?

사우플론이 설립된 1980년 중반 영국 콘택트렌즈 용액 산업에서는 콘택트렌즈 용액은 당연히 슈퍼마켓을 통해 판매하는 것이 가장 성공적인 것으로 믿고 있었다. 따라서 기존 업체들 간의 경쟁은 누가 슈퍼마켓과의 네트워크를 강력하게 유지하여 슈퍼마켓 내 좋은 위치의 선반에 많은 공간을 차지해 진열하는가에 의해 이루어지고 있었다. 즉, 업계에서 요구되는 핵심적 자원 중 하나는 '슈퍼마켓과의 네트워크'였던 것이다.

사우플론이 사업을 시작할 무렵 영국 내 환경변화 중 하나는 과거

---

19 유럽 내 콘택트렌즈 및 애프터-케어(after-care) 용액 1위인 영국기업으로 2014년 쿠퍼비전(CooperVison Inc.)에 인수됨.

20 박철순 · 고샬. 2003. 『세계수준의 한국기업에 도전한다』. 21세기북스 참조.

소규모 개인 안경점들의 대형화, 체인화가 이루어지고 있었고 이에 따라 콘택트렌즈 용액의 유통망으로 거대한 잠재력을 가지고 있었다. 하지만 기존 업체들은 이를 간과하고 여전히 슈퍼마켓과의 네트워크 확보 및 강화에만 집중하고 있었다.

이 산업에 새로 진입한 사우플론은 유통망으로서 많은 잠재력을 가진 대형 안경체인점에서의 기회를 간파하고 이에 집중하였다. 사우플론은 대형 안경점을 방문하여 콘택트렌즈 및 용액 시장을 창출하는 주체인 검안의(opticians)에게 수익을 돌려준다는 자극적인 캠페인으로 사우플론 제품은 슈퍼마켓에서는 판매하지 않고 이들 안경점 체인에서만 판매하겠다는 제안을 하였다. 그리고 사우플론의 브랜드로 판매할 뿐 아니라, 안경체인점 자체 브랜드로도 판매가 가능하도록 하였다.

안경체인점을 유통망으로 장악한 사우플론의 실적은 눈부셨다. 콘택트렌즈 고객들은 건강과 관련된 이슈라 검안 후에 안경점의 안과의사나 검안의에게 콘택트렌즈 용액 추천을 구하게 되고 이는 바로 판매로 이어졌던 것이다.

❙ 바슈롬(Bausch & Lomb), 시바 비전(Ciba Vision), 엘러간(Allergan), 알콘(Alcon)과 같은 기존 업체들은 왜 사우플론의 진입전략에 아무런 대응을 하지 않았는가? 당연히 이들 업체들은 초기에 무시했을 것이다. 즉, 콘택트렌즈 용액은 슈퍼마켓을 통해 판매해야 하는데 슈퍼마켓은 이미 이들 업체들에 의해 장악되어 유통망으로 사용하기 어려웠기 때문에, 사우플론은 비록 바람직한 유통망은 아닐 지라도 조금이라도 매출을 올리기 위해 할 수 없이 안경점을 유통망으로 선택한 것으로 그들은 생각했을 것이다.

하지만 나중에 사우플론의 전략이 더 이상 무시할 수 없는 전략이란 사실이 입증된 후에도 이들 업체들은 사우플론의 전략을 채택하여 따라가기가 어려웠다. 이는 기존 전략을 위해 구축한 R&C가 사우플론의 전략이 요구하는 그것과 상충되기 때문이다. 즉, 사우플론의 전략을 시행하기 위해서는 우선 기존 전략을 위해 구축한 핵심 자원인 슈퍼마켓과의 네트워크를 포기해야 하기 때문이다. 그리고 사우플론 전략이 요구하는 새로운 자원인 안경체인점과의 네트워크를 구축해야 했다.

새로운 R&C를 구축하는 과정을 우리는 일상적인 용어로 '학습(learning)', 그리고 기존의 R&C를 포기하는 과정을 '망각(unlearning or forgetting)'이라 부른다. 일반적으로 "새로운 R&C을 구축하는 것은 매우 어렵다. 하지만 기존의 R&C를 포기하는 것은 훨씬 더 어렵다(Learning is difficult. But unlearning or forgetting is much more difficult than learning)". 즉, 기존 업체의 경우 사우플론의 전략을 따라하기 위해서는 다음의 두 가지 과제가 요구된다. 하나는 기존 핵심 자원인 슈퍼마켓과의 네트워크를 단절하는 것이고 또 하나는 새로운 전략이 요구하는 핵심 자원인 안경체인점과의 네트워크를 구축하는 것이다. 후자도 어렵지만 전자는 더욱 어렵다.

기업이 기존 전략을 위해 구축한 R&C가 새로운 전략이 요구하는 R&C와 상충하기 때문에 새로운 전략에 제대로 대응하기 어려운 사례는 매우 많다. 고급의료용 비누라는 컨셉으로 등장한 뉴트로지나(Neutrogena)에 대한 비누업계의 선두주자 아이보리(Ivory)의 대응도 마찬가지였다. 아이보리의 기존 전략에 요구되는 자원 중 하나는 저가의 일상비누로서 친근한 이미지였다. 고급 의료용 비누라는 새로운 전략으로 진입한 뉴트로지나의 전략을 제대로 수행하기 위해서는 고급 의료용 비누라는 새로운 이미지 구축이 필요함과 동시에 그동안 많은 투자를 통해 축적해온 저가의 일상비누라는 친근한 이미지를 포기해야 하는, 더 힘든 과제를 수행해야 했던 것이다.

기존 사업과 새로운 사업과의 시너지 : 이마트의 이베이 코리아 인수.[21] 한국 오프라인 유통업계의 강자 이마트의 온라인 유통사업에 대한 대응을 보자. ㈜이마트는 1993년 11월 이마트 창동점을 개점하면서 1990년대 한국 대형할인점 시대를 열었다. ㈜이마트는 2021년 4월 기준 국내에 141개의 매장을 운영하고 있는 국내 대형마트 1위 업체로서 오랜 기간 매장 수, 매출, 수익뿐만 아니라 고객만족도 등 거의 모든 부문에서 선두를 차지하고 있었다. 그리고 ㈜이마트는 대형 할인매장인 '이마트' 외에도 창고형 할인매장 '트레이더스', 온라인 쇼핑몰 '이마트몰' 등을 운영하고 있다.[22]

이마트는 그동안 오프라인 유통업계의 강력한 경쟁자들의 도전에 성공적으로 대응해 왔다. 월마트, 까르푸, 테스코라는 글로벌 3대 대형마트 조차 견디지 못하고 한국시장에서 철수하였고, 국내 2위와 3위 업체인 홈플러스와 롯데마트는 이마트와 동일한 전략으로 추격을 위해 총력을 기울여 왔으나 이마트와의 격차는 줄어들기는커녕 점차 벌어지고 있는 실정이다.

하지만 무서운 기세로 시장을 확장하고 있는 네이버쇼핑, 쿠팡 등 전자상거래 업체에의 대응에는 상대적으로 미온적이었다. 이마트가 전

---

21 "신세계, 3.4조에 이베이 인수… 쿠팡 제치고 이커머스 2위로". 조선일보. 2021년 6월 25일, 2021년 8월 18일 접속, https://www.chosun.com/economy/economy_general/2021/06/25/LU7XOCSRL5AAPCYA2UHGL4OIIQ/

22 ㈜이마트, http://emartcompany.com/ko/company/history.do (2021.4.20)

자상거래 업체에 대한 대응이 상대적으로 미흡했던 이유는 무엇보다도 오프라인 사업의 선도기업으로서 가지고 있던 고정관념에 의한 오만함 그리고 이에 따른 무시가 많은 영향을 미쳤기 때문이다. 이마트는 고정관념에 의한 오만함으로 다음과 같은 판단을 하고 온라인 사업에 대해 무시해 왔을 것으로 추측된다. 즉, 유통업에서 오프라인 사업은 매우 어렵고 많은 경험을 필요로 하나 온라인 사업은 누구나 할 수 있는 사업이다. 그리고 온라인 시장이 비록 커진다 하더라도 오프라인 시장은 여전히 중요한 핵심 시장으로서 그리 큰 영향이 없을 것이다. 뿐만 아니라 온라인 사업은 수익모델이 취약하고 그 결과 대부분의 온라인 업체들은 적자에 허덕이고 있고 앞으로도 이런 상황은 개선될 여지가 별로 없다. 만약 온라인 사업 전망이 호전되면, 누구나 할 수 있는 쉬운 사업이므로 집중적인 투자를 통해 충분히 따라잡을 수 있다.

전자상거래 시장의 급격한 확대에 따라 이마트, 롯데쇼핑 등 기존 오프라인 유통업체들은 SSG닷컴, 롯데ON 등 자체 통합 온라인플랫폼을 구축하여 대응해 왔으나, 2020년 그들의 시장점유율은 롯데ON 5.0%, SSG닷컴 2.4%로 네이버쇼핑(16.6%), 쿠팡(13.0%), 이베이 코리아(12.4%), 11번가(6.0%)보다 처진 5위, 6위에 지나지 않는다.

이처럼 부진한 전자상거래 사업을 강화하기 위해 2021년 6월 ㈜이마트는 G마켓, 옥션, G9을 운영하고 있던 이베이 코리아를 무려 3조 4,400억원에 지분 80.1%를 매입하고 인수하기로 결정하였다. 이로써 이마트는 신세계몰과 이마트몰의 통합 온라인몰인 SSG닷컴과의 결합을 통해 전자상거래에서 시장점유율 15%로 쿠팡을 제치고 업계 2위 기업으로 자리매김하게 되었다.

▌전자상거래 업체의 선점효과를 극복하기 위한 이마트의 이베이 코리아

인수는 성공적인 결과를 가져올 것인가? 대규모 투자결정의 성공여부는 이마트의 기존 오프라인 사업과 강화된 온라인 사업이 얼마나 많은 시너지를 창출하는가, 아님 오히려 두 사업 간 상충된 시스템, 문화 등으로 인한 경영상의 어려움을 가중시킬 것인가에 의해 결정될 것이다.

전략적 혁신은 구체적으로 어떻게 하는가?

우리는 지금까지 강한 R&C가 없는 이류기업, 후발업체, 또는 신생기업이 강한 기존 선도기업을 따라잡을 수 있는 방법으로서, 그리고 선도기업이 그 선두의 위치를 지속적으로 유지하기 위한 방법으로서 전략적 혁신이 무엇인지, 이러한 전략적 혁신이 어떻게 성공할 수 있는지, 그리고 혁신적 전략에 대한 기존 기업의 대응은 어떤 문제점을 가지고 있는지에 대해 논의하였다. 지금부터는 전략적 혁신은 언제 하는 것인가, 그리고 전략적 혁신은 구체적으로 어떻게 하는 것인가에 대해 살펴보도록 하자.

전략적 혁신은 언제 하는 것인가: 산업규범과 전략적 혁신

일반적으로 경영자들은 그들의 판단이나 이해를 지배하는 그들 나름의 준거기준 또는 준거틀(frame of reference)을 가지고 있다. '경영자의 준거틀(managerial frame of reference)'[23] 또는 '정신적 모형(mental model)'[24]은 기업이나 그 기업이 속한 산업에 대한 이해의 범위를 한정하고, 그 기업의 전략을 수립 및 실행하게 하는 가정, 전제, 그리고 수용하는 지혜로 정의할 수 있다. 이러한 경영자의 준거틀은 필연적으로 경영대학에서의 교육을 비롯한 여러 교육경험, 동료, 컨설턴트, 경영관련 신문이나 잡지, 그리고 그들 자신의 경력에 의해 오랜 기간에 걸쳐 형성된다.

이러한 경영자의 준거틀 중에서도 한 산업 내의 경영자들이 공통적으로 가지고 있는 준거틀을 '산업규범(industry norms)' 또는 '산업 레시피(industry recipe)'[25]라 부른다. 이러한 산업규범 또는 레시피는 한 산업 내 경영자들이 어떻게 경쟁할 것인가에 대해 공유하고 있는 공통의 언어 및 이해로 정의할 수 있다. 그리고 이런 산업규범은 경영자의 일반적 준거틀과 마찬가지로 동일한 산업 내 경영자들이 동일한 교육과정을 밟고 공동의 네트워크를 맺고 동일한 회의에 참석하고 동종 업계 잡지 등을 읽게 됨으로써 오랜 기간에 걸쳐 형성된다.[26]

산업 내 경영자들이 공통적으로 가지고 있는 준거틀인 산업규범 또는 레시피는 눈으로 볼 수는 없으나 그 결과물은 산업 내 확립된 게임의 법칙(rules of the game), 또는 한 산업 내에서 당연히 받아들이는 여러 가지 관행이나 관례(practices)의 집합에서 발견할 수 있다. 따라서 우리는 산업규범 또는 산업 레시피를 다음과 같이 정의할 수 있다. '산업

---

23 Hamel, G & Prahalad C.K. 1993. Strategy as stretch and leverage. *Harvard Business Review* (March-April): 75-84.

24 C. Markides. 1997. Strategic innovation. *Sloan Management Review*(spring): 9-23.

25 Spender, J. C. 1989. *Industry recipes*. Oxford: Basil Blackwell.

26 Duhaime, I. M., Stimpert, I., & Chesley, J. 2012. *Strategic thinking: Today's business imperative*. Routledge.

내에서 당연히 받아들이는 관행 및 관례의 집합'.

전략적 혁신은 한마디로 이러한 산업규범에 대해 문제의식을 가지고 깨는 것이다. ▌그럼 이런 산업규범에는 어떤 것들이 있는가? 우리가 기업에서 하는 일 중에 평소 왜 나는 이 일을 이렇게 해야 하는지 고민하는 것이 얼마나 있을까? 아마 대부분의 일들은 당연히 이렇게 하는 것이 맞다고 믿으며 하고 있을 것이다. 우리 교수들이 하는 일도 마찬가지다. 교수들의 주 업무인 연구와 강의 중 우선 강의만 보자. 왜 교수는 서서 강의하고 학생들은 앉아서 강의를 듣는가? 왜 학생이 서고 교수가 앉으면 안 되는가? 한 번도 고민해 본 적이 없다. 당연히 강의할 때 교수는 서야 하고 학생은 편하게 앉아서 들어야 한다고 믿고 그렇게 하는 것이다. 왜 우리는 어색하게 서로 얼굴을 마주보고 강의를 해야 할까? 전혀 이 점에 대해서도 문제의식을 가져 본 적이 없다. 당연히 강의할 때는 처음보는 학생이라도 서로 어색하지만 마주보고 해야 한다고 믿고 있는 것이다. 왜 강의 교재가 필요한가? 한번도 답을 생각해 본 적이 없다. 그냥 남들이 다 그렇게 하니까 하는 것이다. 교수들이 강의하면서 하는 일의 대부분은 산업규범인 것이다. 마찬가지로, 우리가 기업에서 일상적으로 하고 있는 대부분의 일들은 산업규범이라 할 수 있다.

▌이러한 산업규범에 대해 문제의식을 가지고 깨야 하는 이유는 무엇인가? 산업규범이 형성되는 과정을 보자. 어느 산업이나 초창기에는 여러 가지 다양하고 서로 경쟁적인 관행들이 존재한다. ▌이런 다양한 관행 중 하나가 산업규범으로 자리 잡게 되는데 과연 어떤 관행이 산업규범이 될까? 예를 들어 강의를 할 때 어떤 사람은 서서 하고, 어떤 사람은 앉아서, 그리고 또 어떤 사람은 엎드려서 강의를 하고 있다고 하자. ▌이런 강의

하기 위한 다양한 관행 중 어떤 관행이 산업규범이 될까? 아마 다음과 같은 과정을 거쳐 산업규범이 형성될 것이다. 즉, 앉아서 강의하는 사람은 본인 강의에서 학생들이 졸거나 강의 내용을 제대로 알아듣지 못하는 반면, 서서 강의하는 사람의 학생들은 졸지도 않고 같은 강의 내용이라도 훨씬 이해가 빠르다는 것을 인지하게 된다. 이때 앉아서 강의하는 사람은 고민을 하게 된다. 다른 점은 서서 강의하는 것인데 그렇다면 나도 서서 강의를 해볼까? 고민 끝에 한 번 시도해 보기로 한다. 서서 강의했더니 학생들을 똑 바로 마주 볼 수 있어 학생들이 졸기 어렵고 학생들의 반응도 훨씬 판단하기 쉬워 그 반응에 따라 즉각적으로 대응할 수 있었다. 그리고 말뿐 아니라 여러 가지 몸동작을 학생들이 볼 수 있어 같은 내용이라도 전달이 훨씬 쉽다는 걸 깨닫게 된다.

이젠 엎드려서 강의하던 사람이 고민을 하게 된다. 원래 서서 강의하던 사람과 처음엔 앉아서 하다 서서 강의하는 걸로 바꾼 사람은 강의 결과가 좋은데 본인은 제대로 안 되고 있다는 점에 대해 고민을 하게 된다. 그러다 마침내 본인도 서서 강의를 해보고 이 방법이 아주 효과적이란 걸 인식하게 된다.

이런 과정이 지속되다 일정 시점을 지나면 그 업계 내 사람들은 서서 강의하는 것이 가장 성공적이란 점에 대해 더 이상 문제제기를 하거나 의문 시 하지 않게 된다. 이때부터 '서서 하는 강의'라는 관행은 그 업계의 규범이 된다. 따라서 산업규범이란 여러 다양한 관행 중 여러 시행착오를 거쳐 가장 성공적인 것으로 입증된 관행들의 집합이다.

▌산업규범이란 일반적으로 가장 성공적인 관행들의 집합인데 왜 우리는 이러한 산업규범에 의문을 가지고 바꿔야 하는가? 산업규범을 좀 더 명확히 정의하면 산업규범이란 규범으로 확립될 시점에 가장 성공적인 관

행들의 집합이다. 일단 산업규범으로 확립되고 나면 산업 내 대부분의 사람들은 그 관행에 대해 더 이상 문제제기를 하거나 의문을 가지지 않는다. 당연히 그렇게 하는 것이 바람직하다고 믿고 사용하는 것이다.

그러는 과정에 시간이 지나고 환경이 변한다. 변화된 환경에서는 그 관행이 더 이상 가장 성공적인 관행이 아니다. 그럼에도 불구하고 그 관행은 산업규범이기 때문에 아무도 문제제기나 의문시하지 않고 당연한 것으로 받아들여 쓰고 있다.

전략적 혁신은 이런 산업규범에 대해 문제제기를 하고 바꾸는 것이다. 즉, 전략적 혁신이란 산업규범 중 환경변화로 인해 더 이상 가장 성공적인 관행이 아닌 규범에 대해 문제제기를 하고 바꾸는 것이다.

한 산업 내에서 당연히 받아들이는 여러 가지 관행들의 집합인 산업규범 모두가 바뀌어야 될 대상이 아니다. 환경변화로 인해 더 이상 가장 성공적이지 않은 산업규범을 바꾸어야 한다. 이는 환경변화가 심하면 심할수록 기존 산업규범 중 더 이상 성공적이지 않은 산업규범이 많아진다는 의미이고 이는 환경변화가 심하면 심할수록 전략적 혁신의 기회가 많아진다는 뜻이 된다.

수많은 산업규범 중 어떤 규범에 집중해 바꿔야 하는가?

전략적 혁신을 위한 방법은 산업규범 중 환경변화로 인해 더 이상 성공적이지 않은 규범을 바꾸는 것이다. 하지만 산업규범이란 우리가 기업활동을 하면서 하는 거의 대부분이기에 그 많은 규범 하나하나에 대해 환경변화는 있었는가, 있었다면 그 변화에도 불구하고 해당 규범은 여전히 가장 바람직한 규범인가, 아니라면 어떤 새로운 규범이 가능할까 등을 일일이 확인하는 것은 현실적으로 불가능하다.

따라서 점검해야 할 규범의 범위를 제한하고 그 제한된 범위 내에서의 규범에 집중할 필요가 있다. ▌어떤 산업규범으로 제한해 점검할 것인가? 한 가지 방법은 제2장에서 논의한 전략의 구성요소인 고객, 제품, 주요 운영방식에 관한 산업규범에 집중하는 것이다. 지금 우리는 혁신적인 '전략'을 수립하고자 한다. 그렇다면 우리가 당연히 바람직하다고 믿고 있는 전략, 즉 고객, 제품, 운영방식에 관한 선택을 의문 시 해보고 이를 바꾸는 것이다. 마르키데스 교수(1997)[27]와 아벨 교수(1980)[28]도 "누가-무엇을-어떻게(who-what-how)"에 관한 질문을 전략적 혁신을 위한 기준으로 보고 있지만 본서에서는 이 세 가지 요소를 전략의 핵심 구성요소, 또는 전략 그 자체로 취급한다는 점에서 차이가 있다.

어느 산업이든지 보라. 그 산업에서는 "우리 고객은 당연히 이런 욕구를 가진 집단이고, 그 대표적인 계층은 이런 집단이다"라고 굳게 믿고 있는 것이 있다. 그 산업의 고객에 관한 산업규범이다. 역시 어느 산업에서나 "우리 제품 또는 서비스는 당연히 이런 기능, 디자인 등을 가진 것이 가장 바람직하다"고 의심없이 받아들이고 있는 게 있다. 이는 그 산업에서의 제품/서비스에 관한 산업규범이라 할 수 있다. 그리고 어느 산업을 보더라도 "우리 산업에서 특정의 운영은 당연히 이런 방식으로 하는 것이다"라고 누구나 믿고 있는 것이 있다. 이를 우리는 그 산업에서의 운영방식에 관한 산업규범이라 할 수 있다.

---

27 Markides, C. 1997. Strategic innovation. *Sloan Management Review*(spring): 9-23.

28 Abell D. 1980. *Defining the business: The starting point of strategic planning*. Englewood Cliffs, New Jersey: Prentice-Hall.

요약하면 전략적 혁신을 구체적으로, 그리고 체계적으로 할 수 있는 방법 중 하나는 수많은 산업규범 중 전략의 구성요소인 '고객-제품-운영방식'에 관한 산업규범에만 집중하여 깨 보는 것이다.

예를 들어, '스위스 시계산업'을 보자. 스위스 시계산업에는 수많은 산업규범이 존재하나 그 중에서 전략의 구성요소인 고객, 제품, 운영방식에 관한 산업규범에만 집중해 보자. ▌스위스 시계 산업에서 스위스 시계는 어떤 제품이 바람직하다고 믿고 있는가? 당연히 스위스 시계는 정교하고 고급스러운 시계여야 한다고 믿고 있다. 아무도 이에 대해 의문을 가지지 않는다. 우리는 이를 스위스 시계산업의 제품에 관한 산업규범이라 할 수 있다.

▌스위스 시계 산업에서 고객은 누구인가? 산업 내 대부분의 사람들은 스위스 시계의 고객은 정교하고 고급스러운 시계에 관한 니즈를 가진 사람들의 집단으로서 그 구체적인 계층은 당연히 돈이 많고 나이도 많은 사람이라고 생각할 것이다. 스위스 시계산업에서 고객에 관한 산업규범은 따라서 부유층 및 중/장년층이 된다.

주요 운영방식 중 생산을 보자. ▌스위스 시계는 어떤 방식으로 생산해야 하는가? 정교하고 고급스러운 제품을 위해서 당연히 스위스 시계는 수공으로 생산하는 게 가장 바람직하다고 생각하고 있을 것이다. 다른 생산방식은 전혀 고려대상이 아닐 것이다. 이는 스위스 시계산업에서의 생산방식에 관한 산업규범이다.

▌어디를 통해 유통하는 것이 좋을까? 고급 시계이므로 당연히 시계전문점(specialty stores)과 귀금속상(jewelry stores)을 통해 유통해야 한다고 다들 믿고 있을 것이다. 스위스 시계산업에서의 유통망에 관한 산업규범이라 할 수 있다.

위와 같은 일련의 질문에 대한 답이 스위스 시계산업에서 전략의 구성요소, 즉 제품-고객-운영방식에 대한 산업규범이다. 여기에 집중해 의문을 가져보고 바꿔보는 것이다. 제2장에서 논의한 대로 전략이란 제품, 고객, 주요 운영방식에 관한 일관된 의사결정의 집합이므로 이 중 하나를 바꾸면 나머지 모두가 바뀌게 된다. 즉, 제품에 관한 산업규범을 깨고 바꾸면 이에 따라 고객이 바뀌고 운영방식 또한 변하게 된다. 마찬가지로, 고객을 바꾸면 제품 및 주요 운영방식이 이에 따라 바뀌게 된다. 역시 주요 운영방식 중 하나를 다른 것으로 변경하게 되면 이에 따라 다른 운영방식, 제품, 고객 등을 이에 맞춰 바꿔야 한다.

예를 들어, 스위스 시계산업에서 제품에 관한 산업규범에 의문을 제기하고 이를 변경한다고 하자. "스위스 시계가 반드시 정교하고 고급스러운 것만 바람직한가? 혹시 패션이 더 중요하지 않을까?" 이런 의문점에 따라 스위스 시계산업에서 바람직한 제품으로 정교하고 고급스러운 시계가 아닌, 패션시계로 변경해 보자. 스와치(Swatch)가 등장하게 된 배경이다.

제품을 스와치와 같은 패션시계로 결정하면 이에 적합한 고객은 패션에 니즈가 큰 집단이 되고 그 구체적인 계층은 부유층/중장년층에서 젊은 사람으로 바뀌게 된다. 주고객이 아직 경제력을 충분히 갖추지 못한 젊은 사람이라면 생산비용이 많이 드는 수공생산이 불가능하고 이를 대량생산방식으로 변경할 수밖에 없게 된다. 유통망 또한 시계전문점이나 귀금속상이 아닌, 젊은 사람들이 쉽게 접할 수 있는 백화점, 대형마트, 공항 대합실 등 다양한 채널로 변경하게 된다. 즉, 전략의 구성요소 중 하나를 변경하면 나머지 모든 요소들이 일관되게 바뀌게 되는 것이다.

전략 또는 '고객-제품-운영방식'에 관한 산업규범은 어떻게 바꿀 수 있는가?

마르키데스 교수(1997)[29]는 누가(who), 무엇을(what), 어떻게(how), 그리고 사업을 재정의함으로써 혁신적인 전략을 선제적이고 체계적으로 찾아낼 수 있다고 제안하였다. 본서에서는 이를 전략의 구성요소로 보고 이를 재정의할 수 있는 보다 구체적이고 체계적인 방법을 사례와 함께 살펴보자.

사업을 달리 정의할 수 있는 방법은 무엇인가?

제4장에서 우리는 산업을 수요의 대체성(substitution in demand)이 높은, 또는 공급의 대체성(substitution in supply)이 높은 제품 및 서비스를 제공하는 기업들의 집단으로 정의하였다. 즉, 산업은 유사한 고객을 대상으로 하는 또는 유사한 제품을 제공하는 기업들의 집합이라 할 수 있다. 일반적으로 우리는 기업이 속한 사업을 이러한 산업관점에서 정의하고 있다.

우리는 일반적으로 기업이 속한 사업을 산업관점, 즉 최종 제품 또는 고객 관점에서 정의하고 있지만 이는 단지 그 기업의 정관에 그 기업의 사업에는 이런 것들이 있다고 명기한 것에 지나지 않고, 또는 외부에서 그 기업은 이런 산업에 속한다고 분류해 놓은 것에 지나지 않는다. 경영자는 본인이 속한 기업의 사업에 대해 본인이 원하는 대로,

---

29 Markides, C. 1997. Strategic innovation. *Sloan Management Review*(spring): 9-23.

생각하는 대로, 자유롭게 정의할 수 있다. 정관에서나 외부에서 그 기업의 사업을 어떻게 정의하든 전략가로서 경영자는 머릿속으로 본인이 속한 기업의 사업을 자유롭게 정의할 수 있다는 것이다.

예를 들어 TV홈쇼핑사업을 보자. 한국표준산업분류에 따르면 TV홈쇼핑은 '기타 통신판매업', 보다 넓게는 소매업으로 분류되어 있다. 대부분의 업계 종사자뿐 아니라 일반 대중들도 TV홈쇼핑사업은 소매업으로 생각하고 있다. ▌하지만 달리 생각할 수는 없는가? 방송업, 광고업, 엔터테인먼트사업 등으로 달리 생각하면 안 되는가? 정관을 변경하거나 산업분류를 변경해 달라고 요청하자는 것이 아니다. TV홈쇼핑 사업을 하되 단지 머릿속으로만 소매업이 아닌 다른 사업으로 생각하자는 것이다.

사업을 달리 정의하는 방법에 있어 가장 중요한, 그리고 가장 먼저 해야 할 일은 기존 사업에 대한 고정관념을 버리고 자유롭게 다양한 다른 사업들로 생각해 보는 것이다. 어떤 사업으로 생각하느냐에 따라 그 사업의 고객이 어떤 사람이고 어떤 니즈를 가지고 있는지, 어떤 제품이 바람직한 지, 그리고 각 운영방식은 어떻게 해야 하는 지, 즉 어떤 전략이 바람직한지가 달라진다.

예를 들어, 냉장고사업을 보자. 냉장고 사업이란 당연히 음식물 저장 및 보관을 위한 가전사업이다. ▌냉장고사업을 음식물 저장 및 보관을 위한 가전사업이라 생각한다면 어떤 제품, 즉 어떤 냉장고가 바람직할까? 음식물 저장 보관을 위한 제품이니 위생, 청결이 중요하다. 따라서 제품 색상은 백색이 주를 이루게 된다. 그리고 음식물이 튈 경우 쉽게 닦아 낼 수 있어야 하므로 주로 강판에 코팅한 재질을 사용하게 된다. 냉동과 냉장기술, 그리고 전력 소모를 최소화할 수 있는 절전기술이 중요하다. 이에 따라 가전사업으로서 바람직한 제품인 냉장고가 결정된다(그림

[그림 6.2] 냉장고: 가전사업 vs 가구업

(a) 가전사업 (b) 가구업

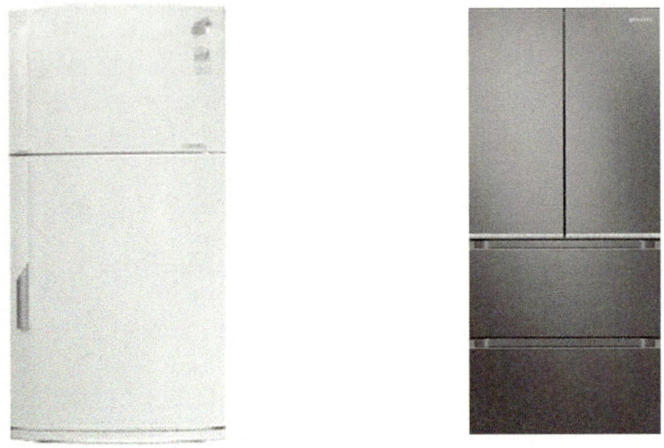

6.2.a 참조).

이번엔 같은 냉장고사업을 하고 있으나 이를 음식물 저장 및 보관을 위한 가전사업이 아닌 가구업으로 생각하는 기업이 있다고 하자. 냉장고를 제조하고 판매하고 있으나 단지 생각만 이를 가전사업이 아니라 가구업으로 생각하는 것이다. ▌냉장고 사업을 가구업으로 생각한다면 어떤 제품이 바람직한 냉장고일까? 주위 가구들과 조화를 이루기 위해서는 다양한 색상과 재질을 사용한 냉장고일 것이다. 사이즈와 스타일 또한 매우 다양할 뿐 아니라 세련되어야 할 것이다(그림 6.2.b 참조).

▌냉장고사업을 가전사업으로 생각할 때의 고객과 가구업으로 간주할 때의 고객은 어떻게 다른가? 냉장고사업을 가전업으로 생각할 때 냉장고사업의 고객은 음식물 저장 및 보관에 관한 욕구를 가진 집단이니 그 구체적인 계층은 당연히 주부나 음식점일 것이다. 가구업으로 생각할 때의 고객은 음식물 저장 및 보관 외에 공간 인테리어에 관심이 많은 집단

일 것이다. 실내 인테리어의 니즈가 큰 구체적인 계층 또한 가전업에서의 고객과 마찬가지로 주부 및 음식점일 것이다. 하지만 여기서의 주고객으로서 주부 및 음식점은 가전업으로서 냉장고사업의 주고객인 주부 및 음식점과는 다른 고객이다. 가전사업에서의 주고객은 음식물 저장 및 보관에 관한 니즈가 큰 집단으로서 주부 및 음식점인 반면, 가구업으로서의 주고객은 실내 인테리어에 보다 많은 관심 또는 니즈가 있는 집단으로서 주부 및 음식점으로 이는 기존의 고객과는 다른 고객이다. 이처럼 동일한 사업이라도 이를 어떻게 정의하느냐에 따라 제품 및 고객이 달라지고 이에 따라 각 운영방식, 즉 전략이 달라지게 된다.

기존 사업을 달리 정의하고 이에 따라 새로운 전략을 고안할 수 있는 사례는 이 외에도 얼마든지 있다. 실내골프연습장을 보자. 한국표준산업분류에 따르면 실내골프연습장은 헬스클럽, 수영장, 볼링장 등과 함께 '스포츠서비스업' 내 '기타 스포츠시설운영업'으로 분류되어 있다. 스포츠서비스업으로서 실내골프연습장의 전략을 생각해 보자. 고객은 필드에서 골프를 치기 위한 레슨 및 연습을 필요로 하는 집단 및 골프 연습을 통해 체력을 단련하고자 하는 니즈를 가진 집단일 것이다. 따라서 주고객은 연령대로는 중/장년층, 소득별로는 중산층 이상일 것이다. 제품으로서 골프연습장은 효과적이고 효율적인 레슨이나 연습이 가능하고 충분한 운동이 가능하여 건강에도 도움을 줄 수 있도록 디자인되어야 한다. 그리고 각 운영방식도 이에 따라 결정된다.

하지만 실내골프연습장을 반드시 '스포츠서비스업'으로 봐야 할까? 친구 또는 동료들과의 친목도모를 위한 엔터테인먼트사업으로 봐도 전혀 문제가 없다. 실내골프연습장을 스포츠서비스업이 아닌 엔터테인먼트사업으로 정의하면 전혀 다른 고객, 제품 및 서비스, 그리고 운영방식, 즉 전략이 가능해진다. ㈜골프존[30]의 전략은 실내골프연습장사업을 엔터테인먼트사업으로 정의한 전략일 수도 있다.

일반적으로 '의약외품'으로 분류되는 피로 회복제인 동아제약의 '박카스'와 유사한 광동제약의 '비타500'을 보자. ▌비타500은 의약품사업인가 음료사업인가? 2018년 기준 광동제약의 비타500은 약국에서 179억원, 마트 등 일반 유통망을 통해 854억원 등 총 1,033억원의 매출을 달성했다.[31] 이와 같은 매출구조를 보면 광동제약은 비타500을 그들의 또 다른 음료제품인 '옥수수 수염차'와 함께 의약품이 아닌 음료사업으로 간주하고 사업을 영위하는 것으로 보인다.

사업을 달리 정의함으로써 새로운 전략을 수립하기 위해 가장 우선적이고 중요한 일은 기존 사업에 대한 고정관념을 깨는 것이지만, 사업을 새롭게 정의할 수 있는 몇 가지 구체적인 가이드라인으로는 다음을 고려할 수 있다.

내부 핵심 R&C 관점에서 사업을 정의하라. 제5장에서 언급했듯이 기업을 보는 관점에는 최종 산출물인 제품/서비스, 고객, 그리고 R&C 등 세 가지가 있다. 산업조직론은 기업을 제품/서비스와 고객관점에서 보고 산업을 유사한 제품 및 고객을 가진 기업들의 집합으로 정의함으로

---

30 스크린 골프 제조 및 판매를 목적으로 한 ㈜골프존은 2015년 3월 투자 및 지주사업을 담당하는 ㈜골프존유원홀딩스(현 골프존뉴딘홀딩스)와 기존의 스크린 골프 사업을 영위하는 ㈜골프존, 골프유통사업을 하는 ㈜골프존유통으로 분할됨(네이버 기관단체 사전).

31 "제약사 '고맙다, 광고'…매출 효과 톡톡". Business Watch. 2019년 5월 30일, 2021년 8월 19일 접속, http://news.bizwatch.co.kr/article/consumer/2019/05/30/0009

써 기업의 사업을 제품 또는 고객관점에서 정의하는 것이다. 따라서 우리는 일반적으로 특정 기업의 사업을 산업조직론 관점에서 그 기업의 제품이나 고객으로 정의하고 있다.

반면 자원준거론은 기업을 그 기업이 보유한 핵심적인 R&C의 집합으로 보고 있다. 따라서 기업이 속한 사업을 새로이 정의하는 하나의 방법은 그 기업이 보유한 핵심적인 R&C 관점에서 정의하는 것이다. 예를 들어, 소니의 사업을 전자산업으로 보는 것이 아니라 소니의 전자제품을 가능하게 하는 소니의 핵심 능력인 '소형화 능력'을 파는 사업으로 정의하는 것이다. 마찬가지로 애플도 애플의 최종 제품인 스마트폰, 컴퓨터가 아니라 이러한 제품들을 가능하게 하는 애플의 핵심 R&C인 'OS를 비롯한 소프트웨어와 관련된 뛰어난 R&C'를 제공하는 사업으로 정의하는 것이다.

주된 사업(primary business)과 부차적인 사업(secondary business)의 우선순위를 바꿔라. 대부분의 기업은 주된 사업과 함께 이러한 주된 사업을 위한 다수의 부차적인 사업을 영위하고 있으나, 기업의 사업은 대부분 주된 사업으로 정의하고 있다. 제록스를 보자. 그들의 사업은 복사기를 제조 및 판매할 뿐 아니라 부수적으로 복사기 사용에 따른 복사지, 토너 판매, 그리고 복사기 유지관리도 하고 있다. 즉, 제록스의 주 사업은 복사기 제조 판매업이고 부차적인 사업으로 복사지사업, 토너사업, 복사기 유지관리업을 함께 영위하고 있는 것이다. 여러 사업을 하고 있음에도 불구하고 제록스는 그들의 사업을 주 사업인 복사기 제조 및 판매업으로 정의하고 다른 부차적인 사업들은 이 주 사업을 위한 수단으로 보고 있다.

사업을 구체적으로 재정의할 수 있는 하나의 방법은 여러 사업 중 부차적인 사업으로 취급되는 사업을 그들의 주 사업으로 정의해 보는 것이다. 유아 학습지 사업을 보자. 원래 유아 학습지 사업이란 출판사들이 그들의 출판물 중 하나인 학습지를 제조 및 판매하는 사업이다. 이 사업을 보다 효과적으로 수행하기 위해 이들 출판사들은 학습지 교사들로 하여금 학습지를 사용하는 유아들의 교과과정 관리, 진도 확인, 채점 등의 교육 서비스를 제공하여 학습지 구매의 가치를 높여왔다. 즉, 유아 학습지 업계에서는 출판업이 주된 사업이고 이를 위한 부차적인 사업으로 교육서비스업을 영위하고 있는 것이다.

주된 사업과 부차적인 사업의 우선순위를 바꿔 사업을 새로이 정의한다는 것은 유아 학습지 업체에서 부차적인 사업이었던 교육서비스업을 주 사업, 그리고 오히려 출판업을 교육 서비스업을 위한 수단으로 보고 전략을 수립하는 것이다.

신용카드업도 마찬가지다. 신용카드란 신용을 담보로 상품이나 서비스의 대금을 일정 기간 뒤에 지불할 수 있도록 유예하는 카드로서 이는 지불수단인 동시에 신용창출수단이다. 신용카드업은 주된 사업인 신용구매업 외에도 카드소지자의 편의를 위해 단기카드대출업(통상 '현금서비스업'이라 불림)도 함께 부수적으로 영위하고 있다. 이들 신용카드 업체가 주 사업인 신용구매업을 그들의 사업으로 정의하고, 단기카드대출업을 이를 위한 수단으로 생각할 때, 특정 기업이 현금서비스를 그들의 주사업으로 정의하고 신용구매업을 이를 위한 수단으로 정의한다면 이 또한 사업의 우선순위 변경을 통한 사업 재정의의 예가 될 수 있다. 신한카드에 인수합병되기 이전 LG카드의 전략이 바로 현금서비스업을 주 사업으로 재정의한 사례로 볼 수 있다.

수직적 가치사슬(vertical value chain) 상에 있는 사업들의 우선순위를 바꿔라. 주된 사업과 부수적 사업은 수직적 가치사슬 상의 여러 사업들 사이에도 존재한다. 기업들은 한 가지 사업만이 아니라 그 사업과 수직적 가치사슬 상에 있는 다른 사업들도 함께 영위하는 경우가 많다. 자동차 업계를 보면 자동차 제조업뿐 아니라 여러 부품사업, 제조된 자동차 판매를 위한 금융업, 판매대리점, 자동차정비업 등 자동차 제조업과 수직적 가치사슬 상에 있는 다른 여러 사업을 함께 수행하는 경우가 많다. 일반적으로 자동차 업계에서는 자동차제조업을 주 사업으로 보고 나머지 수직적 가치사슬 상의 다른 사업들은 주 사업인 자동차제조업을 위한 수단으로 생각한다. 이런 상황에서 특정 자동차업체가 수직적 가치사슬 상에 있는 금융업을 그들의 사업으로 보고 자동차 제조업을 이를 위한 수단으로 생각한다면 이는 수직적 가치사슬 상의 사업들의 우선순위를 바꿔 사업을 재정의하는 것이다.

자동차업체의 금융업은 신차 및 중고차 할부금 대출과 리스 판매, 렌터카 등으로 수익을 내는 사업이다. 일본 자동차업체들은 2008년 글로벌 금융위기 이후 미국 시장을 중심으로 금융사업에 집중했다. 2020년에는 코로나19로 인해 주 사업인 자동차 제조업은 부진한 반면 금융이익은 큰 흑자를 내며 자동차 제조업의 이익을 추월했다. 2020년 4~9월 혼다와 닛산의 자동차 부문은 적자를 기록했지만 금융 부문은 1,000억엔대의 흑자를 기록했다. 도요타는 금융 부문 영업이익(약 2,500억엔)과 자동차 부문 영업이익이 거의 같았다.[32] 결과적으로 볼 때, 이

32 "금융이익이 자동차 부문 추월…일본 車3사 '금융사化 가속'". 한국경제. 2020년 11월 23일, 2021년 8월 20일 접속, https://www.hankyung.com/international/article/2020112266431

두 기업의 전략은 금융업을 주 사업으로 보고 자동차 제조업은 이를 위한 수단으로 본 전략이라고 할 수 있다.

피부과병원은 피부질환에 대한 진단 및 처방, 이에 수반된 피부관리 및 시술, 피부관리를 위한 화장품 판매 등 수직적 가치사슬 상의 다양한 사업을 하고 있다. 피부과 병원의 경영자는 이 중에서 자유롭게 그 병원의 주 사업을 정할 수 있고 이에 따라 그 병원의 전략은 획기적으로 바뀔 수 있다. 즉, A라는 피부과병원은 피부질환에 대한 진단 및 처방을 주 사업으로 보고 다른 사업들은 이를 위한 수단으로 생각하는 반면, B피부과 병원은 수직적 가치사슬 상의 화장품사업을 주 사업으로 정의하고 피부질환에 대한 진단 및 처방을 포함한 다른 사업들은 이를 위한 수단으로 생각한다면 이 두 병원은 전혀 다른 전략을 추구하는 것이다.

고객을 달리 정의할 수 있는 방법은?

사업을 재정의하는 방법 외에, 전략을 변경할 수 있는 또 하나의 방식은 전략의 구성요소 각각을 재정의하는 것이다. 먼저 고객을 어떻게 재정의할 수 있는지를 살펴보자.

고객을 먼저 개념적으로, 즉 욕구(needs) 관점에서 정의하고 이에 따라 주고객층을 선택하라. 고객을 정의하는 데 있어 전략적으로 가장 의미가 없는 것은 고객을 '국민 전체', '전 세계 인류' 등으로 정의하는 것이다. 고객을 정의할 때는 먼저 명확하게 고객을 개념적이고 전략적으로, 즉 고객의 욕구(needs) 관점에서 정의한 후, 이러한 욕구를 가진 많이 가진 대표적인 계층을 찾는 것이다.

고객을 정의하면서 우리가 흔히 범하는 오류 중 하나는 '주고객층(primary customer groups)'을 바로 적시하는 것이다. 예를 들어, 다음 질문의 답을 생각해 보자. ▌캐주얼 웨어의 고객은 누구인가? 많은 사람들이 이 질문에 대한 답으로 "젊은 사람"이라 할 것이다. 과연 젊은 사람만이 고객인가? 나이 든 사람들도, 어린 아이들도 캐주얼 웨어를 자주 입고 따라서 이들 또한 당연히 고객에 포함되어야 하는 것 아닌가?

이는 우리가 '개념적인 고객'과 '주고객층(primary customer groups)'을 구별하지 않아 생기는 오류이다. 고객을 개념적으로 정의한다는 것은 욕구(needs)로 정의한다는 의미다. 즉, 캐주얼 웨어의 개념적인 고객은 "편하게 옷을 입고자 하는 욕구를 가진 집단"으로 정의할 수 있다. 따라서 개념적으로는 나이가 많든, 적든 편하게 옷을 입고자 하는 욕구를 가진 사람은 모두 캐주얼 웨어의 고객이다. 그럼에도 불구하고 우리가 흔히 캐주얼 웨어의 고객을 젊은 사람으로 생각하는 이유는 무엇인가? 이러한 개념적인 고객 중 특정의 욕구를 가장 많이 가진 대표적인 집단, 즉 주고객층 중 하나이기 때문이다.

▌전략적으로 고객을 정의하는 방법은 무엇인가? 다음의 두 단계로 정의할 수 있다. 첫째, 우선 개념적으로, 즉 욕구(needs) 관점에서 고객을 정의한다. 둘째, 소득, 연령, 성별, 라이프스타일, 지역 등 마케팅에서 고객을 분류하는 각종 변수에 따라 그 욕구를 가장 많이 가지고 있는 가장 대표적인 계층들을 결정한다.

고객이 잘못 정의되어 있지 않은지를 점검하라. 기업들이 고객으로 알고 있는 고객 중에는 전략적으로, 그리고 개념적으로 실제 고객이 아닌 경우도 꽤 많다. 고객을 달리 정의해 보기 전에 우선 잘못 정의된 고객을 바로잡는 것도 중요하다.

예를 들어, ▌은행의 고객은 누구인가? 이 질문에 대해 과거에는 많은 사람들은 '예금주'라고 대답했다. 과연 그런가? 한국 은행들의 수익구조를 보면 예대마진이 수익의 대부분을 차지한다. 예대마진이 은행의 주요 수익원이라면 은행의 고객은 예금주가 아니라 은행의 자금을 빌려 쓰는 '대출자'이다. 이 경우 예금주는 개념적으로는 고객인 대출자에게 제공할 자금을 은행에 공급하는 주요 자원 공급자(suppliers) 중 하나이다.

방송국도 마찬가지다. ▌방송국의 고객은 '시청자'인가 '광고주'인가? 이 역시 논란이 많은 질문이다. 많은 사람들이 시청자를 고객으로 생각하나 방송국의 주 수익원이 광고라는 점을 고려하면 광고주가 고객일 가능성이 높다. 이는 신문사도 마찬가지이다. 방송국의 경우 시청료가, 그리고 신문사의 경우 신문 구독료가 주 수익원일 때 방송국의 고객은 시청자, 신문사의 고객은 신문 구독자가 된다. 네이버, 구글과 같은 인터넷 포탈업체 또한 고객에 관해 유사한 혼란을 겪고 있다.

예를 들어 다음 질문에 대해 생각해 보자. ▌낚시터의 고객은 누구인가? 당연히 우리는 낚시터의 고객은 낚시를 하며 여가를 즐기고자 하는 욕구를 가진 집단으로서 낚시꾼을 고객이라고 할 것이다. 이 낚시터를 운영하는 업체는 고객인 낚시꾼들이 물고기를 잘 잡게 하기 위해 좋은 미끼를 뿌리고 수초도 많이 심고 물이 오염되지 않도록 많은 노력을 하고 있다. ▌이때 우리는 낚시터의 고객을 물고기라 할 수 있는가?

방송국의 고객을 시청자, 신문사의 고객을 신문 구독자, 인터넷 포탈의 고객을 인터넷 이용자로 정의하는 것을 조금 거칠고 과장되게 표현하면, 낚시터의 고객을 물고기로 정의하는 것과 크게 다르지 않다.

그렇다고 물고기가 중요하지 않다는 의미는 절대 아니다. 그럼에도 불구하고 낚시터의 고객을 물고기가 아니라 낚시꾼으로 정해야 하는 이유는 물고기로 정의하면 미끼 뿌리고, 수초를 심고, 물의 오염을 막는 것에만 집중하게 된다. 낚시터에서 낚시꾼을 고객으로 정의하게 되면 이때에도 당연히 미끼, 수초, 수질오염 등에 많은 신경을 써야 한다. 하지만 낚시꾼을 고객으로 정의할 때에는 그 외에 추가로 낚시터에서의 음악, 좌석, 각종 편의시설 등 낚시꾼들을 위한 다른 서비스 제공에도 많은 시간과 노력을 경주하게 된다. 고객을 물고기로 정의하면 후자를 위한 노력은 아무래도 소홀하기 쉬울 것이다.

고객을 개념적으로, 그리고 전략적으로 정의하고 동시에 고객을 잘못 정의한 점을 시정한 이후 우리는 이제 이렇게 제대로 정의된 고객을 달리 정의할 수 있는 방법은 없는가를 고민할 수 있다. 제대로 정의된 고객을 달리 정의할 수 있는 방법은 다음과 같다.

환경변화에 따라 새로이 창출되는 시장이나 고객을 공략하라. 이는 새로운 고객을 찾아내기 위해 기업들이 일상적으로 가장 많이 고민하고, 사용하는 방법이다. 대표적인 사례 중 하나는 '이케아'이다. 이케아가 본격적으로 가구업을 시작할 당시의 환경을 보면 베이비 부머들이 성장하여 신혼가정을 이루고 있었고 가구에 대한 이들의 잠재적 수요가 급속도로 증가하고 있었다. 당시 유럽의 주요 가구업체들이 대부분 부유층 및 중·장년층을 주고객으로 사업을 영위하고 있었으나 이케아는 환경 변화로 잠재력이 큰 새로운 시장으로 등장한 신혼부부를 주고객으로 정하고 이를 위한 전략을 수립 및 실행하였다. 인구통계학적 변화로 노년층이 증가하면서 많은 기업들이 이들을 위한 제품/서비스를 출시하는 등의 전략도 바로 이런 활동의 결과이다.

전방 수직적 가치사슬 상의 고객들을 달리 정의하라. 기업이 영위하고 있는 사업과 최종 소비자 사이에는 많은 경우 수직적 가치사슬 상 여러 단계에 걸쳐 다양한 고객들이 존재한다. 하지만 일반적으로 기업은 수직적 가치사슬 상의 많은 고객 중 한 단계의 고객만을 고객으로 생각하거나 여러 단계의 이질적인 고객 모두를 고객으로 정의해 애매한 전략을 추구하는 경우가 많다. 고객을 달리 정의할 수 있는 방법은 이러한 가치사슬 상의 다양한 고객들 중 다른 단계의 고객을 우리의 고객으로 변경해 보는 것이다.

예를 들어, ▌비메모리 반도체를 제공하는 인텔(Intel)의 고객은 누구인가? 당연히 많은 사람들은 컴퓨터 제조업체가 주고객이라고 답을 할 것이다. 하지만 인텔 사업에서 최종 소비자에 이르기까지의 수직적 가치사슬 상의 고객을 보면 컴퓨터 제조업체 외에 컴퓨터 딜러, 최종 소비자 등 여러 단계의 고객이 있다. ▌“Intel Inside”란 캠페인은 왜 나왔을까? 인텔은 고객을 단순히 컴퓨터 제조업체가 아닌 최종 소비자를 고객으로 보고 있는 것이다.

다음 질문을 통해 연습을 해보자. ▌고추장을 제조 및 판매하는 기업의 수직적 가치사슬 상의 고객에는 누가 있을까? 우리는 여러 고객을 머리에 떠 올릴 수 있을 것이다. 최종 소비자는 실제로 고추장으로 조리된 요리를 먹는 사람일 것이다. 그 사이에 어떤 고객들이 있나? 고추장으로 음식을 만드는 주부가 있고 식당들이 있을 것이다. 그리고 그 사이에는 또 고추장을 유통하는 슈퍼마켓 등이 있을 것이다.

각 단계의 고객을 상정하고 그들에게 적합한 제품, 운영방식을 생각해 보라. 주부를 고객으로 생각할 때 바람직한 제품으로서 고추장과 각종 운영방식은 음식점을 고객으로 정했을 때의 그것과 전혀 다를 것이다. 각 단계의 고객은 다른 니즈를 가진, 그래서 다른 제품, 다른 운영방식을 요구하는 다른 고객이기 때문이다.

이처럼 수직적 가치사슬 상의 다양한 고객이 존재하고 이에 따라 다양한 전략의 가능성이 있음에도 불구하고, 대부분의 기업들은 특정 단계의 고객만을 고객으로 고집하며 새로운 전략을 시도하지도 못하거나, 여러 단계상의 고객 모두를 고객으로 여기며 어느 한 고객에도 집중하지 못하는 애매한 전략을 수행하고 있다.

기업은 최종 소비자에 이르는 수직적 가치사슬 상의 여러 단계에 있는 고객들 각각을 고객으로 한 전략들을 점검해 봄으로써 혁신적인 전략을 모색할 수 있다.

유아 학습지 사업을 보자. ▌유아 학습지 사업에서 수직적 가치사슬 상의 고객으로는 어떤 사람들이 있는가? 유아 학습지의 최종 소비자는 실제로 그 학습지로 공부하는 유아이다. 유아 학습지 업체와 최종 소비자인 유아 사이엔 어떤 고객이 있나? 학습지 선택에 결정적인 역할을 하는 학부모가 있고 학습지를 통해 유아의 학습을 돕는 학습지 교사가 있을 것이다. 수직적 가치사슬 상의 고객인 유아, 학부모, 그리고 학습지 교사는 각기 다른 니즈를 가진 다른 고객이다. 이들 가치사슬 상의 각 고객이 원하는 제품과 운영방식을 상상해 보라. 전혀 다른 학습지 및 운영방식, 즉 다른 전략을 요구할 것이다.

하지만 대부분의 학습지 업체들은 이런 여러 단계에 있는 다른 고객 중 한 단계의 고객만을 고객으로 고집하여 다른 전략의 가능성을 간과하거나 여러 단계의 고객 모두를 고객으로 하여 애매모호한 전략을 수행하고 있다. 여러 단계의 고객 각각에 적합한 전략을 점검 및 평가하여 새로운 전략의 가능성을 지속적으로 모색하는 것이 중요한 이유이다.

고객 욕구(needs)의 우선순위를 바꿔보라. 고객을 재정의할 수 있는 또 하나의 방법은 고객 욕구의 우선순위를 바꾸어 보는 것이다. 일반적으로 고객은 하나의 욕구만 가지고 있지 않다. 대부분 고객은 여러 가지 욕구를 동시에 가지고 있다. 우리는 이런 다양한 고객의 욕구에 대해 정해진 우선순위를 부여하고 그 중 최상의 욕구만을 고객으로 생각한다.

고객을 새로이 정의할 수 있는 또 하나의 방법은 고객 욕구의 우선순위에 대한 고정관념을 버리고 바꾸어 보는 것이다. 그리하여 부수적이라 생각하는 욕구를 주된 욕구로 보고 이러한 욕구를 가진 집단을 새로운 고객으로 정의하는 것이다.

예를 들어 오버코트의 고객을 생각해 보자. ▮ 오버코트의 고객은 어떤 욕구를 가진 사람들의 집합인가? 우리는 오버코트를 주로 날씨가 추울 때 추위를 피하기 위해 입는다. 즉, 방한에 대한 욕구가 일차적 욕구다. 하지만 코트를 입을 때 우리가 부수적으로 추구하는 것이 있다면 아마 스타일이 있을 것이다. 따라서 오버코트의 고객은 방한과 스타일 등 다수의 욕구를 가진 집단이지만 우리는 그 다수의 욕구에 대해 무의식적으로 정해진 우선순위는 부여하고 있다. 즉, 방한이 일차적 욕구이고 스타일은 부수적인 욕구로 단정하고 있는 것이다. 그리고 그 중 일차적 욕구인 방한에 대한 욕구를 가진 집단을 오버코트의 주고객으로 정의한다. 따라서 오버코트의 주고객층은 방한에 대한 욕구가 큰 집단이므로 연령대로는 아무래도 추위에 취약한 유아 및 노년층, 지역적으로는 추운 지방으로 정의될 것이다. 그리고 이러한 고객에 가장 적합한 제품 및 운영방식, 즉 전략이 결정된다.

오버코트 고객 욕구의 우선순위를 바꿔 고객을 달리 정의한다는 것은 어떤 의미인가? 각종 건물에 난방시설이 잘 갖추어 지고, 차로 이동하는 기회가 점차 증가함에 따라 방한에 대한 욕구가 전반적으로 감소하고 있는 환경이라고 하자. 이때 동일한 오버코트사업을 하는 한 기업은 오버코트의 고객욕구 중 부수적인 욕구였던 스타일을 일차적 욕구로 하고 방한에 대한 욕구는 오히려 부차적인 것으로 정의한다면 이것이 바로 고객 욕구의 우선순위를 바꾸는 것이다.

방한이 아니라 스타일을 일차적 욕구로 정의하면 스타일에 관한 욕구를 많이 가진 주고객층은 연령대가 젊은 사람으로, 지역적으로는 기존과는 달리 좀 더 서늘한 지역을 포함하는 보다 광범위한 시장이 고객기반이 된다. 이 고객을 위한 오버코트는 방한을 위한 오버코트와는 전혀 다른 디자인, 소재, 색상을 사용할 것이고 유통망을 비롯한 각종 운영방식도 달라질 것이다.

노스페이스, 코오롱스포츠, 블랙야크, K2, 라푸마 등 아웃도어 웨어 업체들의 전략도 이러한 발상전환의 결과가 아닌가 한다. 아웃도어 웨어란 등산, 낚시, 각종 스포츠 등의 야외활동 시 쾌적감 유지, 인체보호, 활동성 증대 등을 위해 착용하는 의류로서 고객은 이들 제품으로부터 방한, 방풍, 땀 흡수 및 배출 등의 기능성을 요구한다. 그리고 동시에 패션에 관한 욕구도 부수적으로 가지고 있다.

아웃도어 웨어의 기능성에 있어 차별화가 점점 줄어들고, 아웃도어 웨어를 일상생활에서도 많이 입게 되면서 노스페이스는 부차적 욕구였던 패션을 일차적 욕구로 보고 제품 및 운영방식을 달리한 전략을 추구한 것이다. 이 또한 고객 욕구의 우선순위를 변화시킴으로써 고객을 재정의한 것으로 볼 수 있다.

음식점의 고객은 어떤 욕구를 가진 사람들인가? 우리는 왜 음식점을 가는가? 집 밖에서 허기를 채우기 위해서, 친목을 위해, 또는 사업상의 목적 등으로 음식점을 방문한다. 이 중 어느 욕구를 일차적 욕구로 선택하느냐에 따라 주고객층이 달라지고 제품/서비스, 그리고 운영방식 등 전략이 달라질 것이다.

예를 들어 허기를 채우기 위한 욕구를 일차적 욕구로 하면 주고객은 직장인 등 외부에서 업무를 수행하며 간단히 식사를 해결해야 하는 사람들일 것이다. 이를 위한 제품/서비스, 즉 음식점 형태는 구내식당, 대중음식점 등이 될 것이다. 친목을 위한 식당은 이와는 전혀 다를 것이다. 마찬가지로 사업상의 목적을 위해 바람직한 식당 또한 전혀 형태의 식당이고 그 식당의 위치, 메뉴, 가격, 서비스 등도 현격한 차이를 보일 것이다.

제품을 재정의하는 방법은?

제5장에서 '구조적 경쟁 약점('HHL')'을 관리하는 방법에 관해 논할 때 우리는 할리-데이비슨 사례에 대해 살펴보았다. 당시 오토바이산업에서 당연히 가장 바람직하다고 생각하는 제품으로서 오토바이는 미래지향적이고 현대적인 디자인에, 연비가 뛰어나고 소음이 적은 오토바

이였을 것이다. 이런 제품에 관한 산업규범을 깨고 할리-데이비슨은 구식의 디자인에 소음도 많고 연비도 그다지 좋지 않은 오토바이에 집중하면서, 남성적이고 클래식한 디자인과 오토바이 엔진음을 즐기는 고객층을 선정하여 이에 맞는 각종 운영방식으로 사업을 영위하면서 성공하였다.

이처럼 한 산업 내에서의 제품에 관한 산업규범, 즉 대부분의 사람들이 바람직하다고 당연히 믿고 있는 제품을 바꿔 전혀 다른 새로운 고객과 운영방식, 즉 새로운 전략을 만드는 방법에 관해 생각해 보자.

혁신의 기회는 제품과 서비스 모두에 있다. 기업이 고객에게 제공하는 것은 제품이나 서비스 중 하나만이 아니라, 대부분 제품과 서비스의 결합이다. 예를 들어, 가전제품업체가 제공하는 것은 냉장고, 에어컨과 같은 하드웨어뿐 아니라 이를 판매하기 위한 영업사원들의 서비스, 그리고 수리, 정비 및 관리를 위한 사후 서비스 등 소프트웨어를 포함하고 있다. 일반적으로 산업이 성숙해지면 기업들이 제공하는 제품 간 차별화가 줄어들게 되어 기업들은 혁신적인 무엇인가를 통해 차별화를 이루고자 한다. 하지만 이때 일반 제조업은 하드웨어의 혁신만을, 그리고 서비스업인 경우에는 소프트웨어에서의 혁신만을 고려하는 경향이 있다.

혁신적인 제품을 만들어내는 하나의 방법은 일반 제조업의 경우 하드웨어만이 아니라 소프트웨어에서의 혁신을, 그리고 일반 서비스업에서는 하드웨어에서의 혁신을 할 수 있는 기회를 모색하는 것이다. 예를 들어 자동차산업에서 자동차라는 하드웨어의 혁신도 중요하지만, 딜러의 영업 및 A/S 등 소프트웨어를 타 업체 대비 혁신적으로 바꿔보는 것이다. 마찬가지로 교육업체에서도 교육서비스라는 소프트웨어의

[그림 6.3] **차별화와 거래유형**

		소프트웨어	
		차별화된	차별화되지 않은
하드웨어	차별화된	**시스템** (System)	**제품** (Product)
	차별화되지 않은	**서비스** (Service)	**범용상품** (Commodity)

혁신뿐 아니라, 각종 교육기자재, 장비, 강의실, 교재 등 하드웨어를 획기적으로 변화시키는 것이다.

매서(Mathur) 교수는 하드웨어의 차별화와 소프트웨어에서의 차별화를 구분하면서 다음의 4가지 거래 유형을 제시하였다(그림 6.3 참조).[33] 매서교수는 하드웨어와 소프트웨어 모두에서 차별화가 이루어지지 않은 것을 범용상품(commodity), 하드웨어는 차별화가 이루어졌으나 소프트웨어에서의 차별화가 없는 경우를 제품(product), 하드웨어는 일반적이나 소프트웨어에서 차별화가 이루어진 것을 서비스(service), 그리고 하드웨어와 소프트웨어 모두에서 차별화가 이루어진 것을 시스템(system)으로 구분하고 있다. 이 분류에 따르면 범용상품의 경우에는 하드웨어와 소프트웨어 모두에서 혁신의 기회가 있고, 서비스인 경우에는 하드웨어에서의 추가적인 혁신의 기회가 존재하고, 제품의 경우에도 여전히 소프트웨어에서 추가적인 혁신이 가능하다.

33 Mathur, S. 1984. Competitive industrial marketing strategy. *LRP: long range planning*, Vol. 17(4): 102-109.

2020년 테슬라(Tesla, Inc.)는 총매출 315억불과 순이익 7억 2,100만불의 실적을 달성했다. 총매출 315억불 중 약 7%에 해당하는 23억 6백만불은 전기차를 만들어 판매하는 '오토모티브' 부문이 아닌 '서비스 및 기타(Services and Others)' 부문이 거둔 실적이다. '서비스 및 기타' 부문에서의 매출은 소비자가 테슬라 전기차를 구입할 때, 기존 기능을 개선하거나 새로운 기능을 추가하기 위해 차량 소프트웨어를 업데이트할 수 있는 옵션을 따로 구매함으로써 발생한다. 대표적으로 테슬라는 FSD(Full Self Driving)라는 자율주행기능을 옵션으로 제공해왔고, 소비자가 이 옵션을 구매할 경우 업데이트된 FSD를 테슬라 앱을 통해 무선으로 지속적으로 제공받을 수 있다. 2021년 7월 테슬라는 900만원을 상회하는 FSD옵션을 월 22만원에 구독할 수 있는 정책을 공개하기도 했다. 향후 테슬라의 소프트웨어 수익이 하드웨어 수익을 능가할 것이라는 전망은 충분한 근거가 있다.[34]

이처럼 테슬라는 전기차라는 하드웨어뿐 아니라 차량 소프트웨어에서의 차별화를 통해 지속적인 혁신을 추구하고 있는 것이다. 많은 전문가들은 토요타, 폭스바겐, GM, 현대차 등 전통 자동차 업체들이 본격적으로 전기차 시장에 뛰어들었고 이들이 곧 테슬라를 따라 잡을 수 있으리라 예상하고 있다. 하지만 이는 하드웨어로서 전기차 영역에서는 가능할지 모르나, 소프트웨어 영역에서의 추격은 훨씬 더 많은 시간이 걸릴 것이다.

34 "테슬라 '月 22만원으로 자율주행 구독'… 전기차 시대 판을 흔들다". 조선일보. 2021년 8월 1일, 2021년 8월 18일 접속, https://www.chosun.com/international/international_general/2021/08/01/IQPPVKGBANBG5NXSVV5G7AGZBY/

김위찬 교수와 모보르뉴 교수(1997) 또한 가치혁신(value innovation)은 제품(product), 서비스(service), 그리고 배달(delivery) 등 세 가지 플랫폼(platforms) 모두에서 가능하다고 주장하였다.[35] 여기서 제품 플랫폼이란 물질적 제품을, 서비스 플랫폼은 유지 및 관리, 고객 서비스, 보증, 유통망을 위한 교육 등과 같은 지원을, 그리고 배달 플랫폼은 제품을 고객에게 인도할 때 사용하는 물류 및 유통을 의미한다.

최근 코로나-19 팬데믹(COVID-19 Pandemic)으로 시름하고 있는 항공업체 중 하나인 버진 애틀랜틱(Virgin Atlantic)은 1984년 설립 후, 성장을 위해서는 시장 또는 고객을 가능한 세분화해 그 세분화된 시장에 맞는 서비스를 제공해야 한다는 당시 항공업계의 관행을 깨고 업계 최초로 퍼스트-클래스 서비스(first-class service)를 없애버렸다. 실제로 항공업계에서 가장 실속이 있는 사업은 비즈니스-클래스(business class)이고 퍼스트-클래스는 대부분 손실을 보는 사업이었다. 버진 애틀랜틱은 이 기회를 포착했던 것이다. 퍼스트-클래스 서비스를 제외하면서 절감한 비용으로 버진 애틀랜틱은 좌석 간격(leg room)을 넓히고 대형의 리클라이닝(reclining) 좌석을 도입함으로써 비즈니스-클래스 서비스를 대폭 업그레이드 시켰다.

이러한 제품 플랫폼에서의 혁신 외에 버진 애틀랜틱은 비즈니스-클래스 고객들에게 공항 왕복의 불편을 줄여 주기 위해 기사가 딸린 리무진 서비스를 제공함으로써 서비스 플랫폼에서의 혁신도 함께 시도하였다.

---

35 Kim, C. & Mauborgne, R. 1997. Value innovation: The strategic logic of high growth. *Harvard Business Review*, January-February: 103-112.

이러한 제품 및 서비스 플랫폼에서의 혁신으로 버진 애틀랜틱은 오랜 기간 타 항공사 대비 높은 경쟁력을 보여왔으나 시간이 지나 타 업체들이 모방하면서 버진 애틀랜틱의 차별화는 줄어들게 되었다. 이에 버진 애틀랜틱은 다시 한번 서비스 플랫폼에서의 혁신을 시도하였다. 일반적으로 비즈니스-클래스 고객은 탑승 전, 그리고 환승 사이의 시간을 생산적으로 사용하기를 원하고 장거리 비행 후 옷의 주름을 없애고 간단히 씻고 회의에 바로 참석해야 할 때가 많다. 이에 버진 애틀랜틱은 라운지를 새로이 디자인하여 고객들이 옷을 다리고, 샤워를 하고, 마사지를 받고, 최첨단의 사무기기를 사용할 수 있도록 하였다.

고객의 사회적인 그리고 심리적인 욕구(social and psychological needs)를 충족시켜 줄 수 있는 제품을 고민하라. 우리는 단순히 기본적인 물질적 욕구 충족만을 위해 제품이나 서비스를 이용하는 것이 아니다. 대부분의 구매는 이와 함께 다른 사람과의 공동체를 형성하거나, 자신의 신분 또는 정체성을 강화시키고자 하는 갈망 등과 같은 사회적이고 심리적인 욕구를 충족시키고자 이루어진다.

▌많은 대학에서 운영하는 고위 경영자과정을 보자. 왜 많은 경영자들이 이런 과정에 등록하고 공부하는가? 단순히 경영자로서 필요한 지식과 정보를 습득하기 위해서만이 아니라, 다른 수강생들과의 공동체 및 네트워크 형성, 그리고 특정 과정의 참석자로서 본인의 신분이나 정체성을 높이거나 강화하고자 하는 욕구를 충족하기 위해서이다.

일찍이 매슬로(Maslow)는 의식주와 같은 인간의 생명유지와 직결된 '생리적 욕구(physiological needs)', 육체적, 경제적 안전을 갖고자 하는 '안전 욕구(safety needs)', 집단에 대한 소속감과 동료들과 친목 및 애정을 나누고자 하는 '사회적 욕구(social needs)' 또는 '애정과 소속 욕구(love & belonging needs)', 주위로부터 좋은 평가와 존경을 받고 싶어하는 '자기존중의 욕구(self-esteem needs)', 그리고 '자아실현의 욕구(self-actualization needs)'라는 인간의 5가지 기본 욕구를 제시하였다.[36] 그리고 이런 5단계 욕구는 하위의 욕구가 충족되어야만 보다 상위의 욕구가 나타나게 되고 이미 충족된 욕구는 인간의 행동을 유발시키는 동기부여의 기능을 갖지 못하게 된다. 따라서 현재 충족시켜주고 있는 욕구보다 상위의 욕구를 잘 분석하여 이를 충족시켜줄 수 있는 제품을 제공하는 것 또한 매우 중요하다.

제품이 충족시키는 것이 단순한 물질적 욕구가 아니라 고객의 정체성 및 사회적 연대라는 사실은 제품을 차별화하기 위한 기회를 포착하기 위해 우리는 제품이나 그 제품의 특성뿐 아니라, 고객의 라이프스타일과 열망, 그리고 무엇보다 제품과 이러한 라이프스타일 및 열망과의 관계를 파악하고 이해하는 것이 중요하다는 점을 강력히 시사한다. 단순히 나이, 성별, 인종 등과 같은 고객의 인구통계학적 특성, 소득이나 교육과 같은 사회경제적 특성, 그리고 라이프스타일이나 성격 유형과 같은 심리적 특성을 이해하는 것 보다, 제품과 고객과의 관계를 깊이 이해하는 것이 차별화된 제품의 기획에 더욱 유용하다.

하지만 실제로 고객을 이해하는 것은 매우 어렵다. 고객의 욕구와 선호를 이해하기 위해 설문지를 돌려보면 아주 뻔한 답밖에 얻을 수 없다. 고객은 그 질문에 대해 심각하게 고민할 이유가 없는 무책임한

---

36 Maslow, A. 1943. A theory of human motivation. *Psychological Review*(50): 370-396.

존재이기 때문이다. 제품이 고객의 라이프스타일과 어떻게 연관이 되어 있는가를 이해하기 위해서는 고객을 주의 깊게 살펴보고 경험해야 한다. 영국 슈퍼마켓 업체인 테스코(Tesco)가 미국 서부지역에 'Fresh & Easy'라는 식품매장 체인을 출시하기 전 경영진을 그 지역 가정집에서 살아보도록 파견하였다. 이는 테스코의 경영진으로 하여금 실제 고객을 관찰하고 경험하는 기회를 제공하기 위해서였다.[37]

가치곡선(value curve)의 형태를 바꾸어라. 일반적으로 비행기에는 이코노미-클래스, 비즈니스-클래스, 그리고 퍼스트-클래스라는 3등급의 좌석이 있다. 비즈니스-클래스나 퍼스트-클래스와는 달리 이코노미-클래스를 타면 전용 라운지 없이 게이트 앞에서 하염없이 기다리거나 여기저기 면세품을 보며 시간을 때워야 한다. 그리고 탑승할 때는 퍼스트-클래스와 비즈니스-클래스 승객이 모두 탑승을 마칠 때까지 기다려야 한다. 좌석은 매우 좁고 좌석간 거리도 짧아 다리에 쥐가 나지 않도록 자주 일어나 움직여줘야 한다. 영화 등을 보기 위해서는 앞좌석에 부착된 작은 스크린이나 공용 스크린을 사용해야 한다. 그리고 기내식으로는 일회용 용기에 은박지로 포장된 간단한 식사와 음료가 제공된다. 기내 승무원은 일인당 다수의 탑승객을 응대하고 있다.

비즈니스-클래스와 퍼스트-클래스를 타면 이코노미-클래스와는 달리 전용 라운지가 제공된다. 일반적으로 퍼스트-클래스 라운지는 비즈니스-클래스 라운지보다 승객 일인당 면적은 더 넓고, 보다 좋은 음식과 음료가 제공되며, 보다 안락한 가구들로 장식되어 있다. 비즈니스-클래

37 Grant, R. M. 2018. *Contemporary strategy analysis*(10th Ed.). Wiley.

스 고객은 퍼스트-클래스 고객이 탑승을 마치면 이코노미-클래스 고객보다 먼저 탑승을 한다. 비즈니스-클래스 좌석의 크기와 좌석 간 간격은 이코노미와 퍼스트-클래스의 중간 정도 된다. 비즈니스-클래스와 퍼스트-클래스는 모두 전용 스크린이 제공되나 그 크기와 품질은 퍼스트클래스의 스크린이 우월하다. 기내식을 보면 둘 다 풀코스 정식이 고급식기로 제공된다. 하지만, 역시 퍼스트-클래스의 음식이 비즈니스보다 더 비싸고 고급의 식자재를 사용하고, 많은 경우 퍼스트-클래스에서는 주방장이 옆에서 즉석으로 요리를 해 주기도 한다. 비즈니스-클래스에서는 승무원 일인당, 예를 들어, 5~6명의 승객을 담당한다면 퍼스트-클래스에서는 거의 일대일 맞춤 서비스를 제공하고 있다.

이와 같은 항공사의 이코노미-, 비즈니스-, 그리고 퍼스트-클래스는 전략적으로 다른 제품인가? 당연히 전략적으로 다른 제품이다. 즉, 이코노미-클래스는 저가 제품(low-end product), 퍼스트-클래스는 고급 제품(high-end product), 그리고 비즈니스-클래스는 그 중간 제품으로서 서로 다른 제품이고 고객층 또한 차이가 있다. 하지만 서로 다른 고객층을 위한 서로 다른 제품이고 따라서 전략적으로 다른 제품이지만, 잘못 만든 제품들이다.

전략적으로 다른 제품을 제대로 만들려면 어떻게 만들어야 하는가? 김위찬 교수와 모보르뉴 교수(1997)는 가치 혁신(value innovation)을 설명하면서 아코르(Accor)가 저가호텔 체인인 포뮬 1(Formule 1)[38]을 출범시킬 때의 사례를 제시하였다.[39] 아코르가 포뮬 1을 출시한 1985년 당시 프랑

38 2007년 'HotelF1'으로 브랜드 변경.

39 Kim, C., & Mauborgne, R. 1997. Value innovation: The strategic logic of high

스의 저가호텔산업은 불황과 공급과잉에 시달리고 있었다. 당시 프랑스 저가호텔산업은 두 시장으로 세분화되어 있었는데 하나는 평균 숙박비가 60~80프랑 정도인 노스타(no-star) 호텔과 원스타(one-star) 호텔이고 또 하나는 숙박비가 200프랑 정도인 투스타(two-star) 호텔이었다.

제품의 각 구성요소가 제공하는 가치를 연결한 선을 가치곡선(value curve)이라 하는데 원스타 호텔의 가치곡선은 투스타 호텔의 가치곡선의 형태는 그대로 유지한 채 일률적으로 낮춘 것이다. 예를 들어, 투스타 호텔의 식당에서는 웨이터가 음식을 차려주나 원스타 호텔에서는 셀프서비스이고, 투스타 호텔의 라운지보다 원스타 호텔 라운지는 좁고, 투스타 호텔 프론트 데스크의 안내원은 불어 외 영어에도 능통하나 원스타 호텔의 안내원은 영어에 익숙하지가 않는 등 원스타 호텔의 각 제품구성요소가 제공하는 가치는 투스타 호텔의 그것에 비해 일률적으로 낮고 이에 따라 가격도 낮게 받는 것이다(그림 6.4 참조). 이에 고객은 두 가지 선택지 중 하나를 정해야 한다. 하나는 편안한 숙박을 하고 높은 가격을 지불한다. 또 다른 하나는 침대가 좋지 않고 소음이 많아 숙박은 불편하나 보다 낮은 가격을 지불한다.

▍하지만 저가호텔 고객이 공통적으로 원하는 것은 편안한 숙박과 낮은 가격이다. 이를 동시에 해결할 수 있는 저가호텔 제품은 어떤 것인가? 숙박과 직접적으로 관련이 없는 제품구성요소는 아예 없애버리거나 그 구성요소가 제공하는 가치를 원스타 호텔 평균 아래로 획기적으로 낮추는 것이다. 반면에 숙박과 관련이 있는 제품구성요소에만 집중하여, 편안한 숙박을 위한 것이라면 업계에서 제공하지 않는 구성요소일 지라도 이

---

growth. *Harvard Business Review*, January-February: 103-112.

[그림 6.4] **포뮬 1의 가치곡선**

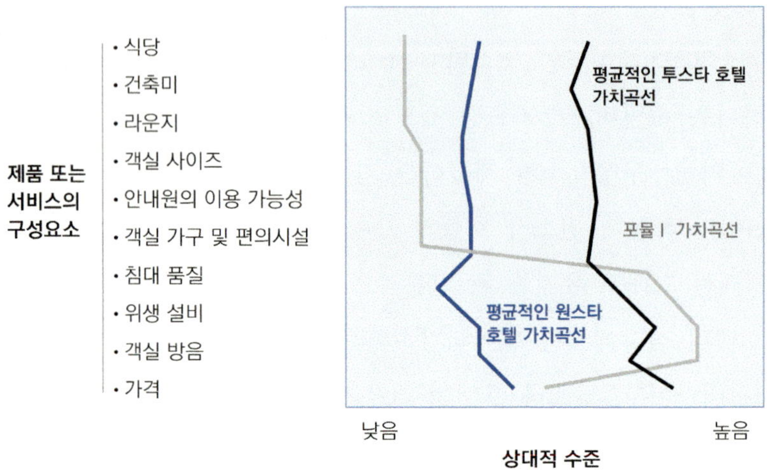

를 추가로 제공하거나 또는 산업 평균보다 획기적으로 높이는 것이다.

즉, 숙박과 직접적인 관련이 없는 제품 구성요소인 '식당', '건축미', '라운지', '객실 사이즈', '안내원의 이용 가능성', '객실 가구 및 편의시설' 등은 아예 없애거나 일반 원스타 호텔이 제공하는 가치보다 획기적으로 낮추는 것이다. 반면 편안한 숙박에 영향을 미치는 '침대품질', '위생설비', '객실 방음' 등이 제공하는 가치는 획기적으로 높여 심지어 투스타 호텔이 제공하는 가치보다 높이는 것이다. 그리고 가격은 기존 원스타 호텔 가격으로 책정한다. 이를 통해 저가호텔 고객이 공통적으로 원하는 '낮은 가격으로 숙박'하는 것이 가능해진다(그림 6.4의 회색 그래프).

▌기존 제품과 획기적으로 다른, 그리고 동시에 보다 많은 가치를 제공하는 제품을 고안하는 방법은 무엇인가? 이에 대한 답은 다음과 같이 정리할 수 있다.

1. 고객이 공통적으로 가장 원하는 핵심욕구를 파악한다.
2. 기존 산업에서 당연히 채택하고 있는 제품의 구성요소 중 핵심욕구 충족과 직접적으로 관련이 없는 구성요소는 제거한다.
3. 핵심 욕구충족과 직접적으로 관련이 없는 구성요소가 제공하는 가치를 산업 평균 이하로 획기적으로 줄인다.
4. 기존 산업에서 제공하지 않으나 핵심요구 충족과 관련이 있는 구성요소는 추가로 창출해 제공한다.
5. 핵심욕구 충족과 관련이 있는 구성요소가 제공하는 가치를 산업 평균 이상으로 획기적으로 높인다.

기존 고가제품과 전략적으로 다른 혁신적 저가제품은 어떻게 만들 것인가? 다음과 같은 요소를 고려하여 만드는 것이 좋다.

1. 저가제품의 고객이 공통적으로 가장 원하는 핵심욕구를 파악한다.
2. 핵심욕구와 관련이 없는 구성요소는 제거하거나 획기적으로 줄인다.
3. 반면 핵심욕구 충족과 관련이 있는 구성요소는 고가제품에 없는 것이라도 추가하거나 고가제품의 가치보다 오히려 높인다.

전략적으로 다른 저가제품을 만들 때 다음 사항은 반드시 확인하도록 한다.

- 기존 고가제품의 각 구성요소가 제공하는 가치의 수준을 일률적으로 낮추고 이에 가격을 낮춘 제품은 전략적으로 다른 제품이지만 잘못 만든 것이다. 즉, 기존 고가제품의 가치곡선의 형태는 그대로 유지한 채, 그 수준만 일률적으로 낮춘 가치곡선을 가진 저가제품은 전략적으로 다른 제품이긴 하나 잘못 만든 제품이다. 전

략적으로 다른 제품은 가치곡선의 형태가 바뀌어야 한다.

- 저가제품이라 할지라도 기존 고가제품이 제공하는 구성요소 외에 추가로 제공해야 하는 구성요소가 있다.
- 저가의 제품이라 할지라도 특정의 제품 구성요소가 제공하는 가치의 수준은 기존 고가제품의 그것보다 오히려 높을 수 있다.

기존 저가제품과 전략적으로 다른 혁신적 고가제품은 어떻게 만들 것인가? 마찬가지로 다음을 고려하는 것이 좋다.

1. 고가제품의 고객이 공통적으로 가장 원하는 핵심욕구를 파악한다.
2. 핵심욕구와 관련이 없는 구성요소는 비록 고가제품이라 할지라도 제거하거나 획기적으로 줄인다.
3. 반면 핵심욕구 충족과 관련이 있는 구성요소는 저가제품에 없는 것을 추가하거나 획기적으로 높인다.

전략적으로 다른 고가제품을 구성할 때 다음 사항을 반드시 확인한다.

- 기존 저가제품의 각 구성요소가 제공하는 가치의 수준을 일률적으로 높이고 이에 따라 가격을 높인 제품은 전략적으로 다른 제품이지만 잘못 만든 것이다. 즉, 기존 저가제품의 가치곡선의 형태는 그대로 유지한 채, 그 수준만 일률적으로 높인 가치곡선을 가진 고가제품은 전략적으로 다른 제품이긴 하나 잘못 만든 제품이다. 전략적으로 다른 제품은 가치곡선의 형태가 바뀌어야 한다.
- 고가제품이라 할지라도 기존 저가제품이 제공하는 구성요소 중 제거해야 할 구성요소가 있다.
- 고가의 제품이라 할지라도 특정의 제품 구성요소가 제공하는 가치의 수준이 기존 저가제품의 그것보다 오히려 낮을 수 있다.

주요 운영방식을 어떻게 바꿀 것인가?

산업 내 다른 기업들과는 차별화된 전략을 수립하는 또 하나의 방법은 주요 운영방식을 바꾸어 이에 적합한 제품과 고객을 선택하여 새로운 전략을 만들어 내는 것이다. 산업 내 기존 기업들과 다른 운영방식을 채택하는 방법은 크게 두 가지가 있다. 하나는 다른 기업이 가지고 있지 않은 우리 기업만의 핵심 R&C을 최대한 활용할 수 있는 운영방법을 채택하는 것이고 또 하나는 환경변화로 기존의 운영방식보다 뛰어난 새로운 운영방식이 가능할 때 이를 채택하는 것이다.

핵심 R&C를 최대한 활용할 수 있는 운영방식을 선택하라. 앞서 논의한 캐논을 보자. 중앙집중식 복사기 사용방법의 불편함을 없애기 위해 소형 복사기를 출시하고 이에 맞는 고객과 운영방식을 선택했다고 설명했으나, 캐논 전략에 대한 또 하나 가능한 설명은 캐논이 보유하고 있던 핵심적인 R&C를 최대한 활용할 수 있는 운영방식을 택하고 이에 따라 고객 및 제품을 재정의한 것이라는 설명이다.

즉, 캐논은 카메라사업을 위해 그동안 구축해 놓은 딜러망, 그리고 일반 개인소비자에 대한 마케팅 능력 등을 활용하기 위해 복사기 사업에서 유통망을 영업사원을 통한 직접 판매 대신 딜러로, 고객을 대기업이 아닌 개인소비자로 변경하고, 이에 따라 제품은 소형 복사기로, 그리고 운영방식도 새로운 방식으로 대체하였다. 즉, 캐논이 보유하고 있던 R&C를 최대한 활용할 수 있는 운영방식으로 바꾸고 이에 따라 고객 및 제품을 변경함으로써 새로운 전략을 수립 및 실행한 것이다. 자원준거론에서 논의된 대로 이 방법은 기존의 R&C를 최대한 활용할 수 있는 새로운 운영방식을 검토하여 이러한 새로운 운영방식에 적합한 고객, 제품, 그리고 기타 운영방식을 결정하는 것이다.

환경변화로 기존의 운영방식보다 뛰어난 새로운 운영방식의 가능성을 모색하라. 이는 전략적 혁신의 가장 일반론적인 방법을 운영방식에 적용하는 것이다. 사우플론(Sauflon)을 보자. 설립 당시 영국에서의 환경변화 중 하나는 개인 소형 안경점들의 체인화, 대형화가 이루어지고 있었고 이는 당시 기존 콘택트렌즈 용액업체들이 사용하던 대표적인 유통망인 슈퍼마켓에 못지않은 큰 잠재력을 가진 유통망으로 등장하고 있었다. 이때 사우플론은 대형 안경점 체인을 유통망으로 사용하고 이에 적합한 제품과 고객에 집중함으로써 성공하였다. 김위찬 교수와 모보르뉴 교수(1997)[40]가 혁신이 가능한 세 가지 플랫폼, 즉 제품 플랫폼, 서비스 플랫폼, 배달 플랫폼 중 배달 플랫폼의 혁신은 바로 운영방식의 혁신에 해당한다고 볼 수 있다.

---

40 Kim, C. & Mauborgne, R. 1997. Value innovation: The strategic logic of high growth. *Harvard Business Review*, January-February: 103-112.

PART 03

전략적 관점에서 기업경쟁력은 어떻게 분석하는가?

Chapter 07

전략적 관점에서 기업경쟁력은 어떻게 분석하는가?[1]

지금까지 우리는 전략수립의 방법론으로 1) 산업조직론, 2) 자원준거론, 3) 전략적 혁신의 3가지 관점을 제시하였다. 산업조직론에서 기업경쟁력은 "얼마나 매력적인 사업을 영위하는가?" 즉, "매력적인 사업구조를 갖기 위한 경쟁(competition for business portfolio)"에 의해 결정적인 영향을 받는다고 주장한다. 자원준거론은 매력적인 사업을 영위하는 것도 중요할지 모르나 더 우선적인 것은 "기업이 선택한 산업 또는 전략에 요구되는 R&C를 얼마나 경쟁사에 비해 많이 보유하는가?" 즉,

1 본 장의 일부는 필자의 연구물들을 기초로 본 저서 취지에 맞게 수정 및 편집된 내용임. 보다 자세한 내용을 위해서는 다음 문헌을 참조할 것: 박철순. 1999. 한국재벌의 경쟁력과 전략적 과제. ≪경영논집≫, 33(4): 277-294; Park, C. 2002. The dynamics of institutions, resources and capabilities, and firm strategies. *Seoul Journal of Business*, Vol.8(1): 35-60; Sull, D., Park, C., & Kim, S. 2003(revised in 2004). Samsung and Daewoo: Two tales of one city. *Harvard Business School Case* #: N9-804-055; 박철순 · 고샬. 2003.『세계수준의 한국기업에 도전한다』. 21세기북스; Park, C. 2007. Radical environmental changes and corporate transformation: Korean firms. *LRP: long range planning*, Vol.40(4-5): 419-430; Park, C. & Kim, S. 2008. Corporate governance, regulatory changes, and corporate restructuring in Korea, 1993-2004, *The Journal of World Business*, Vol.43(1): 66-84.

[그림 7.1] **경쟁력의 원천: 산업조직론, 자원준거론, 그리고 전략적 혁신**

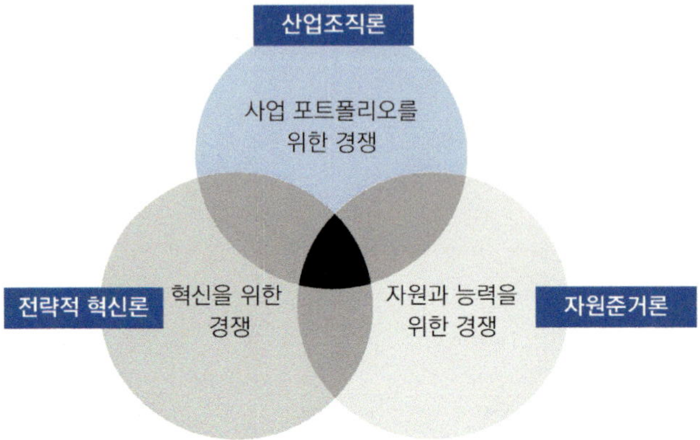

"R&C를 위한 경쟁(competition for resources and capabilities)"이란 점을 강조하고 있다. 전략적 혁신 관점에서는 끊임없이 변하는 환경에서 강한 R&C가 없는 이류기업, 후발업체, 신생업체 등이 일등을 하기 위해서는, 그리고 선도기업이 그 선두의 위치를 지속적으로 유지하기 위해서는 평소 당연하다 믿고 있는 것들에 의문을 품고 바꿈으로써 혁신(innovation)을 하는 것이 필수적이란 점을 제시하고 있다. 즉, 기업경쟁력의 핵심은 "혁신을 위한 경쟁(competition for innovation)"이란 것이다(그림 7.1 참조).

지금부터 우리는 다음 질문에 대한 답을 찾고자 한다: **▮▮ "[그림 7.1]에서의 세 가지 경쟁에서 이기는 기업과 지는 기업의 차이는 어디서 오는가?"** 또는 **▮▮ "이 세 가지 경쟁에서 이기기 위해 경영자는 과연 무엇을 해야 하는가?"**

위 질문에 대한 답을 얻기 위해, 이번 제7장에서는 기업경쟁력을 전략적으로 분석 및 평가하기 위한 틀(framework)에 관해 설명하고, 이를 바탕으로 한국기업의 과거, 현재, 그리고 미래 경쟁력을 분석 및 평가해 보고자 한다. 이러한 분석 및 평가를 통해 한국기업이 당면한 핵심과제를 파악하고 이들 과제의 해결방법이자 위 질문에 대한 답을 제8장~제11장에 걸쳐 찾아보고자 한다.

전략적으로 기업경쟁력을 분석하고 평가하는 방법은 무엇인가?

전략적 관점에서 기업경쟁력을 어떻게 분석하고 평가할 것인가? 한 기업이 경쟁력을 갖추려면 다음의 두 가지 조건을 충족해야 한다. 하나는 그 기업을 구성하는 각각의 사업부가 경쟁력이 있어야 하고, 또 하나는 사업부들 간의 시너지가 극대화되어야 한다. 전자를 우리는 사업부 수준의 경쟁력(business-level competitiveness)이라 하고, 후자를 기업 수준의 경쟁력(corporate-level competitiveness)이라 할 수 있다.

전략적으로 사업부 수준의 경쟁력을 분석 및 평가를 한다면 어떻게 할 수 있을까?

먼저 사업부 수준의 경쟁력을 보자. 특정 사업부가 경쟁력이 있다는 것은 산업조직론에 의하면 그 사업부가 속한 산업이 구조적으로 매력적이어야 한다. 또한 자원준거론에 따르면 그 산업에서 요구되는 R&C를 경쟁사보다 많이 가지고 있어야 한다. 이 두 가지 조건이 충족될 때 우리는 그 사업부를 경쟁력 있는 사업부라 부를 수 있다. [그림 7.2]의

[그림 7.2] **사업부 수준의 경쟁력**

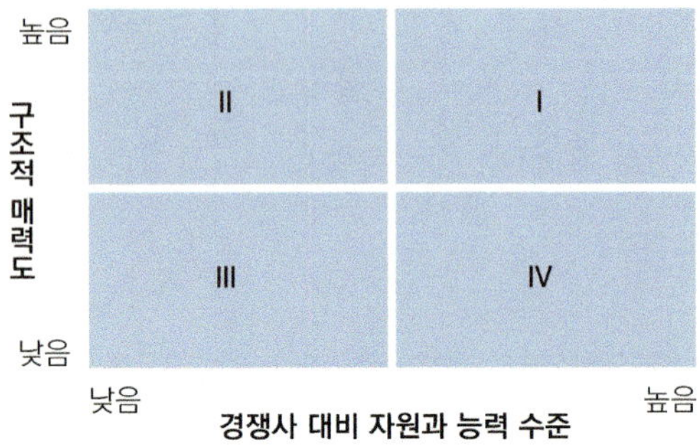

'I'에 위치한 사업부가 바로 그런 사업부이다.

반면, [그림 7.2]의 'III'에 속하는 사업부는 산업이 매력적이지 않을 뿐 아니라 R&C도 경쟁사에 비해 월등히 떨어지는 경쟁력이 낮은 사업부이다. 흔히 기업에서 사업구조조정을 한다고 하면 퇴출대상 1순위로 꼽히는 사업부이다.

경쟁력이 높은 사업부와 그렇지 못한 사업부를 구별하는 것은 그리 힘들지 않으나 사업구조조정이나 다각화에 관한 의사결정을 할 때 매우 고민스러운 것은 바로 "II"와 "IV"에 속한 사업부이다. 'II'에 속한 사업부는 산업은 구조적으로 매력적이나 R&C가 부족한 경우이고 'IV'에 위치한 사업부는 그 반대의 경우이다.

❙▌다각화를 위한 사업기회가 'II'와 'IV'만 존재한다고 할 때, 우리가 다각화를 한다면 어느 사업을 택하는 게 좋을까? 또는, **❙▌사업구조조정을 위해 'II'와 'IV' 중 한 사업부를 반드시 정리해야 한다면 어떤 사업부를 퇴출시켜야 할까?** 동일한 취지의 질문이기에 전자의 질문에 집중해 답을 생각해 보자. 산업조직론 관점에서 보면 당연히 산업의 구조적 매력도가 높은 'II'에 속한 사업이 좋을 것이고 자원준거론 관점에서는 'IV'에 위치한

사업이 바람직할 것이다. 두 이론적 관점은 워낙 이론적 기반이 탄탄하고 실증적으로도 많은 입증이 이루어져 어느 관점을 취하는 게 더 좋다고 단정적으로 말하기는 어렵다. 하지만 의사결정을 하는 데 있어 다음의 두 가지는 고려했으면 한다.

첫째, 우리가 'II'를 선택한다고 하면 많은 경우 우리는 머릿속에 뭔가 가정(assumption)을 가지고 내린 결정이다. 그 가정은 바로 "비록 현재 이 산업에서 필요한 R&C는 경쟁사 대비 부족하지만 열심히 노력해 구축하면 언젠가 경쟁사 못지않은 수준의 R&C를 구축할 수 있고 따라서 'I'의 위치로 갈 수 있다"는 가정이다.

위 가정은 얼마나 현실적인가? 제6장에서도 언급했듯이 이는 매우 현실성이 없는 가정이다. 예를 들어 'II'에 위치한 'A'라는 기업의 R&C 수준이 80, 그리고 'I'에 속한 다른 선두기업들의 R&C 수준은 100이라고 하자. 제5장에서 논의했듯이 가치가 있고 동시에 모방이 어려운 핵심 R&C를 구축하는 것은 매우 어렵다. 하지만 시간이 많이 걸리지만 전혀 불가능한 것은 아니다. 'A'기업은 오랜 기간 노력해서 R&C의 절대적인 수준을 100까지 끌어올릴 수는 있다.

이제 'A'기업의 위치는 'II'에서 'I'로 바뀌는가? 아니다. 그동안 'I'에 있던 선두기업들은 그들의 R&C의 절대적 수준을 이미 100에서 150으로 높였을 것이기 때문이다. 따라서, 'A'기업은 비록 그들 R&C의 절대적 수준을 100으로 향상시켰어도 여전히 'II'에 머물게 되는 것이다.

'경쟁우위(competitive advantages)'라 함은 경쟁사 대비 특정 기업이 얼마나 우위에 있느냐 아니냐의 문제이다. 따라서 경쟁에 있어서 절대적인 수준은 아무 의미가 없다. 필요한 R&C를 경쟁사 대비 상대적으로 얼마나 보유하고 있느냐가 관건인 것이다. 아무리 우리 기업이 보유한

R&C의 절대적인 수준이 높아도 다른 경쟁사들의 그것이 더 높으면 우리는 경쟁열위(competitive disadvantages)에 있는 것이다. 마찬가지로, 우리 기업의 R&C 수준이 절대적으로 아무리 부족하다고 하더라도 경쟁업체들의 그것이 우리보다 더 낮으면, 또는 경쟁업체가 아예 존재하지 않는다면 우리는 경쟁우위에 있게 되는 것이다.

이와 관련해 우리가 경쟁력 분석에서 흔히 범하기 쉬운 오류가 있다. 예를 들어, 4차산업혁명 등 거대한, 그리고 급속한 환경변화로 지구상에 존재하지 않던 전혀 새로운 산업이 등장하고 있다고 하자. 그리고 'A'라는 기업은 이 새로운 산업에 필요한 R&C를 충분히 가지고 있지 못함에도 불구하고 이 산업에 처음으로 진출하기로 결정했다고 하자. ▌이때 'A'기업이 새로 진출한 사업부는 [그림 7.2]에서 어디에 위치한 것으로 분석해야 할까?

이때 우리는 'A"기업이 새로운 산업에서 요구되는 R&C를 보유한 정도가 절대적인 수준에서 낮으므로 산업 매력도에 따라 'II' 또는 'III" 에 있는 것으로 분석하기 쉽다. 하지만 이때에도 우리는 이 사업부를 'I' 또는 'IV'에 위치하는 것으로 분석하는 것이 보다 정확한 분석이다. 왜냐하면 진출하고자 하는 새로운 산업에서 이미 사업을 영위하고 있는 기존 경쟁사가 없기에 R&C가 절대적인 수준에서는 낮으나 상대적인 수준에서는 그렇지 않기 때문이다. 또한 경쟁사가 존재하지 않는다는 점은 이 산업을 매력적으로 만드는 결정적인 요인이 되기에 'I'의 자리에 위치할 가능성이 높다.

새로이 등장하는 산업에 선발로 진입한다거나, 전략적 혁신으로 기존 기업들의 전략과는 전혀 다른 새로운 전략을 수립 및 실행한다는 것은 경쟁사가 없다는 의미이고 이는 R&C의 절대적 수준이 낮다고 하더라도 상대적인 수준은 높다는 것이다. 또한 경쟁사가 아직 존재하지 않아 경쟁의 정도가 극히 약하고 따라서 이는 산업을 매력적으로 만드는 요인이 된다.

사업부 수준의 경쟁력을 분석할 때 고민해야 할 두 번째 이슈는 R&C 수준은 높으나 산업 매력도가 낮은 'IV'에 위치한 사업부의 전략적 대응이다. 이 사업부는 보스턴 컨설팅그룹(Boston Consulting Group: BCG)의 성장률－시장점유율 매트릭스(growth-share matrix)[2] 상의 '캐시 카우(cash cows)'와 유사한 상황에 있는 사업부로서 비록 산업의 매력도는 떨어지나 그 산업의 선두기업으로서 성과가 뛰어난 사업부이다. 따라서 이 사업부는 자원준거론 관점에서는 전혀 문제가 없는 사업부이다.

하지만, 강력한 대체재의 등장, 인구통계학적 변화 등 환경변화로 인해 그 산업이 점점 쇠퇴하고 머지않아 그 산업 자체의 존립여부가 불분명한 사업부일 경우에는 문제가 된다. ▌'IV'에 해당하는 사업부 중 그 산업이 쇠퇴하고 있고 향후 전망 또한 어두워, 산업 자체의 존립이 어렵다고 판단되는 사업부는 어떻게 하는 것이 좋을까? 하나의 방법은 BCG 매트릭스가 제시하듯 캐시 카우에 해당하는 이 사업부가 창출하는 현금을 다른 사업부에 투자하고 점차 이 사업부는 포기하는 것이다.

포기하는 방법 외 이 사업부가 택할 수 있는 또 하나의 전략적 대응은 이 사업부가 보유하고 있는 강한 R&C를 현재 산업이나 시장보다 더 잘 활용할 수 있는 다른 산업 또는 다른 시장으로 진출하는 것이다. 이러한 다각화(diversification)를 우리는 방어적 제품 다각화(defensive

2 Henderson, B. 1970. The product portfolio. *BCG Perspectives* (66).

product diversification) 또는 방어적 지역 다각화(defensive geographical diversification)라 부른다.

다각화 전략은 어떻게 해야 하는가?

다각화 전략에 관한 이해 없이 기업 수준의 경쟁력 분석 방법을 설명하기 어려우므로, 기업 수준의 경쟁력을 논의하기 전에 먼저 다각화 전략(diversification strategy)에 관해 간단히 생각해 보자. 다음 기업의 다각화 전략에 대해 생각해 보고 각 전략이 바람직한 것인지, 아닌지, 그리고 그 이유는 무엇인지 각자 생각해 보자.[3]

청바지, 티셔츠 등 캐주얼 웨어를 제공하는 리바이스(Levi's)가 전통적 신사복사업으로 진출한다면 이는 좋은 다각화인가?

먼저, 캐주얼 웨어업체인 리바이스가 전통적 신사복 사업으로 진출한다면 어떨까? 괜찮은 다각화인 듯 하나 곰곰이 생각해 보면 좋은 점을 발견하기가 그리 쉽지 않다. 핵심 자원이라 생각되는 브랜드나 매장을 공유하기도 어렵고, 중요한 능력이라 생각되는 디자인 능력이나 마케팅 등도 달라 서로 활용하기 어려운 사업영역이다. 생산과 관련된 R&C는 서로 유사한 것 같으나 이는 그리 가치가 있거나 모방이 어려운 자원이나 능력이 아니다. 그럼에도 불구하고 우리는 이런 사업구조

3 Markides, C. 1997. Diversify or not to diversity. *Harvard Business Review*, Nov-Dec. Vol.75(6): 93-99; 박철순, 한정화, 서정일, 김영욱. 2000. 12. 생존을 위한 선택: 두산그룹. ≪경영사례연구≫, 33(2): 17-35. 서울대학교 경영대학 경영연구소.

를 가지고 있는 기업들을 의류산업에 집중한 업종 전문화된 기업이라 부르고 부정적으로 보지 않는 것이 일반적이다. ▌왜 그럴까?

▌미국의 철도회사(railroad company)는 고속도로 및 항공업의 발달로 수요가 대체되면서 쇠퇴의 길을 걷게 되었다. 이러한 위기를 타파하고자 다각화를 한다면 다음 두 가지 선택 중 어느 것이 좋을까?

1. 항공산업, 고속버스사업, 트럭운송사업, 차량대여사업
2. 오일/가스 파이프라인 건설업, 부동산 개발업

미국 철도회사의 경우 두 가지 선택지 중 첫 번째, 즉 항공산업, 고속버스운송사업, 트럭운송사업, 차량대여사업으로 진출하기로 결정했다고 하자. ▌이런 다각화의 장점으로는 어떤 것이 있을까? 우선, 원스톱쇼핑(one-stop shopping), 토탈 서비스(total service), 패키지 서비스(package service), 슈퍼마켓 개념(supermarket concept) 등으로 불리는 장점들을 생각할 수 있을 것이다. 이런 장점의 예를 들어보라 하면 아마 이런 경우가 아닐까 한다. 서울역에서 출발하는 고객의 최종 목적지는 부산 해운대이다. 하지만 철도는 부산 시내 초량동에 위치한 부산역까지만 운행한다. 따라서 이 고객은 부산역에서 최종 목적지인 해운대까지 가기 위해 차량대여서비스를 필요로 한다. 이때 철도회사가 차량대여서비스까지 제공하면 고객은 최종 목적지 도착까지 필요한 모든 서비스를 원스톱으로 제공할 수 있다.

▌이런 식의 서비스에 어떤 장점이 있을까? 만약 기존 차량대여업체가 존재하지 않는다면 철도회사의 이런 추가적인 서비스를 위한 사업은 당연히 고객에게 가치가 있을 것이다. 하지만 ▌만약 기존 차량대여 산업

이 매우 잘 발달되어 최상의 서비스를 경쟁적인 가격으로 제공하고 있다면 어떨까? 즉, 부산역에 수많은 차량대여업체들이 서비스를 제공하기위해 진을 치고 있다면 왜 그 고객은 다른 차량대여업체가 아닌 철도회사가 운영하는 차량대여서비스를 받아야 할까? 그러려면 철도회사가 운영하는 차량대여서비스가 다른 차량대여서비스보다 우수하거나 동일한 서비스라면 가격이 낮아야 한다. 철도회사가 운영하는 차량대여서비스가 차량대여서비스 전문업체에 비해 우수한 서비스를 제공하거나 비용이 적게 들어 가격을 낮게 책정할 수 있는 근거는 무엇인가? 그 근거를 찾기가 그리 쉽지 않다.

따져보면 장점을 찾기 쉽지 않음에도 불구하고 우리는 철도사업을 하다 항공운송업, 고속버스사업, 트럭운송사업, 차량대여사업으로 진출하는 다각화를 그리 부정적인 시선으로 보지 않는다. 한국기업 중에서도 한진그룹이나 금호아시아나그룹의 운송사업부문의 사업구조에 대해 비판하는 이는 별로 없다. 오히려 운송사업(transportation industry)에 집중한 업종 전문화된 기업으로 긍정적으로 보는 시각이 우세하다.

▌왜 그럴까?

▌▌글로벌 시멘트업계의 선두기업 중 하나였던 영국의 '블루 서클 인더스트리즈(Blue Circle Industries)'는 1980년대 부동산, 벽돌, 쓰레기 관리, 가스 스토브, 욕조, 그리고 잔디깎는기계 등으로 다각화를 진행하였다. 이러한 다각화를 진행한 이유는 무엇이며 이에 대해 어떻게 생각하는가?

▌시멘트업체인 블루 서클 인더스트리즈는 왜 부동산업, 벽돌사업, 쓰레기 관리사업, 가스 스토브사업, 욕조사업, 그리고 심지어 잔디깎는기계사업 등으로 진출했을까? 시멘트업체인 블루 서클의 주고객은 주택건설업체였다.

이에 블루 서클은 그들의 주고객인 주택건설업체들이 집을 짓는데 필요로 하는 사업에 집중 진출한 것이다. 잔디깎는기계사업으로의 진출도 결국 주택과 가장 가까운 것이 정원이고 이러한 정원에 필요한 것이 잔디깎는기계라는 논리에 따른 것이었다.

▌이런 다각화의 장점에는 무엇이 있을까? 시멘트사업을 하는 기업이 부동산업, 벽돌사업, 잔디깎는기계사업 등을 다른 전문업체들보다 잘 할 수 있는 근거는 무엇일까? 각 사업 공통의 고객인 주택건설업체들과의 네트워크가 좋아서? 진출한 각 사업에서의 제품이나 서비스가 타 업체들보다 뛰어나거나 가격경쟁력이 없다면 단순히 고객과의 네트워크만으로 해당 사업에서의 경쟁우위를 지속할 순 없을 것이다.

▌▌1990년대 중반에 단행된 대규모 구조조정 이전 두산그룹 식음료사업부문의 사업구조를 보면 맥주를 생산하던 동양맥주, 두산유리, 두산제관, 두산농산, 두산기계, 삼화왕관, 오리콤 등으로 이루어져 있었다. 이와 같은 다각화를 무엇이라 부르고 이러한 다각화의 장단점은 무엇인가?

1990년대 중반의 대대적인 구조조정 이전의 두산그룹 식음료사업부문의 사업구조를 보자. 맥주를 생산하는 주류제조업체인 동양맥주가 있고, 맥주병과 맥주캔을 제공하던 두산유리와 두산제관, 맥주 뚜껑을 거의 독점적으로 만들어 제공하던 삼화왕관, 맥주 원자재인 보리 맥아를 제공하던 두산농산, 그리고 주로 맥주 광고를 취급하던 오리콤 등으로 이루어져 있다.

원자재로부터 최종 소비자에 이르기까지의 연속적인 고객/공급자 관계를 우리는 수직적 가치사슬(vertical value chains)이라고 하고 이러한 수직적 가치사슬 상의 고객 또는 공급자 산업으로 진출하는 것을 전방 수직적 결합(forward vertical integration) 또는 후방 수직적 결합(backward vertical integration)이라고 한다. 따라서 당시 두산그룹 식음료사업부문의 사업구조는 그룹의 주력사업인 맥주사업과 수직적으로 결합된 사업들로 이루어져 있었던 것이다.

▌수직적 결합이라는 사업구조의 단점에는 무엇이 있을까? 첫째, 일반적으로 수직적으로 결합된 사업들 간에는 흔히 말하는 시너지(synergy)가 존재하지 않는다. 와인제조업체가 와인바를 함께 운영한다고 생각해보자. 와인제조업을 성공적으로 운영하는 업체가 과연 와인바도 잘 운영할 수 있을까? 전혀 다른 R&C를 요구하는 사업들로서 서로 간의 시너지를 기대하기 어렵다.

둘째, 일반적으로 다각화는 '다각화 효과(diversification effects)', 즉 특정 사업이 어려울 때 다른 사업의 성과가 좋아 수입 흐름(income stream)을 안정적으로 만들어 기업의 파산 위험을 줄이는, 기업 차원에서의 장점이 있다. 하지만 수직적 결합은 주력사업이 잘되면 이와 수직적으로 결합된 모든 사업이 호전되고, 주력사업이 어려워지면 다른 모든 사업들도 힘들게 되어 위험을 오히려 증폭시키는 단점이 있다.

맥주업계의 막강한 1위 업체였던 두산그룹의 동양맥주(1995년 OB맥주㈜로 사명 변경)는 1993년 경쟁업체인 조선맥주㈜가 하이트 출시에 성공하면서 1위 자리를 하이트에게 빼앗기게 되었다. 하지만 비록 1위 자리를 빼앗겼어도 OB맥주는 1위와 근접한 2위로서 맥주시장을 양분하고 있었기에 맥주사업 그 자체는 큰 문제가 없었다. 그러나 맥주 매출이 급속히 줄면서 이와 수직적으로 결합된 다른 사업들의 매출이 모두 급감하였고, 결국 두산그룹 식음료사업부문 전체, 심지어 두산그룹 전체를 경영상의 위기로 내몰았던 것이다.

셋째, 수직적 결합의 또 하나의 단점은 고객과 경쟁관계로 만든다는 점이다. 현대자동차그룹은 현대/기아자동차를 통해 자동차 제조업을 하면서 동시에 그룹 계열사인 현대제철에서는 차량용 강판을 공급하고 있다. 이 경우 현대/기아자동차와 경쟁관계에 있는 타 글로벌 자동차업체에서는 현대제철의 강판을 사용하는 것을 꺼리게 된다. 왜냐하면 그들은 현대제철의 계열사인 현대/기아자동차와 경쟁관계에 있기 때문이다.

삼성전자의 경우도 마찬가지이다. 삼성전자는 스마트폰을 제조/판매하면서 동시에 스마트폰의 핵심부품인 반도체를 공급하고 있다. 그리고 삼성그룹 전자계열사인 삼성디스플레이는 모바일 디스플레이를 판매하고 있다. 이 경우 삼성전자 스마트폰사업과 경쟁관계에 있는 애플, 화웨이 등은 가능하면 삼성전자의 반도체나 삼성디스플레이의 모바일 디스플레이를 구매하지 않고자 하게 되는 것이다.

위와 같은 단점에도 불구하고 기업들이 수직적 결합을 한다면 그 이유는 무엇일까? 일반적으로 수직적 결합은 특정 산업과 수직적으로 결합된 산업 중에서 그 특정 산업의 경쟁력 확보를 위해 반드시 필요한 산업에서 시장 실패(market failure)가 있을 때 이러한 시장 실패를 치유하기 위한 수단으로 사용된다. 시장 실패는 크게 두 가지를 생각할 수 있다. 하나는 아예 그 시장이 존재하지 않을 때이고 또 하나는 시장은 존재하나 수급이 매우 불안정할 경우이다.

예를 들어, 자동차산업에서 글로벌 경쟁력을 확보하기 위해서는 규모의 경제가 매우 중요한데 협소한 국내시장만으로는 규모의 경제를 달성하기 어렵다고 하면 수출을 포함한 해외진출이 필수적이다. 자동차산업의 경쟁력 확보를 위해 국내 생산물량의 수출이 반드시 요구된다면, 자동차산업의 경쟁력 확보를 위해 수직적으로 결합된 산업 중

반드시 필요한 산업은 무엇인가? 아마 해운업(shipping industry)일 것이다. ▌만약 국내 자동차업체가 사용할 수 있는 해운회사가 존재하지 않는다면, 즉 시장 실패가 있다면 어떻게 할 것인가? 이럴 경우 국내 자동차업체는 비록 선박산업을 잘 운영할 능력이 없더라도 자동차산업의 경쟁력 확보를 위해 어쩔 수 없이 선박사업을 함께 영위할 수밖에 없다.

시장 실패의 또 하나의 유형을 생각해 보자. 이번에는 해운업이 존재하기는 하나, 소수의 거대 해운업체가 장악하고 있는 시장이라고 하자. 그리고 막강한 협상력을 가진 이들 해운업체들은 원가에 비해 과도한 가격을 요구하거나 선박업체 임의로 수급을 결정하고 있다고 가정하자. 이 경우 국내 자동차 사업의 운명은 이들 해운업체들의 의사결정에 의해 좌지우지된다.

▌이럴 경우 국내 자동차업체는 어떻게 할 것인가? 비록 국내 자동차업체가 해운업에 필요한 R&C가 부족해 기존 해운회사보다 비용이 많이 들어가더라도 그 비용이 기존 해운업체가 과도하게 요구하는 가격보다 낮다면 해운업으로 진출하게 될 것이다. 그리고 이러한 수직적 결합을 통해 수급의 안정을 기해 기존 해운회사에 의해 기업의 운명이 좌지우지되는 불확실성을 제거하고자 할 것이다.

요약하면 수직적 결합이란 많은 단점에도 불구하고 수직적으로 결합된 산업 중 해당 기업의 경쟁력 확보를 위해 반드시 필요한 산업에서 시장 실패가 있을 때 기존 사업의 경쟁력 확보를 위해 어쩔 수 없이 시도하는 것이다.

성공적인 다각화의 판단기준은 무엇인가? 지금까지 리바이스, 미국의 철도회사, 블루 서클 인더스트리즈, 두산그룹의 식음료사업부문의 다각화 전략을 간단히 살펴보았다. ▌이들이 추구한 다각화 전략의 성공 여부는 무엇을 기준으로 판단해야 하는가?

바람직한 다각화로 우리가 가장 많이 듣는 용어는 아마 '관련 다각화(related diversification)'일 것이다. 경영학 용어 중 무책임한 용어가 많이 있지만 그 중에서 가장 무책임한 용어 중 하나가 관련 다각화일 것이다. 왜냐하면 이 세상에 관련이 없는 사업은 없기 때문이다. 따라서 우리가 좋은 다각화로서 관련 다각화를 얘기할 때는 이 관련의 기준이 무엇인가를 먼저 명확히 하지 않으면 아무 의미가 없다.

▌좋은 다각화로서 관련 다각화를 얘기한다면 그 관련의 기준은 과연 무엇인가? 다각화된 기업이 존재하는 이유를 먼저 생각해 보자. 다각화된 기업이 존립하는 이유는 그 기업을 구성하는 각각의 사업부가 기업 외부에서 독립적으로 운영되기보다는 한 기업의 지붕 아래서 운영될 때 더 많은 가치를 창출하기 때문이다. 즉, 시너지가 있어야 다각화된 기업은 그 존립 이유가 있는 것이다.

▌그렇다면 시너지는 언제 발생하는가? 일반적으로 시너지는 사업부 간 자원을 공유하거나 능력 또는 지식을 이전할 수 있을 때 발생한다.[4] 예를 들어 각 사업부에서 핵심적으로 요구되는 자원(resources)이 있다고 하자. 이러한 핵심적인 자원을 두 사업부가 서로 공유할 수 있을 때 자원공유(resource sharing)에 따른 규모의 경제(economies of scale) 또는 범위의 경제(economies of scope)가 발생하고 이로 인해 비용절감 혹은 가치 향상이 가능해진다. 따라서 두 사업부간 시너지가 발생하게 되는 중요

---

4 Porter, M. E. 1985. *Competitive advantage: Creating and sustaining superior performance*. The Free Press.

한 원천 중 하나는 사업부간 핵심 자원의 공유(resource sharing)이다.

능력(capabilities) 또는 지식(knowledge)을 보자. 두 사업부에서 핵심적으로 요구되는 능력이 있다. 그 중 한 사업부는 그 능력을 보유하고 있는 반면 다른 한 사업부는 그렇지 않다. 이때 그 능력을 보유하고 있는 사업부(capability-transferring unit)가 그렇지 못한 사업부(capability-receiving unit)에 그 능력을 이전해 줄 수 있을 때, 과거 능력을 보유하지 못했던 사업부는 이전된 능력에 의해 비용절감이나 가치 상승이 가능하여 시너지가 발생하는 것이다. 즉, 시너지의 또 하나의 원천은 능력 또는 지식 이전(capability or knowledge transfer)이다.

▌다각화된 기업의 존립근거인 시너지가 사업부간 핵심 자원의 공유, 그리고 능력의 이전에 의해 이루어진다면 그러한 핵심 자원의 공유 및 능력이전은 언제 가능할까? 이는 각 사업부에서 핵심적으로 요구되는 R&C가 관련이 있을 때 또는 유사할 때이다. 이때 사업부간 자원의 공유나 이전이 가능하고 이에 의해 시너지가 발생하는 것이다. 따라서 기업 수준의 경쟁력을 극대화하기 위한 하나의 조건은 각 사업부에서 핵심적으로 요구되는 자원이나 능력의 관련성이 높아야 된다는 것이다. 따라서 우리가 좋은 다각화로서 관련 다각화를 얘기할 때 그 관련의 유일한 기준은 각 사업에서 핵심적으로 요구되는 **'R&C의 관련성'**이다.

앞서 논의한 여러 다각화 사례들은 모두 '관련' 다각화이다. 하지만 관련의 기준에 있어 각각 차이가 있는 다각화이다. 리바이스가 캐주얼 사업에서 전통적 신사복 사업으로 진출한 경우도 우리는 관련 다각화라고 볼 수 있다. ▌하지만 무엇을 기준으로 한 관련 다각화인가? 캐주얼 웨어와 신사복은 의류산업으로 같은 산업으로 분류된다. ▌이유는? 공급의 대체성, 즉 캐주얼 웨어를 생산하다가 신사복을 생산하는 것이 상대적으로 용이하기 때문이다. 다시 말해 제품이 유사 또는 관련이 있기 때문이다. 따라서 우리는 캐주얼 웨어에서 신사복사업으로 진출하는 것을 관련 다각화이지만 그 관련의 기준이 '**제품**'이라는 것이다.

제품 측면에서 유사하거나 또는 관련이 있는 사업들은 생산과 관련된 R&C는 유사하여 공유 및 이전이 가능하다. 하지만 의류산업에서 생산과 관련된 R&C는 대부분 그리 가치가 높지 않거나 모방이 어렵지가 않아 핵심적 R&C가 아니다. 따라서 대부분의 세계적인 의류업체들이 생산과 관련된 활동을 아웃소싱 하는 이유는 바로 여기에 있다. 결론적으로 캐주얼 웨어와 신사복은 제품 기준으로는 관련이 있으나 핵심적인 R&C 기준으로는 관련이 없는 바람직하지 않은 다각화이다.

철도회사가 항공업, 고속버스업, 트럭운송업, 차량대여업 등으로 진출한다면 이 또한 관련 다각화이다. 이들 산업은 수요의 대체성이 높은, 즉 운송이라는 유사한 욕구를 충족시켜주는, 그래서 고객 또는 시장이 유사한 산출물을 제공하는 기업들의 집합이기에 운송사업(transportation industry)이라는 동일한 산업으로 분류된다. 따라서 이러한 사업들은 '**고객 또는 시장**' 측면에서 유사한 또는 관련이 있는 사업들이다. 하지만 핵심적으로 요구되는 R&C 측면에서는 반드시 관련이 있다고 볼 수는 없다.

당시 미국 철도회사가 그동안 구축해온 핵심 R&C는 토지를 매입하고 교량을 세우고 터널을 뚫는 등 철도를 깔기 위해 구축해온 건설능력과 역세권 개발 등을 통해 쌓아온 부동산개발능력일 것이다. 이런 관점에서 보면 미국 철도회사의 핵심적인 R&C를 기준으로 관련이 있는 사업은 오히려 오일/가스 파이프라인 건설업이나 부동산 개발업일 것이다.

블루 서클 인더스트리즈(Blue Circle Industries)의 다각화 또한 관련 다각화이다. 하지만 이는 '**주고객집단**' 측면에서 유사한 또는 관련이 있는 관련 다각화이다. ▌주고객이 유사하면 핵심적인 R&C가 유사해 시너지가 있는가? 반드시 그렇다고 볼 수가 없다. 블루 서클의 시멘트를 구입하고 있는 주택건설회사가 다른 벽돌전문회사가 아닌 블루 서클로부터 벽돌을 구매할 이유는 무엇인가? 블루 서클의 벽돌이 다른 벽돌전문기업의 벽돌보다 품질이 뛰어나거나 가격이 저렴해야 한다. 이것이 가능하려면 블루 서클의 벽돌사업이 시멘트사업에서의 핵심 자원을 공유할 수 있거나 핵심능력을 이전받을 수 있어야 한다. 하지만 시멘트사업에서 구축해온 R&C는 벽돌사업에서 요구되는 R&C와 상이한 것으로서, 두 사업 간 자원공유나 능력이전의 여지가 거의 없다. 주택건설회사는 기존 시멘트사업과의 네트워크로 인해 한두 번은 벽돌을 구매해 줄 수 있을지 모르지만, 지속적인 구매는 불가능하다. 따라서 블루 서클의 다각화는 주고객집단 기준으로는 관련이 있으나 핵심적인 R&C 기준으로는 관련이 없는 비관련 다각화(unrelated diversification)이다.

마찬가지로 과거 두산그룹의 식음료사업부문 또한 '**수직적 가치사슬**' 기준으로 관련이 있는 관련 다각화이나 핵심적인 R&C 면에서는 관련이 없는 비관련 다각화이다.

▌그렇다면 영국의 보딩턴그룹(Boddington Group)이란 기업의 다각화를 보자. 보딩턴그룹은 양조업, 주류 도매업, 그리고 펍 체인(pub chain)을 운영하고 있었다. 하지만 영국 내 맥주업계에서 통합을 통한 전국적 양조업체(national brewery)의 등장은 보딩턴과 같은 소규모 지역 양조업체(local brewery)가 생존하기 힘들게 만들었다. 이에 보딩턴은 1980년대 말 펍 체인은 남겨두고 200년 이상 영위해 온 양조업을 매각하였다. 그리고 양조업을 매각한 대금으로

리조트, 호텔, 음식점, 요양원, 헬스클럽 등을 인수하여 진출하였다. 보딩턴그룹의 다각화는 어떻게 생각하는가?

규모의 경제가 중요한 맥주산업에서 통합을 통한 대형 전국적 맥주 양조업체가 등장하자 소규모 지역 맥주 양조업체였던 보딩턴은 맥주사업에서의 경쟁력을 대부분 상실하게 되었다. 이에 200년 이상 영위해 오던 양조업을 매각 및 철수하기로 결정하였다. 대신 오랜 기간 펍 체인을 운영하면서 구축해온 접객능력(hospitality), 장소물색능력, 체인관리능력 등을 활용하여 리조트, 호텔, 음식점, 요양원. 헬스클럽 등으로 다각화를 진행하였다.

이러한 사업들은 제품/서비스 면에서, 고객/시장 측면에서, 주고객집단 관점에서, 그리고 수직적 가치사슬 측면에서 전혀 관련성이 없는 사업들이다. 하지만 각 사업에서 '**핵심적으로 요구되는** R&C' 기준으로는 매우 유사한 관련 다각화이다. 이런 다각화를 우리는 성공적인 관련 다각화라 할 수 있다.

요약하면 성공적인 다각화로서 관련 다각화에서 관련의 기준은 제품/서비스, 고객/시장, 주고객집단, 수직적 가치사슬이 아니라 각 사업에서 핵심적으로 요구되는 R&C인 것이다.

기업 수준의 경쟁력을 전략적으로 분석 및 평가하려면?

이제 기업경쟁력 중 기업 수준의 경쟁력을 분석 및 평가하기 위한 방법을 살펴보자. 기업 수준의 경쟁력, 즉 그 기업이 영위하는 각각의 사업부 간의 시너지가 실제로 얼마나 창출되고 있는가를 분석하기 위해서는 다음의 두 가지 조건을 고려해야 한다(그림 7.3 참조).

[그림 7.3] 기업 수준의 경쟁력

하나는 앞에서 언급한 대로 사업부간 핵심적으로 요구되는 R&C의 관련성 또는 유사성이 높아야 한다. 사업부간 시너지가 가능하기 위해서는 각 사업간 자원공유 및 능력이전이 가능해야 하는데 이를 위해서는 각 사업부간 제품/서비스, 고객/시장, 주고객집단, 수직적 가치사슬 등에서의 관련이 아닌 핵심적인 R&C 측면에서 관련성이 높아야 한다.

기업 수준의 경쟁력을 결정하는 또 하나의 요인을 보자. 사업부간 자원 및 능력이 관련이 있다는 것은 두 사업부간 자원을 공유하고 능력을 이전할 가능성, 즉 시너지의 가능성이 있다는 것이지 실제로 공유나 이전이 이루어져 시너지가 발생했다는 것은 아니다.

우선 자원공유를 보자. 두 사업부간 핵심적인 자원이 관련이 있어, 또는 유사하여 이들간 자원공유에 의한 시너지의 가능성이 있다고 하자. 하지만 자원을 공유한다는 것은 시너지라는 이점도 있지만 이에 못지않은 단점, 또는 비용도 상당하다. 자원공유에 따른 대표적인 비용으로는 일정관리(scheduling), 타협(compromise), 유연성(flexibility), 조정(coordination) 등에 따른 비용이 있다.[5] 일정관리 비용이란 자원을 공유하기 위해 해당 사업부간 서로 운영 일정을 공유하고 조정하여 그 자원을 사용하기 위한 일정을 관리하는 데 따르는 비용이다.

그리고 두 사업부간 요구되는 자원이 아무리 서로 유사하다고 하더라도 완벽하게 동일할 수는 없다. 따라서 이 자원을 공유하기 위해서는 각 사업부에 최적화된 자원이 아니라 다소 타협을 하고 수정한 자원을 사용할 수밖에 없다. 예를 들어 현대자동차와 기아자동차가 자동차 플랫폼을 서로 공유한다고 할 때 현대자동차에만 최적화된 플랫폼은 기아자동차에 사용되기 어렵다. 따라서 양쪽 모두에서 사용이 가능하도록 다소 수정 및 타협한 플랫폼을 함께 사용할 수밖에 없다. 이러한 비용을 타협의 비용이라 한다.

또한 자원을 사업부간 공유한다는 것은 한 사업부의 여러 가지 돌발적인 상황에 즉각적으로 대응할 수 있는 유연성을 떨어뜨리게 되는 데 이러한 비용을 유연성비용이라 부른다.

마지막으로 두 사업부간 핵심 자원을 공유할 때는 이에 따른 사업부간 많은 분쟁 및 다툼이 발생하게 된다. 이럴 때 최고 경영자는 이러한 분쟁을 무마하기 위해 많은 시간과 노력을 투입해야 하는 데 이에 따른 비용을 우리는 좁은 의미의 조정비용이라 한다.

사업부간 자원을 공유하는 데 있어 발생하는 이러한 일정관리, 타협, 유연성, 협의의 조정비용을 포괄하여 우리는 광의의 조정비용(coordination cost)이라 부른다.

능력이전의 경우도 마찬가지이다. 핵심 능력이 동일한 두 사업부 'A'와' 'B'가 있다고 하자. 사업부 'A'는 그 능력을 가지고 있는 반면, 사

5 Porter, M. E. 1985. *Competitive advantage: Creating and sustaining superior performance*. The Free Press.

업부 'B'는 그렇지 않다. 이 경우 사업부 'A'의 능력을 사업부 'B'로 이전해 줌으로써 사업부 'B'는 경쟁력 향상을 가져올 수 있고 시너지 창출이 가능하다. ▌과연 실제로 사업부 'A'의 능력이 사업부 'B'로 이전되어 시너지가 발생할 것인가? 능력이전을 통한 시너지의 가능성이 있지만 실제로 능력이 이전되지 못하는 경우가 많다.

능력이전을 통한 시너지의 가능성은 있으나 실제로 능력이전이 일어나지 않는 이유는 일반적으로 다음과 같다. 우선, 능력을 보유하고 있고 이를 타 사업부로 이전해 줘야 할 사업부 'A', 즉 능력이전 사업부(capability-transferring unit) 입장에서 보자. 제5장 내부 자원 및 능력 분석에서 언급했듯이 핵심적인 능력은 모방이 어려운 묵시적 지식에 해당하는 것이라 비록 동일 기업 내 사업부라 할지라도 이를 이전하는 것은 매우 어렵다. 능력이전 사업부의 경영진을 포함한 구성원들이 많은 시간과 노력을 오랜 기간에 걸쳐 투자해야 이전이 가능하다. 능력이전을 위한 각종 물질적, 비물질적 보상 및 동기부여 없이는 이전이 어려운 이유이다.

뿐만 아니라, 독립적인 사업부제의 특성 상 사업부의 경영진을 포함한 구성원의 승진과 보상은 많은 경우 해당 사업부의 실적에 의해 결정된다. 그 중에서도 기업 내 다른 사업부 대비 상대적 실적이 중요하다. 이런 상황에서 사업부 'B'의 실적 향상은 사업부 'A'의 구성원들에게 전혀 도움이 되지 않기 때문에 'A'의 구성원들은 사업부 'B'의 실적 향상이 가능한 능력이전에 지극히 소극적이 된다.

이번에는 사업부 'B', 즉 능력을 이전받아야 할 사업부(capability-receiving unit)의 입장을 보자. ▌능력을 보유한 사업부가 이전을 해주고자 하면 기꺼이, 능동적으로 이를 수용할 것인가? 많은 경우 그렇지 않다. 개인이나 조직이나 일반적으로 자체적으로 고안되거나 개발되지 않은 아이디어에 대해서는 거부하는 경향, 즉 "NIH(Not-Invented-Here)신드롬"을 가지고 있다. 이전될 능력에 대한 사업부 'B'의 처음 반응은 그 능력 자체의 가치를 깎아 내리거나 무시하는 것이다. 사업부 'A'의 높은 성과는 그 능력의 결과가 아니라 외부 환경 등 다른 요인에 의한 것으로 치부하고 무시하는 것이다. 해당 능력 자체의 가치를 깎아 내리는 것이 객관적으로 불가능할 경우에는 "우리 사업부는 사업부 'A'와 여러 면에서 차이가 있고 따라서 그 능력은 사업부 'A'에는 적합할 수 있으나 우리 사업부에는 전혀 써먹을 수 없다"란 식의 사업부 'B'의 차별성을 근거로 받아들이지 않으려고 한다.

따라서 능력이전의 경우에도 능력이전을 통한 시너지의 가능성은 있으나 이러한 능력이전을 가로막는 여러 가지 장애물로 인해 실제로 능력이 이전되고 이를 통해 시너지가 창출되지 않는 경우가 많다. 따라서 사업부간 능력이전에 따른 장애물들을 잘 이해하고 이를 극복할 수 있는 기업만이 능력이전을 통한 실제적인 시너지 창출이 가능하다.

요약하면 기업 수준의 경쟁력을 극대화하기 위해서는 다음의 두 가지 조건이 충족되어야 한다. 첫째, 각 사업부간 핵심적으로 요구되는 R&C 측면에서 관련성 또는 유사성이 높아야 한다(그림 7.3 세로축 참조). 둘째, 사업부간 자원공유 및 능력이전의 가능성이 실제로 구현될 수 있도록 자원공유에 따른 비용을 최소화하고 능력이전에 따른 장애물을 줄일 수 있는 조정 능력이 뛰어나야 한다(그림 7.3 가로축 참조).

결론적으로, 기업경쟁력을 분석 및 평가하기 위한 틀(framework)은 다음과 같이 정리할 수 있다(그림 7.4 참조). 사업부 수준의 경쟁력은 해당

[그림 7.4] 기업경쟁력

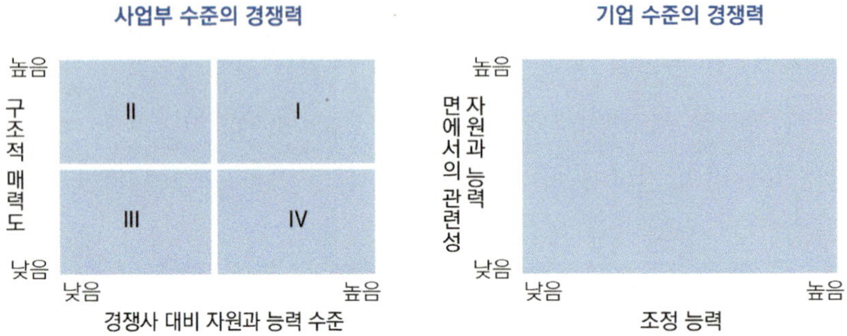

사업부가 속한 사업의 구조적 매력도와 그 산업에서 요구되는 R&C에 대한 경쟁사 대비 보유 수준에 의해, 그리고 기업 수준의 경쟁력은 사업부간 R&C면에서의 관련성(relatedness)의 정도와 그러한 R&C를 사업부 간 공유 및 이전을 원활히 할 수 있는 조정 능력에 의해 분석 및 평가가 가능하다. 기업경쟁력은 이러한 사업부 수준의 경쟁력과 기업 수준의 경쟁력의 합(合)에 의해 결정된다.

한국기업의 경쟁력은 어떻게 분석 및 평가할 수 있는가?

전략적 관점에서 기업경쟁력 분석틀에 관한 이해를 바탕으로 한국기업의 과거 경쟁력, 환경변화, 그리고 이에 따른 한국기업 경쟁력 변화 및 과제에 관해 논의해 보도록 하자.

한국기업, 그 중에서도 대표적인 한국 재벌기업의 과거 경쟁력은 어떠한가?

지금까지 논의한 기업경쟁력 분석틀을 기반으로 한국기업, 그 중에서도 대표적인 한국 재벌기업의 경쟁력을 분석해보자. 먼저 과거, 구체적으로 1990년대 이전 한국기업의 경쟁력을 보자.

90년대 이전 한국기업의 사업부 수준의 경쟁력은 어떠했는가? 사업부 수준의 경쟁력은 산업의 구조적 매력도와 산업에서 요구되는 R&C의 경쟁사 대비 수준에 의해 결정된다. **I■ 우선 1990년 이전 한국재벌기업이 영위했던 사업들의 구조적 매력도는 어땠는가?** 당시 한국경제는 일제 식민지 시대와 한국전쟁을 거치면서 거의 모든 산업에서 심각한 물자부족 현상을 겪어야만 했다. 전후 생산시설, 인력, 자금이 극도로 부족하여 많은 생필품을 국외로부터의 수입에 의존해야 했다. 그리고 국내산업 육성이란 명목 하에 생필품을 제외한 많은 제품의 수입은 극도로 제한되어 있었다.

각 산업에서 공급은 지극히 제한되어 있는 반면 수요는 폭발적으로 증가하고 있었다. 수요의 크기를 가늠해 볼 수 있는 당시 국민소득을 보자. 우리나라 1인당 GDP는 1970년 253달러에서 1977년 1,051달러, 그리고 2년 후인 1979년 1,713달러로 급속히 늘어나고 있었다.[6] 뿐만 아니라 정부의 수출지상주의 정책에 힘입어 한국기업은 활발한 해외진

6 한국은행경제통계시스템, "1인당 GDP", http://ecos.bok.or.kr/flex/EasySearch.jsp?langGubun=K&topCode=111Y002, 2021년 8월 26일 접속.

출을 하게 되고 그 결과 국내뿐 아니라 해외에서의 수요 또한 크게 증가하고 있었다. 이러한 극심한 수요초과는 가전산업, 의류산업, 제당산업, 정유산업, 비료산업 등 대부분의 산업에서 일반적으로 발견할 수 있는 현상이었다.

공급이 지극히 제한적이고 경쟁 또한 주로 국내기업 간 경쟁일 뿐 아니라 이마저도 그리 심하지 않았다. 반면에 수요는 폭발적으로 늘어나고 있었다. 국내 대부분의 산업에서 수요가 공급을 월등히 초과하고 있다는 것은 국내 대부분의 산업이 매력적이었다는 의미이다.

한국 재벌기업 내부에서 그들의 성공요인으로 가장 많이 거론하는 것이 창업주의 사업을 보는 뛰어난 안목이다. 일상적으로 표현하면 창업주들이 될 만한 매력적인 산업을 동물적인 감각으로 잘 선택해 사업이 성공할 수 있었다는 것이다. 하지만 이는 다소 과장된 주장이다. ▌재벌기업들이 창업할 당시 한국에서 구조적으로 매력적이지 않은 사업이 얼마나 될까? 아마 대부분이 매력적인 사업이었을 것이다. 따라서 이런 상황에서 매력적인 사업을 찾아내는 안목은 그다지 중요하지 않은 능력이다.

90년대 이전 한국기업이 영위한 사업의 대부분은 구조적으로 매력적이었기에 한국기업의 당시 사업부 경쟁력은 [그림 7.5]의 I과 II에 위치한다고 볼 수 있다. 이런 상황에서 사업부 경쟁력은 그 당시 각 사업에서 핵심적으로 요구되는 R&C는 무엇이고, 이러한 R&C를 누가 많이 확보하느냐에 의해 결정되었다(그림 7.5 참조).

▌그렇다면 90년대 이전 한국기업이 영위하던 사업에서 핵심적으로 요구되는 R&C는 무엇이었을까? 수요가 공급을 초과하는 시장 상황에서 한국기업의 과제는 가능한 많은 물건을 공급하여 폭발적으로 증가하는 수

[그림 7.5] **한국기업의 사업부 수준의 경쟁력(과거)**

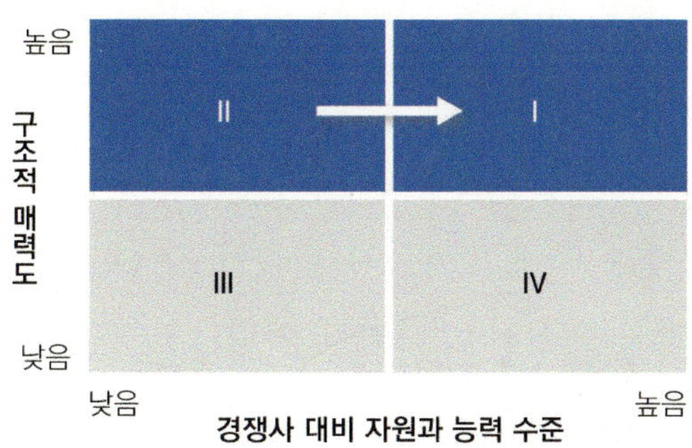

요를 충족시켜 주는 것이었다. 그리고 이처럼 극심한 수요초과 상황에서는 고객의 기본적인 욕구만 충족시켜 주면 제품이 팔리는 구조였다. 따라서 당시 한국기업들 간의 경쟁은 얼마나 좋은 제품을 제공하느냐의 '품질(quality)에 의한 게임'이 아니라, 얼마나 많은 물건을 만들어 폭발적으로 증가하는 수요를 충족시켜주느냐라는 '양(quantity)에 의한 게임'이었다.

▌이런 환경에서 한국기업이 영위하던 각 산업에서 핵심적으로 요구되는, 즉 가치가 있고 동시에 모방이 어려운 R&C는 무엇이었을까? 우리가 흔히 핵심 R&C로 생각하는 마케팅, 디자인, 기술 등을 생각해 보자. ▌과연 1990년 이전 한국경제에서 이런 R&C가 핵심적이었을까? 예를 들어, 마케팅 능력을 보자. 수요가 공급을 초과하여 고객이 제품을 사기 위해 대기하고 있는 상황에서 새로운 고객을 창출하거나 타 기업 고객을 획득하기 위한 능력인 마케팅 능력이 필요한, 가치가 있는 능력일까? 전혀 필요하지 않은 능력으로서 이는 핵심 능력이 아니었다. 디자인 능력은 어떠한가? 수요가 공급을 초과하고 고객의 욕구가 세련되거나 수준이 높지 않아 기본적인 욕구만 충족시켜주면 되는 상황에서 디자인 능력

역시 그다지 중요한 핵심 능력이 되지 못한다. 그럼, 흔히 기업경쟁력의 핵심이라고 하는 기술은 어떨까? 그 당시 한국기업이 제공하는 제품에 요구되는 기술은 최첨단의 기술이기 보다는 중저가, 범용 기술이었다. 제5장에서도 언급했듯이 이는 자체적으로도 용이하게 구축할 수 있거나 라이선스를 통해 얼마든지 획득이 가능한, 즉 모방이 쉬운 자원으로서 이 역시 핵심적인 자원이 아니다.

우리가 흔히 알고 있는 이러한 R&C가 핵심적이지 않다면 과연 90년대 이전 한국기업에게 필요한 핵심적인 R&C는 무엇이었을까? 우선 재무적 자원(financial resources)을 보자. 산업의 종류나 기업에 따라 차이가 있을 수 있지만 재무적 자원이란 어느 기업이나 필요로 한다는 점에서 가치 있는 자원임에는 틀림이 없다. 하지만 이러한 재무적 자원이 얼마나 모방이 어려운가 아닌가는 다음의 두 가지 조건의 충족 여부에 의해 결정된다.

1) 해당 경제 내에 얼마나 많은 양질의 재무적 자원이 충분이 축적되어 있는가?
2) 이러한 재무적 자원을 필요로 하는 경제주체에게 효율적으로 배분할 수 있는 금융시장(financial markets)은 얼마나 발달되어 있는가?

이 두 가지 조건이 모두 충족되면 재무적 자원은 가치는 있으나, 영위하는 사업이 사업성이 있고 이를 위해 자금을 필요로 하는 기업은 금융시장에서 얼마든지 조달이 가능한, 그래서 모방이 쉬운 자원이 된다. 하지만 이 두 가지 조건 중 하나라도 충족이 되지 않으면 재무적 자원이란 몇몇 한정된 기업만이 가질 수 있는 희소한 자원으로서 핵심적인 자원이 된다.

90년대 이전 한국 상황을 보자. 아직 기업역사가 짧아 축적된 자본이 극히 빈약하고 해외자본에 대한 접근도 지극히 제한되어 있었다. 뿐만 아니라 국내 금융시장을 보면, 자본시장(capital market)은 초창기로 거의 미미하였고, 당시 기업들이 공식적으로 자금을 조달할 수 있는 대표적 금융시장은 은행권뿐이었다. 하지만 이러한 은행권도 대부분 정부가 소유하고 있거나 통제하고 있어, 매우 왜곡된 채 그리고 극히 비효율적으로 운영되고 있었다. 이러한 상황에서 재무적 자원은 일부 기업에게만 주어질 수 있는 모방이 어려운 핵심 자원이 된다.

당시 또 하나 핵심 자원으로 우리는 관리자 자원(managerial resources)을 생각할 수 있다. 기업의 규모가 커지고 복잡해지면 이를 관리할 전문 경영인은 반드시 필요한, 그래서 가치있는 자원이 된다. 하지만 기업이 이러한 관리자 자원을 얼마나 쉽게 획득할 수 있는가, 즉 얼마나 모방이 가능한 자원인가 여부는 재무적 자원과 마찬가지로 다음 두 가지 조건의 충족 여부에 의해 결정된다.

1) 해당 사회 내 양질의 관리자 자원이 얼마나 축적되어 있는가?
2) 이러한 관리자 자원을 필요로 하는 경제주체에게 효율적으로 분배할 수 있는 관리자를 위한 노동시장은 얼마나 발달되어 있는가?

일제시대(1910~1945년) 한국인은 기업활동에 있어 지도적 역할을 수행할 기회를 갖지 못함으로써 관리자로 성장이 어려웠다. 따라서 해방 후 한국경제에서 기업을 운영할 수 있는 관리자 자원의 축적은 극히 미비하였다. 양질의 관리자 자원이 충분히 축적되어 있지 않았을 뿐 아니라 이러한 관리자 자원의 양성 또한 매우 저조하였다.

한국사회는 전통적으로 사농공상(士農工商)이라는 유교적 관념에 따라 경영자의 사회적 지위가 매우 낮았다. 이러한 관념은 대학사회 내에도 팽배하여 타 단과대학 대비 경영대학의 수나 규모는 상대적으로 적었다. 서울대학교 경영대학도 과거에는 상과대학(商科大學)의 일부로서 간신히 존립하고 있었다. 수나 규모뿐 아니라 교수나 학생의 질적인 측면에서도 경영대학은 현재와는 많은 차이가 있었다. 그리고 사회에서 필요한 경영자 양성이라는 경영대학 본연의 현실적인 역할에는 그다지 비중을 두지 않는 분위기였다. 이에 관리자 양성 및 배출 또한 상당히 제한적이었다.

90년대 이전 한국사회는 관리자 자원이 희소했을 뿐 아니라 이를 필요로 하는 기업에게 효율적으로 분배하는 관리자를 위한 노동시장 또한 거의 발달되어 있지 않았다. 전통적인 유교국가 중 하나였던 한국에서는 지조(志操) 있는 사람을 상당히 존중해 왔다. 이러한 사회에서는 일단 한 조직에 몸을 담으면 그 조직과 운명을 같이 해야 하고 그렇지 않은 사람은 지조와 충성심이 없고 믿을 수 없는 사람으로 치부되어 사회적으로 많은 비난을 받게 된다. 따라서 기존 기업을 떠나 다른 기업으로 직장을 옮기는 것은 이전 기업에 대한 배신으로 여겨지고 이는 금기시되는 분위기였다.

한국기업의 배타적 속성 또한 관리자를 위한 노동시장 발달에 걸림돌이 되었다. 역사적으로 한국인은 외부로부터 많은 시련을 겪어 왔다. 따라서 한국인은 외부인에 대해 심한 반감을 가지고 있고 이들에 의한 기득권 박탈에 대해 매우 우려하는 경향이 있었다. 뿐만 아니라, 이러한 외부인이 타 기업으로부터 영입된 경우 이 외부인은 이기적이고 충성심 없는 사람으로 간주되기 때문에 이러한 반감과 우려는 더욱 심해진다. 따라서 외부로부터 영입된 사람에 대해서 내부 사람들은 단결하여 이들 외부인사가 능력을 발휘할 수 있는 기회 자체를 봉쇄하게 되고 결국 해당 외부 인사는 그 조직 내에서의 생존이 어렵게 된다.

▌양질의 관리자 자원이 희소하고 이들을 위한 노동시장조차 제대로 발달되어 있지 않아 관리자의 외부 영입이 어려운 상황에서 기업이 많은 수의 관리자를 확보하는 방법은 무엇인가? 흔히 가족, 동문, 동향 인사 등 주위의 지인을 설득하여 관리자로 기용할 수 있으나 이는 한계가 있고, 그 외 대규모 양질의 관리자를 확보할 수 있는 방법은 자체 양성뿐이었다. 즉, 졸업을 앞둔 학생들을 채용하여 각 기업에서의 혹독한 연수과정을 거쳐 그들만의 관리자들을 양성하는 것이다. 매우 오랜 시간이 걸리지만 일단 양성 및 확보만 하면 다른 기업이 이를 따라오는 것은 많은 시간이 걸리고 어려운 과정이다.

재무적 자원과 관리자 자원 외 90년대 이전 한국기업에 요구되는 핵심적인 자원에는 정부 지원(government supports)이 있다. 정부 지원이 얼마나 기업활동에 가치가 있느냐는 정부가 기업활동에 얼마나 개입하느냐에 의해 결정된다. 모두가 주지하듯 90년대 이전 한국정부는 일련의 경제개발 5개년계획을 비롯한 각종 정부시책을 통해 기업활동에 적극적으로 개입해 왔다. 따라서 정부 지원은 기업 활동에 반드시 필요하고 중요한 자원이었다. 그리고 정부 지원이란 특성상 모든 기업에 부여할 수 있는 것이 아니고 소수의 선택된 기업만을 대상으로 주어진다. 따라서 90년대 이전 정부 지원은 한국기업에게 가치가 있고 동시에 모방이 어려운 핵심 자원이었다.

요약하면, 90년대 이전 한국기업이 영위하던 사업에서 핵심적으로 요구되었던 R&C는 재무적 자원, 관리자 자원, 정부 지원, 그리고 이들 자원을 획득할 수 있는 능력이라고 볼 수 있다.

▌그렇다면 90년대 이전 높은 사업부 수준의 경쟁력을 보유하고 있던 한국기업들은 당시 핵심적인 R&C였던 재무적 자원, 관리자 자원, 정부 지원, 그리고 이러한 자원을 확보할 수 있는 능력을 어떻게 확보했었는가? 90년대 이전에는 각 산업의 구조적 매력도는 대부분 높았기에, 당시 핵심적으로 요구되는 자원이었던 재무적 자원, 관리자 자원, 그리고 정부 지원을 어떤 기업이 더 많이 확보하느냐에 의해 사업부 수준의 경쟁력은 상당 부분 결정되었다. 한국기업 중에서 흔히 재벌이라 불리는 기업들은 이들 자원을 획득하는 데 있어 뛰어난 능력을 보여주었고 그 결과 그들이 영위하는 사업들은 높은 경쟁력을 보여줄 수 있었다. ▌과연 그들은 어떻게 이러한 R&C를 확보했는가?

정부 지원을 보자. 한국의 재벌그룹들은 우선 정부 정책에 적극 호응하였고, 정부는 이에 대한 반대 급부로 이들에게 그 당시 희소한 자원이었던 재무적 자원을 저금리 또는 마이너스 실질 금리로 제공하였고, 무역거래 및 자본확충을 위한 각종 인허가를 부여했을 뿐 아니라 해외로부터의 경쟁을 제한함으로써 국내 시장을 보호해 주는 등 이들 기업을 위한 각종 시혜를 베풀었다.

예를 들어, 삼성그룹의 이병철 회장을 비롯한 13명의 재벌그룹 경영자들은 1961년 전국경제인연합회를 결성하였고, 이 연합회 회원들은 정부의 경제개발 5개년계획을 실행하는 데 적극적으로 참여하는 등 정부 주도 정책에 적극 호응하였다. 구체적으로 재벌들은 정부의 경제개발 5개년계획에서 전략산업(strategic industries)으로 지정된 산업에 적극 진출함으로써 정부의 시책에 부응하였고 이에 따라 정부로부터 각종 금융 및 세제상의 혜택을 향유하였다.

뿐만 아니라 이들 재벌그룹들은 정부 고위층과 지역 및 학력배경이 유사한 사람들로 그들의 최고경영진을 꾸림으로써 정부 지원을 위한 인적 네트워크를 관리 및 강화하였다.

재벌그룹들의 정부 지원을 획득하기 위한 노력은 재벌에 의한 각종 대정부 서비스 기능의 수행에서도 찾아볼 수 있다.[7] 예를 들어 삼성물산의 경우 한국과 공식 수교를 맺지 않은 국가로 진출하여 국가간 우호적 외교관계를 증진시키는 계기를 만들고, 진출한 지역에서 상사맨들이 그들의 인적 네트워크를 통해 얻은 다양한 정보를 정부에 제공해줌으로써 당시 정보력이 취약한 한국정부로 하여금 이를 중요한 정책자료로 활용할 수 있도록 하였다.

또 하나의 핵심 자원인 재무적 자원은 이렇게 확보된 정부와의 우호적인 관계정립을 통해 정부 지원의 일환으로 재벌그룹들에게 제공되었다. 언급했듯이 당시의 금융시장은 주식시장의 미성숙으로 기업의 자금조달은 주로 은행권을 통해 이루어졌다. 당시 은행은 대부분 정부가 소유하고 있었고 정부는 이를 통해 기업의 국내 및 해외 차입에 대해 철저히 통제하였다. 희소한 재무적 자원에 대한 정부의 철저한 통제는 정부로 하여금 경제개발 5개년계획 등 각종 정부시책을 적극 추진할 수 있게 하였다.

이러한 정부 지원에 의한 재무적 자원의 확보가 기업에게 얼마나 중요했었는지는 수출금융의 예를 보면 알 수 있다. 1971년 한국 자금시장에서의 실질 이자율은 무려 46.5%였다. 그리고 그 해 인플레이션은 8.7%였다. 하지만 당시 경제개발 5개년계획에 의해 전략산업으로 지정

---

7 신유근, 한정화, 김용준 권석균, 박준성, 조영호. 1994. 『한국 대기업의 경영특성』. 세경사.

된 수출집약적 산업에 참여한 기업을 위한 수출금융의 이자율은 불과 6%에 지나지 않았다.

새로운 산업으로의 진출은 정부 지원을 얻기 위한 수단이기도 했으나 이는 그 당시 주요 자금 조달처였던 은행권으로부터 재무적 자원을 획득하는 데에도 매우 효과적이었다. 재벌그룹들은 정부시책에 따라 전략적 산업으로 진출하는 등의 활발한 다각화를 통해 그들 사업구조는 매우 다각화된 구조를 가지고 있었다. 이는 해당 그룹의 수입흐름(income streams)의 안정화를 가져와 파산위험(bankruptcy risk)을 줄일 수 있게 된다. 포트폴리오 다각화(portfolio diversification)를 통해 위험 분산을 할 수 있는 주식시장과는 달리 은행권은 그들의 대출대상으로 파산위험이 낮은 다각화된 사업구조를 가진 재벌을 보다 선호하게 되고 그 결과 재벌그룹들은 양질의 재무자원을 확보할 수 있었다.

재무적 자원을 확보하기 위한 재벌그룹들의 또 다른 노력은 보험, 증권 등 제2금융권으로의 활발한 진출에서도 볼 수 있다. 90년대 이전 재벌그룹들이 보험 및 증권 등의 제2금융권으로 활발하게 진출한 것은 사업의 매력도나 기존 사업과의 시너지보다는 이들 사업을 통해 재벌그룹 계열사들이 필요로 하는 자금을 조달하기 위한 의도가 더 컸다.

재벌그룹은 정부 지원을 획득하기 위해 노력한 것과 마찬가지로 재무적 자원을 획득하기 위해서 최고경영진을 은행권의 경영진과 지역 및 학력 배경이 유사한 사람으로 구성함으로써 그 당시 핵심적인 자금 조달처였던 은행권과의 인적 네트워크를 강화하고 이를 통해 은행권으로부터 안정적으로 자금을 조달하고자 하였다.

재벌그룹의 다각화 전략은 정부 지원과 재무적 자원뿐 아니라 관리자 자원을 선발, 양성, 및 유지 하는 데에도 결정적인 역할을 하였다.

다각화된 사업구조를 가진 재벌그룹은 기업구성원의 입장에서 보면 아주 매력적인 직장이다. 앞서 지적했듯이 90년대 이전 한국은 노동시장, 그 중에서도 경력자를 위한 노동시장은 거의 발달되어 있지 않았다. 따라서 특정 기업에서 근무하다 다른 기업으로 옮기는 것은 거의 불가능하였다.

다각화된 사업구조를 가진 재벌그룹은 활발한 계열사 간 인적 교류를 통해 미성숙 상태의 외부 노동시장에 비해 그룹 내 내부 노동시장이 매우 발달되어 있었다. 따라서 다각화된 사업구조를 가진 재벌그룹은 안정적인 수입흐름으로 인해 파산위험이 적어 구성원들의 고용위험(employment risk)이 낮을 뿐 아니라, 비록 한 계열사가 파산하더라도 그 계열사 구성원들은 그룹 내 타 계열사로의 이직이 가능하기에 그들의 고용안정성은 더욱 높아진다. 뿐만 아니라 지속적인 새로운 사업으로의 진출은 새로운 경력 및 경험을 가능하게 하기에 이는 구성원에게 매우 매력적이었다.

재벌그룹은 활발한 다각화 전략으로 인해 구성원들에게 매우 매력적인 직장으로 여겨졌다. 그뿐만 아니라 재벌그룹은 사람이 기업경쟁력에 매우 중요하다는 사실을 인지하여 우수한 인재를 선발하고 이들에 대한 과감한 교육투자를 통해 뛰어난 경영자로 양성하기 위해 최선을 다하였다. 삼성그룹의 이병철 회장은 "최고 경영자의 역할은 능력있는 인재를 선발하여 이들을 훌륭한 경영자로 키우는 것이다. 나는 내 시간의 80% 이상을 인재를 뽑고 이들을 교육시키는 데 사용해 왔다"고 회고한 바 있다. 이병철 회장은 아무리 바빠도 모든 신입사원 채용면접에 직접 참여해 온 것으로 잘 알려져 있다. 뿐만 아니라 정부 고위관리나 금융권 고위인사들과 같은 지방 또는 같은 대학 출신을 경영

[그림 7.6] 과거 성공한 재벌그룹의 사업부 수준의 경쟁력

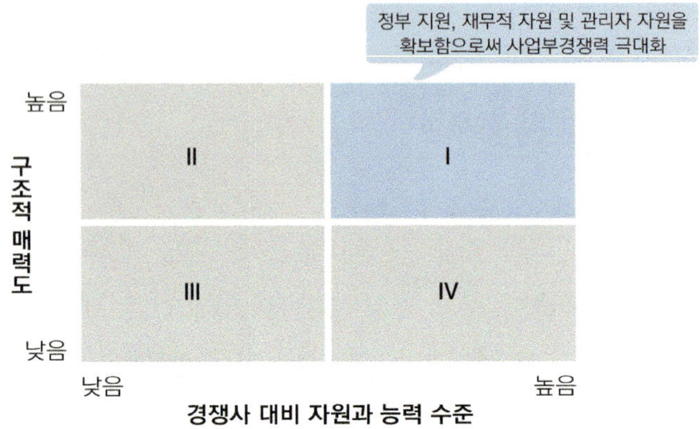

진으로 적극 양성 및 등용함으로써 그 당시 핵심 자원이었던 정부 지원 및 재무적 자원 확보에도 많은 관심을 기울였다.[8]

지금까지 논의한 과거 한국기업의 사업부 수준의 경쟁력을 요약하면 다음과 같다(그림 7.6 참조). 90년대 이전 한국기업이 영위한 대부분의 사업은 극심한 수요초과로 인해 구조적으로 매력적이었기 때문에 [그림 7.6]의 I 또는 II 구간에 있었다. 이러한 상황에서 승자와 패자는 그 당시 사업에서 핵심적으로 요구되던 R&C인 정부 지원, 재무적 자원, 관리자 자원, 그리고 이들 자원을 확보하기 위한 능력을 어느 기업이 많이 구축하느냐의 여부에 의해 결정되었다. 당시 한국의 재벌그룹들은 이러한 R&C를 확보 및 구축하는 데 탁월한 성과를 거두었고 그 결과 한국 재벌그룹의 사업부 수준의 경쟁력은 "I" 구간에 위치할 수 있었다.

---

8 전용욱 · 한정화. 1994. 『초일류 기업으로 가는 길』. 김영사.

그렇다면 90년대 이전 한국기업의 기업 수준의 경쟁력은 어땠는가? 앞서 우리는 기업 수준의 경쟁력은 두 가지 결정요인, 즉 각 사업부 간 핵심적으로 요구되는 R&C의 관련성, 그리고 이러한 R&C를 사업부간 공유하거나 이전하는 것을 조정할 수 있는 능력에 의해 결정된다는 사실을 살펴보았다.

▌▌90년대 이전 한국 재벌기업이 영위했던 사업들은 핵심적으로 요구되는 R&C 관점에서 얼마나 관련이 있는가? 우리는 당시 각 사업에서 핵심적으로 요구되는 R&C는 우리가 흔히 특정 사업의 핵심적 R&C라 생각하는 마케팅, 디자인, 브랜드, 기술 등이 아니라 재무적 자원, 관리자 자원, 정부 지원 및 이들 자원을 획득하는 능력이라 하였다.

▌전자의 R&C, 즉 마케팅, 디자인, 브랜드. 기술 등과 후자, 즉 재무적 자원, 관리자 자원, 정부 지원 등은 어떤 차이가 있는가? 전자의 R&C는 한정된 몇몇 사업에서만 쓰일 수 있는 산업고유의(industry-specific), 또는 경직된(inflexible) R&C인 반면, 후자의 R&C는 어느 사업에서나 공통적으로 쓰일 수 있는 일반적인(general), 또는 유연한(flexible) R&C이다.[9]

각 사업에서 핵심적으로 요구되는 R&C가 이런 일반적이고 유연한 것일 경우에는 어떤 사업을 영위하든지 그 사업들은 핵심적으로 요구되는 R&C 측면에서 관련성이 높을 수밖에 없고 그 결과 잠재적 시너지가 높을 수밖에 없다.

많은 사람들이 한국 재벌기업들의 사업구조를 '무분별한 다각화', '백화점식 또는 문어발식 경영' 등 시너지가 없는 비관련 다각화라고

---

9 Chatterjee, S. & Wernerfelt, B. 1991. The link between resources and type of diversification: Theory and evidence. *Strategic Management Journal*, Vol.12: 33-48.

[그림 7.7] 한국기업의 기업수준의 경쟁력(과거)

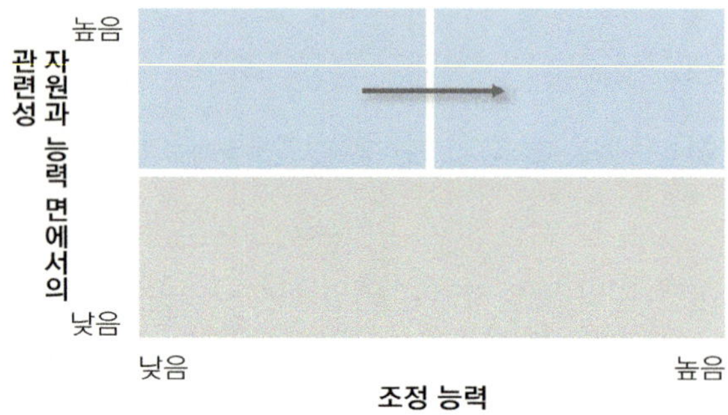

비난해 왔다. 90년대 이전 한국 재벌그룹들이 영위해 왔던 설탕사업, 의류사업, 건설업, 철강산업, 전자사업 등은 제품/서비스, 고객/시장, 주고객집단 등의 관점에서는 기존 주장대로 전혀 관련이 없는 사업들이다. 하지만, 그 당시 각 사업에서 핵심적으로 요구되는 R&C는 일반적이고 유연한 것들이었으므로, 이들 사업들은 핵심적으로 요구되는 R&C 관점으로는 동일한, 따라서 매우 관련이 높은 사업들이다.

간단히 말하면 여러 가지 제도적 환경에 의해 각 사업에서 핵심적으로 요구되는 R&C가 산업고유의 경직된 것이 아니라 일반적이고 유연한 것일 때에는 이들 사업들은 핵심적으로 요구되는 R&C 측면에서는 모두 관련이 있는 사업들이다. 즉, 이런 환경에서는 모든 사업이 관련사업이기에 다각화 전략은 의미가 없다.

90년대 이전 한국 재벌그룹이 영위한 사업들은 핵심적으로 요구되는 R&C 관점에서 모두 관련이 높은 사업들이기에 이들 그룹의 기업수준 경쟁력은 다음과 같다(그림 7.7 참조). 90년대 이전 한국기업이 영위한 사업에서 요구되는 R&C는 어느 사업에서나 사용 가능한 재무적 자원, 관리자 자원, 정부 지원, 그리고 이들 자원을 획득하는 능력이기에 이들 사업에서 요구되는 R&C 면에서의 관련성은 모두 높다. 이는 당시 한국기업의 기업 수준의 경쟁력은 어느 기업이나 [그림 7.7]의 상단부에 위치하게 된다는 것을 의미한다. 따라서 당시 한국기업의 기업 수준의 경쟁력은 나머지 한 가지 조건, 즉 핵심적인 R&C인 재무적 자원, 관리자 자원 및 정부 지원, 그리고 이들을 확보하는 능력을 사업부간 공유 및 이전이 가능하도록 제대로 조정하여 실제로 시너지 창출을 극대화하는가에 의해 결정된다.

90년대 이전 한국 재벌그룹들은 핵심 자원이었던 재무적 자원, 관리자 자원, 정부 지원 그리고 이를 확보하는 능력을 사업부간 어떻게 공유하고 이전시켰는가? 이 중 정부 지원이라는 자원도 주로 관리자 자원을 통해 확보하는 것이다. 따라서 간단히 말하면 이는 자금과 관리자를 사업부간 공유하고 이를 획득하는 능력을 이전하는 것을 어떻게 조정하느냐의 문제이다.

자금과 관리자의 공유 및 이전을 조직 내에서 가장 효율적으로 조정할 수 있는 방법 중 하나는 조직 내 내부 자본시장(internal capital markets)과 관리자를 위한 내부 노동시장(internal labor markets)을 만드는 것이다. 이러한 내부 자본시장 및 노동시장이란 중앙에서 자금과 관리자에 관한 강력한 권한을 가지고 가장 효율적이라고 판단되는 사업부에 자금과 관리자를 배분하는 중앙집권적 메커니즘을 통해 형성되고 운용된다.

이러한 중앙집권적 메커니즘의 역할은 과거 한국의 재벌그룹들의 비서실, 회장실, 기획조정실 등과 같은 강력한 본부 스태프조직을 통해 수행되었다. 실제로 비서실 등과 같은 본부 스태프조직은 강력한 예산권 및 관리자들에 대한 인사권을 가지고, 중앙에서 이들 자원을 필요로 하는 각 사업부에 효율적으로 배분하는 역할을 수행해 왔다. 따라

[그림 7.8] 한국기업의 기업수준의 경쟁력(과거)

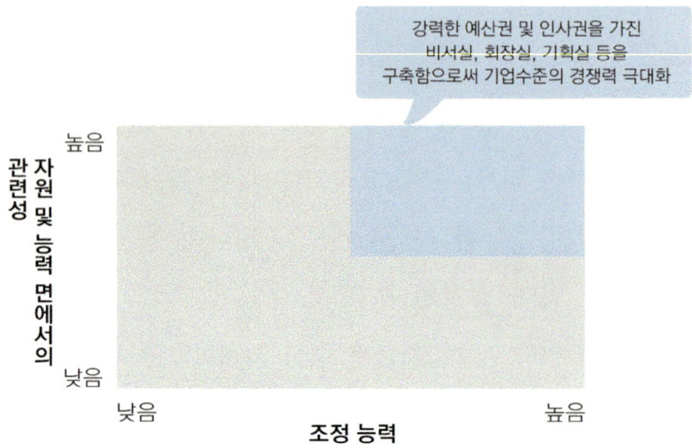

서 과거 한국재벌그룹의 기업 수준의 경쟁력은 한마디로 비서실, 회장실 등의 본부 스태프조직이 얼마나 강력한 예산권 및 인사권을 가지고 있었는가, 그리고 이를 통해 당시 핵심 자원이었던 자금과 관리자를 사업부 간 공유나 이전을 효율적으로 조정했는가에 따라 결정되었다고 볼 수 있다(그림 7.8 참조).

과거 한국기업의 경쟁력을 한마디로 요약하면 사업부 수준의 경쟁력은 다각화 등 성장지향적인 전략을 통해 재무적 자원, 관리자 자원, 그리고 정부 지원과 같은 일반적이고 유연한 R&C를 얼마나 확보하느냐에 의해 결정되었고, 기업수준의 경쟁력은 얼마나 강력한 예산권 및 인사권을 가진 비서실, 회장실, 기획실 등을 구축하고 있느냐에 의해 결정되었고 볼 수 있다. 이러한 경쟁에서 성공한 기업이 오늘날의 한국 재벌기업이었다.

80년대 말 환경변화는 한국기업의 경쟁력에 어떤 영향을 미쳤는가?

극심한 수요초과, 기업활동에 대한 강력한 정부통제, 아직 미성숙한 국내 자본시장 및 노동시장을 특징으로 하던 한국의 제도적 환경은 80년대 말에 들어서면서 극심한 변화를 겪게 되고 이에 한국재벌그룹의 경쟁력은 급격히 약화되었다. 우선 사업부 수준의 경쟁력을 보자.

80년대 말 환경변화는 한국기업의 사업부 수준의 경쟁력에 어떤 영향을 미쳤는가? 대부분의 산업에서 공급이 수요에 따라가지 못했던 한국경제는 그동안 각 산업에서 기존 업체는 자체 공급을 확대해 왔고, 정부규제에 의한 각종 진입장벽도 많이 제거되어 신규 진입자에 의한 공급도 지속적으로 증가해 왔다. 뿐만 아니라 정부는 그동안 제한해 왔던 국내 시장의 상당부분을 적극적으로 개방하는 정책을 추진하여 해외로부터의 공급 또한 획기적으로 증가하게 되었다. 그 결과 90년대 이후 한국에서 거의 대부분의 산업은 수요초과에서 공급과잉 상태로 변화하게 되었다. 따라서 한국기업이 영위하고 있던 대부분의 산업은 공급과잉 및 경쟁심화로 인해 그 구조적 매력도는 급격히 하락하였다.

뿐만 아니라 한국에서 그동안의 여러 가지 제도적 환경 변화에 따라 각 산업에서 재무적 자원, 관리자 자원, 정부 지원 등과 같은 일반적이고 유연한 R&C는 핵심 R&C로서의 중요성이 점점 줄어든 반면, 마케팅 능력. 디자인 능력, 애프터서비스, 브랜드, 기술 등 산업고유의 R&C의 중요성은 갈수록 높아졌다.

재무적 자원의 경우, 그동안 국내 자본이 꾸준히 축적되어 왔을 뿐 아니라 1980년대 말 국내 자본시장의 대외개방으로 인해 국외 자본이 본격적으로 유입되어 한국기업은 이러한 해외 자본에 보다 쉽게 접근할 수 있게 되었다. 국내외 다양한 양질의 재무적 자원이 풍부해졌을 뿐 아니라, 이를 필요로 하는 경제주체에게 배분할 은행권과 자본시장 등 금융시장 또한 정부의 각종 규제 철폐 등에 힘입어 과거에 비해 훨씬 효율적으로 작동하게 되였다. 이에 과거 몇몇 한정된 기업에게만 제공된 희소한 자원이었던 재무적 자원은 잠재력 있는 기업이면 어떤 기업이나 금융시장에서 구입이 가능한 자원이 되고 있었다.

관리자 자원도 핵심 자원으로서의 중요성이 점차 감소하고 있었다. 그동안 한국 내 경영대학은 그 숫자 및 규모가 비약적으로 증가하였고 관리자 양성을 위한 교육 수준 또한 지속적으로 향상되었다. 기업들 또한 많은 관리자 인력을 자체 양성하여 양질의 관리자 풀(pool)이 상당히 축적되었다.

관리자를 위한 노동시장 또한 과거에 비해 획기적으로 발달하였다. 과거 한국기업의 인력채용은 주로 신입사원 위주의 채용이었고 경력자를 위한 노동시장은 거의 존재하지 않았다. 경력자를 위한 노동시장은 주로 국내에 진출한 다국적 기업들에 의해 형성되기 시작하였다. 이들 다국적 기업들은 국내 기업에 비해 외부 인사에 대해 훨씬 개방적일 뿐 아니라 국내 시장에서의 경험과 네트워크를 필요로 해 외부 인사 영입에 적극적이었다. 이렇게 형성되기 시작한 경력자를 위한 노동시장은 90년대 말 IMF관리체제 후 '평생직장'이라는 개념이 사라지게 되면서 더욱 확산되고 있었다. 이제는 경력자들이 다른 기업으로 이직하는 것이 한국에서도 아주 자연스러운 현상이 되었다. 따라서 80년대 말 이후 한국에서 관리자 자원은 필요로 하는 기업이면 어느 기업이나 노동시장에서 구입이 가능한 자원이 되고 있었다.

한국경제의 규모가 커지고 복잡해짐에 따라 과거처럼 정부가 중앙에서 기업활동을 통제하는 것이 매우 어려워지고 비효율적으로 되었다. 그리고 80년대 말 민주화가 급속히 진행되면서 기업활동에 대한 정부의 통제는 더욱 어려워졌다. 정부 지원이 얼마나 가치있는 핵심 자원이냐의 여부는 전적으로 정부가 기업활동에 얼마가 관여하느냐에 의해 결정된다. 정부가 기업활동에 개입하기 힘든 환경이 조성됨으로써 정부 지원의 핵심 자원으로서의 중요성 또한 줄어들게 되었다.

반면에, 기술, 브랜드, 마케팅 능력, 디자인 능력, 애프터서비스 능력 등 산업고유의 R&C의 중요성은 점차 높아지고 있었다. 많은 산업이 수요초과에서 공급과잉으로 바뀌면서 기업의 경쟁도 "누가 많이 생산하는가?"의 양(量)에 의한 게임에서 "누가 더 좋은 제품을 제공하는가?"라는 질(質)에 의한 게임으로 변모하게 되었다. 이에 따라 과거 수요초과 상황에서는 그리 중요하지 않았던 기술, 브랜드, 마케팅 능력, 디자인 능력, 애프터서비스 능력 등 산업고유의 R&C는 점점 가치있고 모방이 어려운 핵심 R&C로 자리잡고 있었다. 기술의 경우에도 한국의 전반적인 경제수준이 후진국에서 개발도상국을 거쳐 선진국의 진입을 눈앞에 두게 되면서 각 산업에서 요구되는 기술은 과거와 같은 자체 개발 또는 라이선스를 통해 쉽게 구축이 가능한 범용, 중저가가 아니라 최첨단, 고난도의 기술이었다. 이런 최첨단 기술은 외국 선진기업들이 그들의 경쟁력의 원천으로 보고 특허권 등으로 철저히 보호하고 외부 유출을 꺼렸기 때문에 국내기업이 이를 모방하기 어렵게 되었다.

또한 그동안 한국기업의 해외진출이 활발해지고 국내 시장도 개방되면서 한국기업은 더 이상 국내기업이 아니라 해외 초일류기업과 직

[그림 7.9] 환경변화와 90년대 후반 한국기업의 사업부 경쟁력

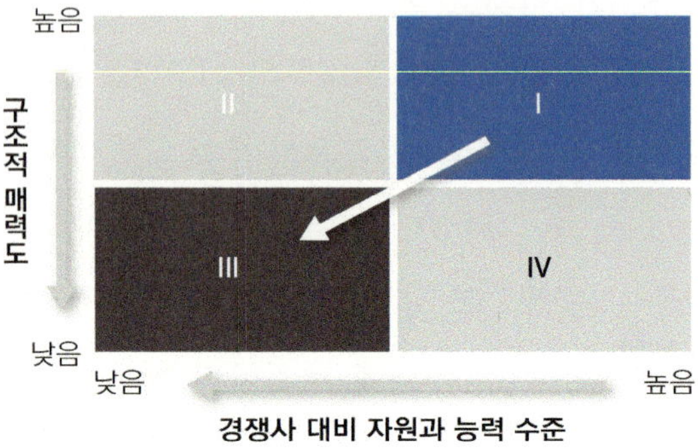

접 경쟁하게 되었다. 90년대 한국기업이 보유한 기술, 디자인 등 산업 고유의 R&C 수준은 해외 초일류기업의 그것들과 비교해 월등히 낮은 수준이었다. 뿐만 아니라 재벌그룹이 국내 타기업에 비해 우월한 위치에 있던 재무적 자원, 관리자 자원, 정부 지원 등 일반적 R&C조차도 해외 초일류기업의 그것들과 비교해보면 뒤떨어지고 있었다.

80년대 말부터 90년대 중반에 이르기까지 한국 내 많은 사업의 구조적 매력도는 지속적으로 낮아지고 동시에 경쟁사 대비 핵심적인 R&C 수준 또한 떨어지면서 한국기업의 사업부 수준의 경쟁력은 급속히 하락하고 있었다(그림 7.9 참조).

80년대 말 환경변화는 한국기업의 기업 수준의 경쟁력에는 어떤 영향을 미쳤는가? **각 사업에서 핵심적으로 요구되는 R&C가 재무적 자원, 관리자 자원, 정부 지원과 같은 일반적이고 유연한 것에서 기술, 마케팅, 디자인, 브랜드 등 산업 특유의, 또는 경직된 R&C로 변화된 사업환경에서 당시 한국기업이 영위하고 있던 사업들은 과연 여전히 시너지가 큰 사업구조인가?** 과거

[그림 7.10] 환경변화와 90년대 후반 한국기업의 기업 수준의 경쟁력

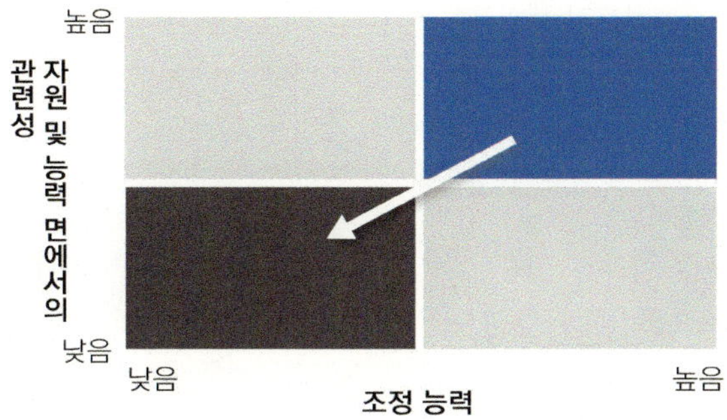

우리 기업들이 영위해 왔던 설탕사업, 의류사업, 건설업, 철강산업, 전자사업 등은 제품/서비스, 고객/시장, 주고객집단 등의 관점에서는 관련이 없는 사업들이지만, 각 사업에서 핵심적으로 요구되는 R&C가 일반적이고 유연한 것이었기에, 핵심적으로 요구되는 R&C 관점으로는 매우 관련이 높은 사업들이라고 하였다. 하지만 이들 사업에서 요구되는 R&C가 산업 특유의, 그리고 경직된 R&C로 바뀐 환경에서 이들 사업들은 R&C 측면에서도 관련이 없는 비관련 다각화이다. 따라서 환경이 변화함에 따라 한국기업이 영위하고 있던 사업들의 "핵심적으로 요구되는 R&C" 측면에서의 관련성은 급속히 떨어지게 되었다. 즉, 사업부 간 잠재적 시너지가 현격히 감소하게 된 것이다(그림 7.10 참조). 한국기업의 획기적인 사업구조조정(business portfolio restructuring)이 요구되었던 이유가 바로 여기에 있다.

그러면 내부 자본시장 및 내부 노동시장 구축을 통해 과거 핵심적이었던 재무적 자원 및 관리자 자원을 효율적으로 조정하기 위한 중앙집권적 조직구조, 즉 비서실, 회장실, 기획실 등의 기존 역할은 여전히 유효한가? 조정해

[그림 7.11] 90년대 후반 한국기업의 전략적 과제

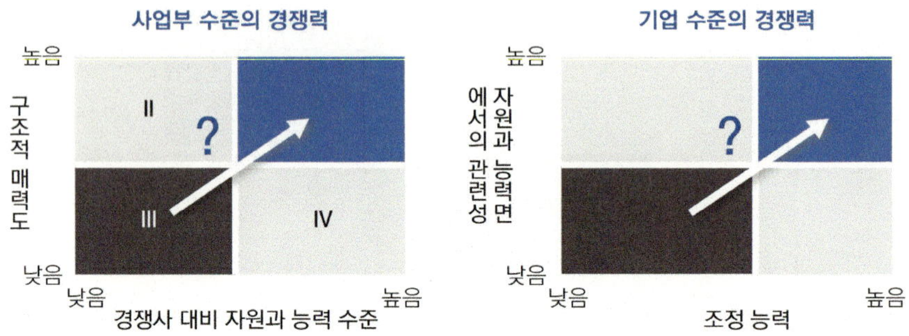

야 할 대상이 산업 특유의 R&C로 바뀜으로써, 이러한 조직들의 역할 또한 획기적으로 변화해야만 한다. 따라서 한국기업의 핵심적으로 요구되는 R&C를 조정하는 능력 또한 급격히 감소하였다(그림 7.10 참조).

요약하면 90년대 후반 한국기업의 경쟁력은 80년 말~90년대 초 급격한 사업환경 변화로 인해 사업부 수준의 경쟁력뿐만 아니라 기업 수준의 경쟁력 또한 급속한 쇠락을 경험하게 되었다. 1997년 맞이한 IMF 경제위기는 금융적인 측면도 있으나 근본적으로 급속한 환경변화에 대한 적절한 대응에 실패한 한국기업이 그들의 경쟁력을 상실한 점 또한 많은 영향을 미쳤다.

이러한 급격한 환경변화에 따른 기업경쟁력 위기를 맞이한 한국기업이 경쟁력 회복을 위해 해결해야 할 핵심 과제는 무엇인가? 즉, 한국기업의 사업부 수준의 경쟁력과 기업 수준의 경쟁력을 회복할 수 있는 전략적 방안은 무엇인가?(그림 7.11 참조) 다음 장에서 이에 대해 자세히 논의해 보기로 하자.

Chapter 08

한국기업의 전략적 과제는 무엇인가?

급격한 환경변화에 한국기업은 어떠한 대응을 했는가?

1990년대 이전 급격한 환경변화로 인해 많은 한국기업은 심각한 경쟁력 약화를 경험하였고 이를 극복하기 위해 대대적인 전략적 변신을 시도하였다. 이러한 변신을 시도한 한국기업 중 서로 극명한 대조를 보이는 두 재벌그룹인 대우그룹과 두산그룹의 변신을 보자.[1]

급격한 환경변화에 대우그룹은 어떤 변신을 시도했는가?

1967년 자본금 500만원으로 설립된 대우그룹은 설립된 지 불과 15년 만에 삼성, LG, 현대그룹과 함께 국내 4대 재벌 중 하나로 자리매김

---

1 최도성, 박철순. 1997. 12. 대우의 신흥시장 진출전략: 대우자동차의 동유럽진출 사례 개발. ≪경영사례연구≫, 31(2): 13-36. 서울대학교 경영대학 경영연구소; 박철순, 한정화, 서정일, 김영욱. 2000. 12. 생존을 위한 선택: 두산그룹. ≪경영사례연구≫, 33(2): 17-35, 서울대학교 경영대학 경영연구소.

하였다. '샐러리맨의 신화', '세계경영 전도사' 등으로 불리던 대우그룹의 창업주인 김우중 회장은 '세계는 넓고 할 일은 많다'라는 본인의 자서전처럼 세계 무대를 상대로 왕성한 기업활동을 벌여왔다.

김우중 회장은 1989년 조선업 경기불황으로 엄청난 경영위기에 직면한 대우조선을 2년간 옥포에 상주하면서 다시 조선수주 국내 1위 기업으로 정상화시키는 등 그동안 추진한 관리혁명의 성과를 기반으로 1993년 3월 '세계경영'을 21세기를 대비한 대우그룹의 핵심 경영전략으로 채택하였다. 그리고 이를 위해 2000년까지 650개 해외 사업기지 구축, 해외 현지 매출 57조원 달성이라는 구체적인 목표를 설정하였다. 김우중 회장은 세계경영의 중요성에 대해 다음과 같이 주장하였다.

"대외 의존도가 높을 수밖에 없는 우리의 현실 속에서 '세계경영'은 단순히 대우라는 개별 기업의 경영 전략에 국한되는 것이 아니라 한국기업 전체의 생존, 발전을 위한 미래 과제입니다."

세계경영은 과거 국내에서 생산한 제품을 해외로 수출하는 전략과는 달리 경영의 제반 요소를 모두 현지화한다는 전략이다. 전자부문은 2000년까지 총 생산의 60%를 해외에서 생산하고, TV, 냉장고, 세탁기 등 주력제품의 세계시장 점유율을 10%로 높여 세계 10대 전자회사로 도약하고자 하였다. 이러한 글로벌화를 통해 성장하고자 하는 열망은 자동차 부문에서 가장 두드러졌다. 우선 연간 30만대에 불과한 생산능력을 2001년까지 국내외 총 250만대 생산체제를 갖추어 세계 10대 자동차 메이커로 도약한다는 야심찬 목표를 제시하였다. 이를 위해 폴란드, 루마니아, 우즈벡, 인도, 중국 등 10여개 전략시장에 생산기지를 확보하고자 하였다. 마침내 1996년 군산 자동차 종합단지를 완공함으로써 총 220만대 생산체제를 구축하고 라노스, 노비라, 레간자 등 신차를 성공적으로 출시하였다.

이러한 세계경영의 추진 결과 대우그룹의 매출은 93년 309억불에서 96년 652억불로 3년간 무려 두 배 이상 증가하였다. 같은 기간 수출액은 68억불에서 132억불로 역시 두 배 가량 늘어났다. 종업원은 93년 74,000명에서 96년 85,000명으로 증가하였다. 자동차 부문의 경우 1993년 매출액이 2조 2,000억원에서 1996년 4조 4,000억원으로 연평균 26% 성장했고, 영업이익도 1993년 1,366억원에서 1996년 4,148억원으로 비약적으로 증가하였다.

대우의 성장-지향적 전략은 그룹 해체 직전인 1999년까지 지속되어 그룹 해체 직전 대우그룹은 국내 41개 계열사와 600여개의 해외법인 및 지사망을 가지고 있었다. 임직원 수는 국내 10만명, 해외 25만명에 달했다. 자산총액은 76조원을 상회하여 현대그룹에 이어 재계 2위에 올랐다. 1998년 대우의 수출액은 186억불로 당시 한국 총 수출액의 14%를 차지하였다.

비슷한 기간 두산그룹의 변신은 어땠는가?

국내 타 재벌그룹과 마찬가지로 90년 이전 다각화를 통한 성장전략으로 발전해온 두산그룹은 90년대 초 발생한 페놀유출 사건으로 그룹 이미지에 많은 타격을 입었다. 페놀유출의 근원지였던 두산전자뿐 아니라 두산그룹 전체가 언론과 여론의 질타를 받을 수밖에 없었고 이에 박용곤 그룹 회장이 사퇴하고 두산전자의 배신한 사장 또한 취임 한

달 만에 사퇴하였다.

페놀유출 사건으로 인한 충격을 가까스로 수습한 두산그룹이 본격적인 위기를 맞이한 것은 과거 활발하게 추진해온 다각화에 의한 그룹의 방만한 사업에서 시작되었다. 1995년 이후 4년간 두산그룹의 구조조정을 진두지휘한 당시 전략기획본부의 박용만 사장은 두산그룹이 방만하고 무분별한 사업을 영위하게 된 배경에 대해 '한정식집 쓰레기통', '부잣집 한약방', 그리고 '네 형제'론으로 비유하여 설명하였다.

'한정식집 쓰레기통'론이란 '티끌 모아 태산', '구색 갖추기', '미투(me too)' 등의 관념으로 이런저런 사업 모두를 영위하게 되고 이는 수십 가지 반찬이 가득한 한정식집을 하다가 쓰레기(부실사업)만 잔뜩 만드는 결과를 초래하는 것과 다름이 없다는 것이다. '부잣집 한약방'론이란 과거에는 부잣집만 한약재를 보유하고 있어서, 동네사람들이 몸이 아프면 이러한 부잣집에서 약재를 구하는 경향이 있었는데 두산을 비롯한 한국 재벌그룹의 방만한 사업경영은 부잣집에서 비전문적인 한약방을 부업처럼 영위하는 것과 같다는 것이다. '네 형제'론이란 맏형이 서울에서 식당으로 성공하면, 둘째는 채소를, 셋째는 육류를, 넷째는 생선류를 그 식당에 납품하게 되고 100% 확실한 거래처를 가진 이들은 비효율적이고 방만한 경영을 하다 결국 모두가 망하게 된다는 것이다. 박용만 당시 사장은 이러한 비합리적인 관념에 의해 두산을 비롯한 한국의 재벌그룹들은 경쟁력을 잃게 되었다고 주장하였다.

수요초과에서 공급과잉이라는 급격한 환경변화는 두산그룹을 포함한 한국 재벌그룹의 주먹구구식 다각화가 실패할 수밖에 없는 상황을 초래하였다. 두산의 유가공 사업, 옥수수 기름사업, 백화주막, 그리고 자판기 사업 진출이 대표적이었다. 유가공 사업 진출의 경우, 당시 국내 1인당 우유소비는 높은 증가 추세에 있었고 동시에 우유는 음료의 일종으로 두산의 기존 음료사업들과도 상당한 관련이 있는 사업으로서 시너지가 많으리라 판단하였다. 하지만 실제로는 유가공 사업에서 요구되는 자원과 능력은 두산의 타 음료사업이 가지고 있는 것과는 상당한 차이가 있었다. 유가공 사업에서는 무엇보다는 신선도를 유지하는 것과 광범위한 배달조직, 즉 배달원이 핵심적이나, 두산은 이러한 자원이나 능력을 가지고 있지 않았던 것이다.

옥수수 기름사업은 그룹 내 타 계열사에 원료 및 원자재를 공급함으로써 부가가치를 높일 수 있고 동시에 기존 공장을 활용할 수 있다는 측면에서 적극 추진되었으나 마케팅과 영업력의 부족으로 결국 실패하고 말았다.

백화주막은 두산이 맥주와 같은 주류사업과 KFC, 버거킹과 같은 외식사업에 경험이 많고 이 경험을 백화주막에 활용할 수 있다는 판단으로 추진하였다. 하지만 이 사업의 핵심인 주점운영능력과 우수한 주방장 확보 및 유지에 실패하였다. 또한 두산의 다른 주류사업의 고객인 인근 주점들과의 갈등으로 인해 백화주막은 주류사업에도 부정적인 영향을 미쳐 사업을 포기해야만 했다.

자판기 사업은 두산그룹 내 음료사업 계열사라는 상당한 거래처가 확보되어 있다는 평가에 의해 시작했으나 비슷한 상황인 롯데와 해태 또한 같은 사업을 영위해 경쟁이 가열되었을 뿐 아니라 사업의 전문성도 부족하여 실패하고 말았다.

사업 환경의 변화는 두산이 새로이 진출한 사업뿐 아니라 기존 사업에서도 심각한 위기를 초래하였다. 이 중 대표적인 것이 수십 년간 아성을 지켜온 맥주사업에서의 경쟁 심화와 이에 따른 위기였다. 두산그룹의 OB맥주는 국내 맥주시장에서 70% 이상의 점유율로 거의 독점적인 지위를 유지하고 있었으나, 1993년 경쟁사인 조선맥주가 하이트를 출시하고 이를 위한 공격적인 마케팅을 진행하면서 그 점유율이 93년 69.6%에서 95년 48.7%, 96년 40.4%, 그리고 마침내 98년에는 35%까지 추락하였다.

맥주시장에서의 점유율 하락에도 불구하고 OB맥주 자체는 생존이 가능했으나 그룹의 수직 계열화된 사업구조는 OB맥주의 부진을 그룹 전체의 위기로 몰고 갔다. 예를 들어 두산의 식음료 사업부문을 보면 맥주사업을 비롯한 음료사업에 음료수 병과 캔을 제공하던 두산유리와 두산제관, 맥주병 뚜껑을 독점적으로 공급하던 삼화왕관, 음료사업을 위한 각종 농산물을 제공하던 두산농산, 음료사업의 광고를 맡고 있던 오리콤, 맥주공장 건설 및 증설을 담당하던 두산기계 등으로 구성되어 있었다. 즉, 이들 사업은 맥주사업을 비롯한 음료사업을 위해 수직적으로 결합된 사업들이었다. 따라서 맥주사업의 매출 감소는 맥주사업과 수직적으로 결합된 이들 사업들의 매출 및 이익 감소로 이어지면서 그룹 전체를 위기로 몰고간 것이다.

이러한 위기에 따른 경영진의 심각한 위기의식은 당시 다른 한국재벌그룹과 마찬가지로 두산그룹도 가지고 있던 '축소는 해본 적도 없고, 해서는 안 되고, 할 수도 없는 것'이라는 고정관념을 깰 수 있게 하였다. 이에 그룹 회장단은 1995년 11월 그룹 차원의 본격적인 구조조정을 시행하기로 결단을 내리게 되었다.

이에 과감한 사업 정리 및 매각을 통해 1995년 16개에 달하던 주력

회사를 1998년 5개의 계열사로 축소하고, 그룹의 자존심이 걸린 오비맥주 서울 공장부지와 을지로 본사사옥을 매각하였다. 그리고 당시 알짜 사업이었던 3M, 코닥(Kodak), 네슬레(Nestle), 코카콜라(Coca Cola) 주식도 매각하였다. 또한 1995년 21,400명에 달했던 종업원 수도 1998년 11,600명으로 3년간 무려 46%를 감축하였다.

이러한 처절한 구조조정은 단기간에 가시적인 성과를 가져왔다. 1995년 9,080억원에 달했던 순현금유출(net cash outflow)은 1998년 1,540억원의 순현금유입(net cash inflow)로 반전되었다. 1996년 무려 688%에 이르던 부채비율은 1998년 330%로 반 이상 줄어들었고, 노동생산성 또한 1995년 일인당 1.9억원에서 1998년 2.9억원으로 획기적으로 향상되었다.

대우그룹과 두산그룹의 전략적 대응 중 바람직한 대응은?

성장일변도의 대우그룹은 IMF 관리체제의 한파에 2000년 4월 그룹 자체가 해체되고 많은 계열사가 파업 또는 법정관리에 들어가게 되었다. 그리고 한때 각 계열사의 사업에 많은 도움을 주었던 '대우'라는 이름이 이제 그들의 부채가 되어 대우 계열사였다는 이유 하나만으로도 어려움을 겪는 지경에 이르게 되었다.

효율성에 집중했던 1990년 중반 이후의 두산그룹[2]은 비용 절감을 위한 구조조정을 통해 현금흐름은 개선되었으나 그룹 내 각 사업의 경쟁

2 1990년 중반 이후 효율성에 치중했던 두산그룹은 2000년 한국중공업을 인수하는 등 일련의 성장전략을 추구하여 효율과 성장 사이의 균형을 취하고자 노력하였다.

력은 상당히 저하될 수밖에 없었다. 두산의 처절한 구조조정은 각 사업부의 경쟁력 강화를 위해 필요한 핵심 R&C에 대한 투자의 감소를 가져왔고, 이는 시장점유율 감소와 직원의 사기 저하로 이어졌다.

이 두 그룹 전략의 문제점은 무엇인가?

대우그룹과 두산그룹 전략의 문제점은?: "단맛과 쓴맛의 조화"

기업의 전략적 변신에는 합리화(rationalization)와 재활력(revitalization)이라는 두 가지 과정이 있다. 합리화 과정이란 기존 활동의 효율성을 높이기 위한 여러 프로그램이다. 수익성이 낮은 사업이나 활동을 없애거나, 인력감축을 통해 노동생산성을 높이고, 낭비적 요소를 줄임으로써 운영적 효율성 또는 수익성을 높이는 여러 프로그램들은 전형적인 합리화 과정을 위한 것들이다.

이러한 합리화과정은 그동안 애지중지 키우고 영위해온 사업을 매각해야 하고 가족처럼 지내던 직원들을 해고해야 하는 등 경영자로서는 매우 쓰고 고통스러운(sour) 과정이다.

재활력 과정은 새로운 기회를 창출하거나 활용하기 위한 여러 프로그램들을 의미한다. 새로운 사업이나 시장으로 진출하는 것, 새로운 핵심 자원과 능력을 구축하는 것, 그리고 조직과 구성원의 활력을 제고하는 것 등이 재활력 과정에서 쓰이는 프로그램들이다.

이런 재활력 과정은 기업의 규모를 키워 경영자의 사회적 입지와 영향력을 높여주고 보다 많은 직원을 거느리며 경영자가 원하는 일들을 더욱 적극적으로 추진할 수 있도록 해준다. 뿐만 아니라 다각화를 통해 기업의 파산위험을 줄임으로써 경영자 자신의 고용위험도 줄일 수 있다. 따라서 이러한 재활력 과정은 경영자 입장에서는 매우 달콤한(sweet) 과정이라고 할 수 있다.

90년대 대우그룹의 전략은 전형적인 재활력 또는 성장-지향적 전략(revitalization or growth-oriented strategy)이고, 두산그룹의 대응은 합리화 또는 효율-지향적 전략(rationalization or efficiency-oriented strategy)이다.

이 두 전략의 문제점과 해결책은 무엇인가?

대우그룹 전략인 성장-지향적 전략의 문제점은 무엇인가?

일반적으로 환경변화에 대해 실패한 기업을 보면, '무대응(no action)', 즉 환경이 변했음에도 불구하고 아무런 전략적 변신을 하지 않는 기업이 있는 반면, '적극적 타성(active inertia)'[3], 즉 급격한 환경변화에 대한 대응으로 기존에 했던 전략을 더욱 더 강화시키는 기업이 있다. 대우그룹의 변신은 이런 적극적 타성의 대표적인 사례로 볼 수 있다. 즉, 과거 대우그룹을 비롯한 한국 대부분의 재벌그룹들이 추구해 왔던 성장-지향적 전략(growth-oriented strategy) 또는 재활력-지향적 전략(revitalization-oriented strategy)을 더욱 강력히 추구한 것이다.

제7장에서 논의한 대로 과거 한국기업은 당시 그들이 영위했던 사업에서 핵심적으로 요구되는 R&C인 정부 지원, 관리자 자원, 그리고 재

---

3 Sull, Donald N. 1999. Why good companies go bad. *Harvard Business Review*(July). Harvard Business School Publishing.

[그림 8.1] 과거 한국기업의 성장-지향적 전략

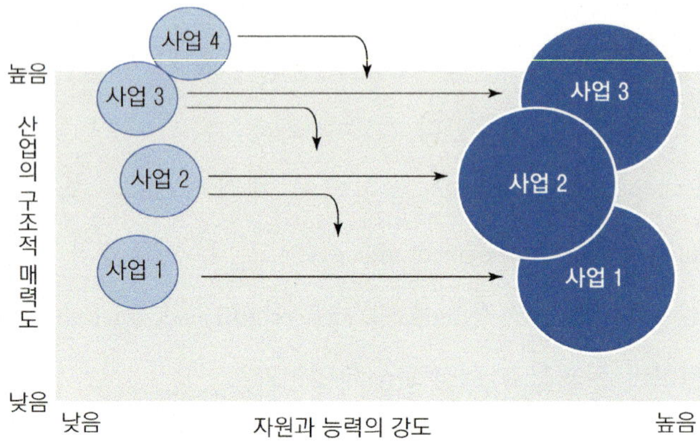

무적 자원을 획득하기 위한 강력한 수단으로 다각화를 비롯한 성장-지향적 전략을 추구해왔다(그림 8.1 참조).

과거 한국기업이 '사업 1'을 시작했다고 하자. 당시 한국경제에서 대부분의 산업은 극심한 수요초과로서 구조적 매력도가 높았다. 따라서 '사업 1'의 경쟁력 확보에 가장 중요한 과제는 당시 그 사업에서 핵심적으로 요구되는 R&C인 재무적 자원, 관리자 자원, 정부 지원을 경쟁사보다 많이 확보하는 것이었다.

이를 위한 가장 강력한 수단 중 하나는 다각화, 즉 또 다른 사업인 '사업 2'로 진출하는 것이다. 그렇다면 '사업 2'의 경쟁력 확보를 위해서는 무엇을 해야 하는가? 또 다른 다각화, 즉 '사업 3'을 시작하는 것이다. 이렇게 시작한 '사업 3'에 필요한 R&C는 어떻게 확보하는가? 역시 또 다른 사업인 '사업 4'로 진출하는 것이다. 1990년대 이전 한국기업은 끊임없이 성장을 위한 성장을 지속해야 했고 이를 통해서만 지속적인 경쟁우위가 가능했던 것이다.

[그림 8.2] 과거 한국기업의 성장-지향적 전략

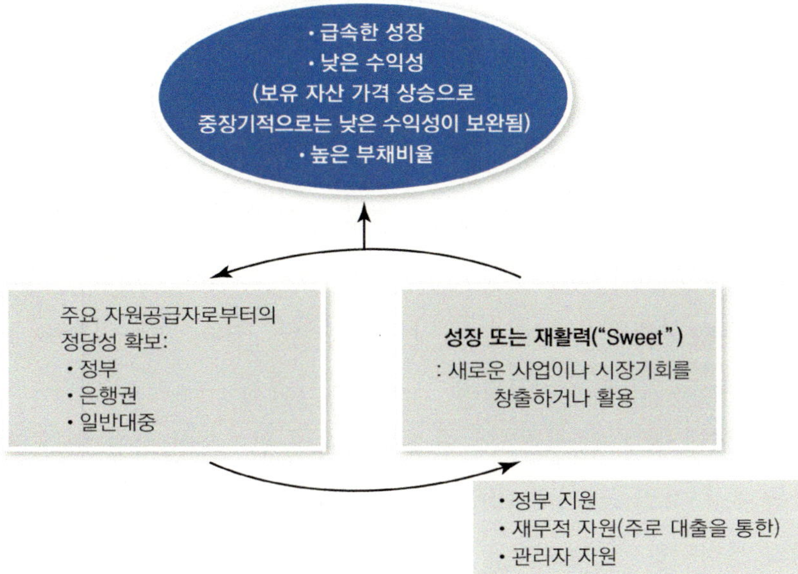

[그림 8.2]를 보자. 과거 한국기업의 성장 또는 재활력, 특히 다각화를 통한 성장은 당시 각 사업에서 핵심적으로 요구되던 자원이었던 일반적이고 유연한 자원, 즉 정부 지원, 재무적 자원, 그리고 관리자 자원의 주요 공급처였던 정부, 은행권, 그리고 일반 대중들로부터 호의적 평가를 받았고 그 결과 그들로부터 정당성을 확보하여 이들 자원을 확보할 수 있게 하였다.

이렇게 확보된 자원은 기존 사업의 경쟁력을 향상시키는 원동력이 되었을 뿐 아니라 향후 새로운 성장을 위한 기반으로 사용되었다. 기존 사업뿐 아니라 새로이 진출한 사업에서의 경쟁력을 높이기 위해 한국기업은 이러한 일반적인 자원의 수준을 더욱 강화시켜야 했고 이를 위해서는 또 다른 성장 또는 재활력이 요구되었다. 따라서 성장은 또 다른 성장을 요구하게 되고 마침내 한국기업은 성장을 멈출 수가 없는, 즉 성장을 위한 성장이 지속될 수밖에 없는 환경이었던 것이다.

그 결과 한국기업은 급속한 성장은 이루었으나 기존 사업 또는 활동의 효율성 향상에는 소홀할 수밖에 없어 그 결과 낮은 수익성을 보여주었다. 하지만 이러한 성장은 기업자산의 증가를 가져왔고 이러한 자산증가는 당시 한국의 높은 물가상승률로 인해 자산의 평가이익이 높아져 사업에 의한 낮은 수익성은 이러한 자산 재평가를 통한 이익으로 상당 부분 상쇄되었다. 하지만 이러한 성장은 주로 은행 대출을 통해 이루어져 그 결과 한국기업의 부채비율은 높을 수밖에 없었다.

1990년대 이후 한국경제의 환경은 급속히 변화하여 성장 또는 재활력은 주요 자원공급자인 정부, 자본시장, 그리고 일반대중으로부터 오히려 부정적인 평가를 받게 되어 그들로부터 자원을 확보하는 기능을 상실하게 되었다(그림 8.3 참조). 이에 한국기업은 성장을 위한 동기부여가 저하되었을 뿐 아니라 이를 위한 자원 확보도 어렵게 되어 더 이상 성장을 지속할 수 없게 되었다. 따라서 성장은 주춤할 수밖에 없었고 사업의 수익성 또한 저조하였다. 그리고 과거와 달리 물가상승률 또한 낮아져 자산 재평가에 의한 수익 향상도 기대하기 어려워졌고 높은 부채비율에 허덕이게 되었다.

1990년대 대우그룹의 성장-지향적 전략은 이러한 변화된 환경에서는 성장이 기존 사업의 경쟁력 향상이나 새로운 성장을 위한 기반이 더 이상 될 수 없었음에도 불구하고 과거 한국기업의 성장-지향적 전략을 더욱 강화시킴으로써 실패할 수밖에 없었다.

[그림 8.3] 1990년대 이후 한국기업의 성장-지향적 전략

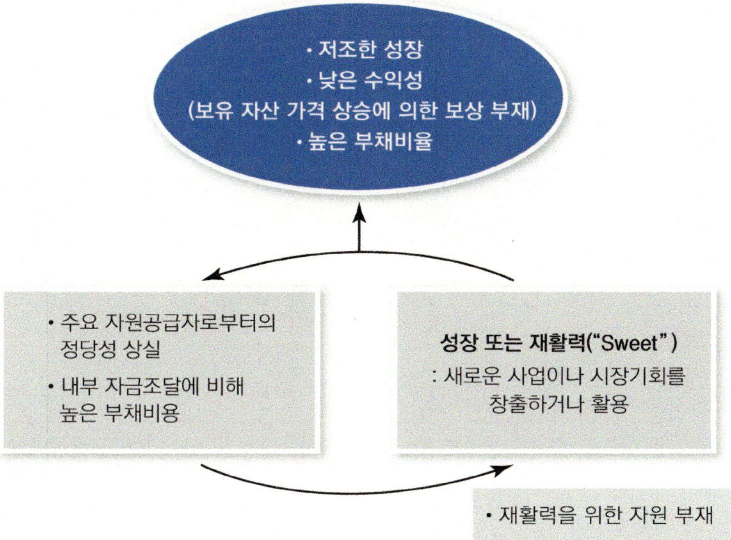

두산그룹 전략인 효율-지향적 전략의 문제점은?

대우그룹과 달리 두산그룹은 과거 한국기업들의 전략이었던 성장-지향적 전략과는 전혀 다른, 당시 한국기업들이 한번도 시도해 보지 않았던 효율-지향적 또는 합리화-지향적 전략(efficiency-oriented or rationalization- oriented strategy)을 추구하였다. 즉, 새로운 사업이 아니라 기존 사업 또는 기존 활동의 효율성 향상에 집중하는 전략을 추구한 것이다.

이러한 효율-지향적 전략은 어떤 결과를 가져올까?

앞서 설명한대로 두산그룹은 기존 사업 및 새로이 진출한 사업에서의 경쟁력 약화로 그룹 전체가 경영상의 위기를 맞이하였고 이에 1995년 11월 그룹 차원의 본격적인 구조조정, 즉 기존 사업이나 활동의 효율성 향

[그림 8.4] 효율-지향적 전략

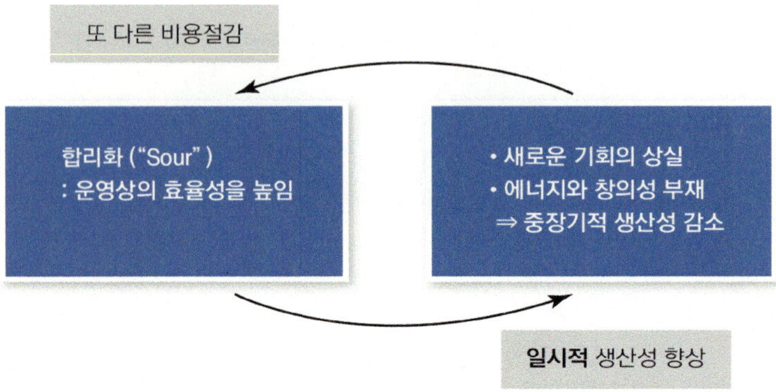

상을 추구하였다. 두산그룹과 마찬가지로 대부분의 기업들은 기존 사업에서의 효율성 또는 생산성의 저하로 인한 경영상의 위기를 맞았을 때 합리화를 단행하게 된다. 기존 사업 중 수익성이 떨어지는 사업을 매각하거나 비효율적인 활동을 줄이고, 인력감축을 통해 노동생산성을 높이고 낭비적 요소들을 축소함으로써 이러한 합리화 작업은 기업의 수익성 또는 생산성을 비교적 짧은 시간 내 향상시킬 수 있다(그림 8.4 참조).

하지만 이러한 합리화를 통한 생산성 향상은 일시적일 가능성이 높다. 왜냐하면 합리화에만 집중한다는 것은 기존 사업 또는 활동의 효율성 향상에만 집중하는 내부 지향적인 작업이기에 외부에서 끊임없이 창출되는 새로운 많은 기회를 놓칠 수밖에 없다. 동시에 합리화 과정에 집중한다는 것은 기존에 수행하고 있는 사업과 활동을 없애거나 줄이는 일에만 몰두하게 되고, 이를 위해 각 사업이나 활동의 경쟁력 강화에 필요한 핵심 R&C에 대한 투자를 소홀히 할 수밖에 없다. 이는 마침내 조직 구성원을 지치게 하고 그들의 에너지나 창의성을 고갈시키게 된다.

외부에서 끊임없이 창출되는 뛰어난 사업 기회를 상실하고, 기존 사업경쟁력은 약화되고, 그리고 조직 구성원의 사기, 에너지, 창의성은 고갈되면서 이 기업의 중장기적인 생산성은 떨어질 수밖에 없다. 그리고 무엇보다 중요한 것은 해당 기업이 합리화를 하게 된 이유는 조직이 비효율적으로 운영되었기 때문인데 이러한 비효율적 운영에 대한 문제가 근본적으로 해결되지 않았기에 그 조직은 다시 비효율이 쌓일 수밖에 없다.

합리화 과정에의 집중은 단기적인 생산성 향상은 가능하나 이는 일시적인 것으로 중장기적으로 다시 비효율이 쌓이고 생산성 또한 다시 떨어지게 된다. ▌중장기적으로 생산성이 떨어져 이 기업이 다시 경영상의 위기를 맞게 된다면 이 기업은 무엇을 해야 할까? 생산성 향상을 위한 또 다른 비용절감, 즉 또 다른 합리화 과정을 밟아야 할 것이다. 즉, 효율-지향적 전략은 끊임없는 비용절감을 위한 비용절감, 또는 합리화를 위한 합리화를 지속할 수밖에 없고 그 결과 그 기업은 깎고 깎는 과정을 반복하다 결국 뼈만 남는 기업이 되고 만다.

1990년 중반 이후 두산그룹의 변신은 위에 언급한 과정을 정확하게 보여준다. 두산그룹은 모든 역량을 삭감, 구조조정, 합리화에 집중한 반면 성장에는 소홀했다. 즉, 두산의 경영진은 비용을 쥐어짜고 예산을 철저히 통제하여 생산성은 높였으나 새로운 기회를 창출하고 활용하는 것에는 실패하였다. 그리고 기존 사업의 경쟁력 향상을 위한 R&C에 대한 투자를 소홀히 했을 뿐 아니라 조직의 비효율을 초래한 원인에 대한 근본적인 해결을 하지 못했다. 또한 기존 사업이나 활동의 효율성 향상을 위해 끊임없이 줄이고 줄이는 과정에서 조직원의 창의력과 에너지는 고갈되었다. 이는 마침내 두산그룹의 중장기적 생산성 저하를 초래하였고 이는 또 다른 구조조정을 요구하게 되는 '악순환의 고리'에 빠질 수밖에 없게 되었다. 1995년 1차 구조조정 후 2년이 지난 1997년 2차 구조조정을 하지 않을 수 없었던 이유 중 하나도 여기에 있다.

새로운 사업환경에서 성장-지향적 전략 그리고 효율-지향적 전략 모두 한국기업의 지속적 경쟁우위를 위해 바람직하지 않다면 한국기업의 전략적 과제는 무엇일까? 무책임한 말일 수도 있지만 여기서 우리가 얻을 수 있는 매우 단순하고도 보편타당한 교훈은 이 두 가지 전략을 잘 조화시키는 것이다. 즉, 합리화와 재활력의 균형, 즉 단맛과 쓴맛의 조화("Cooking Sweet and Sour")를 이루는 것이다.[4]

성장과 효율의 조화(Cooking Sweet & Sour)는 어떻게 이루는가?

기업의 지속적이고 탁월한 경영성과는 서로 보완적인 두 가지 과제, 즉 성장과 효율 사이의 긴장상태를 관리하는 능력에 의해 달성된다. 두 가지 과제 중 하나는 현재 수행하고 있는 사업이나 활동을 끊임없이 합리화하여 각 기능적 효율성을 지속적으로 향상시키는 것이고 또 하나는 성장을 통해 조직 구성원에게 활력과 에너지를 공급하는 것이다. 이런 관점에서 효율에만 치중한 두산의 전략과 성장일변도인 대우의 전략은 지속적인 경쟁우위를 창출하기 위한 필요충분조건을 충족하지 못한 것이다.

이런 관점에서 합리화란 무엇을 위한 것인가?(그림 8.5 참조) 합리화란 비핵심사업의 정리, 인력감축, 그리고 각종 기능별 효율성 향상을 통해

---

4 박철순 · 수만트라 고샬. 2003. 『세계수준의 한국기업에 도전한다』. 21세기북스.

[그림 8.5] 성장과 효율의 조화("Cooking Sweet & Sour")

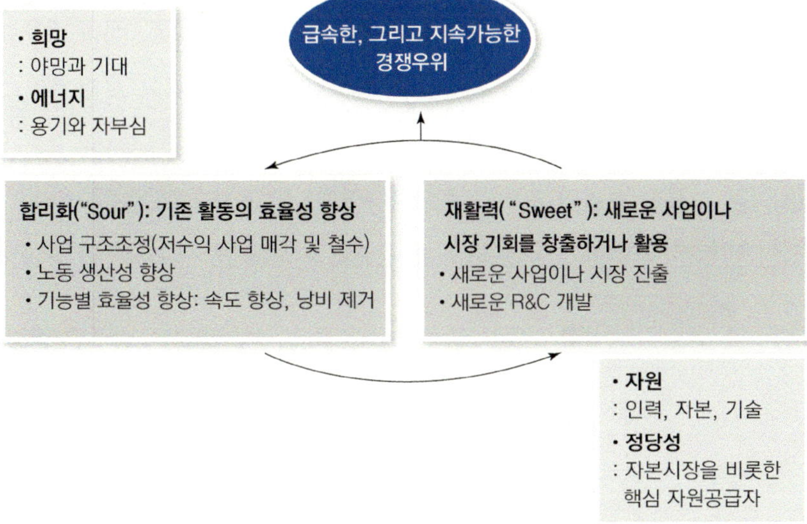

재활력, 즉 성장을 위한 인력, 자금, 기술 등의 내부 자원을 확보하는 과정이다. 그리고 합리화를 통해 기존 사업이나 활동의 효율성이 높을 때 노동시장, 자금시장, 부품 및 원자재 시장 등의 외부 핵심 자원공급자로부터 자원을 공급받을 수 있는 정당성을 확보하게 된다. 따라서 합리화란 재활력을 위한 내·외부 자원을 확보하는 수단인 것이다.

그렇다면 재활력 과정의 목적은 무엇인가? 새로운 사업이나 시장으로 진출하거나 새로운 R&C를 개발하는 등 재활력은 조직 구성원에게 뭔가 새로운 것을 시도하게 함으로써 조직 내 희망과 에너지를 부여하게 되고 이는 합리화에 따르는 여러 가지 엄격하고 가혹한 과제를 보다 자발적이고 적극적으로 수행할 수 있게 한다. 즉, 재활력은 합리화를 보다 자발적이고 적극적으로 수행할 수 있게 하는 수단인 것이다.

요약하면, 합리화란 재활력에 필요한 각종 내, 외부 자원을 확보하는 수단이고 재활력은 합리화를 보다 적극적이고 자발적으로 수행하게 하는 수단이다. 성장과 효율의 조화를 이룬다는 것은 상호 배타적인 것으로 보이는 합리화와 재활력 두 과정을 상호 공생적이고 보완적인 것으로 파악하고 이를 실천하는 것이다.

이런 성장과 효율의 조화가 중요하다면 이 두 과제의 조화를 이루는 구체적인 방법은 무엇인가("how to cook sweet & sour")? 제4부에서 논의해 보도록 하자.

PART 04

수립된 전략을 조직 내에서 어떻게 실행하는가?:

"꿈을 위한 경쟁"에서의 경영자의 역할

Chapter 09

전략실행과정에서의 조직디자인이란 무엇인가?

일단 전략을 수립하면 이를 실행에 옮겨야 한다. 전략의 실행(strategy implementation)이란 수립된 전략을 가장 효율적으로 운영하여 그 목적을 달성할 수 있도록 조직을 디자인하는 방법이다.

이러한 조직디자인(organizational design)은 크게 미션/비전/가치,[1] 조직구조(organizational structure)와 통제시스템(control systems)이 있다. 미션/비전/가치가 기업의 꿈(dream)을 제시하는 것이라면 조직구조는 인체의 골격에 해당하고 통제시스템은 호흡계, 소화계, 신경계와 같이 인체를 실제로 작동하게 하는 수단이라 볼 수 있다. 본 장에서는 조직디자인의 핵심 요소인 미션/비전/가치, 조직구조와 통제시스템의 종류, 역할, 그리고 그들 간의 관계에 대해 논의하고자 한다.

1 대부분의 교과서에서 미션/비전/가치를 전략수립과정에서 다루고 있으나 본서에서는 전략집행과정의 조직디자인의 일부로 취급한다.

▌미션, 비전, 그리고 가치란 무엇인가?▐

나는 왜 사는가? 나는 죽기 전에 무엇을 성취하고자 하는가? 살아가면서 내게 가치가 있다고 생각하는 것은 무엇인가? 이 질문들에 대한 답이 나의 개인적인 미션, 비전, 가치관, 즉 꿈(dream)이다. 이 꿈은 내가 하는 일에 최선을 다할 수 있도록 동기를 부여하고 의미있는 삶을 살아가기 위해 필요한 여러 가지 의사결정에 있어 지침을 준다.

마찬가지로, 기업도 꿈을 통해 각 구성원이 기업 내에서 맡은 일에 최선을 다할 수 있도록 동기를 부여하고 구성원들이 의사결정을 해야 할 때 하나의 지침을 제공할 수 있게 된다.[2] 기업의 꿈은 미션, 비전, 그리고 가치의 관점에서 살펴볼 수 있다.

미션(mission)이란 "우리 기업이 왜 존재하는가"에 대한 답으로서 기업이 존립하는 근본적인 이유(fundamental reason for existence)를 제시하는 것이다.[3] 페이스북(Facebook) 창업자 저커버그(Zuckerberg)는 "세상을 보다 공개적이고 서로 연결될 수 있도록 만드는 것(to make the world more open and connected)"이 페이스북이 존립하는 이유라고 하였다. 구글(Google)은 "전 세계 정보를 체계적으로 정리하고 이를 누구에게나 접근 가능하고 유용하도록 하는 것(to organize the world's information and make it universally accessible and useful)"을 미션으로 하고 있다.

---

2 Casadesus-Masanell, R. 2014. *Setting aspirations-Mission, vision, and values*. HBS. Harvard Business School: Boston.

3 Collis, D. J. & Rukstad, M. G. Can you say what your strategy is? *Harvard Business Review*, 86(4): 82-90.

비전(vision)이란 "우리는 어떤 미래를 만들고 싶은가(what future we want to create)"를 천명하는 것으로서 우리가 미션 전체 또는 그 일부를 완수했을 때 우리의 미래는 어떠한 모습인가를 제시하는 것이다. 미국 인권운동가인 마틴 루터 킹 주니어(Martin Luther King, Jr.)는 자신이 바라는 미국 미래의 모습을 다음과 같이 명확하게 제시하였다.

"나는 나의 4명의 자녀들이 언젠가는 그들의 피부색이 아니라 그들의 인품에 의해 평가되는 나라에서 살게 되리라는 꿈을 가지고 있습니다(I have a dream that my four children will one day live in a nation where they will not be judged by the color of their skin but by the content of their character)."

포드 자동차의 창업자인 헨리 포드(Henry Ford)는 "모든 사람이 자동차를 살 여유가 있고 모든 사람이 자동차를 소유하는 것"이 그가 바라는 미래라고 하였다. 따라서 비전이 특정의 목적지라면 미션은 그 목적지에 도달하기 위한 방향을 제시하는 것이라고 할 수 있다.

가치(values)는 기업의 문화를 반영하는 것으로서 기업이 그 미션을 추구하고 비전을 달성하기 위해 노력할 때 어떻게 행동하는 것이 중요한지("what is important to us")를 명시하는 것이다. 따라서 이는 어떤 행동이 기업에서 유, 무형의 보상을 받을 수 있는지를 제시하는 것이다. 페이스북에서 모든 것을 완벽하게 하는 것보다 일단 작은 것이라도 계속 실행하는 것이 더 좋다는 점을 강조하는 것은 "행동에 의한 학습(learning by doing)"의 가치관을 보여주고 있다.

구성원들이 미션, 비전, 가치 등 기업의 꿈을 충분히 내재화해 공유하지 못할 경우, 즉 기업과 구성원의 꿈이 일치하지 않을 때는 구성원은 자신이 맡은 일에 대한 본질적인 동기부여를 가질 수 없다. 이런 상황에서 기업은 임금, 승진 등 다른 외생적인 동기부여에 의존할 수밖에 없는데 이는 한계가 있고 지속적일 수 없다.

수립된 전략을 실행하는 과정에서 기업의 구성원들은 많은 고통, 좌절, 실망 등을 겪어야 한다. 왜 이런 어려움을 겪고 극복해야 하는지에 대한 답을 기업이 제공할 수 없으면 그 전략은 제대로 실행될 수 없다. 기업의 꿈은 이런 질문에 대한 답을 제공하고 구성원들로 하여금 전략을 실행하는 과정에서의 많은 어려움을 극복할 수 있는 동기를 부여한다는 점에서 우리는 기업의 꿈을 전략수립과정이 아니라 전략실행과정으로 보는 것이다.

▌조직구조란 무엇인가? 그리고 그 역할은?▐

현대사회의 가장 혁신적인 발명품인 기업은 법적인 정체성(legal identity)을 가진 독자적 조직으로서 재산을 소유하고, 계약뿐 아니라 각종 법적 소송의 당사자가 될 수 있다. 그리고 기업은 법적으로 그 소유주와 명백히 구별되기에 한 기업은 다수의 소유주를 가질 수 있고 그 소유권은 이전이 가능하다. 또한 1844년 영국의 유한책임법(The Limited Liability Act)에 의해 기업의 소유주, 즉 주주는 자신이 투자한 금액 이상의 기업부채에 대해서는 법적인 책임을 지지 않게 되어 주식시장을 통한 대규모 자금조달이 가능하게 되었다.[4]

이렇게 탄생한 복잡하고 거대한 기업을 위한 가장 기본적인 조직디자인은 조직을 여러 단위로 나누어 구성원을 각각의 단위에 할당하여

전문화하고, 이러한 단위들을 조정 및 통합하는 것이다.[5] 따라서 조직구조(organizational structure)는 크게 전문화를 위한 조직구조와 조정 및 통합을 위한 조직구조로 나누어 생각할 수 있다.

조직을 어떻게 나눌 것인가?: 전문화(specialization)

전통적으로 분업(division of labor)은 경제활동에서의 효율성 증진을 위한 가장 근본적인 방안으로 여겨져 왔다.[6] ▍그렇다면 기업이 분업을 위해 하부 조직단위를 나눌 때 그 나누는 기준은 무엇인가? 기능, 제품, 고객, 그리고 지역이 대표적인 분할기준이다.

기능별 구조(functional structure). 특정 시장영역에서 한 가지 제품 또는 관련된 몇몇 제품을 제공하는 소규모 기업의 경우에는 공식적인 조직구조가 존재하지 않는다. 이러한 단순 조직구조(simple structure)에서는 흔히 소유 경영자인 CEO가 대부분의 관리적 업무를 수행하고, 다른 조직 구성원 또한 정해진 직무가 아닌 여러 가지 직무를 동시에 수행한다. 하지만 기업이 성장하면서 수행해야 할 일의 영역이 확장될 뿐 아니라 일 자체도 많아져 한 사람이 여러 가지 일들을 동시에 수행하는 것이 불가능해진다. ▍이럴 경우 기업활동을 어떻게 분류하여 이 문제

---

4 Grant, R. M. 2018. *Contemporary strategy analysis*(10th Ed.). Wiley.

5 H. Mintzberg. 1993. *Structure in fives: designing effective organizations*. Englewood Cliffs: Prentice Hall.

6 Smith, A. 1910. *The wealth of nations*. Dent: London.

[그림 9.1] **전형적인 기능별 조직구조**

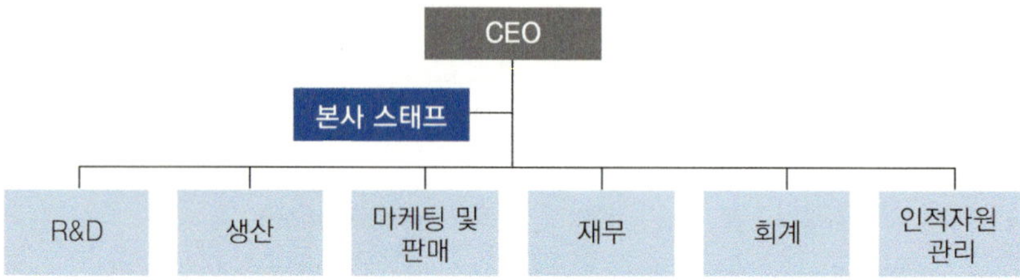

를 해결할 것인가?

한 기업의 전략을 실행하기 위해 필요한 자원과 능력은 주로 기능별 수준에서 이루어지기에 대부분의 기업은 이에 대한 해결책으로 구성원들을 기능별로 분류하는 기능별 조직구조(functional structure)를 채택하게 된다. 전형적인 기능별 조직구조는 CEO, 제한적 역할을 하는 본사 스태프, 그리고 구성원들을 그들의 전문성에 따라 기능별로 나누고 이를 전담하는 기능별 매니저를 두는 형태로 이루어져 있다. 그리고 CEO는 모든 구성원이 아니라 각 기능별 매니저만을 통제 및 조정함으로써 조직 구성원의 수가 늘어나도 여전히 통솔범위(span of control)를 유지할 수 있다. 이러한 기능영역은 가치사슬상의 R&D, 생산, 마케팅 및 판매와 같은 주요 활동(primary activities)뿐 아니라 재무, 회계, 인적자원관리 등의 지원활동(support activities)을 포함한다(그림 9.1 참조).

기능별 구조는 기능 내 서로 간의 지식 공유 및 이전을 원활하게 하여 각 기능별 전문성을 높일 수 있다. 그리고 각 기능별 전문화는 단순 구조에 비해 분업을 통한 생산성 향상을 가져온다. 하지만 이러한 구조는 각 가능별로 전문화가 진행되면서 각 기능 부서는 그들 고유의 목적, 가치, 언어, 행위 규범 등을 구축하게 되고 그 결과 조직이 직면한 이슈와 문제점, 그리고 시간 및 목적에 대해 서로 다른 성향을 보이게 된다. 이러한 기능별 성향 차이는 기능 간의 소통이나 조정을 어렵게 만든다는 단점도 가지고 있다.

제품별 구조(product structure). 생산제품의 종류가 증가함에 따라 기능별 조직구조에서 기능별 소통과 조정은 더욱 어려워진다. 이를 해결하기 위해 많은 기업들이 채택하는 조직구조가 제품별 조직구조(product structure)이다. 제품별 조직구조는 일단 전체 제품을 제품그룹 또는 카테고리로 나누고 각 제품그룹은 제품 매니저가 전담하여 그 제품의 고객을 만족시켜주는 데에 집중할 수 있도록 한다.

그리고 제품부문별 자원의 중복을 막아 비용절감이 가능하도록 R&D, HR, 구매, 재무 및 회계, 법무 등과 같은 지원기능(support functions)은 중앙에 집중시켜 각 제품그룹들이 이러한 서비스를 공유할 수 있도록 한다. 흔히 이러한 지원기능 각각은 제품-지향적 팀으로 세분화되어 지원기능 내 각 팀은 특정 제품그룹의 요구에 집중하여 서비스를 제공할 수도 있다.

CEO는 각 제품 매니저들을 조정 및 통제하고 각 제품 매니저는 각 부문 내 구성원들을 통솔하게 된다. [그림 9.2]는 기업이 조직을 화장품, 생활용품, 그리고 음료라는 제품군으로 나눈 제품별 조직구조의 전형적인 형태를 보여준다.

고객별 구조(customer structure) 및 지역별 구조(geographical structure). 고객별 조직구조 또는 지역별 조직구조는 제품별 구조와 동일하나 조직을 제품이 아니라 고객별로, 또는 지역별로 나눈다는 점에서 차이가

[그림 9.2] **전형적인 제품별 조직구조**

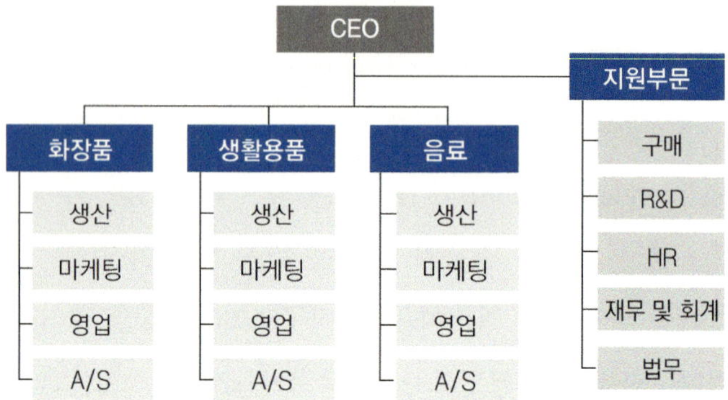

있다. 일반적으로 제품에 대한 요구나 선호도의 차이가 고객별로, 또는 지역별로 많을 경우 이러한 조직구조를 고려하게 된다.

고객별 조직구조를 고려하는 대표적인 기업은 개인과 기업 모두가 주고객인 기업이다. 증권, 금융, 은행 등 금융기관, 교육 서비스업체, 가전업체, 가구업체 등 많은 산업의 고객은 개인뿐 아니라 기업도 주고객이다. 대부분 이들 개인 및 기업고객은 다른 영업방식, 마케팅, A/S뿐 아니라 다른 제품이나 서비스를 요구하기도 한다. 이럴 경우 조직을 개인고객 사업부 및 기업고객 사업부로 나누는 고객별 조직구조를 필요로 하게 된다. 이 조직구조 또한 자원 및 활동의 중복으로 인한 비효율성이 높을 수 있으므로 각 부문간 공유할 수 있는 자원 및 활동을 선별하여 각 사업부간 전문화와 통합의 균형을 이루는 것이 중요하다.

지역별 조직구조는 기업의 사업영역이 여러 지역을 포함하고 지역별로 제품이나 서비스의 차별화가 요구될 때 주로 사용된다. 지역별 구조는 기업의 활동을 지역별로 나누고 각 지역본부는 담당하는 지역 내에서 운영상의 전략뿐 아니라 제공하는 제품이나 서비스 자체에 대해서도 자율적으로 결정할 수 있도록 한다.

따라서 이러한 조직구조는 각 지역별로 고객의 요구나 선호도의 차이가 클 경우 유용하다. 일반적으로 한 국가 내 지역적 차이보다 국가간 지역적 차이가 더 크기 때문에 지역별 조직구조는 흔히 해외진출이 활발한 기업, 그리고 각 국가간 제품에 대한 고객의 요구와 선호도가 큰 산업, 즉 다국가 산업(multinational industries) 또는 다국내 산업(multi-domestic industries)에서 많이 활용된다.

매트릭스 구조(matrix structure). 조직을 나누는 기준에는 앞에서 논의한 기능, 제품, 고객, 그리고 지역이 있다. 매트릭스 조직구조는 이 네 가지 기준 중 한 가지 기준으로는 충분하지 않고 두 가지 기준으로 나눌 필요가 있을 때 사용된다. 조직을 나누기 위한 두 가지 기준으로 무엇을 선택하는가는 각 기업의 현실 여건에 따라 달라진다. 예를 들어 특정 기업이 활발한 사업 및 지역 다각화로 인해 많은 사업을 넓고 다양한 지역에서 수행하고 있을 때 이 기업은 제품과 지역이라는 두 가지 기준으로 매트릭스 구조를 채택할 수 있다. 즉, 기업활동 및 구성원을 화장품 사업본부, 생활용품 사업본부, 그리고 음료 사업본부 등 제품을 기준으로 나누고, 또 한편으로는 지역별로 아시아, 유럽, 북미, 남미, 중동 등의 지역본부로 나누는 것이다(그림 9.3 참조).

이러한 매트릭스 조직이 추구하는 것은 각 조직단위 별 독립성 및 자율성과 그들간의 조정 및 통합 사이의 균형을 이루는 것이다. [그림 9.3]의 경우 화장품, 생활용품, 음료 사업본부는 각자의 사업에 집중하지만 동시에 이들 사업은 같은 지역본부장의 관할로서 각 지역별로 이

[그림 9.3] 전형적인 매트릭스 조직구조

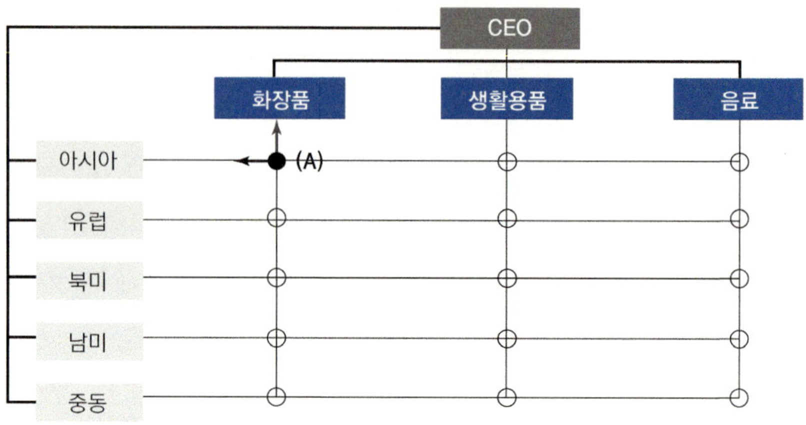

들 사업부간 조정 및 통합을 통해 이들 사업부간 시너지를 함께 추구하는 것이다.

예를 들어 아시아지역 본부장은 아시아지역 내 화장품, 생활용품, 음료 사업 모두를 조정 및 통합하는 것이다. 마찬가지로 화장품 사업본부장은 아시아, 유럽, 북미 등 모든 지역의 화장품 사업을 조정 및 통합한다.

매트릭스 조직구조는 조직을 나누는 기준인 기능, 제품, 고객, 지역 외에도 기업의 전략에 따라 다양한 기준을 사용할 수 있다. 예를 들어 하이테크산업에서 새로운 신제품을 지속적으로 개발하고자 한다면 매트릭스의 한 축은 기능, 또 다른 한 축은 다양한 신제품 개발 프로젝트로 구축하는 것이다. 이를 통해 각 신제품 프로젝트는 기업 내 모든 기능을 조정 및 통합하여 새로운 제품 개발을 원활히 할 수 있다.

매트릭스 조직은 각 조직단위를 전문화함과 동시에 이들 간의 조정 및 통합으로 시너지를 추구해 개념적으로는 바람직하지만, 실제 이를 실행하는 과정에서의 부작용 또한 적지 않다. [그림 9.3]에서 종업원 'A'를 보자. 종업원 'A'는 화장품 사업본부에 속해 있지만 동시에 아시아 지역본부의 소속이기도 하다. 즉, 종업원 'A'는 화장품 사업본부장과 아시아 지역본부장이라는 두 명의 상관을 두고 있고 이들 각자에게 이중으로 보고해야 하고(double reporting system), 이들 두 사람의 통제 및 감독 하에 있다. 만약 화장품 사업본부와 아시아 지역본부가 추구하는 것이 서로 다르고 이해 상충이 있다면 종업원 'A'는 상당한 혼란에 빠질 수밖에 없다. 예를 들어 화장품 사업본부는 제품을 전 세계적으로 표준화해 규모의 경제를 극대화하고 이를 통해 효율성을 높이고자 하나, 아시아 지역본부의 경우 제품을 아시아인의 요구 및 선호도에 맞게 차별화를 요구하게 된다면 이는 조직 내 많은 갈등과 혼란을 가져올 수 있다.

다분할 구조(multidivisional structure 또는 M-form structure). 기업이 다각화를 통해 사업 수를 늘리고 그 결과 기업의 규모가 증가하고 복잡해짐에 따라 기능별, 제품별, 고객별 그리고 지역별 조직구조는 기업을 효율적으로 통제하고 조정하기에 부족하다. 다각화된 사업구조를 가진 거대하고 복잡한 기업들 대부분은 이러한 문제를 해결하기 위해 다분할 조직구조를 채택하고 있다.

다양한 사업을 영위하는데 따른 여러 통제 및 조정 문제를 줄여주는 조직으로서 다분할 조직구조는 본사 스태프 조직과 운영부서(operating divisions)로 이루어져 있다. 이들 운영부서는 독립 채산부서(profit center)로서 본사 최고경영진은 일상적인 운영(day-to-day operations) 일체에 대한 책임과 권한을 부서 매니저에게 위임한다. 기능별 조직이나 제품별

[그림 9.4] 전형적인 다분할 조직구조

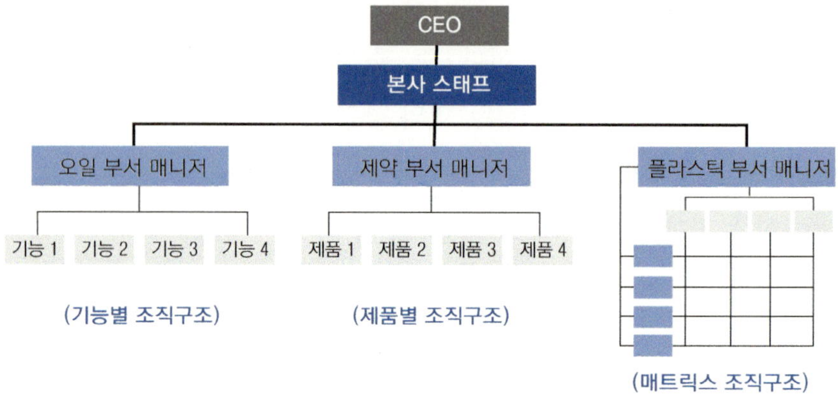

- Jones, G & Hill, C.(2010)으로부터 수정 및 편집

조직과는 달리 다분할 조직에서 각 부서는 모든 가치사슬 기능을 자체 보유하고 있는 독립적이고 자급자족적인 단위이다.

조직 위계계층 상 CEO와 운영부서 매니저 사이에 위치한 본사 스태프 매니저는 각 운영부서의 활동을 감시하고 재무적 통제를 수행한다. 그리고 CEO를 포함한 본사 스태프는 기업의 장기적인 사업모델을 수립하고 그 실행을 감시하며 운영부서 간의 프로젝트에 관한 지침을 제공한다.

요약하면, 운영부서는 일체의 일상적 운영에 대해, 그리고 본사 스태프 조직은 전략적인 이슈에 대해 책임과 권한을 갖는 조직구조인 것이다. 또한 각 부서는 독립적으로 운영되므로 부서 매니저는 자체적으로 각 부서의 사업 모델 및 전략에 가장 적합한 조직구조를 채택할 수 있다.

[그림 9.4][7]는 듀퐁(DuPont)과 같은 거대 화학기업에서 볼 수 있는 전형적인 다분할 조직구조를 예시적으로 보여준다. 오일, 제약, 플라스틱

각 부서는 그들 사업을 영위하는 데 필요한 모든 가치사슬 기능을 보유하고 있는 자족적인 부서이다. 이들 부서는 본부 매니저들로부터 운영에 따르는 일체의 책임과 권한을 위임 받고 자본수익률과 같은 객관적인 지표에 의해 통제 및 성과에 대한 평가를 받는 독립채산부서이다. 따라서 각 부서는 그들 실정에 맞는 그들만의 조직구조를 채택할 수 있다. [그림 9.4]의 듀퐁의 경우 오일 부서는 기능별 조직구조, 제약부서는 제품별 조직구조, 플라스틱 부서는 매트릭스 조직구조 등 각 부서는 각자의 조직구조를 자율적으로 채택하고 있다.

다분할, 또는 M-form 조직구조는 각 운영부서의 성과를 수익률과 같은 객관적 재무지표로 평가하는 결과물 통제방식(output control)을 채택함으로써, 통제과정이 단순화되고 이는 CEO를 비롯한 본사 스태프가 기업 전체의, 그리고 장기적이고 전략적인 이슈에 보다 집중할 수 있도록 한다. 또한 M-form 조직구조는 운영부서 간의 객관적인 비교를 가능하게 하여 부서 간의 자원배분을 보다 효율적으로 할 수 있게 하고, 성과가 좋지 않은 부서를 쉽게 찾아내 문제 해결을 위해 필요한 조치를 취할 수 있게 한다.

새로운 형태의 조직구조. 급격한 환경변화, 생산 및 통신기술의 급격한 발전 등으로 많은 산업에서 혁신적인 새로운 형태의 조직구조들이 등장하고 있다. 이러한 새로운 조직구조는 위계계층을 축소하고, 의사결정 권한을 분산 및 위임하고, 애매모호한 상태에 대해 보다 관대하고,

---

7 Jones, G. & Hill, C. 2010. *Theory of strategic management*(9th edition). South-Western, Cengage Learning에서 수정 및 편집.

내, 외부 경계가 모호하고, 스스로 변신, 조직화, 그리고 조정할 수 있는 능력 등을 특징으로 한다.[8]

그 중 가장 많이 거론되는 조직구조 중 하나는 팀- 또는 프로젝트-기반의 조직(team-based or project-based organization)이다. 이러한 조직은 건설, 컨설팅, 석유탐사, 엔지니어링 등과 같이 사업이 제한된 기간의 프로젝트 형태로 진행되는 분야에서 공통적으로 채택되는 조직으로서 유연성과 적응력을 높일 수 있는 조직형태이다. 기업들은 이러한 팀- 또는 프로젝트-기반 조직의 요소를 기존의 기능별, 부서별 조직에 추가하는 경향이 증가하고 있다. 예를 들어 신제품개발, 신사업발굴, 신기술개발, 변화관리 등은 기존의 조직에 추가로 팀 또는 프로젝트 형태로 진행된다.

기업 내에서의 조직뿐 아니라 기업 간의 조직 또한 그 중요성이 증대하고 있다. 이탈리아 프라토(Prato)지역의 의류산업에서는 오랜 기간 생산은 소규모의 상호 의존적인 기업들 간의 네트워크(network)를 통해 이루어져 왔다.[9] 할리우드 영화산업 또한 각각의 영역에 특화된 기업들이 서로 긴밀히 조정하여 영화물을 디자인 및 제작하고 있다. 특히, 하이테크 산업과 같이 변화가 심한 산업에서는 매우 특화되고 전문화된 기업들이 끊임없이 그들 간의 새로운 네트워크를 형성함으로써 혁신, 제품 차별화, 그리고 신제품개발 등에 유리한 위치를 점하고 있다.

---

8 Daft, R. & Lewin, A. 1993. Where are the theories for the new organizational forms? *Organization Science*(3): 1-6.

9 Weibel-Orlando. 2012. The utility of employing integrated research analysis paradigms: A case study of the textile industry in Prato, Italy. *Urban Anthropology*, Vol.41(1): 1-40.

제약산업의 경우 신약을 개발해 상업화하기 위해서는 막대한 시간과 비용을 투자해야 한다. 따라서 한 기업이 신약 출시의 전 과정을 모두 담당하기 힘든 경우가 많다. 이러한 어려움을 극복하기 위해 신약개발 및 신약 후보 물질 발굴에 집중하는 바이오벤처, 임상시험을 대신해주는 CRO 기업(임상시험대행업체), 그리고 글로벌 빅파마 및 국내 대형 제약사들은 그들 간의 분업과 협력을 통해 보다 신속한 신약개발을 추진하고 있다.

조직을 어떻게 조정 및 통합할 것인가?: 조정 또는 통합(coordination or integration)

앞서 논의했듯이 본서에서는 조직구조(organizational structure)를 조직 구성원 및 그들의 활동을 특정의 과업이나 역할을 담당하는 개별 단위에 할당하여 전문화(specialization)하고, 이러한 개별 단위들이 서로 조정 또는 통합(coordination or integration)하는 방법이라 정의하였다. **▌조직을 나누어 전문화하기 위한 방법으로서 기능별, 제품별, 고객별, 지역별, 그리고 매트릭스 조직구조가 있다면 이렇게 분할된 개별 단위들을 어떻게 조정하고 통합할 것인가?**

일반적으로 전문화된 기능이나 부서 등 개별 단위들 간 소통, 조정 및 통합을 위한 방법으로는 직접 접촉(direct contact), 연락 담당자(liaison roles), 태스크 포스(task forces), 팀(teams), 통합 담당자(integrating roles), 통합 부서(integrating departments) 등이 있다.[10]

---

10 Hill, C. & Jones, G. 2012. *Strategic management: An integrated approach*(10th ed.).

직접 접촉(direct contacts). 분리된 부서들 간 조정을 위해 가장 단순하지만 효과적인 방법은 당사자들이 직접 만나 소통하고 조정하는 것이다. 하지만 많은 경우 각 부서는 문제를 보는 입장과 견해가 다르고 그 해결책 또한 다를 수밖에 없다. 이처럼 조정과 통합과정에서 부서 간 이견이 있을 경우에는 위계계층상 상위에 있는 CEO가 조정하고 해결하는 데 많은 시간과 노력을 쓸 수밖에 없다. 조직이 거대해지고 복잡해질수록 그 정도는 심해질 수밖에 없고 이는 CEO의 통솔범위(span of control)를 벗어나게 된다. 따라서 기업의 규모가 커지고 복잡해져 보다 많은 부서 간 조정이 요구되고 이로 인한 부서 간 이견이 많아지면 보다 치밀한 통합 및 조정 수단을 필요로 하게 된다.

연락 담당자(liaison roles). 이는 각 부서의 한 사람을 연락 담당자로 지정해 그들로 하여금 부서 간 조정을 전담하도록 하는 것이다. 이는 [그림 9.5][11]의 (a)의 파란색 원에 해당하는 사람으로서 이들은 각 부서 내에서 부서 간 조정 및 통합을 전담하고 있는 사람들이다.

예를 들어 영업부서에 있는 사람이 생산부서와 소통이나 조정을 원할 경우 영업부서의 연락 담당자는 생산부서의 연락 담당자와 접촉하여 의견 조율을 하게 된다. 이들 연락 담당자들은 각 부서의 조정 및 통합이 필요할 때마다 수시로, 또는 매일, 매주, 매월 정기적으로 만나 의견을 조율할 수 있다. 이들이 수행하는 조정 및 통합을 위한 역할은

South-Western Cengage Learning; Jones, G. & Hill, C. 2010. *Theory of strategic management*(9th ed.). South-Western, Cengage Learning.

11 Hill, C. & Jones, G. 2012. *Strategic management: An integrated approach*. South-Western, Cengage Learning에서 수정 및 편집.

[그림 9.5] 통합 및 조정 메커니즘의 형태

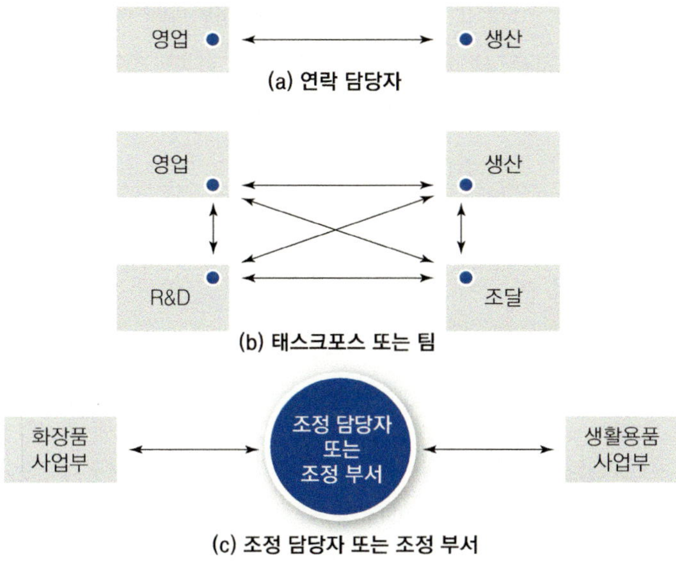

– Hill & Jones, 2012에서 수정 및 편집

그들이 각 부서에서 맡은 일의 일부로서 연락책으로서의 역할 외 각 부서에서 각자가 맡은 일도 함께 수행한다.

태스크 포스(task forces). 조정 및 통합이 필요한 부서가 2개를 넘어설 경우 직접 접촉이나 연락 담당자 제도로는 충분한 조정이 어렵다. 이 경우 태스크 포스라는 좀 더 정교한 형태의 조정 수단을 사용할 수 있다(그림 9.5의 b). 이는 각 부서에서 한 명씩을 태스크 포스에 지정 및 할당하여 특정의 공동 이슈를 해결하도록 하는 것이다. 태스크 포스는 그때그때 필요에 따라 구성하는 조직으로서 태스크 포스에 파견된 사람은 거기서 논의된 이슈와 제안을 각 부서에 보고한다. 이러한 태스크 포스는 일단 해당 이슈가 해결되면 각 구성원은 각자의 부서로 돌아가 본연의 일을 수행한다는 점에서 일시적(temporary) 조직이다. 연락담당자와 마찬가지로 태스크 포스의 구성원 또한 각자의 부서에서 맡은 일반적인 업무를 수행하면서 태스크 포스에서 활동한다.

팀(teams). 태스크 포스와 유사하게 구성되고 운영되지만 차이는 태스크 포스가 특정 이슈에 관한 조정 및 통합을 위한 일시적 조직인 반면 팀은 계속해서 반복해서 발생하는 이슈를 해결하기 위한 영구적인(permanent) 조직이라는 점이다.

조정 및 통합을 위한 팀이 가장 보편적으로 사용되는 경우는 새로운 제품의 고안, 선택, 디자인, 마케팅 등을 담당하는 신제품 개발팀(new product development team)이다. 신제품이 성공적으로 출시되기 위해서는 마케팅, 영업, 디자인, R&D 등 여러 기능 부서들의 협업이 필요하고 이러한 신제품을 지속적으로 출시하기 위한 조정 및 통합 조직으로 팀을 구성할 수 있다.

조정 담당자와 조정 부서(integrating roles and integrating departments). 조정 담당자(integrating roles)는 부서 간 조정과 통합만을 전담하는 독립된 역할을 수행하는 사람으로서 앞에서 논의한 조정 및 통합 수단과는 달리 조정의 역할만을 풀타임으로 수행한다(그림 9.5.의 c). 따라서 조정하고자 하는 어느 부서에도 속하지 않은 독립적 존재이다. 이 역할은 독립적인 전문가로서 흔히 조정하고자 하는 부서의 공동 요구사항에 대해 많은 지식과 경험을 가진 고위 경영자가 맡는 경우가 많다.

조정 담당자의 수가 많아지면 보다 영구적인 조정 부서(permanent

integrating departments)를 기업본부에 설치할 수 있다. 흔히 이 조직은 사업부 간 조정과 통합을 필요로 하는 다각화된 사업구조를 가진 거대기업들이 채택하고 있다. 다분할 조직구조에서 기업본사 스태프 조직 또한 이러한 역할을 수행하고 있다. 한국기업의 경우 법적인 실체가 아니지만 그룹을 하나의 기업으로 보면 과거 그룹 회장실, 비서실, 기획실 등이 이러한 역할을 수행하였다.

지금까지 논의한 조정 수단 외 전문화를 위한 조직구조 중 하나인 매트릭스 조직구조(matrix structure) 또한 조정 및 통합을 위한 수단으로 생각할 수 있다. 예를 들어 기능별로 전문화된 조직(functional structure)에 전문화를 위한 또 하나의 기준인 신제품개발 프로젝트별로 매트릭스 조직을 구성한다는 것은 기능별로 전문화된 조직을 프로젝트별로 통합하는 결과를 가져온다. 따라서 가장 높은 수준의 부서 간 통합 및 조정이 가능해진다.

요약하면, 부서 간 전문화는 그들 간 조정 및 통합을 요구하게 된다. 이러한 조정 및 통합의 필요성이 많아지면 많아질수록, 직접 접촉에서 연락 담당자, 팀, 조정 담당자 및 조정 부서, 그리고 매트릭스 조직 등 보다 정교하고 복잡한 조정 및 통합 조직을 요구하게 된다.

조직을 어떻게 통제할 것인가?: 통제시스템(Control Systems)

조직구조가 구성원 및 그들의 활동을 하위 조직단위로 나누어 전문화하고, 이를 조정하기 위한 것이지만, 이 조직구조가 제대로 작동하기 위해서는 각 구성원들이 조직구조가 의도하는 대로 행동하고자 하는 동기부여가 필요하다. 통제시스템이란 각 구성원들이 조직구조가 의도하는 대로 행동하도록 그들의 활동을 측정 및 평가하고 이 평가를 기반으로 보상하는 시스템이라 볼 수 있다.

이러한 통제시스템의 종류는 일반적으로 개인적 통제(personal control), 결과물 통제(output control), 행위 또는 관료적 통제(behavior or bureaucratic control), 그리고 문화적 통제(cultural control)가 있다. 대부분의 기업에서는 이 네 가지 형태의 통제방식을 모두 사용하고 있으나 각 기업의 전략 및 상황에 따라 그 비중을 달리 적용해 사용하게 된다.

개인적 통제(personal control)

개인적 통제란 개인적인 대면접촉을 통해 하급자를 통제하는 것으로 일반적으로 위계 상 상위에 있는 사람이 하급자를 직접 감독(direct supervision)하는 것이 대표적이다. 따라서 주로 규모가 작은 기업에서 많이 사용되는 방식이다. 하지만 규모가 큰 기업에서도 CEO와 제한된 숫자의 최고 경영진 사이에서는 이러한 방식이 주로 쓰이고 있다.

이러한 통제방식은 하급자가 직면하고 있는 문제점이나 이슈에 대해 직접 질문하거나 조사를 할 수 있게 함으로써, 하급자가 맡은 일을 효과적으로 수행하게 하고 동시에 정보를 숨기기 어렵게 만들어 추가적인 문제가 발생하지 않도록 한다는 점에서 유용하다. 하지만 이러한 통제 방식은 하급자가 기업이 요구하는 최소한의 노력만을 하게 한다는 점과, 상급자가 하급자를 효과적으로 지시할 수 있는 지식과 능력을 가지고 있다는 전제조건이 충족될 때만 가능하다는 단점을 가지고 있다. 그리고 무엇보다 이러한 방식의 통제는 상급자가 감독에 많은 시간과 노력을 들여야 한다는 점에서 비용이 많이 들 뿐만 아니라 상급자가 감독해야 할 대상이 많아지면 불가능한 통제방식이다.

결과물 통제(output control)

직접적으로 감독함으로써 통제하는 것이 불가능할 경우 사용할 수 있는 통제방식 중 하나는 결과물(output)을 측정 및 평가함으로써 통제하는 것이다. 결과물 통제의 가장 단순한 형태는 생산된 한 단위당 주어진 가격을 지급하는 도급일(piecework)과 발생 매출액의 일정 비율을 수수료(commission)로 지급하는 것이다. 이는 생산된 과정 또는 매출이 발생된 과정은 평가 대상이 아니고 그 결과물만 측정 및 평가하는 것이다. 학교에서 시험을 보고 그 시험 성적만으로 학생을 평가한다면 이 또한 결과물 통제에 해당한다. 결과물만 측정하고 평가하면 되기에 여러 통제방식 중 가장 쉽고, 단순하며, 비용이 적게 들어가는 방식이다.

하지만 이러한 결과물 통제가 가능하기 위해서는 추구하는 결과물에 대한 객관적인 측정이 가능해야 한다(output measurability).[12] 학교에서 특정 과목의 목적이 학생들이 그 과목을 열심히 공부하여 해당 과목에 대한 많은 지식을 보유하게 하는 것이라고 하자. **그렇다면 바람직한 결과물은 무엇이고 이를 어떻게 측정할 것인가?** 그 과목의 시험 성적?

12 Eisenhardt, K. M. 1989. Agency theory: An assessment and review. *Academy of Management Review*, Vol.14(1): 57-74.

이는 바람직한 결과물에 대한 적절한 측정치가 아닐 수도 있다. 어떤 학생이 그 과목을 열심히 공부해 많은 것을 알고 있으나 하필 시험에 나온 문제는 그 학생이 공부하지 않은 부분에서 나온 것이라면? 하필 시험 날 몸살로 도저히 시험문제가 집중할 수 있는 상태가 아니었다면?

▌만약 교수 연구활동의 목적이 학문과 사회발전에 큰 기여를 하는 것이고, 이러한 연구활동을 결과물로 통제한다면 무엇으로 측정할 것인가? 매년 출간된 논문 편수? 누구나 쉽게 출간할 수 있는 학술지에 학문적으로나 사회적으로 아무 기여도 없는 논문만 양산될 것이다. 그렇다면 최고 권위의 학술지에 발간된 논문 편수? 최고 권위의 학술지를 평가하기 위해 영향력 지수(impact factors)와 같은 객관적 지표들을 만들기 위해 많은 노력을 하고 있으나 완전하지는 않다. 뿐만 아니라 최고 권위의 학술지라 하더라도 같은 학술지 내에서도 각 논문의 중요도 및 기여도는 상이하다. 따라서 이 또한 객관적으로 적합한 측정이라 보기 어렵다.

일반적으로 해당 업무가 완성까지 오랜 기간이 걸리는 경우, 다수의 개인 또는 부서의 협업을 요구하는 경우, 업무의 결과물을 만지거나 볼 수 없는 경우에는 결과물을 측정하기가 어렵다. 예를 들어, 기업이 저가전략(low cost strategy)이 아니라 오랜 기간의 R&D, 최첨단의 기술, 치열한 마케팅 등을 요구하는 차별화전략(differentiation strategy)을 추구할 때에는 그 결과물을 측정하기 어렵기에 결과물 통제가 힘들어진다. 마찬가지로 마케팅, 디자인, R&D, 생산 등 여러 기능부서의 협업으로 신제품을 개발할 경우 참여한 각 부서들이 결과물에 어느 정도 기여했는지를 측정하는 것이 어렵다.

결과물을 수익률, 생산성 등과 같은 재무적 지표로 측정할 때 문제점 중 하나는 R&D, 신규 사업 등 장기적인 과제보다 단기적인 재무성과에 치중하게 된다는 것이다. 재무적인 목표와 전략적인 목표의 균형을 맞추기 위한 균형성과평가제도(balanced scorecard)[13]는 이러한 문제점을 해결하기 위한 것이다. 하지만 전략적 결과물의 평가는 주로 정성적이고 주관적인 것으로서 이 역시 객관적인 측정이 어렵다는 문제를 가지고 있다. 이처럼 결과물을 측정하기 어려워 결과물 통제방식을 사용하기 힘들 경우에는 결과물 통제 외 다른 통제방식에 의해 보완되거나 대체되어야 한다.

행위 또는 관료적 통제(behavior or bureaucratic control)

결과물에 대한 객관적인 측정이 어려울 경우에는 행위 또는 관료적 통제방식을 사용하게 된다. 행위 또는 관료적 통제란 통제하고자 하는 대상이 어떻게 행동하고 움직여야 하는지를 명기한 규정(rules)이나 절차(procedures)에 의해 통제하는 방식이다. 즉, 행위 통제란 결과물이 아니라 이러한 결과물을 가져오는 수단(means)을 명기하여 통제하는 것이다. 행위 통제로는 흔히 규정과 절차(rules and procedures), 예산(budgets), 표준화(standardization) 등이 사용된다.[14]

규정과 절차. 행위 통제에서의 규정과 절차는 모든 일상적 상황에서 따라야 할 행동에 대해 명기한 지침이다. 구성원들이 정해진 규정과

---

13 Kaplan, R. S. & Norton, D. P. 1996. The balanced scorecard: Measures that drive performance. *Harvard Business Review*(January-February): 71-79.

14 Hill, C. & Jones, G. 2012. *Strategic management: An integrated approach*(10th ed.). South-Western Cengage Learning.

절차를 따르면 이들은 언제 어디서나 동일하게 행동하고 의사결정을 할 수 있고 그 결과 그들의 행동이나 의사결정은 일관될 뿐 아니라 예측 가능해진다. 하지만 비일상적인 상황이 많아질수록 예외가 많이 생기게 되고, 이에 따라 행동에 대한 간결한 지침으로서 규정과 절차는 그 유용성이 떨어진다.

예산. 예산은 기업의 자원, 그 중에서도 재무적 자원을 할당하기 위한 규정이다. 각 부서에 예산을 설정하면 그 부서들은 예산이 명기한 규정에 따라 행동하게 된다. 예를 들어 R&D부서에 신제품개발을 위한 일정 예산이 책정되었다고 하자. 이때 R&D부서의 책임자는 이 예산을 한 가지 프로젝트에 과도하게 사용하면 다른 프로젝트에 쓸 수 있는 예산이 부족하다는 사실을 잘 알기에 주어진 예산에 가장 적합한 신제품개발에 관한 의사결정을 하게 된다. 이러한 예산에 의한 통제는 하부 부서들이 예산에 맞추기 위해 단기적인 의사결정을 할 수 있고, 예산의 경직성으로 변화가 심한 환경에서는 이러한 단점이 더욱 커지게 된다.

표준화. 구성원의 행위에 영향을 미치는 가장 큰 무기 중 하나는 표준화이다. 넓게 보면 앞서 논의한 규정과 절차도 표준화의 일부분으로 볼 수 있다. 현실적으로 투입재(input), 스루풋(throughput) 활동, 그리고 산출물(output)에 대한 표준화가 많이 사용된다.

투입재 표준화란 인적자원, 원자재, 부품 등 투입재의 허용 가능한 품질, 기능, 특성 등을 미리 명기하여 이에 부합하는 투입재만을 사용하는 것이다. 규정 및 절차와 마찬가지로, 스루풋 활동의 표준화는 업무활동을 미리 설정해 그 활동들이 언제 어디서나 동일한 방법으로 수행될 수 있도록 하여 업무의 예측가능성을 높이는 것이다. 산출물 표준화는 최종 제품이나 서비스의 기능적 특징이 어떠해야 하는지를 명기하는 것이다.

균일한 제품이나 서비스의 품질이 핵심인 프랜차이즈 업계의 대표 기업인 맥도날드(McDonald's)는 이러한 표준화를 적극적으로 활용하는 대표적인 기업이다. 사용하는 식자재에 대한 엄격한 표준화 뿐 아니라 맥도날드의 거의 모든 운영 방식은 매뉴얼에 명기되어 모든 가맹점들은 이 매뉴얼에 따라 운영해야 한다. 햄버거를 비롯한 최종 제품은 어느 가맹점에서나 균일한 맛과 품질을 유지할 수 있도록, 그리고 매장에서의 모든 종업원들이 일관된 서비스를 제공할 수 있도록 표준화되어 있고 이를 철저히 따르도록 하고 있다. 일반적으로 패스트푸드 식당, 편의점을 비롯한 서비스-지향적인 모든 체인 매장은 표준화를 가장 핵심적인 통제방식으로 사용하고 있다.

이러한 행위 또는 관료적 통제의 장·단점은 무엇인가? 흔히 행위 통제는 결과물 통제방식이 불완전할 때 이를 보완하기 위해 기업목적에 가장 부합하는 행위를 명기하고 이를 따르도록 하는 것이다. 이러한 행위 통제는 바람직한 행위를 명기하여 규정화함으로써 언제, 어디서나, 동일한 행위를 동일한 방식으로 일관되게 수행하도록 하기에 예측 가능성을 높이고 인간적인 한계로 인해 발생할 수밖에 없는 실수들을 줄여준다.

하지만 이러한 행위 통제 또한 많은 문제점과 제약을 가지고 있다. 우선, 행위 통제는 문서화된 규정 및 절차, 예산, 표준화 등을 따를 것을 요구하기에 표준화되고 예측 가능한 행위를 가져올 수 있지만 동시에 사람들의 자유로운 행동을 제한하게 되고 그 결과 조직의 유연성 및 대응력을 떨어뜨린다. 따라서, 이는 변화가 적고 안정적인 환경일 때, 그리고 일상적인 업무처리를 할 때에는 효율적이고 효과적이지만, 매우 경직적인 통제방식이기에 변화가 심한 환경에서나 비일상적인 업무에서는 적합하지 않다.

뿐만 아니라 규정 등은 만들기는 쉬우나 이미 만들어진 규정을 없애는 것은 매우 어렵다. 따라서 새로운 상황이 발생하면 이를 위해 새로운 규정을 추가로 만들어야 하지만 기존의 규정은 없애기 힘들기에 시간이 지나면 지날수록 규정은 많아지고 그 결과 조직은 매우 관료화 및 경직화된다. 따라서 기업은 규정 및 절차 등을 면밀히 검토하여 필요 없는 규정 등의 수를 줄이기 위해 노력해야만 한다.

행위 통제의 또 하나의 단점은 비용이 많이 드는 통제방식이라는 점이다. 기업 목적에 적합한 행위를 찾아내고 이를 명문화하는 것은 많은 시간과 노력을 필요로 한다. 그리고 행위를 측정하고 평가하는 것은 매우 어렵기 때문에 행위 통제는 규정 및 절차 등을 제대로 준수하는지 여부를 확인하기 위해 보고서 등의 많은 서류작업을 요구하게 되고 이는 기업에 더욱 많은 비용을 치르게 한다.

마지막으로, 행위 통제가 가능하기 위해서는 업무의 프로그램화(programmability of the task)가 높거나, 인과관계의 모호성(causal ambiguity)이 낮아야 한다. 업무의 프로그램화란 구성원이 취해야 할 적절한 행위를 사전에 명기할 수 있는 정도,[15] 그리고 인과관계의 모호성이란 바람직한 결과를 가져오는 원인이 되는 행위를 특정하기 어려운 정도를 의미한다.

---

15 Eisenhardt, K. M. 1989. Agency theory: An assessment and review. *Academy of Management Review*, Vol.14(1): 57-74.

예를 들어, 학교 수업에서 행위 통제를 한다고 하자. ▌학생들이 강의를 열심히 들어 해당 과목에 대한 많은 정보와 지식을 갖게 하고자 한다면 학생들로 하여금 어떤 행위를 하도록 해야 할까? 이 질문에 대한 답이 쉬우면 쉬울수록 학교 수업은 업무의 프로그램화가 쉽고, 또는 인과관계의 모호성이 낮고, 그래서 행위 통제가 어렵지 않다. 반대로 이에 대한 답이 어려우면 어려울수록 행위 통제는 적합하지 않은 통제방식이 된다.

수업에서의 행위 통제를 위해 결석 및 지각을 못하게 하고, 수업시간에 졸거나 옆 학생들과 잡담을 금지하고, 예습 및 복습을 위해 과제물을 부여하고 정해진 시간 내에 제출하도록 하는 등을 강의계획서에 명기하여 이를 준수할 것을 요구한다고 하자. 몸 상태가 그리 좋지 않을 때에는 결석하거나 지각을 하더라도 좀 쉬는 것이 다음 공부를 위해 더 바람직하지 않을까? 너무나 졸릴 떼에는 오히려 잠깐이라도 푹 자는 것이 나중에 수업에 더 집중할 수 있게 하지 않을까? 그냥 예습 및 복습을 스스로 하면 되지 이를 반드시 보고서로 만드는 시간과 노력을 들여야 할까? 모든 구성원에게 적용될 수 있는 바람직한 행위를 규정하는 것은 매우 어렵다.

업무의 프로그램화 또는 인과관계의 모호성은 기업, 부서, 개인의 업무에 따라 다르다. 슈퍼마켓 수납원의 업무는 비교적 프로그램화하기 쉽다. 하지만, 교수의 연구활동이나 하이테크 분야 기업가의 업무를 프로그램화하는 것은 매우 어렵다. 예를 들어 교수들의 연구를 행위로 통제한다고 하자. ▌교수들의 연구활동을 어떤 방식으로 수행하도록 해야 할까? 오전 9시까지 연구실에 출근하고 오후 6시에 퇴근하고, 주중에는 연구하고 주말에는 쉬고, 논문을 읽거나 작성하는 것은 반드시 연구실

책상에 앉아서 하고, 강의는 반드시 한 학기에 두 과목 이상은 가르치고……. 이러한 행위 통제가 교수들로 하여금 뛰어난 연구를 하는데 기여하는가? 그렇지 않다면 교수의 연구활동을 행위 통제하는 것은 매우 어렵고 제한적이다. 따라서 이런 경우에는 다른 통제방식으로 보완하거나 대체하여야 한다.

문화적 통제(cultural control)

대학교에서 교수들의 연구활동에서 기대하는 것이 해당 학문 및 사회 발전에 기여를 하는 연구성과를 많이 내는 것이라고 할 때, 이러한 연구성과의 결과물을 객관적으로 측정하기 어려워 결과물 통제가 쉽지 않고, 동시에 연구성과를 달성하기 위한 바람직한 행위를 적시하고 규정하는 것도 어려워 행위 통제도 충분하지 않다면, 교수들의 연구활동을 통제할 수 있는 또 다른 방법에는 뭐가 있을까? 이럴 경우 사용할 수 있는 통제는 바로 문화에 의한 통제이다.

기업문화(corporate culture) 또는 조직문화(organizational culture)는 조직 내 구성원과 집단이 공유하고 있는 가치(values)와 규범(norms)의 집합[16]으로서 구성원들이 행동하고 사고하는 방법에 영향을 미친다.[17] 여기서 '조직가치(organizational values)'란 조직 구성원들이 어떤 목적을 추구해야 하고 이러한 목적을 달성하기 위해 어떤 행위를 취해야 하는지에

16 Smircich, L. 1983. Concepts of culture and organizational analysis. *Administrative Science Quarterly*(28): 339-358.

17 Schein, E. H. 1990. Organizational culture. *American Psychologist*(45): 109-119.

관한 믿음(beliefs)을 의미한다. 그리고 '조직규범(organizational norms)'은 이러한 조직가치를 기반으로 특정한 상황에서 구성원들이 취해야 할 적절한 행위를 비공식적으로 규정함으로써 구성원들의 행위를 통제한다. 이러한 가치와 규범은 적절한 행위 및 그렇지 못한 행위를 명시하고, 구성원들이 처신하는 방법을 형성하게 하거나 영향을 미치게 한다.

교수들이 학문과 사회발전에 기여하는 연구성과를 내는 것에 많은 가치를 부여하고 그리하여 이를 위해 최선을 다하는 것이 바람직하다고 믿고, 그리고 이를 위해 최고의 학술지에 자신의 논문을 출간하고 학문 후속세대를 열심히 지도해야 한다는 생각을 공유하고 있다고 하자. 이럴 경우 교수들은 결과물이나 규정 및 절차 등에 의해 통제되는 것이 아니라, 내재화된 가치와 규범에 의해 스스로 통제되는 것이다.

문화적 통제는 일단 구성원들이 조직의 가치와 규범을 내재화하여 공유하게 되면 이는 각 구성원들의 일부가 되어 그들은 그 외 어떠한 추가적인 통제 없이, 그리고 생각할 필요도 없이 조직의 가치와 규범에 따르게 된다는 점에서 매우 강력한 통제 방식이다.

문화적 통제의 단점은 무엇인가? 문화적 통제는 매우 강력한 통제방식이나 다음과 같은 사항을 유의해야 한다.

첫째, 문화적 통제는 바람직한 조직의 가치와 규범을 만들어 내고 이를 구성원들에게 내재화시키기 위해 많은 시간과 노력을 투자해야 한다. 구성원들이 조직의 가치와 규범을 배우고 내재화하는 과정을 조직 사회화(organizational socialization)라 하는데,[18] 이는 많은 시간을 요구

18 Chao, G. T., O'Leary-Kelly, A. M., Wolf, S., Klein, H. J., & Gardner, P. D. 1994. Organizational socialization: Its content and consequences. *Journal of Applied*

하고 비용도 많이 드는 과정이다. 즉, 문화적 통제는 이를 구축하는 비용이 많이 들어가는 통제방식인 것이다.

하지만 일단 조직가치와 규범이 완비되고 구성원들이 이를 내재화하고 공유하기만 하면, 이를 유지하기 위한 비용은 다른 통제방식에 비해 매우 낮다. 즉, 초기 및 고정비용은 많이 치러야 하나 유지비용은 적게 드는 통제방식이다. 따라서 구성원들의 근속연수가 짧은 기업에게는 매우 비싼 통제방식인 반면, 일본기업과 같이 구성원들의 근속연수가 긴 기업에서는 상대적으로 비용이 적게 들어가는 통제방식이다.

둘째, 문화적 통제는 구축하기에 많은 시간과 노력을 필요로 할 뿐 아니라, 이를 바꾸는 것이 매우 어려운 경직적인 통제방식이다. 따라서 급속히 성장하거나 환경 변화가 심한 기업에서 문화적 통제를 적용하는 것이 매우 어렵다. 기업이 성장함에 따라 새로운 구성원이 지속적으로 유입되고 이들 새로운 구성원에게 기업의 문화를 내재화시키는 작업은 매우 많은 비용과 투자를 요구한다. 또한 환경이 변화하면 바람직한 기업의 기차와 규범, 즉 문화도 바뀌어야 하는데 이는 새로운 문화를 구축하는 것뿐 아니라 기존의 문화를 없애야 하는 더욱 힘든 과정을 거쳐야 한다.

셋째, 기업차원의 문화가 아니라 부서 또는 기능차원의 하위문화의 형성은 부서 또는 기능 간의 문화적 차이로 인해 그들 간 소통과 협업을 어렵게 만든다. 따라서 기업차원의 문화를 강화하여 그들 간의 연대감 및 동질감을 강화하는 등 이들 간 조정과 통합을 위한 주의를 기울일 필요가 있다.

---

psychology, Vol.79(5): 730-743.

넷째, 일반적으로 문화는 구성원 간 동질감을 높여 그들 간의 협조, 조정 및 통합을 증진시킨다. 하지만 문화가 이러한 소통, 조정 및 통합에 기여하는 정도는 각 기업 문화의 특성에 따라 달라진다. 골드만 삭스(Goldman Sachs), 살로만 브라더스(Salomon Brothers) 등 앵글로 색슨계 투자은행들은 지극히 개인주의적이고 치열한 내부 경쟁을 당연시하는 문화를 가지고 있다. 대학교 교수 사회도 이와 크게 다르지 않다. 이러한 기업문화는 구성원 간 소통, 조정 및 협력을 오히려 저하시키는 경향이 있다.

마지막으로, 성공적인 기업들이 공통적으로 갖춘 바람직한 문화를 찾아내고자 하는 많은 시도가 있었으나[19] 모든 산업, 모든 기업에게 바람직한 문화는 없다. 급격한 환경적 변화로 인해 많은 사람들은 혁신적이고 위험을 기꺼이 감수하는, 그리고 조직의 하부 구성원들이 주도권을 갖고 의사결정의 주체가 되는 문화가 바람직하다고 한다. 하지만 위험을 회피하는 것이 중요하고 그래서 신중함을 요구하는 은행에서도 이러한 문화가 바람직할 것인가? 화학 및 정유, 은행, 증권, 보험 등 신중함이 중요한 산업에서는 이러한 문화보다 보수적이고 빈틈없는 문화가 더 중요할지 모른다.

그렇다면 이러한 문화를 어떻게 구축할 것인가? 구성원들이 조직의 가치와 규범을 배우고 내재화하는 과정을 조직 사회화(organizational socialization)라 하였다. 그리고 이는 주로 스토리, 신화, 상징, 공동 언어를 만들어 내고, 이를 연수 및 교육 등을 통해 전파함으로써 이루어진

---

19 Peters, T. J. & Waterman, R. H. 1982. *In search of excellence: Lessons from America's best-run companies*. New York: Harper & Row.

다고 한다. 경영자가 특정의 기업문화를 형성하여 구성원들의 행위나 태도를 바꿀 수 있는 보다 구체적인 수단과 방법은 무엇인지 제10장과 제11장에서 논의해 보기로 하자.

Chapter 10

조직디자인과 기업경쟁력과의 관계는?

필자는 미국 컬럼비아 대학교(Columbia University)에서 다각화 전략을 주제로 박사학위 논문을 썼다. 다각화 전략은 기업 변신(corporate transformation)에 있어 가장 핵심적인 내용 중 하나이기에 필자는 박사학위 논문 작성 과정에서 1980년대 말~1990년대 초 GE, AT&T 등 많은 미국기업의 변신과정을 살펴볼 기회가 있었다. 박사과정을 마친 1994년 필자는 영국의 런던경영대학원(London Business School)에서 교수생활을 시작하면서 브리티시 텔레콤(BT: British Telecom), 브리티시 항공(BA: British Airlines), 필립스(Philips)를 비롯한 유럽기업들의 변신과정을 연구하였다. 기업 변신에 관한 연구는 1996년 한국으로 귀국 후 서울대학교에서 근무를 시작하면서도 지속되었고 그 과정에서 당시 기업 변신에 전력을 다하고 있던 삼성그룹, LG그룹 등 한국기업들의 변신노력을 살펴보았다.

이 과정에서 필자는 두 가지 재미있는 의문점을 갖게 되었다. 하나는 변신을 시도한 기업들은 미국기업, 유럽기업, 한국기업 모두가 거의 동일한 프로그램을 수행하고 있다는 점이었다. ▌왜 기업들은 그들이 처한 외부 환경과 내부 여건이 상이함에도 불구하고 변신을 위해 동일한 프로그램을 쓰고 있는가? 또 하나의 의문점은 **전 세계 많은 기업들이 기업 변신을 위해 거의 유사한 프로그램을 사용하고 있음에도 불구하고 왜 어떤 기업은 기업 변신에 성공해 획기적인 경쟁력 향상을 이룬 반면에 다른 기업은 실패했는가**에 관한 것이었다. 첫 번째 의문점에 대한 답은 경영패션(management fashion)[1]으로서 이에 대해서는 추후 다른 기회에 논의하기로 하고, 여기서는 두 번째 의문점, 즉 왜 유사한 기업 변신을 추구함에도 불구하고 어떤 기업은 성공하고 또 어떤 기업은 실패하는가에 관해 논의해 보도록 하자.

전형적인 기업 변신에서의 조직디자인은?: AT&T 사례

미국, 유럽, 한국 등 수많은 기업들이 변신을 시도해 왔으나 그 중 가장 전형적인 기업 변신 사례로 AT&T를 보자. 4차 산업혁명이라는 2020년대 초반의 거대한 환경변화에 대응한 최신 기업 변신 사례도 아니고, 그렇다고 가장 모범적으로 성공한 기업 변신 사례도 아니다. 하지만 AT&T의 기업 변신은 과거는 물론이고 현재에도 대부분의 기업들이 변신을 시도할 때 채택하는 가장 대표적이고 전형적인 기업 변신의 내용 및 과정이다. 따라서 AT&T사례는 많은 기업들이 기업변신 과

---

1 Abrahamson, E. 1996. *Management fashion. Academy of Management Review*, Vol.21(1): 254-285; 김성훈, 신동훈, 박철순. 2010. 기업지배구조가 경영유행 도입에 미치는 영향: 식스시스마 사례를 중심으로. ≪전략경영연구≫. 13(1): 51-71.

정에서 겪는 일반적인 문제점과 이에 따른 시사점을 살펴볼 수 있는 유용한 사례이다. AT&T의 본격적인 기업 변신 이전의 상황, 그리고 AT&T가 시도한 기업 변신을 위한 구체적인 내용을 보자.[2]

기업 변신 이전의 AT&T: 1984-1988년

"Ma Bell"이라는 애칭으로 미국민으로부터 많은 사랑을 받고 있던 AT&T는 "미국 내 모든 가정과 기업에 전화서비스를 제공한다"는 사명으로 1885년 설립되었다. AT&T는 미국 경제발전과 함께 비약적으로 성장하였고 20세기에 미국은 국민들을 위한 전화서비스에 있어 전 세계에서 선도적인 위치를 차지하고 있었다. 미국 내 독점적인 전화서비스 공급자로서 AT&T는 비록 전화서비스 가격을 포함한 많은 영역에서 미국 연방통신위원회(FCC: Federal Communications Commission)의 규제를 받고 있었으나 NYSE(New York Stock Exchange)에 상장된 사기업이었다.

독점적인 사업환경에서 눈부신 발전을 구가하던 AT&T는 1980년대 초 엄청난 사업환경의 변화를 맞이하게 되었다. 1980년대 초 AT&T는 독과점규제법에 의해 제소되어 마침내 1984년 22개의 지역운영회사(RBOCs: Regional Bell Operating Companies)를 분리 및 독립시키고, 장거리 전화서비스(Long Lines), 설비 및 장치사업(Western Electric), 그리고 세계적인 명성을 가진 연구소(Bell Labs)만을 보유하게 되었다. 그리고 이

2 AT&T의 변신과정은 "Ghoshal, S. 1994. The transformation of AT&T. *INSEAD*"의 일부를 참조하여 본서의 목적에 맞게 수정 및 편집함.

들 남은 사업에서도 독점적인 지위는 무너지고 본격적인 경쟁이 도입되었다.

반면, AT&T를 통신사업에만 국한시켰던 규제 또한 철폐되어 비록 지역전화사업과 유선 텔레비전방송사업은 여전히 금지되었으나, 그동안 AT&T의 숙원사업이었던 정보시스템 사업으로의 진출이 허용되어 컴퓨터 사업을 시작할 수 있게 되었다.

규제법인에서 비규제법인으로의 전환, 그리고 독점적 사업환경에서 경쟁적 사업환경으로의 급속한 변화에 대해 많은 사람들은 AT&T의 비약적 성장을 위한 발판을 마련했다는 기대감과 함께 우려 또한 가지고 있었다. 하지만 현실은 후자에 가까웠다. AT&T는 그들이 영위하던 거의 모든 사업에서 시련을 겪었고 그 결과 AT&T가 비규제법인으로서 엄청난 수익과 성장을 달성할 수 있을 것이라는 기대는 여지없이 무너지고 말았다. 급격한 환경 변화 후 AT&T가 영위한 각 사업들이 직면한 어려움은 다음과 같다.

우선, AT&T의 대표 사업이자 자금원 역할을 했던 장거리 전화사업을 보자. 장거리 전화사업은 네트워크 구축 및 관련된 장치 및 설비에 막대한 투자를 요구하는 장치사업으로서 제4장 산업조직론에서 언급한 규모의 경제가 큰 대표적인 산업이다. 따라서 추가적인 매출은 거의 수익으로 직결되고 반면 매출이 줄면 이 매출 감소는 바로 수익감소로 이어질 수밖에 없다. 당시 규제가 풀리면서 장거리 전화사업에 진출한 MCI, 스프린트(Sprint) 등 경쟁업체는 AT&T와 거의 동일한 서비스를 훨씬 저렴한 가격으로 고객들을 공략하면서 빠른 속도로 AT&T의 시장을 잠식하였다. 그 결과 25% 이상의 시장을 이들 경쟁업체에게 빼앗기게 되고, 이는 고스란히 AT&T의 수익감소로 이어지게 되었다.

네트워크 설비 및 장치사업 또한 강력한 경쟁사들의 등장으로 엄청난 시련을 겪게 되었다. AT&T 네트워크 설비 및 장치사업의 주고객은 1984년 분리, 독립된 22개의 RBOCs이었다. 독립된, 그리하여 더 이상 AT&T의 확보된 내부 시장이 아닌 RBOCs는 이제 그들의 통신 설비 및 장치를 더 이상 AT&T로부터만 구입할 필요가 없게 되었고 시장에서 가장 좋은 제품을 낮은 가격에 제공할 수 있는 업체와 거래할 수 있게 되었다. 즉, AT&T의 네트워크 설비 및 장치사업도 이제 본격적인 경쟁환경에 직면하게 된 것이다. 노던 텔레콤(Northern Telecomm)을 비롯한 많은 경쟁사들이 RBOCs에 대한 적극적인 마케팅을 전개하고 있었고 그 결과 이 사업 또한 많은 시련을 겪게 되었다.

AT&T 통신 단말기사업도 심각한 위기를 맞이하고 있었다. 과거 고객들은 전화기를 AT&T로부터 대여하여 쓰는 것이 관례였으나 점차 대여 대신 직접 구입해 사용하는 추세로 바뀌고 있었다. 이러한 추세를 간파한 일본을 비롯한 많은 아시아계 기업들은 새로운 디자인과 기능, 그리고 기술을 첨가한 다양하고 저렴한 전화기를 시장에 출시하였고 이들 제품은 고객들로부터 많은 호응을 받고 있었다. AT&T전화기는 품질은 뛰어났으나 타 제품들에 비해 월등히 비쌌으며 혁신적인 제품도 아니었다. 그렇다고 단말기 제조기술이나 유통에 있어서도 특별한 강점이 있는 것도 아니었다. 그 결과 단말기 임대매출은 격감하게 되었고 이 사업에서의 대대적인 인원감축이 시작되어 1980년대 말에 이르면 무려 전체 종업원의 55%가 회사를 떠나게 되었다.

무엇보다 AT&T를 힘들게 한 것은 그동안 숙원사업이었으나 규제로 인해 진출하지 못했던 컴퓨터사업으로의 진출이었다. 1984년 규제가 철폐된 직후 진출한 컴퓨터사업에서 AT&T는 이탈리아 컴퓨터제조업체인 올리베티(Olivetti) 주식 25%를 매입하는 등 개인용 컴퓨터사업을 위해 많은 노력과 투자를 하였으나 AT&T는 미국 내에서조차 극도로 저조한 시장점유율을 차지하고 있었다.

당시 AT&T 개인용 컴퓨터사업은 두 가지 심각한 문제점을 가지고 있었다. 하나는 AT&T 컴퓨터는 당시 시장을 지배하고 있던 MS-DOS 운영체계가 아닌, 우수하지만 잘 알려지지 않은 UNIX운영체계를 사용하여 고객이 구매하기 꺼려한다는 점이었다. 다른 문제점은 컴퓨터 판매가 주로 전화서비스 및 설비 판매를 맡고 있던 영업사원을 통해 이루어지고 있었다는 점이다. 이들 영업사원은 컴퓨터에 대한 지식이 깊지 않았고, 자신이 잘 알지 못하는 컴퓨터보다는 전화서비스나 설비영업에 보다 많은 시간과 노력을 투입했다. 따라서 컴퓨터사업은 더더욱 부진할 수밖에 없었다. 그 결과 AT&T 컴퓨터사업은 매년 무려 10억불에 달하는 적자를 기록하고 있었다.

기존 사업에서의 급격한 환경변화와 새로운 사업으로의 진출로 인해 AT&T는 많은 시련을 겪을 수밖에 없었다. 결국 1988년에 이르러 AT&T는 100년 기업 역사상 처음으로 적자를 기록하였고 그 적자폭은 12억불에 달하였다. 여기에 1988년 4월 CEO였던 짐 올슨(Jim Olsen)이 갑작스럽게 사망하면서 당시 사장(president)이자 COO(Chief Operating Officer)였던 밥 알렌(Bob Allen)이 CEO를 맡게 되었다. AT&T의 변신은 이때부터 본격적으로 시행되었다.

합리화 과정(rationalization): 1989-1991년

급격한 사업환경의 변화, 창립 이후 최초의 적자라는 경영상의 위기, 그리고 CEO의 교체 등을 겪은 AT&T는 인력감축(layoffs)과 함께 대대적인 조직구조 개편(restructuring)을 단행하였다. 이를 위해 AT&T의 거대한 기능별 조직(functional structure)을 관리 가능한 21개의 독립된 사업부(business units)로 나눈 사업부제 또는 제품별 조직(product structure)으로 개편하였다. 이들 사업부들은 다시 기획, 자원배분, 새로운 사업기회 포착 등을 담당하는 5개의 사업그룹(Business Groups)으로 통합되었다. 사업그룹 총괄책임자와 최고재무책임자(Chief Financial Officer)로 구성된 운영위원회(Operations Committee)는 각 사업부의 통합 및 조정하는 역할을 수행하도록 하였다.

이들 사업부들은 가격결정, 판매, 상품개발 등 그들의 실적에 영향을 미치는 주요 영역에 대한 철저한 의사결정 권한을 가지고 운영되었으며 자체 손익계산서 및 대차대조표를 가지고 있었다.

또한 경제적 부가가치(EVA: Economic Value Added)를 도입하여 이를 각 사업부 및 사업부 책임자에 대한 평가지표로 사용하였다. 경제적 부가가치는 세후순영업이익에서 영업활동을 위해 투입된 투하자본에 대한 자본비용을 차감한 이익이다. 따라서 경제적 부가가치를 평가지표로 도입한다는 것은 단순한 손익중심의 성과가 아니라 그러한 손익을 창출하기 위해 사용한 자본에 대한 기회비용을 차감한 성과에 의해 평가하는 것이고 이는 각 사업부의 경영자들로 하여금 회사자본의 무분별한 사용을 억제하도록 한다.

이와 함께 AT&T는 참신한 아이디어와 보다 적극적이고 공격적인 기업문화 정착을 위해 기존 매니저를 외부인사 영입을 통해 대거 교체하였다.

사업부제로의 조직개편에 따라 각 사업부에 속하지 않은 지원부서, 즉 스태프 기능의 개편도 급격히 진행되어 사업부와 스태프 간 고객-공급자 관계를 정립하고자 하였다. 즉, 고객에 해당하는 사업부와 공급자인 스태프 부문은 스태프 부문이 제공하는 서비스에 대한 여러 조건을 명시한 계약을 맺도록 하는 것이다. 스태프 조직인 교육부서를 예로 보면 각 사업부는 교육부서와 연간 직원교육에 대한 커리큘럼, 강사진, 교육기간, 교육비 등을 명기한 제안서를 검토하여 계약하고 교육부서는 이러한 계약에 따라 각 사업부에 교육서비스를 제공하는 것이다. 교육을 마치면 사업부는 이를 평가하여 그 결과에 따라 교육의 지속 여부를 결정하게 된다. 이는 한마디로 조직 내 시장 메커니즘을 도입하겠다는 것이다. 실제로 공식 계약은 사업부와 스태프 간 많은 논란을 불러 일으켜 폐기되었으나, 두 부문이 고객-공급자 관계에 있다는 인식이 AT&T 내에 점차 정착되고 있었고 이는 본사 스태프부문의 불필요한 인력과 자원들을 상당 부분 해소하는데 기여하였다.

사업부의 실적을 측정 및 기록하는 재무 및 회계 부서 또한 각 사업부의 책임자와 본사 CFO에 동시에 보고하는 이중보고체제를 채택하여 본사가 사업부에서 일어나는 일들을 조기에 알 수 있게 하고 사업부가 자신의 부정적인 일들을 숨길 수 없도록 하였다.

세계적 명성을 가진 벨 연구소 또한 급격한 변신이 요구되었다. 근본적이고 장기적인 연구를 통해 AT&T뿐 아니라 인류 번영에 많은 공헌을 해온 벨 연구소는 향후 보다 고객지향적인, 즉 내부 고객인 각 사업부들의 실제 성과 향상에 도움이 되는 연구에 집중할 수 있도록 하였다. 과거 벨 연구소는 내부 고객인 사업부의 요구를 서로 미루는 경우가 다반사였다. 이러한 문제를 해소하고 벨 연구소의 연구를 사업부의 성과와 보다 긴밀히 연결시키기 위해 대대적인 조직 변화를 시도하였다. 즉, 벨 연구소 연구원의 80%는 그들이 서비스를 제공하는 사업부로부터 보수를 받게 하고 나머지 20%는 본사 소속으로 하여 모든 사업부에 대한 전문적인 지식과 서비스를 제공하도록 하였다.

AT&T의 합리화 과정은 각 사업부의 자율경영체제를 구축하게 하였다. 또한 이러한 체제구축은 각 사업부 간의 성과를 비교할 수 있는 객관적인 근거를 제시해 주었다. 이에 따라 각 사업부는 전 세계 초일류 기업을 벤치마킹하여 사업부제로의 전환 이전에 이미 단행된 70,000명의 인원 감축 외에 추가로 50,000명에 이르는 인원을 감축하는 등 그들 사업의 경쟁력 향상에 전력을 기울이게 되었다.

하지만 이러한 합리화 과정은 각 사업부의 재무적 성과 향상에는 어느 정도 성공을 거두었으나 AT&T 전체 성과 향상에 대한 고려 없이 각자의 재무 실적 향상에만 골몰하는 부정적인 측면 또한 부각되었다.

재활력 과정: 1992-1994년

합리화 과정을 어느 정도 마무리한 1991년 CEO인 밥 알렌은 경영자들의 비전, 지도력, 가치, 인력양성 등과 같은 인간과 관련된 문제들도 중요하다는 점을 인식하게 되었다. 또한 기술적 융합현상(technological convergence)에 의해 산업 간 경계가 무너지면서 통신, 전자, 엔터테인먼트, 출판 등을 아우르는 거대한 'infocom'산업으로의 진출을 통한 AT&T의 획기적인 성장이 매우 중요하였다. 뿐만 아니라 합리화 과정에서 사업부제로의 전환은 효율성 향상에는 상당히 기여했으나 각 사업부가 서로 너무 독립적으로 움직여 사업부간 통합과 조정이 매우 어려워졌다. 이에 AT&T는 재활력을 위한 여러 가지 조치들을 단행하게 되었다.

전략 포럼(Strategy Forum). 핵심 경영진 중 상당수가 외부 인사영입으로 충당되었으나 AT&T를 이끄는 130명의 경영진 중 95%는 여전히 AT&T 내부 인사들이었다. 이들 내부 인사들은 과거 기능별 조직에서 근무하면서 새로운 사업부 조직에서 필요한 경영자로서의 경험이나 지식이 부족하였다. 전략 포럼은 이들이 경영자로서의 능력을 갖출 수 있도록 기획 및 시행되었다.

전략 포럼은 경영자들의 능력, 가치, 그리고 비전을 개발하기 위한 것으로, 각 포럼의 주제는 CEO인 알렌 자신이 선정하였다. 이틀에 걸친 이 모임에는 모든 사업부의 책임자와 핵심 본사 스태프를 포함하는 60여 명의 AT&T 최고위 경영자들이 참석하였다. 매년 2-3회 지속적으로 진행된 전략 포럼은 경영자 능력 향상 외에도 합리화 과정의 사업부제 시행으로 인해 독자적으로 흩어진 사업들을 통합 및 조정하기 위한 목적도 가지고 있었다.

미션과 가치관 제정. 1991년 열린 첫 번째 전략 포럼에서는 "인간이 원하고 필요로 하는 정보와 서비스에 손쉽게 접근할 수 있는 수단을 제공함으로써, 그들이 언제, 어디서나(any time, any where) 서로 연결될 수 있도록 함"을 AT&T의 미션으로 채택하였다. 알렌이 가장 많은 시간과 노력을 들인 일 중 하나는 "Our Common Bond"라 불리는 AT&T

의 가치관을 제정하는 것이었다. 최고 경영진과 일반 종업원들의 의견을 종합하여 '개인에 대한 존중', '고객 제일주의', '성실', '혁신', '팀워크' 등을 AT&T의 핵심 가치로 선언하였다.

균형성과평가제도(Balanced Scorecard). 합리화 과정에서 경영자들의 성과 평가기준으로 객관적이지만 단기적인 재무성과 지표인 EVA를 사용했으나 1992년에 이르러서는 다소 주관적이지만 보다 장기적이고 전략적인 두 가지 기준을 추가하였다. 하나는 경영자들이 직원들의 능력 향상을 위해 얼마나 기여했는지 등을 종업원들이 평가하는 PVA (People Value Added)이고 또 하나는 경쟁사 대비 AT&T의 제품 및 서비스를 고객들이 평가하는 CVA(Customer Value Added)였다. 종업원들의 성과는 전체 기업 EVA, 사업부 EVA, 그리고 개인 성과에 따라 결정되었으나, 800여 명의 최고위 경영진들의 성과는 EVA 외에 PVA와 CVA가 추가되었다.

Infocom산업에서의 리더십. 1990년대 여러 관련 기술들의 융합현상(technological convergence)으로 유선통신, 무선통신, 전자산업, 엔터테인먼트, 출판 등에 있어 산업 간 경계가 무너지고 이들을 통합하는 하나의 새로운 거대한 산업이 등장하고 있었다. AT&T는 이 새로운 산업을 'infocom산업'이라 명명하고 향후 AT&T는 단순한 통신사업자가 아니라 보다 넓게 정의된 거대한 infocom산업의 모든 영역에서 리더십을 차지하는 것이 전략적 목표라 천명하였다.

전략적 제휴 및 인수합병을 통한 새로운 사업으로의 진출: 다각화. infocom 산업의 여러 분야에서 선도 기업이 되기 위해 AT&T는 기존 기술 외 새로운 기술이 필요하였다. 이에 AT&T는 infocom산업 내 주요 분야에서 활발한 전략적 제휴와 기업 인수를 단행하였다. 우선, 데이터 통신 사업에서의 기반을 다지기 위해 당시 규모로 세계 5위의 컴퓨터 회사인 NCR을 75억불에 인수하였다. 무선통신사업으로의 진출 또한 AT&T 전략에 필수적이기에 AT&T는 1993년 맥카무선통신(McCaw Cellular Communication)을 126억불에 인수하면서 단숨에 미국 무선통신 시장의 20%를 장악하였다. 그리고 대화형 TV(interactive television)와 기타 멀티미디어 통신시장으로의 진출을 위해 케이블 텔레비전 회사들과의 제휴 또한 적극적으로 모색하였다.

해외시장 진출: 세계화(globalization). 미국 내 통신 장비 및 서비스 시장의 성장률은 채 10%도 되지 않았으나 해외 시장의 성장률은 지역에 따라 무려 30~80%에 이르고 있었다. 전통적으로 국내 시장에 집중해 온 AT&T의 해외시장 매출은 8%에 지나지 않았으나 NCR 인수 후 해외 매출은 급격히 성장하여 1993년에는 24%에 이르게 되었다. 1993년 AT&T는 거의 100여 개국에 거점을 확보하고 35개국에 생산설비를 갖추었으며 해외 종업원은 전체 종업원의 16%에 해당하는 50,000명에 달하였다. AT&T가 전통적으로 제공해온 전문화된 통신 서비스를 해외시장에도 공급하려면 전 세계를 아우르는 연결망이 필요했다. 이에 AT&T는 유럽의 스위스, 네덜란드, 스웨덴 기업들의 컨소시엄인 '유니소스(Unisource)'와의 전략적 제휴와 함께 한국, 일본, 싱가포르, 호주, 그리고 캐나다 통신회사들과 전략적 제휴를 맺고 '월드소스(World Source)'

라는 세계적인 통신망을 구축하고자 하였다. 또한 교환기 및 통신장비를 한국, 인도네시아, 폴란드, 우크라이나, 그리고 멕시코 등에 판매하였고 중국 정부와 계약을 통해 중국 내 통신 인프라 구축을 위한 주요 업체로 지정되기도 하였다.

범사업부 이니셔티브(Cross-BU Initiatives). 사업부제로의 조직개편으로 각 사업부(BU: Business Unit)는 독립채산 및 자율경영이 요구되었고 각 사업부의 책임자들은 이러한 독립채산 및 자율경영을 예상 이상으로 환영하고 즐기고 있었다. 하지만 사업부 책임자들이 그토록 소중히 여기는 자율을 사업부 간 통합과 조정이라는 과제와 조화시키는 것은 매우 힘든 일이었다.

글로벌 기업통신 시스템(Global Business Communications Systems) 사업부의 한 매니저는 사업부 간의 협조가 어려운 예로 통신 장비를 파는 매출 70억불에 달하는 그의 사업부와 모뎀과 같은 데이터 통신장치를 판매하고 매출은 5억불에 지나지 않는 패러다인(Paradyne) 사업부 간의 협조관계를 들면서 두 가지 어려움을 토로하였다. 하나는 비록 패러다인 판매를 도와주게 되어 있지만 패러다인 제품을 본인 사업부 고객에게 추천하고 싶지 않다는 것이다. 경쟁사의 제품이라면 전혀 문제가 없지만 고객이 패러다인 제품을 본인의 추천에 의해 구매를 해 만약 문제가 생기면 본인 사업부도 이에 책임을 질 수밖에 없다는 것이다.

또 하나의 문제점은 두 사업부 간의 협조에서 오는 이점이 서로 균형에 맞지 않다는 것이다. 예를 들어 본인 사업부의 한 영업사원의 추천으로 패러다인 부서가 5억불에 달하는 주문을 받을 수 있게 해 주었다. 하지만 패러다인 부서의 도움으로 본인 사업부가 받는 수주액은 연간 5억불이 채 되지 않는다는 것이다. 이러한 불균형이 시정되지 않으면 두 사업부 간 협조는 지속되기 힘들 것이라고 고백하였다.

Infocom산업 내 AT&T가 진출하지 못한 멀티미디어, 무선 통신 등에서의 주도권을 잡기 위해서는 기존 AT&T 기술을 창조적으로 결합하여 이들 영역에 진출해야 했다. 따라서 기존 21개의 사업부와 벨 연구소에서 핵심 인력을 차출하여 이들로 범사업부 이니셔티브라는 특수팀을 조직하였다. 이 팀들은 각 사업부의 책임자 또는 이들 책임자에게 직접 보고하는 위치에 있는 최고 경영진에 의해 운영되었다. 일반적으로 각 팀은 5~6개 사업부로 이루어져 있었으나 멀티미디어 팀의 경우 무려 17개의 사업부에 의해 운영되었다.

지역본부제(Regional governance). 사업부제로의 조직개편 이후 AT&T의 해외활동은 미국 내 본부에 위치한 각 사업부에 의해 운영되었다. 하지만 AT&T의 해외시장 개척이 진행됨에 따라 이런 중앙집권적인 조직체계는 해외시장에서의 운영을 상당히 어렵게 하였다. 특히 해외시장의 고객이나 종업원들은 AT&T가 각 지역의 요구사항에 즉각적이고 효과적으로 대처하지 못해 큰 불편을 겪었다.

예를 들어 중국 북경에 있는 영업사원이 영업기회를 포착하여 판매하기 위해서는 고객에 관한 서류를 제출하여 미국 내 본부의 승인을 받아 입찰 서류를 작성해야 한다. 입찰 후에도 협상 과정에서 입찰조건에 있어 어떤 변화가 생기면 이 또한 미국으로 보내 재승인을 받아야 한다. 이러한 과정은 매우 비효율적일 뿐 아니라 시장 변화에 대한 적극적인 대응을 불가능하게 한다.

이를 해결하기 위해서는 운영에 관한 의사결정 권한의 상당 부분을 미국 본부가 아닌 지역본부가 가져야 한다. 이에 AT&T 전 세계 활동 영역을 유럽/아프리카, 아시아/태평양, 중국, 그리고 남미/카리브 등의 지역본부로 나누고 이들 지역본부가 지역 내 모든 사업부를 조정 및 통합하고 각종 의사결정을 내릴 수 있도록 하였다. 이는 기존의 사업부제에 지역본부제를 추가하는 것으로서 이를 통해 '지역-사업부 매트릭스 조직체계'를 완성하게 되었다.

조직디자인과 기업경쟁력과의 관계는?

지금까지 전형적인 기업 변신의 예로 1980대 말~1990년대 초 AT&T의 변신을 보았다. 기업 변신을 시도하는 대부분의 기업들이 AT&T와 거의 유사한 프로그램을 사용하고 있다. 그럼에도 불구하고 어떤 기업은 변신에 성공하여 지속적인 성장과 경쟁력 향상을 이루고 있는 반면 어떤 기업은 이에 실패한다. **그 이유는 무엇인가?**

기업은 언제 변신하는가?

기업은 언제 기존의 조직구조, 시스템, 프로세스 등에 있어 획기적인 변화를 시도하게 되는가? 일반적으로 기업 변신의 요인으로는 환경변화, 경영상의 어려움 또는 위기, 그리고 경영진의 교체 등이 있다. 사회적, 정치적, 경제적, 법적, 기술적 환경 등 외부 환경의 변화는 기업의 변신을 요구하게 된다. 이러한 외부 환경의 변화는 기업을 둘러싼 고객, 공급업체, 경쟁업체뿐 아니라 주주, 노동조합, 시민단체, 지방자치단체,

정부 등에 영향을 미치고 이들과의 소통, 교류 및 관계설정을 통해 생존하는 기업 또한 변할 수밖에 없다.

기업 변신에 영향을 미치는 요인은 이러한 외부 요인뿐 아니라 내부 요인도 있다. 가장 대표적인 내부적 요인은 기업의 성과 또는 실적이다. 기존의 많은 연구에 따르면 기업성과가 좋을수록 그 기업이 위험을 감수하고자 하는 정도와 전략적 변신의 정도에 부정적인 영향을 미친다.[3] 조직학습이론(organizational learning theory)에 의하면 기업은 그들이 선택한 조치의 효과성에 대해 긍정적인 피드백을 받으면 이전의 조치들을 지속하여 현상을 유지하고자 하는 경향이 있다. 반면에 부정적인 피드백은 기업으로 하여금 문제해결을 위한 탐색(problem-motivated search)을 하게 하고 그 결과 보다 큰 전략적인 변화를 추구하게 된다.[4] 집단 생태이론(population ecology)은 기업의 성과가 높으면 높을수록 그 기업의 타성(inertia)은 커지고 그 결과 전략적인 변화는 어려워진다고 주장한다.[5]

---

3 Park, C. The effects of organizational performance on the choice between related and unrelated acquisitions: Implications for the performance consequences of diversification strategy. *Journal of Management Studies*, Vol.39(7): 1003-1019.

4 Cyert, R. M. & March, J. G. 1963. *A behavioral theory of the firm*. Englewood Cliffs, N.J.: Prentice-Hall, Inc.; March, J. G. & Olsen, J. P. 1976. *Ambiguity and choice in organizations*. Bergen, Norway: Universitetsforlaget; March, J. G. & Simon, H. A. 1958. *Organizations*. New York: Wiley.

5 Carroll, G. R. & Delacroix, J. 1982. Organizational mortality in the newspaper industries of Argentina and Ireland: An ecological approach. *Administrative Science Quarterly*, 27: 169-198; Hannan, M. T. & Freeman, J. H. 1977. The population ecology of organizations. *American Journal of Sociology*, 82: 929-964; Hannan, M. T. & Freeman, J. H. 1984. Structural inertia and organizational change. *American Sociological Review*, 49: 149-164.

기업이 변하는 또 하나의 내부적 요인은 최고 경영진의 교체이다. 일반적으로 새로운 경영자는 전임 경영자와는 다른 아이디어를 가지고 있고 근무하는 방식 또한 차이가 많다. 이런 새로운 경영자가 취임을 하게 되면 본인의 아이디어와 본인이 원하는 근무방식을 새로운 조직에서 실천해 보고자, 또는 단순히 새로운 시대의 도래를 대내외에 천명하기 위해, 조직의 변신을 꾀하고자 한다. 새로운 경영자에 의한 변신의 정도는 일반적으로 조직 내부에서 승진한 경우보다 외부에서 영입된 경우에 더 크다.[6]

기업 변신의 장애물은 무엇이며 실제로 기업은 언제 변신하는가?

기업은 일반적으로 급격한 환경변화가 있을 때, 경영상의 위기에 봉착했을 때, 그리고 새로운 경영자가 등장했을 때 변신을 한다고 한다. 하지만 기업 변신은 언제 하는 것이 바람직한가? 당연히 급격한 환경변화가 있을 때, 바뀐 환경에 걸맞은 조직으로 변화하여야 한다. 더욱 바람직한 것은 환경변화를 예측하여 다가올 환경변화에 적합한 조직으로 미리 탈바꿈하는 것이다. 하지만 이렇게 선제적인 변신을 시도하는 기업은 드물다. 대부분의 기업은 급격한 환경변화에도 불구하고 변화

---

6 Datta, D. K., & Guthrie, J. P. 1994. Executive succession: Organizational antecedents of CEO characteristics. *Strategic Management Journal*, Vol.15(7): 569-577; Helmich, D. L., & Brown, W. B. 1972. Successor type and organizational change in the corporate enterprise. *Administrative science quarterly*, Vol.17(3): 371-381; Wiersema, M. F. 1992. Strategic consequences of executive succession within diversified firms. *Journal of Management Studies*, Vol.29(1): 73-94.

를 거부하고 경영상의 위기를 겪고 나서야 비로소 변신을 시도한다.

AT&T도 1984년 독점적 사업환경에서 경쟁적 환경으로 급진적인 환경변화가 있었음에도 변신은 시도하지 않았고 1988년 AT&T 100년 기업 역사상 처음으로 적자를 기록하고 나서야 비로소 변신의 움직임을 보였다.

▌ 이처럼 기업이 변화하는 것을 가로막는 장애물은 무엇인가? 조직적 타성(organizational inertia) 또는 현상 집착도(commitment to the status quo)는 기존 기업이 현재 하고 있는 일과 방식을 그대로 지속하고자 하는 경향을 의미한다. 기업이 변화에 저항하는 정도는 일반적으로 기업의 존속 기간, 규모, 그리고 성과에 비례한다. 즉, 오래된 기업일수록, 규모가 큰 기업일수록, 그리고 성과가 좋은 기업일수록 변화에 대한 저항이 커지고 그 결과 환경변화에 따른 변신이 어려워진다.

우선, 역사가 긴 기업은 오랜 시간에 걸쳐 조직 내 여러 관계를 공식화하고 일상적인 일들을 표준화해 왔기에 높은 구조적 안정성(structural stability)을 가지고 있다. 구조적 안정성이 높다는 것은 변화에 대한 저항이 크다는 것을 의미한다. 따라서 오래된 기업일수록 변화는 힘들어진다.

그리고 기업의 규모가 커지면 예측가능성, 공식화된 역할, 통제시스템을 갖추는 것이 중요해지고 이에 따라 조직의 행위는 예측가능해지고 엄격하고 융통성이 없게 된다. 따라서 기업의 규모가 커질수록 변화에 대한 저항이 높아진다.[7]

---

7 Kelly, D. & Amburgey, T. L. 1991. Organizational inertia and momentum: A dynamic model of strategic change. *Academy of Management Journal*, Vol.34(3):

기업의 성과가 높을수록 그 기업은 위험을 감수하고자 하는 정도가 낮아지고 그 결과 현상을 유지하고자 하는 경향이 커진다. 성과가 좋은 기업이 변화를 꺼려하는 이유를 흔히 '아이커러스 역설(Icarus Paradox)'로 설명하기도 한다.[8] 그리스 신화에 의하면 아이커러스의 아버지는 아이커러스가 갇혀 있던 섬에서 탈출할 수 있도록 깃털과 왁스로 만든 날개를 만들어 주었다. 그 날개로 아이커러스는 하늘 높이 계속 날다 마침내 태양 가까이 다가가 왁스가 녹으면서 에게해로 추락해 죽었다는 얘기이다. 즉, 아이커러스의 가장 큰 자산인 하늘을 나는 능력이 바로 그의 종말을 가져왔다는 것이다. 마찬가지로 성공적인 기업은 지금 하고 있는 방식이 바로 미래의 성공을 가져온다는 믿음을 갖게 되고 이는 그 기업으로 하여금 보다 내부 지향적이고 지금의 방식에 특화되게 함으로써 변화된 시장의 현실이나 요구사항을 제대로 볼 수 없게 만든다. 이런 기업은 "핵심 역량이 핵심 경직성이 되는(core capabilities become core rigidities)[9]", "역량의 함정(competence traps)[10]"에 빠지게 되는 것이다.

기업이 환경 변화에도 불구하고 변신을 하지 못하는 것은 이처럼 기업들이 가지고 있는 타성 때문이고 이러한 타성은 그 기업이 오래될수

591-612.

8 Miller, D. 1990. *The Icarus Paradox*. New York: HarperBusiness.

9 March, J. G. 1991. Exploration and exploitation in organizational learning. *Organizational Science*, Vol.2: 71-87.

10 Carroll, G. & Swaminathan, A. 2000. Why the microbrewery movement? Organizational dynamics of resource partitioning in the American brewing industry. *American Journal of Sociology*, Vol.106: 715-762.

[그림 10.1] 기업 경쟁력과 재무적 성과

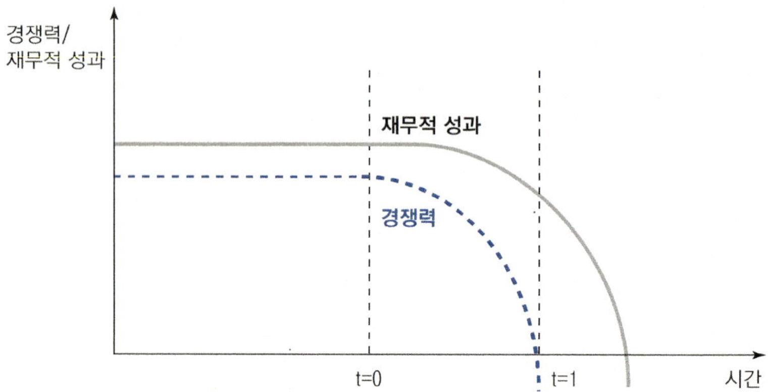

록, 규모가 클수록, 성과가 좋을수록 커지게 되고 그 결과 변신이 어렵게 된다. 이는 개인도 마찬가지다. 어느 조직이나 그 조직에 오래 근무한 사람일수록 조직의 현 시스템에 익숙해 있기에 새로운 시스템에 다시 적응하기를 꺼려한다. 따라서 이들은 변화에 대한 저항이 크다. 마찬가지로 그 조직에서 현재 잘 나가는 사람이면 사람일수록 현재 시스템에서 가장 잘 적응해 현 시스템에 가장 적합한 능력과 경험을 가지고 있다. 현 시스템에 최적화된 능력에 의해 성공한 사람이기에, 이들은 새로운 시스템에 의한 변화를 꺼리게 되는 것이다.

기업이 경영상의 위기를 겪기 전에 선제적으로 변신을 해야 하는 이유는 실제 기업의 경쟁력과 재무적 성과와는 상당한 시차가 존재하기 때문이다(그림 10.1 참조). 급격한 환경변화가 t=0에 발생했다고 하자. 이 경우 기업이 환경변화에 적절한 변신을 하지 못할 경우 그 기업의 경쟁력은 떨어지기 시작한다(그림 10.1의 파란색 선). 하지만 기업경쟁력의 저하는 그 기업의 재무적 성과에 즉각적으로 반영되는 것이 아니다.

기업경쟁력이 저하함에도 불구하고 재무적 성과는 상당 기간 유지 및 지속되다 일정시간이 지난 이후인 t=1이 되어서야 경쟁력 저하는 재무적 성과의 저하로 나타나기 시작한다(그림 10.1의 회색 선). 따라서 재무적 성과의 저하를 인지하게 되는 시점인 t=1에 이르면 그 기업의 경쟁력은 거의 고갈되어 변신 그 자체가 불가능하게 된다.

기업 변신은 경영상의 위기를 맞고 난 이후에 하는 것이 아니라 그 전에 선제적으로 해야 하는 이유는 바로 여기에 있다. 그리고 이러한 선제적이고 적극적인 기업 변신이 가능하기 위해서는 아직 경영상의 위기를 경험하지 않은 상태이기에 의도적으로 조직 내 위기의식을 고취할 필요가 있다.

[그림 10.2]와 [그림 10.3]은 앞서 기술한 AT&T가 합리화 및 재활력 과정에서 실시하였던 변신 프로그램들을 요약, 정리한 것이다.

AT&T가 합리화 및 재활력 과정에서 실시한 변신 프로그램들의 목적은 무엇일까? 합리화란 기존의 기업활동의 효율성을 높이기 위한 프로그램을 의미하고 이에는 수익성이 떨어지는 사업이나 부서를 매각 또는 정리하는 사업구조조정, 노동생산성 향상을 위한 인력구조조정, 조직 내 낭비적이고 불요불급한 비용 축소 등의 프로그램을 통해 현재 하고 있는 일들의 수익성을 높이는 과정이다. 재활력이란 새로운 사업이나 시장으로 진출하고, 새로운 자원과 능력을 개발 및 구축함으로써 새로운 기회를 창출하고 활용하는 과정으로서 이를 통해 조직 및 구성원에 활기를 불어넣는 과정이다.[11]

---

11 Ghoshal, S. 1997. The individualized corporation: An interview with Sumantra Ghoshal. *European Management Journal*, Vol.15(6): 625-632.

[그림 10.2] **합리화(rationalization) 과정: 1989-1991년**

신규 임명된 CEO 밥 알렌(Bob Allen)
본격적인 기업 변신 단행

AT&T

- 인력감축(Layoffs)
- 조직구조개편(Restructuring): 5 사업그룹(BGs)과 21사업부문(BUs)
- 주요 의사결정 권한의 하부위임(empowerment)
- EVA(Economic Value Added) 도입
- EVA와 연계된 관리자 보상체계
- 새로운 회계 및 보고 시스템
- 외부 인사 영입으로 주요 관리자 대체
- 라인과 스태프 간의 고객-공급자 관계 구축
- 보다 고객 지향적인 Bell Labs으로 개편

▌예를 들어 합리화의 목적이 기존 사업 또는 활동의 효율성 또는 수익성을 높이는 것이라면 이를 달성할 수 있는 방법은 무엇인가? 우선, 가장 간단하고 명백한 방법은 수익성이 떨어지는 사업이나 활동을 매각 또는 정리하는 것이다. 한 기업이 두 개의 사업을 영위하고 있다고 하자. 그 중 하나는 20%의 수익률을 올리고 있고 또 하나의 수익률은 5%라 하자. 두 사업의 규모가 동일하다고 하면 이 기업의 수익률은 (20%+5%)/2, 즉 12.5%이다. ▌이 기업의 수익률을 획기적으로 높이는 방법은 무엇인가? 수익성이 낮은 5% 수익률의 사업을 매각하는 것이다. 미국과 같이 M&A시장이 잘 발달된 경제에서는 이러한 매각이 그리 어려운 일이 아닐 것이다. 순식간에 이 기업의 수익률은 12.5%에서 20%로 급격히

[그림 10.3] 재활력(revitalization) 과정: 1992-1994년

신규 임명된 CEO 밥 알렌(Bob Allen)
본격적인 기업 변신 단행

AT&T

- Balanced Scorecard: 상급 관리자 평가기준으로 EVA에 PVA(People Value Added)와 CVA(Customer Value Added) 추가 도입
- 전략 포럼(Strategy Forum)
- AT&T 비전: "언제, 어디서나(Anytime, Anywhere)"
- 기업헌장("Common Bond"): "게임의 법칙(rules of the game)"
- CEO 알렌의 개별적 순회 및 접촉
- "infocom" 산업에서 리더십 확보 및 이를 위한 적극적인 다각화
- 전 세계적 확장 전략
- 범사업부 이니셔티브(Cross BU initiatives)
- 지역본사제(Regional governance)

향상된다. ▌이것이 합리화의 목적을 달성하는 것인가? 만약 그렇다면 합리화에서 실패하는 기업은 거의 없을 것이다.

기존 사업이나 활동의 수익성을 높일 수 있는 또 하나의 방법을 생각해 보자. 단기간에 가시적인 수익을 높일 수 있는 방법 중 하나는 비용을 줄이는 것이다. ▌비용은 어떻게 줄일 수 있을까? 단기적인 매출 감소를 최소화하면서 비용을 줄일 수 있는 방법으로는 정리해고를 통한 인건비 감축, R&D 투자, 교육비, 마케팅 비용의 삭감 등이 있다. 30% 정도의 비용삭감은 그리 어려운 일이 아닐 것이다. ▌이런 방식으로 기업의 수익성을 높이는 것이 합리화의 목적을 달성하는 것인가? 만약 이렇게

쉽게 합리화의 목적을 달성할 수 있다면 이에 실패하는 기업 또한 찾기 힘들 것이다.

흔히 기업 변신은 매우 고통스럽고 오랜 시간을 요구하는 과정이라고 한다. 그 과정에서 최고 경영자의 뛰어난 리더십 그리고 몰입과 헌신이 필요하다고 한다. 하지만 위에서 언급한 내용이 기업 변신이라면 이는 최고 경영자의 참여를 필요로 하지 않는다. 외부 컨설팅 회사의 간단한 조언과 함께 중간 관리자가 충분히 실행할 수 있다. **그렇다면 장기간에 걸친 고통스러운 과정이며 동시에 최고 경영자가 주도권을 가지고 적극 참여해야만 하는 진정한 의미의 기업 변신은 무엇일까?**

과거 사업환경, 게임의 법칙, 구성원의 행위나 태도, 그리고 조직 분위기

앞서 논의한대로 기업 변신의 가장 중요한 요인은 환경변화이다. 인공지능(AI), 사물인터넷(IoT), 로봇, 드론, 자율주행자동차, 가상현실(VR) 등이 주도하는 차세대 산업혁명이라는 4차산업혁명, 코로나19로 인한 팬데믹(pandemic) 등 과거 어느 때보다 급격한 환경변화를 겪고 있는 2020년대에 기업의 변신은 매우 중요하다. 따라서 과거 기업들의 변신을 살펴보고 이를 통해 현재 진행되고 있는 환경변화에 기업들이 어떻게 대처해야 할 것인가에 대한 시사점을 찾을 수 있다.

1990년대 전 세계 많은 기업들을 기업 변신의 광풍으로 몰고 간 환경변화는 무엇인가? 여러 가지를 생각할 수 있겠지만 그 중에서 가장 중요한 것은 한국뿐 아니라 전 세계적으로 대부분의 산업이 수요초과(demand surplus)에서 공급과잉(overcapacity)으로 바뀐 것이다. 2차세계대

전 이후를 보면 전 세계적으로 많은 공급시설이 파괴되고 중단되어 공급은 제한적이었으나 수요는 국내 수요의 증가뿐 아니라 끊임없는 새로운 시장의 등장 및 개척으로 인해 급속도로 증가하고 있었다.

90년대 이전 수요초과의 상태에서 기업 간 경쟁에서 가장 중요한 게임의 법칙(rules of the game)은 "누가 일정한 수준의 제품이나 서비스를 많이 제공하는가"이다. 즉, 양(quantity)에 의한 경쟁인 것이다. ▌양에 의한 게임에서 어떤 행위나 태도를 가진 기업 구성원이 가장 바람직할까? 각 개개인의 특이성 또는 차별성, 그리고 인간적인 약점이 최소화된 구성원이 가장 바람직할 것이다. 즉, 지극히 표준화되어 천편일률적이고, 감정에 휘둘리지 않는, 그리고 철저히 규정에 따라 행동할 수 있는 구성원이 바람직한 것이다. 나사를 두 번 조여야 한다면 구성원 중 누가 하더라도 정확하게 두 번만 조일 수 있어야 하는 것이다.

▌양의 게임에 가장 적합한 표준화되고 인간적인 측면이 최소화된 사고, 행동, 태도를 가진 구성원을 어떻게 보유할 수 있는가? 그런 사람을 선발하는 것이 가장 우선일 것이다. 따라서 선발과정에서 어릴 때부터 부모님과 선생님 말씀을 모범적으로 잘 따른 결과 흔히 말하는 명문대학을 졸업한 사람, 상관의 명령에 철저히 복종하는 환경에 익숙한 장교 출신 등이 선발과정에서 선호된다.

▌표준화되고 정형화된 사람들을 선발한 후, 이들이 더욱 더 표준화되고 정형화된 행위나 태도를 갖게 하는 방법은 무엇인가? 인간의 본성 외 그들의 행동이나 태도에 영향을 미치는 것은 '조직 분위기(organizational context)'[12]

---

12 Bower, J. L. 1970. *Managing the resource allocation process.* Harvard University Press. Cambridge: MA; Burgelman, R. A. 1983. A model of the interaction of stra-

또는 '조직문화(organizational culture)'[13]일 것이다.[14]

인간의 행동이나 태도에 영향을 미치는 조직 분위기를 '특정 장소에서의 냄새(the smell of the place)'로 생각해보자.[15] 우리가 특정 기업의 영업장, 공장 또는 본사에 들어선 후 처음 15분 내지 20분만 지나면, 우리는 그 장소 특유의 냄새를 맡을 수 있을 것이다. 삼성그룹, 현대자동차그룹, LG그룹, SK그룹, 롯데그룹 등 국내 재벌그룹의 계열사들을 방문했다고 생각해보자. 건물 내외관뿐만 아니라 그곳에 있는 사람들의 눈빛, 표정, 걷는 모습, 심지어 그들이 웅성거리는 소리에서도 우리는 그 장소만의 독특한 냄새를 맡을 수 있다. 대학교도 마찬가지다. 서울대학교, 고려대학교, 연세대학교, 카이스트 등 국내 대학의 캠퍼스를 방문해 보라. 각 대학 특유의 냄새가 날 것이다.

▌그렇다면 보다 정형화되고 표준화된 행위를 가져올 수 있는 분위기는 어떤 분위기일까? 과거 수요초과의 상황에서 양의 게임을 추구하던 시절에 경쟁우위를 차지하기 위해서는 정형화되고 표준화된 구성원의 행위가 중요하다면 이에 적합한 분위기의 첫 번째 특성은 '통제(control)'이다. ▌직속상관 또는 경영진이 존재하는 이유는 무엇인가? 그 유일한 답은

---

tegic behavior, corporate context and the concept of strategy. *Academy of Management Review*, 8(1): 61-70.

13 Ouchi, W. G. 1981. *Theory Z.* Addison-Wesley, Reading: MA; Pettigrew, A. M. 1979. On studying organizational cultures. *Administrative Science Quarterly*, 24: 570-581.

14 Ghoshal, S. & Bartlett, C. A. 1994. Linking organizational context and managerial action: The dimensions of quality of management. *Strategic Management Journal*, 15: 91-112.

15 박철순 · 수만트라 고샬. 2003. 『세계수준의 한국기업에 도전한다』. 21세기북스.

통제이다. 즉, 그들은 직원들이 일을 잘못하지 않도록 확인하기 위해 존재한다.

두 번째 특성은 '복종(compliance)'이다. 경영진은 인사시스템, 기획시스템, 예산시스템 등 많은 종류의 시스템들을 만들어낸다. 이들 시스템 각각은 모두 나름의 정당성을 가진 것들이다. ▮ 하지만 이런 시스템은 최하급 직원들에게 어떤 느낌을 갖게 하는가? 바로 복종인 것이다. 이런 모든 시스템은 그들이 따르고 순종해야 할 두려움의 대상이 되어야 한다.

당시 바람직한 분위기의 또 하나의 특성은 바로 '속박 또는 제한(constraint)'이다. 기업의 경영진은 모든 의사결정 및 선택을 한다. 그들은 매우 현명하고 많은 고급 정보를 가지고 있으며, 매우 유능한 참모도 거느리고 있다. 이에 이들 경영진들은 제품별, 고객별, 시장별로 뛰어난 전략을 만들어 낸다. 뿐만 아니라 이들은 하루 12~14시간씩 열심히 일하기 때문에 구성원 중 누가, 무엇을, 어떻게 해야 하는 지 명확히 알고 이를 구성원들에게 지시할 수 있다.

▮ 경영진이 그들의 업무를 열심히 수행하여 의사결정을 하고 전략을 수립하여 이를 아래로 전달하는 것은 영업장이나 공장에서 일하는 최하위 직급의 직원들에게 어떤 분위기를 만들고 있는가? 속박 또는 제한이다. 즉, 그들의 의욕, 창의력, 사고력에 대한 속박, 그들의 선택범위에 대한 제한, 그리고 그들이 주체적으로 일을 해 나갈 때 얻을 수 있는 즐거움과 흥분에 대한 속박 및 제한인 것이다.

이런 분위기의 마지막 속성은 '계약(contract)'이다. 모든 업무뿐 아니라 동료, 부서, 부문 간의 모든 관계들도 명시적 계약에 의해 완벽하게 규정되어 있다.

요약하면, 위에서는 철저히 통제하고, 아래에서는 지시된 대로 완벽하게 복종하며, 철저한 분업을 통해 주어진 일만 수행하도록 제한하고 모든 구성원 간의 관계는 계약으로 명확히 규정하는 분위기일 것이다. 통제, 복종, 제한, 그리고 계약의 분위기, 이는 결코 부정적인 의미가 아니다. 동서양을 막론하고 과거 뛰어난 기업들을 보라. 모두 이런 분위기가 팽배한 기업들이다. 즉, 이런 냄새가 강하면 강할수록 이들 기업 구성원의 행위 및 태도는 더욱 더 정형화되고 표준화되고 이는 그 기업들이 양의 게임에서 유리한 위치를 점할 수 있게 한 것이다.

90년대 이후 사업환경, 게임의 법칙, 구성원의 행위나 태도, 그리고 조직 분위기

90년대 이전 대부분의 산업이 수요초과 상태이고 이러한 사업환경에서 대표적인 게임의 법칙은 양에 의한 게임이었다. 하지만 90년대 이후 대부분의 산업은 수요초과에서 공급과잉으로 변화하였다. ▌공급이 수요를 초과하는 상황에서 기업들은 무엇으로 경쟁하는가? 더 이상 양(quantity)이 아니라 품질(quality)에 의한 경쟁을 해야 한다. 공급이 초과하는 상황에서 고객의 선택을 받기 위해서는 경쟁사보다 뛰어난 제품이나 서비스를 제공해야 한다.

▌그렇다면 품질에 의한 경쟁에서 이기기 위해 어떤 조직 구성원이 요구되는가? 양에 의한 경쟁에서 필요한 표준화되고 정형화된 인간이 아니라 혁신적이고 창의적인(innovative and creative), 상황에 따라 신속히 대응할 수 있고 유연한(responsive and flexible), 그리고 끊임없이 학습할 수 있는(learning) 구성원이 바람직하다는 사실은 누구나 알고 있다.

▌그렇다면 이러한 인재를 확보하기 위해 경영자는 무엇을 해야 하는가?

그러한 인재를 선발하는 것도 중요하지만 선발된 인재들이 더욱 그런 바람직한 행위나 태도를 갖도록 하려면 경영자는 무엇을 해야 하는가? "앞으로 우리는 더욱 혁신적이고 창의적이어야 합니다. 그리고 여건에 따라 즉각적으로 대응하고 유연해야 하며 지속적으로 배워야 합니다"라는 슬로건을 걸고 경영자가 구성원들 앞에서 연설하고 점심을 함께 하면서 소통하고 악수를 하는 것으로 충분한가? 지금 내가 하고 있는 일은 서류를 복사하는 일로 지극히 제한되어 있고 이 일을 오랜 기간 해오면서 아주 숙달되어 있다. 복사하는 일 외에는 어떤 일도 해서는 안 되는 걸로 계약에 명시되어 있고 상관은 이를 제대로 하고 있는지 철저히 감시하고 통제하며 나는 이러한 모든 것에 절대적으로 복종해야 하는 분위기이다. 그런 상황에서 말로는 내게 창의적이고 혁신적으로 일을 하라고 한다. 나는 복사하는 일에 매우 숙달되어 복사와 관련해서는 더 이상 배울 것이 없다. 그런데 끊임없이 배우라고 한다. 상황에 따라 유연하게 대응하라고 얘기는 하지만 매뉴얼대로 하지 않으면 많은 불이익을 감수해야 하는 분위기이다. 불가능한 요구를 하고 있는 것이다.

이런 상황에서 경영자가 해야 할 일은 정형화되고 표준화된 행위나 태도를 유발하는 현재의 조직 분위기를 구성원들이 혁신적이고 유연하게 사고하고 행동할 수 있는 분위기로 바꾸는 것이다. 우리는 우리의 행동이나 태도 심지어 생각조차도 주위 환경 또는 분위기에 영향을 받는다는 것을 자주 경험해 왔다. 모든 직원이 정장을 입고 각자의 업무에 집중하고 있는 사무실과 캐주얼 웨어에 운동화를 신고 동료들과 자유로이 대화를 나누고 있는 분위기에서의 우리의 말과 행동을 상상해 보라. 예비군복을 입고 훈련을 받는 예비군 훈련장에서 나의 말, 행동, 태도는 평소의 나의 그것과 상당한 차이가 있다는 사실을 우리는 자주 경험해 왔다.

지금 우리가 매연이 가득한 한여름 서울의 도심을 걷고 있다고 생각해 보자. 기온은 30도를 웃돌고 습도도 높아 우리는 땀을 흘리며 온몸이 끈적끈적한 상태로 걸어가고 있다. 길을 걷는 다른 사람들도 한결같이 짜증난 표정으로 바쁘게 각자의 길을 걷고 있다. ▌이런 분위기에서 우리는 어떤 행동을 하게 될까? 빨리 이 고통스럽고 짜증나는 과정이 끝나기만을 기다리며 목적지를 향해 지친 발걸음을 옮길 것이다. 스치는 사람들에게 눈웃음을 보내거나 쇼윈도에 진열된 상품을 구경할 여유를 가질 수 있을까? 아마 빨리 목적지에 도착해 샤워를 하고 시원한 에어컨 바람을 쐬고 싶다는 생각으로 앞만 보고 발걸음을 재촉할 것이다.

이번에는 우리가 따뜻한 봄날 개나리가 만개한 대학 캠퍼스를 거닐고 있다고 생각해 보자. 파릇한 새잎으로 단장한 나무와 잔디, 그리고 수많은 꽃들이 어우러져 있다. 연못 주위 벤치에는 학생들이 책을 읽고 있다. 젊고 활기찬 학생들은 끼리끼리 경쾌하고 즐거운 대화를 나누며 지나치고 있다. 낯익은 동료 교수, 학생, 직원, 그리고 그들과 나누는 가벼운 눈인사는 우리를 행복하고 활기차게 만들 것이다. 이때 우리는 아무리 시간에 쫓기더라도 주위의 나무와 꽃들을 즐기게 되고 예쁜 새소리라도 들리면 그쪽으로 귀를 기울일 것이다. 그리고 마주치는 사람들과의 좋은 기억들을 떠올리며 혼자 미소를 지으며 걸어갈 것이다. 빨리 목적지에 도착하기를 간절히 바라는 게 아니라 목적지까지의 과정 자체가 우리의 기쁨, 행복, 활력일 것이다.

▌그렇다면 품질이 중요한 사업환경에서 구성원들은 어떤 행위나 태도를 가져야 하는가? 이를 위해 어떤 조직 분위기가 필요한가?

지속적 경쟁우위 창출을 위한 구성원의 행위와 태도, 그리고 조직 분위기

▮ 변화된 환경에서 기업이 경쟁우위를 창출하고 유지하기 위해 필요한 구성원의 행위나 태도, 그리고 이를 가능하게 하는 조직 분위기는 어떤 특성을 필요로 하는가?

기업이 지속적인 경쟁우위를 갖기 위해서는 두 가지 조건을 충족해야 한다. 하나는 그 기업을 구성하는 각 사업 또는 각 부서가 경쟁력이 높아야 하고 또 하나는 그들 사업 또는 부서 간 시너지가 극대화되어야 한다(그림 10.4 참조). 하나하나의 사업 또는 부서가 높은 경쟁력을 가질 수 있으려면 그 구성원들은 어떤 행위나 태도를 가져야 하는가? 각 구성원들은 그들이 속한 사업이나 부서에 대해 주인의식 및 주도권을

[그림 10.4] 경쟁우위, 구성원의 행위와 태도, 그리고 조직 분위기

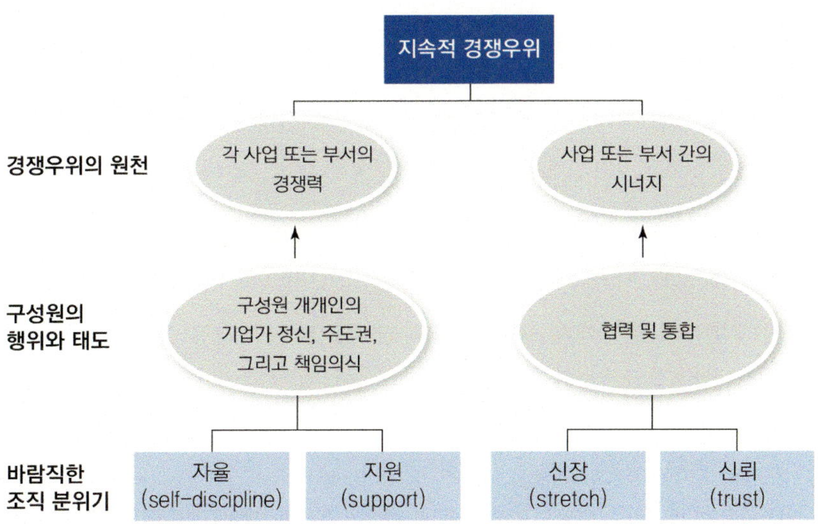

가지고 있어야 하며 성과에 대한 책임감을 가지고 있어야 한다. 또한 사업 또는 부서 간 시너지를 극대화하기 위해서는 구성원들의 행위나 태도가 서로 협력적이고 통합적이어야 한다.

마지막으로 어떤 조직 분위기에서 구성원들은 주도권과 성과에 대한 책임의식을 가지고 동시에 협력적이고 통합적인 행위 및 태도를 보일 것인가? 이러한 구성원의 행위나 태도에 적합한 조직 분위기는 기업에 따라, 그리고 경영자에 따라 달리 규정할 수 있을 것이다. 바틀리트(Bartlett)교수와 고샬(Ghoshal) 교수는 바람직한 조직 분위기의 특성으로 자율(self-discipline), 지원(support), 신장(stretch), 그리고 신뢰(trust) 등을 제안하고 있다.[16]

우선, 각 구성원들이 기업가 정신, 주도권 그리고 책임의식을 갖기 위해서는 복종이 아니라 자율, 그리고 통제가 아니라 지원으로 조직 분위기를 바꾸어야 한다. 복종이 단순히 외부적으로 주어진 것을 따르는 것이라면 자율적인 분위기란 구성원 모두가 스스로 약속한 것은 반드시 지키고자 최선을 다하는 분위기를 의미한다. 매출을 10% 신장시키기로 약속했으면 이를 지키기 위해 가능한 모든 노력을 기울이는 분위기이다. 오전 10시에 회의를 하기로 했으면 최선을 다해 그 시각에 모든 구성원들이 회의장에 참석해 있어야 하는 분위기이다. 아무리 의사결정 과정에서 수많은 반대가 있었더라도 일단 결정이 나면 그 결정에 적극적으로 따르고 지원하는 분위기이다.

자율적인 분위기에서 구성원들의 기력이 소진되지 않게 하기 위해,

---

16 Barlett, C. A. & Ghoshal, S. 1995. Rebuilding behavioral context: Turn process reengineering into people rejuvenation. *Sloan Management Review*, Fall: 11-23.

경영자는 구성원들을 통제하는 것이 아니라 지원하는 분위기로 보완하고 균형을 잡아주어야 한다. 경영자는 구성원들의 행동을 통제하기 위해, 그리고 그들이 잘못된 결정을 내리지 않도록 감시하기 위해 존재한다는 인식을 버려야 한다. 대신 경영자가 존재하는 유일한 이유는 구성원들이 각자의 일을 잘할 수 있도록 돕기 위해서라는 인식을 갖게 하는 것이다.

한국의 한 TV방송 대담에서 GE의 잭 웰치는 경영자가 부하 직원에게 전화를 하는 편인가, 아니면 그들로부터 전화를 받는 편인가를 보면 그 경영자가 훌륭한 경영자인지 아닌지를 구별할 수 있다고 했다. 잭 웰치에 따르면 경영자가 부하 직원에게 전화를 할 때는 주로 부하 직원에게 지시하고, 그들을 통제하기 위해서라는 것이다. 반면에 부하 직원이 경영자에게 전화를 하는 것은 주로 경영자로부터 뭔가 도움과 지원을 받고자 할 때라는 것이다. 따라서 부하 직원에게 전화를 하는 경영자는 부하 직원을 통제하고 감시하는 경영자이고, 전화를 받는 경영자는 부하 직원이 하고자 하는 일을 지원하고자 하는 경영자란 것이다.

구성원들이 협력하고 통합하는 행위나 태도를 갖기 위해서는 제한이 아니라 신장하는 분위기로, 그리고 계약이 아니라 신뢰하는 분위기로 변화되어야 한다. 신장의 분위기란 구성원 모두가 현실에 안주하지 않고 무엇을 하든지 현재보다 많은 것을 더 잘하고자 노력하는 분위기를 의미한다. 모든 구성원들이 각자의 일을 더 잘하고자 노력할 때 주위 사람들의 도움을 필요로 하게 될 뿐 아니라 그들 또한 보다 많은 것을 더 잘할 수 있도록 도와주고 독려하게 된다.

신뢰하는 분위기란 구성원들 사이의 모든 관계 및 거래가 명시적인 계약에 의해 이루어지는 것이 아니라 명시적인 계약이 없더라도 같은 조직의 구성원으로서 서로를 믿고 의지하는 분위기이다. 여기에서의 신뢰는 내가 협조하고 희생하는 것은 단순히 상대가 이에 합당한 대가를 돌려주리라 믿기 때문이라는 이성적 계산에 의한 도구적 신뢰(instrumental trust)뿐 아니라, 도덕적으로 그것이 옳다고 느끼기 때문이라는 비도구적 신뢰(non-instrumental trust)[17]를 포함한다.

조직 분위기는 어떻게 창출하는가?

기업의 지속적 경쟁우위를 위해서는 구성원의 행위나 태도가 중요하고 이에 결정적인 영향을 미치는 것이 조직 분위기라면 '자율', '지원', '신장' 그리고 '신뢰'의 분위기는 어떻게 조성할 수 있는가? 이 질문에 대한 답은 조직디자인이다.

기업 변신을 위한 여러 가지 프로그램, 즉 조직디자인의 목적은 무엇인가? 가장 직접적이고 일차적인 목적은 조직 분위기 창출이라고 생각해 보자. 그리고 이러한 조직 분위기 변화를 통해 구성원의 행위나 태도의 변화를 유도하고 이를 통해 기업경쟁력을 향상시키는 것으로 생각해 보자(그림 10.5 참조).

자율적인 분위기는 일반적으로 명확하고 객관적인 성과기준이 있고, 즉각적이고 정기적인 피드백을 제공하고, 성과 평가에 따라 일관되게 상벌을 부과할 때 창출된다. 지원하는 분위기를 조성하기 위해서 경영

---

17 Tyler, T. R. & Kramer, R. M. 1996. Whither trust, In R. M. Kramer & T. M. Tyler(eds.), *Trust in organization*. SAGE Publications: CA.

[그림 10.5] 조직디자인의 목적

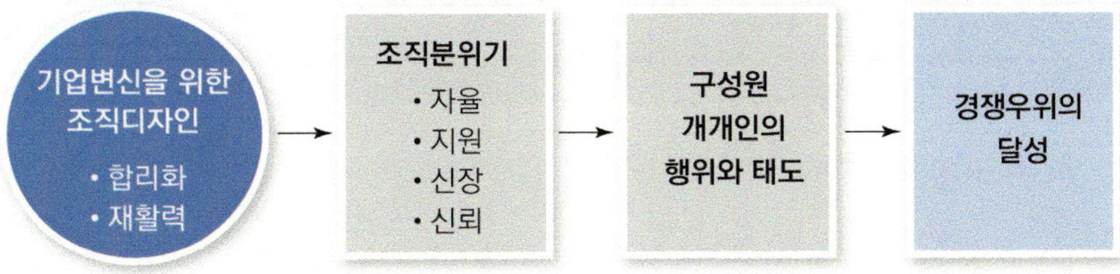

자는 구성원들이 기업 내 모든 자원에 접근하고 사용할 수 있도록 해야 하고, 방향 제시 및 개인적인 코칭을 제공해야 한다. 그리고 구성원들에게 더욱 많은 자율권을 부여해야 한다. 무언가 더 많이 하고 잘하고자 하는 신장의 분위기를 위해서는 구성원들이 성취하고자 하는 것에 대한 열정을 공유해야 하고, 그것이 구성원 각자에게 개인적인 의미가 있어야 하며, 이를 통해 집단적 동질감과 의미 있는 가치를 느낄 수 있어야 한다. 마지막으로 신뢰의 분위기는 조직 내 모든 기회, 과정, 결과가 공정해야 하고, 의사결정 과정 및 실행에 직접 참여를 해야 하며, 각 구성원들이 맡은 바 업무를 충분히 수행할 역량을 갖추고 있을 때 가능해진다.[18]

이러한 관점에서 앞서 살펴본 AT&T의 기업 변신, 즉 합리화와 재활력 과정에서 시도한 각종 프로그램들과 조직 분위기와의 관계를 보기 위해 줄긋기를 해보자(그림 10.6 참조).

예를 들어 합리화 과정에서의 '정리해고(layoffs)'는 오른쪽 조직 분위

18 Ghoshal, S. & Bartlett, C. A. 1996. Rebuilding behavioral context: A blueprint for corporate renewal. *Sloan Management Review*, 37(2): 23-36.

[그림 10.6] 조직디자인과 조직 분위기

조직디자인 (organizational designs)	조직 분위기 (organizational context)
합리화(Rationalization: 1989-1991년) • 정리해고(Layoffs) • 사업구조조정 • 사업부제 • 주요 의사결정권한 위양 • EVA • EVA와 연관된 관리자 보수체계 • 외부 영입을 통한 주요 관리자의 대체 • 라인과 스태프 간의 고객-공급자 관계 **재활력(Revitalization: 1992-1994년)** • 전략 포럼 (Strategy forum) • AT&T 사명 "Anytime, Anywhere" • 기업헌장(Our Common Bond) ▸ 가치 재구축(Value deployment process) ▸ Allen의 순회 및 접촉 • Balanced scorecard: 상위 관리자 역할 및 업무 근본적 재조정 ▸ 상급 관리자 평가기준으로 EVA에 PVA와 CVA 추가 • 보다 포괄적인 사업영역 설정을 통한 다각화전략 • 기존 사업의 전략적 혁신 • 전 세계적 확장 • 사업부간 연계 및 통합 • 지역본사제(regional governance)	• 자율(self-discipline) ▸ 명확한 성과 기준 ▸ 즉각적인 피드백 ▸ 일관된 상벌 • 지원(support) ▸ 기업 내외부의 모든 자원에 대한 접근 ▸ 개인적 코칭 및 방향 제시 ▸ 하부에 더 많은 자치 부여 • 신장(stretch) ▸ 공유된 열정(shared ambition) ▸ 개인적 의미(personal meaning) ▸ 집단적 동질감 또는 의미 있는 가치 (collective identity, or satisfying values • 신뢰(trust) ▸ 공정(equity) ▸ 관여(involvement) ▸ 역량(competence)

기에서 어떤 분위기 창출을 위한 프로그램인가? 정리해고에 대해 우리는 다양한 목적을 생각할 수 있지만 오른쪽에 열거된 여러 분위기 중에서 하나를 찾으라고 하면 아마 '자율'적인 분위기를 선택하게 될 것이다. 그 중에서도 일관된 상벌의 하나로서 정리해고를 연결시킬 것이다.

조직구조를 사업부제로 바꾸는 프로그램을 조직 분위기와 연결시켜 본다면 아마 명확한 성과기준을 적용하기 위한 수단으로서 이 역시 자율적인 분위기 창출에 필수적인 것이라고 생각할 수 있을 것이다.

주요 의사결정권한을 하부로 위임하는 임파워먼트(empowerment)라는 프로그램은 기업 내, 외부의 자원에 대한 접근을 가능하게 함으로써, 그리고 하부에 더 많은 자치(autonomy)를 부여함으로써 조직 분위기를 보다 '지원'하는 분위기로 가져가기 위한 것으로 볼 수 있을 것이다.

외부의 뛰어난 인재를 영입하여 이들로 하여금 성과가 떨어지는 기존 경영자를 대체하는 프로그램은 일관된 상벌로서 자율의 분위기, 그리고 기업 내, 외부 뛰어난 자원에 대한 접근을 가능하게 함으로써 지원의 분위기를 고양하기 위한 수단이라 생각할 수 있다.

요약하면, 합리화 과정에서의 여러 프로그램들은 주로 '자율' 또는 '지원'의 분위기 또는 두 가지 분위기 모두를 창출하기 위한 수단으로 볼 수 있다.

재활력 과정에서의 프로그램들을 보자. 예를 들어 '전략 포럼'을 오른쪽 조직 분위기와 연결시켜본다면 아마 집단적 동질감 강화를 통해 '신장'의 분위기 그리고 사업부 경영자들의 팀워크 강화 및 역량 향상을 통한 '신뢰'의 분위기 조성이 될 것이다.

'Anytime, Anywhere'라는 미션 제정이라는 프로그램 또한 공유된 열정, 개인적 의미, 그리고 집단적 동질감 강화를 통한 신장의 분위기를 고양하기 위한 수단으로 인식할 수 있다.

'사업부간 연계와 통합', '지역본사제' 등은 조직 내 경쟁보다는 '신뢰' 구축을 통한 통합과 연결될 것이다.

요약하면, 재활력 과정의 여러 프로그램들은 주로 '신장' 또는 '신뢰' 또는 두 가지 분위기 모두를 조성하기 위한 수단으로 생각할 수 있다.

종합해서 정리하면, 기업 변신의 합리화 과정의 여러 프로그램은 '자율'과 '지원의 조직 분위기를 창출하기 위한 수단이다. 이러한 조직 분위기 변화를 통해 구성원들이 기업가 정신, 주도권, 그리고 책임의식을 가질 수 있도록 하고 이러한 구성원의 행위나 태도 변화를 기반으로 기업을 구성하는 각 사업부나 부서의 경쟁력을 극대화하겠다는 것이다.

재활력 과정의 여러 프로그램은 뭔가 더 많이 더 잘하고자 하는 '신장'의 분위기, 그리고 구성원들 간 '신뢰'의 분위기를 조성하여 구성원들의 행위나 태도를 상호 협력적이고 통합적인 것으로 유도하여 각 사업 또는 부서 간 시너지를 극대화하고자 하는 것이다.

▌유사한 프로그램을 사용함에도 불구하고 기업마다 기업 변신의 성과가 다른 이유는?▐

본 장 서두에 제기한 질문, 즉 **"유사한 기업 변신을 추구함에도 불구하고 왜 어떤 기업은 성공하고 또 어떤 기업은 실패하는가?"** 란 질문의 답에 관해 생각해 보자.

기업 변신의 합리화 과정에서 동일한 프로그램인 정리해고를 실시한 'A'와 'B' 두 기업이 있다고 하자. 'A'기업의 최고 경영자는 정리해고를 투입 인력의 감소를 통해 비용을 줄여 기업의 이익 및 경쟁력을 높이기 위한 수단으로 생각하고 있고, 'B'기업의 경영자는 이를 자율이라는 조직 분위기 창출을 위한 수단으로 생각하고 이런 자율의 분위기 창출을 통해 개인이 주도권과 책임의식을 가지도록 해서 각자 속한 사업 또는 부서의 경쟁력을 향상시키는 것이라 믿고 있다고 하자.

▌이때 'A'기업은 어떠한 방식으로 정리해고를 할 것인가? 투입 인력을 줄이는 것이 목적이기에 'A'기업은 우선 선도기업 또는 경쟁기업들의 벤치마킹을 통해 각 사업부 또는 부서별 적정 인력을 도출하고 이를 기준으로 각 사업 및 부서별로 감축인원을 할당하게 될 것이다. ▌각 사업부 및 부서는 할당된 감축 인원을 어떻게 채울 것인가? 가장 손쉬운 방법은 명예퇴직, 즉 각종 인센티브 제공을 통해 구성원 중 자발적으로 그만둘 사람을 대상으로 인력감축을 실시하는 것이다. 이렇게 자발적으로 퇴직을 신청하는 사람의 대부분은 퇴직 후 다른 기업으로 충분히 이직할 수 있는 사람, 즉 유능한 인재일 것이다. ▌자발적 퇴직만으로 할당 인원을 채울 수 없어 비자발적 퇴직이 필요하다면 어떤 방법을 추가하는가? 아마 "당신은 부부가 함께 일하니 그 중 한 명은 그만두어도 되지

않느냐", "다른 사람에 비해 당신의 경제사정은 나은 편이니 다른 동료를 위해 당신이 희생하는 게 어떻겠는가", "당신은 부양해야 할 가족 수가 다른 사람보다 적으니 당신이 그만두는 게 좋을 것 같지 않은가" 등 사전에 합의되지도 않은, 그리고 객관적이지도 공정하지도 않은 매우 즉흥적인 여러 기준으로 퇴직을 설득하고 유도하는 방법도 있을 것이다. 이렇게 할당된 감축 인원을 채우면 비용은 줄고 단기적으로 생산성 향상과 이익 증가가 가능할 것이다.

하지만 조직 분위기는 어떻게 될까? 자율적인 분위기보다 배신, 좌절, 실망, 분노, 죄책감 등 매우 부정적인 분위기가 팽배할 것이고 이는 그 기업의 중장기 경쟁력에 심각한 훼손을 가져올 것이다.

정리해고의 목적은 자율적 조직 분위기 조성이라 믿고 있는 'B'기업은 어떤 방식으로 정리해고를 할까? 결코 정리해고라는 프로그램을 개별적으로 실시할 수 없을 것이다. 이를 위한 전제 조건들을 먼저 제시하고 실천해야 할 것이다. 즉, EVA와 같은 객관적이고 명확한 평가기준을 먼저 제시하고 구성원들로부터 이에 관한 동의 및 합의를 얻어야 할 것이다. 그리고 회계 및 보고 시스템을 정비하여 제시된 평가기준에 따른 구성원 개개인의 성과에 대한 피드백을 중간에 끊임없이 제공해야 한다. 그리고 이러한 일관된 기준과 과정에 따른 결과를 모든 구성원들에게 예외없이 적용하여 약속된 성과를 도출하지 못한 구성원에 대한 페널티로서 정리해고를 실시할 것이다.

물론 이런 방식으로 실시하더라도 정리해고에 따른 부작용을 피할 수는 없다. 하지만 이러한 방식은 정리해고에 따른 부정적인 측면을 최소화하는 반면에 '자율'적인 조직 분위기 창출이라는 중장기적 기업 경쟁력 향상에 핵심적인 수단을 제공할 것이다.

제1장에서 우리는 눈에 보이는 비전, 전략, 시스템, 프로세스에 있어 기업 간 차이는 그다지 크지 않다는 점을 보았다. 그리고 기업 간 경쟁력 차이를 초래하는 가장 큰 요인 중 하나는 그 기업 또는 경영자가 가지고 있는 경영에 관한 기본 원칙 및 철학이라고 제시하였다. 경영자의 경영에 관한 기본 원칙 및 철학의 차이는 겉으로 보이기엔 동일한 비전, 전략, 시스템, 프로세스도 실제로 이들이 운영되는 과정이나 방법에서 많은 차이를 가져오게 되고 그 결과 지대한 경쟁력의 차이를 가져오기 때문이다.

마찬가지로 기업 변신을 시도한 많은 기업들을 보면 외관상 거의 유사한 프로그램을 사용하고 있다. 그럼에도 불구하고 기업 변신에 성공하는 기업과 실패하는 기업이 있는 이유는 무엇인가? 그 이유는 역시 기업 변신에 대한 기업 및 경영자의 철학, 원칙, 가치관의 차이 때문이다. 실패한 기업과는 달리 성공한 기업 또는 그 기업의 경영자는 기업 변신을 단순한 조직디자인의 변화로 보지 않고 이러한 조직디자인의 변화를 통한 조직 분위기의 변화, 그리고 이에 의한 조직 구성원의 행위나 태도의 변화에 의해 기업을 변신시켜야 한다고 보는 것이다. 따라서 비록 외견상 유사한 프로그램을 실시함에도 불구하고 이러한 철학 및 원칙의 차이에 따라 그 프로그램들이 시행되는 과정과 방법, 그리고 결과는 현격한 차이를 보이게 되는 것이다.

Chapter 11

"꿈을 위한 경쟁(competition for dreams)"과 경영자의 역할

앞서 우리는 기업경쟁력은 다음 세 가지 경쟁에 의해 결정된다고 하였다(그림 7.1 참조).

1) 사업 포트폴리오를 위한 경쟁(competition for business portfolio)
2) 자원과 능력을 위한 경쟁(competition for resources and capabilities)
3) 혁신을 위한 경쟁(competition for innovation)

그리고 제7장 서두에서 우리는 다음 질문에 대한 답을 찾고자 한다고 하였다. **"[그림 7.1]에서의 세 가지 경쟁에서 이기는 기업과 지는 기업의 차이는 어디서 오는가?"** 또는 **"이 세 가지 경쟁에서 이기기 위해 경영자는 과연 무엇을 해야 하는가?"**

본서의 마지막인 제11장에서는 이 질문에 대한 답에 관해 구체적으로 논의해 보자.

세 가지 경쟁에서 이기기 위해 경영자는 과연 무엇을 해야 하는가?

다른 기업 대비 매력적인 사업들을 영위하고 있고, 자원과 능력 또한 뛰어나 선택한 산업이나 전략에서 선두기업인 동시에 환경변화에 따라 끊임없이 혁신을 하는 기업이 지속적인 경쟁우위를 누릴 수 있다는 주장은 틀렸다고 반박하기 어려운, 너무나 당연하고 명백한 주장으로 들린다. 하지만 이들 세 가지 경쟁에서 이기는 것이 너무나 중요하다는 사실은 누구나 당연히 알고 있음에도 불구하고 어떤 기업은 이러한 경쟁에서 이겨 지속적으로 높은 경쟁력을 보여주고 있는 반면에 또 어떤 기업은 이 경쟁에서 패배한다. **그 이유는 무엇일까?**

세 가지 경쟁에서 이기는 기업과 지는 기업은 무엇이 다른가?

여러 가지 대답이 가능하겠지만 필자 개인적 경험에 의하면 두 기업 집단의 차이는 다음과 같다. 지속적인 경쟁우위를 보이는 기업을 보면, 이 기업의 구성원들은 끊임없이 새로운 사업기회를 모색하고 매력적이라 판단되는 사업기회를 발견하면 과감하게 뛰어들어 시도해 본다. 그리고 기존 사업 중 경쟁력을 상실한 사업은 과감하게 포기한다. 새로 시도하는 사업이기에 잘 되지 않을 때도 많고 실패도 많이 한다. 그 과정은 좌절, 실망, 그리고 고통의 연속이다. 그동안 몸담아 온 정든 사업을 포기하고 동료가 회사를 떠나는 모습을 봐야하는 과정 또한 고통과 비통함, 그리고 배신감의 연속이다. 하지만 이 구성원들은 이러한 과정에서 겪을 수밖에 없는 고통, 좌절, 실망을 훌륭히 극복하여 마침내 그 기업은 '포트폴리오를 위한 경쟁'에서 뛰어난 성과를 거두게 되고 그 결과 다른 기업보다 매력적인 사업들을 영위하고 있다.

역시 그 기업의 구성원들은 그 기업이 선택한 산업 또는 전략에서 필요한 R&C가 무엇인지를 정확하게 분석하여 그 R&C를 구축하기 위해 최선을 다하고 있다. 아마 이는 어느 기업의 구성원이나 일상적으로 하고 있는 일이고, 해야만 하는 일이다. 매번 같은 일의 반복이라 지겨울 뿐 아니라 그나마 잘되는 것도 아니다. 이 역시 힘들고 지치고 실망스러운 과정의 연속이다. 하지만 이 구성원들은 이러한 힘든 과정을 잘 극복하여 마침내 '자원과 능력을 위한 경쟁'에서 이기게 된다.

뿐만 아니라 이 구성원들은 시시각각 변하는 환경 속에서 평소 당연히 받아들이고 있던 여러 가지 관행이나 관례를 깨고 끊임없이 뭔가 새로운 것을 시도해 보고 있다. 당연히 새로 시도하는 일들이라 실패도 많이 하고, 이에 실망하고 좌절하고 힘들어 할 수밖에 없다. 하지만 이 구성원들은 이 힘든 과정도 무난히 극복하여 '혁신을 위한 경쟁'에서도 다른 기업에 비해 뛰어난 성과를 거두고 있다.

▌세 가지 경쟁에서 지는 기업은 어떠한가? 이런 기업의 구성원들은 세 가지 경쟁에서 겪을 수밖에 없는 이러한 인간적인 실망, 좌절, 고통을 극복하지 못하고 있다. 그 결과 이 기업은 세 가지 경쟁에서 저조한 실적을 보일 수밖에 없는 것이다.

▌세 가지 경쟁에서 구성원들이 겪을 수밖에 없는 실망, 좌절, 고통을 극복할 수 있는 구성원을 가진 기업과 그렇지 못한 기업의 차이는 어디서 오는가? 그럼 인과관계(causality)에 있어 한 단계 더 들어가 고민해 보자. 왜 성공한 기업이 구성원들은 세 가지 경쟁 과정에서 겪을 수밖에 없는 고

[그림 11.1] 기업경쟁력과 경영자의 역할

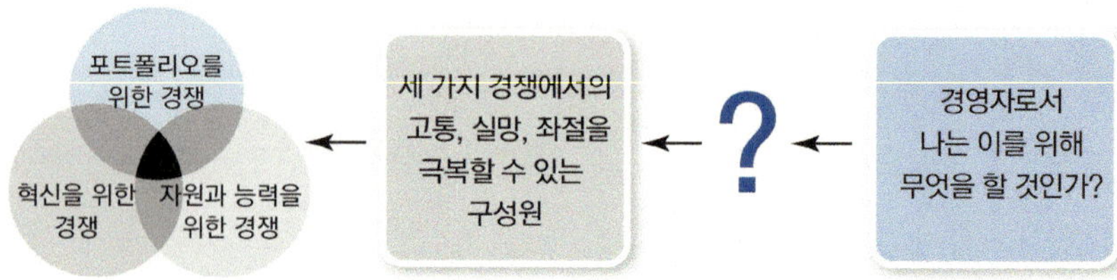

통, 실망, 좌절 등을 무난히 극복하여 세 가지 경쟁에서 이기는 반면, 실패한 기업의 구성원들은 이를 극복하지 못하는가? 기업경쟁력의 가장 근본적인 원천은 바로 이 질문에 대한 답일 것이다. 즉, 이 질문에 대한 답을 알고 실천한 기업은 그 구성원들이 세 가지 경쟁에서 겪을 수밖에 없는 여러 가지 어려움을 잘 극복하여 세 가지 경쟁에서 이길 것이고 그 결과 그 기업은 지속적인 경쟁우위를 누리는 기업이 될 것이다. 그리고 위 질문에 대한 답을 찾아내고 실천하는 것이 바로 경영자의 역할일 것이다(그림 11.1 참조). 그럼 이 질문에 답은 무엇이고 그 답을 실천하기 위해 경영자들은 구체적으로 무엇을 해야 할 것인가에 대해 논의해 보도록 하자.

목표가 있는 삶과 꿈이 있는 삶의 차이는? 살면서 우리는 어느 순간 하고 싶은 것도, 되고 싶은 것도 없는, 그래서 아무 의미 없는 삶을 무기력하게 살아가고 있는 자신을 발견할 때가 있다. 주어진 일들은 마지못해 하지만 가능한 새로운 일은 회피하고 하던 일들도 미루기 일쑤이다. 마지못해 하는 일들도 도대체 내가 왜 이 일을 하고 있는지, 왜 해야 하는지 알 수가 없다. 그냥 주어진 일들을 마지못해, 지극히 무기력하게, 억지로, 힘들게 하고 있다. ▌과거에는 나름 의욕적이고 열정적으로 살아온 것 같은데 열심히 살아온 과거의 나와 현재의 나는 뭐가 달라졌는가?

우리가 나름 열정적으로 살아온 과거에는 아마 목표란 것이 있었을 것이다. 예를 들어, 고등학교 다닐 때는 "좋은 대학교에 가자"란 목표를 세운다. 물론 이 목표도 우리가 진심으로 원해 정한 것이 아니라 주변 사람들이 좋다고 생각하는 것을 목표로 정하게 된다. 고등학교에서 공부하는 것이 힘들 때도 많고, 열심히 해도 잘 안될 때도 당연히 많다. 많은 고통, 실망, 좌절이 따른다. 하지만 목표가 있기에 이를 위해 그 고통, 실망, 좌절을 뚫고 열심히 해 많은 사람들이 좋다는 대학에 입학해 목표를 달성하게 된다.

이렇게 목표를 달성하고 나면 하루하루가 너무나 즐겁고 행복하다. 부모님을 포함해 많은 사람들이 칭찬하고 기뻐해 주신다. 겉으론 겸손한 척하지만 속으로는 오만에 가까운 자신감이 팽배하다. 마치 이 세상이 나를 위해 존재하는 듯하다.

▌하지만 이런 기쁨과 행복이 얼마나 지속되었는가? 아마 길어야 한 학기 정도 지속되었을 것이다. 2학기 개강 이후로 고민을 하게 된다. "나는 왜 이 대학교에 오기 위해 그렇게 힘들게 노력했는가?" 동기들을 보면 고등학교 때와는 달리 인간적인 면은 찾기 힘들고 다들 자기 잘난 맛에 사는 아주 이기적인 집단이라는 생각이 들게 된다. 교수님들도 고등학교 선생님들과는 달리 그리 친절하거나 다정하지가 않다. 그냥 강의시간에 본인이 하고 싶은 말만 하고 강의실을 떠난다. 꿈에 그리던 대학 캠퍼스는 어땠는가? 당시엔 캠퍼스에 꽃이나 울창한 나무도 찾기 쉽지 않았다. 날림으로 지어진 닭장 같은 철근 콘크리트 건물만이 즐비하다. 일상은 다시 실망, 좌절, 고통의 연속이다.

하지만 이런 고통과 실망은 그리 오래 가지 않고 금방 극복할 수 있다. 목표를 재설정하는 것이다. 지금은 내가 대학생이기에 이렇게 힘들고 고통스러운 삶을 살아가지만 열심히 노력해 좋은 직장에 가면 내 삶은 행복해질 것이라 믿는 것이다. 이러한 목표가 있기에 수많은 어려움을 극복하고 마침내 명성이 높고 많은 연봉을 보장하는 직장에 취업을 한다. 이런 직장에서 일을 시작하면서 하루하루 너무나 즐겁고 행복한 시간을 보내게 된다.

▌하지만 이런 기쁨과 즐거움은 얼마나 지속되었는가? 아마 몇 달 가지 않았을 것이다. 몇 달만 지나면 우리는 누구나 할 수 있는 일들을 아무 의미 없이 반복적으로 하고 있고, 주변 사람들과는 끊임없이 부딪히며 갈등하고, 많은 사람들에게 속고 배신당하고…… 또 다시 고통, 실망, 좌절을 겪게 된다.

▌이때 우리는 이런 어려움을 어떻게 극복하는가? 또 다시 목표를 재설정하는 것이다. 지금은 내가 일개 평사원이라 직장생활이 이렇게 힘들지만 직장인의 꽃이라 불리는 임원이 되면 엄청난 연봉이 주어지고, 최고급 승용차가 제공되고, 나만의 사무실과 비서도 주어지고, 많은 부하 직원들도 거느리게 되어 내 인생은 그때 정말 행복해질 것이라 기대한다. "임원이 되자"란 새로운 목표를 위해 주말도 없이 밤새워 근무한다. 정확한 계산과 판단력으로 수많은 음해와 배신이 난무한 정치적 게임에서도 이겨 마침내 임원의 자리에 오르게 된다.

▌이젠 정말 행복한 삶을 살아갈 수 있을까? 처음 한두 달의 기쁨 뒤엔 과거보다 훨씬 더 힘들고 고통스러운 일상이 기다리고 있다. 성과에 대한 막중한 부담감, 더욱 더 치열한 정치적 음해, 모략, 협박, 배신, 언제라도 해고될 수 있다는 불안감 등으로 다시 고통, 실망, 좌절의 시간을 견뎌야 할 것이다. 이러한 삶은 정상의 위치인 CEO가 되어도

마찬가지일 것이다.

이때쯤 되면 우리는 목표라는 것은 달성해 봐야 얻을 수 있는 건 '일시적 성취감(temporary achievement)'뿐이고, 그 후 또 다시 일상의 고통, 실망, 좌절이 기다리고 있다는 사실을 인지하게 된다. 즉, 목표란 아무런 의미가 없다는 사실을 굳게 믿게 되는 것이다.

▌목표가 아무런 의미가 없다고 믿게 되면 어떻게 될까? 우리는 일상의 고통을 목표를 통해 극복해 왔는데 이 목표가 의미가 없다고 믿게 되었다는 것은 이제 이러한 고통과 실망을 극복할 수단을 잃게 되었다는 뜻이다. 이제 하루하루를 고통, 실망, 좌절, 분노와 함께 아무것도 하고 싶지 않고, 그 무엇도 되고 싶지 않은, 무기력하고 무의미한 삶을 살아갈 수밖에 없는 것이다.

▌목표가 아무런 의미가 없다면 우리는 일상의 어려움을 무엇으로 극복할 수 있을까? 필자의 눈에 너무나 행복하고 훌륭하게 살아가시는 분들을 만나 말씀을 들어본 적이 있다. 매우 다양한 일들을 하고 계신 분들이었다. 그 중에는 남들이 보기에 그리 큰 의미나 가치가 있는 일이 아닌 것처럼 보이는 일을 하시는 분들도 계셨다. 하지만 이 분들은 한결같이 그들의 일을 너무나 즐겁고 행복하게 그리고 열정적으로 하고 계셨다.

필자의 질문은 단순했다. "왜 사시는지요?" 아주 다양한 답을 접했으나 이 분들이 공통적으로 가지고 계신 것이 있었다. 필자와는 다른 삶의 방식이었다. 무엇보다 이 분들은 인간과 삶에 대해 철학적으로 고민을 많이 하신 분들인 것 같았다. "한 인간으로서 나는 언제 삶의 의미, 가치, 행복을 느끼는가"에 대해 이 분들은 오랫동안 진지하게 고민을 하고 답을 얻으신 분들이었다. 그리고 어떤 사람이 되어 어떤 일을 어떤 방식으로 해야 이러한 행복, 삶의 의미나 가치를 가장 많이 만끽할 수 있는지를 정확하게 아시는 분들이었다. 필자가 생각해왔던 목표는 "이런 사람이 되자"였다. 하지만 이 분들에게는 "어떤 사람이 되자"는 목표가 아니라 본인이 추구하는 삶의 행복, 의미, 가치를 달성하기 위한 하나의 수단에 지나지 않았다.

이런 분들은 웬만한 일로 실망하거나 좌절하거나 지치지 않았다. 너무나 행복하고 기쁜 마음으로 성실히 본인의 일을 즐기고 있었다. 힘들고 고통스러운 과정을 지나 목표를 달성했을 때 느낄 수 있는 일시적 성취나 만족이 아닌, 과정 그 자체에서 행복, 가치, 의미를 만끽하며 살아가는 것이다. 인간 개개인이 가지고 있는 삶의 의미, 행복, 가치, 이것이 바로 우리가 흔히 얘기하는 "꿈"이 아닐까 한다. ▌나는 언제 삶의 의미, 가치, 행복을 느끼는가? 이 질문에 대한 답이 없다면 우린 꿈이 없는 것이다.

꿈은 잘 알려진 욕구의 5단계에서 최상위에 있는 자아실현의 욕구(needs for self-actualization)와 유사하다고 볼 수 있다.[1] "목표"와 마찬가지로 인간에게 생리적 욕구(physiological needs), 안전 욕구(safety needs), 소속 및 사랑의 욕구(belongingness and love needs), 명예 욕구(esteem needs) 등의 하위 욕구들은 일단 충족되면 더 이상 추구하지 않는다. 하지만 자아실현의 욕구는 전 생애에 걸쳐 지속적으로 갈망하는 욕구이다. 그리고 하위 욕구를 추구하는 과정은 고통스러우나 자아실현을 위한 욕구를 추구하는 과정은 그 과정 자체가 행복이다.

직장에서의 삶도 마찬가지라 믿고 있다. 아침 일찍 붐비는 버스나

---

1 Maslow, A. H. 1943. A theory of human motivation. *Psychological Review*, 50(4): 370-396.

지하철을 타고 만신창이가 된 채 직장에 출근한다. 정해진 시간 내 해결해야 할 일들은 수북이 쌓여 있다. 이 일들을 하면서 윗사람 눈치도 봐야 하고 아랫사람들도 신경이 쓰인다. 뭔가 다른 부서의 도움이 필요하면 얼굴도 마주치고 싶지 않은 사람에게 마음에도 없는 말과 행동으로 부탁도 해야 한다. 거래처와 고객과의 관계에서 생길 수밖에 없는 많은 갈등과 불화도 해결해야 한다. 기업 내 정치에도 좋건 싫건 휘말리게 된다. 게다가 힘들고 고통스럽게 열심히 하지만, 이 모든 일들이 마음대로 잘 되는 것도 아니다. ▌이런 직장생활의 일상에서 진심으로 행복하다고 느끼는 때가 얼마나 되는가? 아마 대부분의 시간이 고통, 분노, 실망, 좌절의 연속일 것이다. 이때 우리는 다들 자문하게 된다. ▌"나는 왜 여기서 일하지?" 여기에 대한 답이 없으면 내가 일하는 이곳은 꿈이 없는 조직이다.

꿈을 위한 경쟁(competition for dreams). 앞서 우리는 지속적 경쟁우위를 누리기 위해서는 포트폴리오를 위한 경쟁, 자원과 능력을 위한 경쟁, 그리고 혁신을 위한 경쟁이라는 세 가지 경쟁에서 이겨야 한다고 했다.

이 세 가지 경쟁에서 이기는 기업과 지는 기업의 차이는 조직 구성원이 이들 경쟁에서 겪을 수밖에 없는 인간적인 고통, 실망, 좌절, 분노 등을 극복할 수 있는지 여부에 의해 결정된다고 하였다.

▌▌인과관계를 한 단계 더 들어가 조직 구성원들이 이와 같은 고통, 분노, 실망, 좌절을 극복하는 기업과 그렇지 못한 기업은 무엇에 의해 결정되는가? 이 질문에 대한 답은 "해당 기업이 인간적인 의미와 가치가 있는 꿈을 가진 기업인가, 아닌가?"에 의해 결정된다(그림 11.2 참조).

조직 구성원들이 인간적인 의미, 가치, 그리고 행복이 있는 건전한

[그림 11.2] 기업경쟁력과 꿈(dreams)

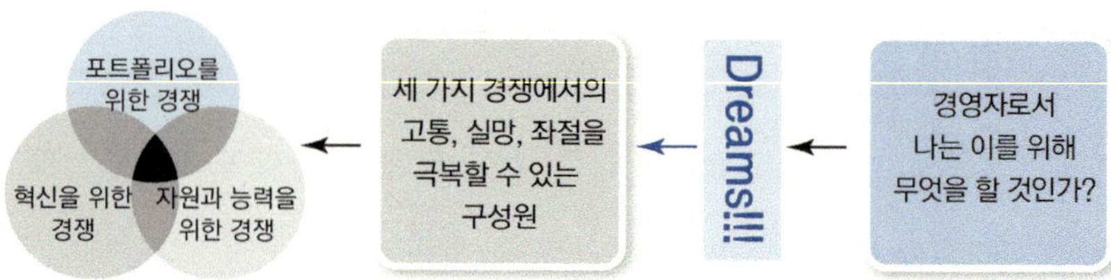

꿈을 공유할 때 그들은 세 가지 경쟁에서 겪을 수밖에 없는 여러 가지 어려움을 극복할 수 있고 이를 통해 그 기업은 세 가지 경쟁에서 이길 수 있다. "매출을 20% 증가시키자.", "업계 1등 기업이 되자." 물론 이런 목표도 구성원들에게 활기를 불어넣는 데 도움이 될 것이다. ▌하지만 막상 이러한 목표를 달성하고 나면? 일시적인 성취감은 있을 수 있으나 또 다시 일상의 고통과 마주치게 될 것이다. 따라서 이러한 목표는 구성원들의 활기 진작을 위한 역할이 제한적일 수밖에 없다.

'꿈'이란 모든 구성원들에게 그들이 왜 이 기업에서 일을 하고 있는지에 대한 답을 줘야 한다. "먹고 살기 위해서?" 이는 답이 아니다. 구성원들이 그 답을 생각하면 가슴이 설레고 떨려야 한다. 그 기업의 많은 약점, 단점, 불합리한 점 등도 이 답을 생각하면 다 용서될 수 있어야 한다.

'꿈을 위한 경쟁(competition for dreams)'에서 이기기 위해 경영자는 구체적으로 무엇을 해야 하는가?

▌"꿈을 위한 경쟁(competition for dreams)"이란 무엇인가? 꿈을 위한 경쟁에서 이기는 기업이란 인간적인 의미와 가치를 가진 건전한 꿈을

[그림 11.3] 꿈을 위한 경쟁과 경영의 수준

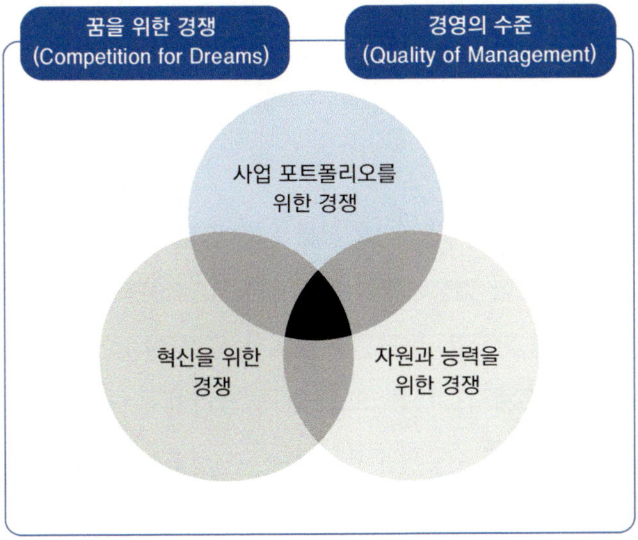

가진 기업이고 이를 각 구성원에게 내재화시켜 그들과 공유한 기업이다. 그리고 구성원들이 이런 내재화된, 그리고 가슴 설레는 꿈을 향해 최선을 다해 나아갈 때 중간에 지치거나 좌절하거나 포기하지 않도록 여러 가지 조직디자인을 통해 분위기를 만들어 주는 기업이다(그림 11.3 참조).

경영자의 역할은 무엇인가? 경영자란 [그림 11.3]의 내부에 있는 포트폴리오, 자원과 능력, 그리고 혁신을 위한 경쟁에 직접적으로 참여하는 사람이 아니다. 경영자란 이러한 세 가지 경쟁이 아닌 그 배후에 있는 '꿈을 위한 경쟁'에 참여하는 사람이다. 이를 통해 경영자는 기업 구성원들이 세 가지 경쟁에서 겪을 수밖에 없는 여러 가지 인간적인 어려움을 극복하여 세 가지 경쟁에서 이길 수 있도록 간접적으로, 그러나 적극적으로 지원하는 사람이다.

▌경영자의 능력은 어떻게 평가하는가? 경영자가 '꿈을 위한 경쟁"에서 얼마나 성공하느냐에 의해 평가되어야 하고 이것이 바로 '경영의 수준(quality of management)'이다.

꿈을 위한 경쟁과 조직디자인. **▌'꿈을 위한 경쟁'에 참여하는 사람이 경영자라면, 경영자들이 이 경쟁에서 이기기 위해 사용하는 구체적인 수단은 무엇인가? 즉, 무엇을 가지고 이 경쟁에 참여하는가?** 이것이 바로 앞서 논의한 조직구조와 통제시스템을 포함한 조직디자인(organizational designs)이다.

제2장에서 우리는 수립된 전략을 조직구조(organizational structure)나 통제시스템(control systems) 등을 통해 조직을 디자인함으로써 실행하는 과정을 전략수립과정과 구별되는 전략실행과정(strategy implementation processes)이라 하였다. 이러한 전략실행과정에 사용하는 조직디자인의 구체적인 프로그램으로는 제9장에서 논의한 조직구조와 각종 시스템이 있다. 그리고 기업이 존립하는 근본적인 이유를 제시하는 미션(mission)과 그 미션을 성취했을 때의 미래상을 제시하는 비전(vision)이 있을 것이다. 구성원들 각자에게 무엇이 중요하고 가치가 있는지를 규정하는 가치관(values)도 있다. 또한 의사결정과정 등 기업 내 여러 가지 프로세스의 정립도 중요하다. 그리고 주주와 대리인과의 관계 또는 기업의 여러 이해 관계자(stakeholders)들과의 관계를 조율하기 위한 기업지배구조(governance structure)도 정비해야 한다.

전략실행과정에서 사용하는 조직디자인의 여러 프로그램들을 경영자가 '꿈을 위한 경쟁'에서 이기기 위해 사용하는 구체적인 수단으로

[그림 11.4] 꿈을 위한 경쟁과 조직디자인

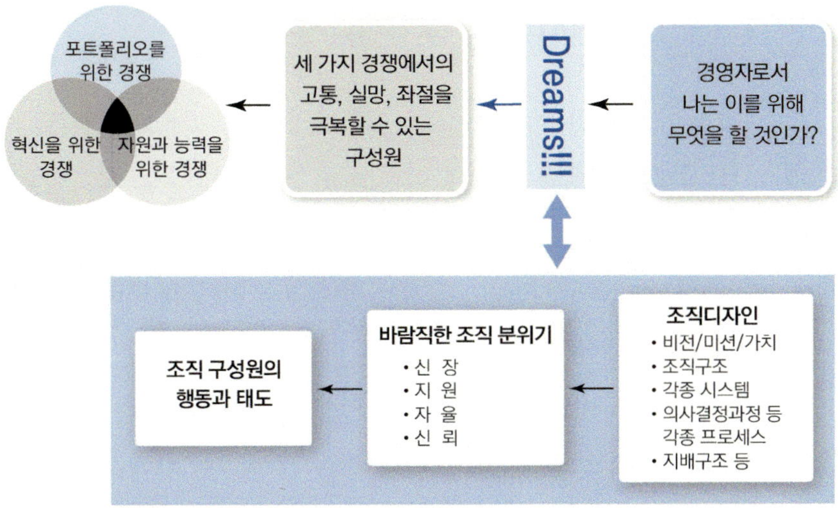

생각해 보자(그림 11.4 참조). 즉, 조직디자인에서의 여러 프로그램, 즉 미션/비전/가치관, 조직구조, 시스템, 프로세스, 기업지배구조 등을 경영자가 원하는 조직 분위기를 조성하기 위한 수단이고 이를 통해 구성원의 행위나 태도를 바꾸는 것이라 생각해 보는 것이다.

다시 말해, '꿈을 위한 경쟁'에서 이기기 위해 경영자는 미션/비전/가치관 정립을 통해 인간적으로 의미와 가치가 있는 건전한 꿈을 제시하고 이를 각 구성원들이 공유할 수 있도록 한다. 그리고 구성원들이 그들이 공유하고 내재화한 꿈을 향해 최선을 다해 나아갈 때 조직구조, 시스템, 프로세스 등의 구축을 통해 이들 구성원들이 중간에 지치거나 좌절하지 않을 수 있는 분위기를 조성하여 구성원들이 세 가지 경쟁에서 이길 수 있도록 지원하는 것이다. 이것이 바로 '꿈을 위한 경쟁'에서 이기는 것이고 '경영의 수준(quality of management)'을 높이는 것이다.

전략이 구조를 결정하는가, 아니면 구조가 전략을 결정하는가?

조직디자인은 구성원들이 사업포트폴리오, R&C, 그리고 혁신을 위한 세 가지 경쟁에서 겪을 수밖에 없는 여러 가지 어려움을 극복할 수 있는 분위기를 조성하는 것으로서 이는 경영자가 꿈을 위한 경쟁에서 이기기 위해 사용하는 구체적이고 핵심적인 도구이다. **조직디자인이 수행하는 또 하나의 핵심 역할은 무엇인가?**

제2장에서 우리는 내, 외부 환경분석, 혁신 등을 통해 최종적으로 전략을 선택하는 과정을 전략수립과정, 그리고 수립된 전략을 조직구조, 통제시스템 등 조직디자인을 통해 실행하는 것을 전략실행과정이라 하였다. 이러한 과정의 순서를 보면 일단 전략을 먼저 수립하고 그 이후 수립된 전략에 적합한 조직디자인을 구축하여 실행하는 것으로 이해된다. 즉 "전략이 구조를 결정한다(structure follows strategy)"[2]는 것이다.

전략과 구조와의 관계는 오랜 기간 학자들의 관심 및 연구 대상이었다. 이를 처음 명시적으로 언급한 사람은 챈들러(Chandler) 교수였다.[3] 20세기 초 듀퐁(DuPont), GM 등 미국 대기업들의 성장과정을 연구하던 챈들러 교수는 이들 기업들은 그들의 전략이 바뀜에 따라 그들의 구조 또한 새로운 전략에 적합한 것으로 바꾼다는 사실을 발견하였다. 구체적으로, 이들 기업이 다각화를 통해 그 사업 수를 늘림에 따라 이들 기

2 여기서 '구조(structure)'는 좁은 의미의 조직구조뿐 아니라 통제시스템을 비롯한 각종 시스템(systems), 과정(processes) 등을 포함하는 보다 포괄적인 의미로 해석한다.

3 Chandler, A. D. 1962. *Strategy and structure*. Cambridge, MA: MIT Press.

업의 조직구조는 다분할구조(M-form structure)로 바뀌게 된다는 사실을 발견한 것이다. 그 후 많은 학자들이 챈들러 교수의 주장을 뒷받침하는 연구를 발표하였고 그 후 구조는 전략을 따른다라는 주장은 학자들의 지배적인 견해로 자리잡았다.

이런 지배적인 견해와는 달리 또 다른 일군의 학자들은 전략이 구조를 결정하는 것이 아니라 오히려 "구조가 전략을 결정한다(strategy follows structure)"는 견해를 제시하였다. 이들에 따르면 일단 기업이 전략을 수립하고 난 이후에는 그 전략에 따라 구조를 구축하지만, 전략을 수립할 당시에는 구조가 그들 전략수립에 영향을 미친다는 것이다.[4] 구체적으로 어떻게 구조가 전략을 결정하는 지를 본서의 논점을 기반으로 살펴보자.

조직 능력은 어떻게 형성되는가?

제5장에서 우리는 개별 자원(resources)보다는 능력(capabilities)이 기업의 지속적인 경쟁우위의 원천으로서 더욱 중요하다는 사실을 보았다. ▌그럼 능력은 어떻게 형성되는가? 제5장에서의 논의를 상기해 보자. 우리는 하나의 능력은 여러 가지 자원 및 하위 능력들의 결합에 의해 형성된다는 사실을 보았다. ▌그렇다면 이러한 자원과 하위능력들의 결합은 어떻게 이루어지는가? '조직루틴(organizational routines)'이란 구성원 활동의 규칙적이고 예측 가능한 패턴으로서 구성원들은 이러한 상호 작용

4 Hall, D. J. & Saias, M. A. 1980. Strategy follows structure! *Strategic Management Journal,* Vol.(1): 149-163.

을 전혀 인식하지 못한 채 당연한 것으로 여기며 이를 일상적으로 수행하고 있다.[5] 이런 조직루틴이 바로 여러 자원과 하위 능력들을 서로 절묘하게 결합하는 것이다.

그렇다면 이런 조직루틴은 어떻게 형성되는가? 기업의 조직구조(organizational structure), 통제시스템(control systems), 각종 과정(processes) 등 조직디자인은 의사결정은 어디서 어떻게 이루어져야 하는지, 각 구성원은 어떻게 교류하고 조화롭게 협업해야 하는지, 기업이 원하고 보상하는 행동에는 어떤 것들이 있는지 등을 명확히 하고 있다. 이러한 조직구조, 시스템 그리고 과정들이 오랜 기간 기업 내에서 지속적이고 반복적으로 실행되면, 구성원들의 행동방식은 여기에 따라 관례화, 일상화되어 일정 시점이 지나면 구성원들은 그 반복된 활동을 당연한 것으로 받아들이게 된다. 이때부터 그 활동들은 조직루틴이 되고 구성원들은 더 이상 명시적인 지시나 통제 없이도 관례에 따라 행동하게 된다. 즉, 조직루틴은 조직구조, 시스템, 각종 과정 등 조직디자인이 조직 내 오랜 기간 지속되어, 일상화되고 관례화됨으로써 이루어지는 것이다. 제5장의 [그림 5.19]는 조직디자인, 조직루틴, 그리고 조직 능력과의 관계를 정리한 것이다.

5 Nelson, R. R. & Winter, S. G. 1982. *An evolutionary theory of economic change.* Cambridge, MA: Belknap.

전략실행과정에서 조직디자인의 역할과 전략수립과의 관계는?

제2장에서 우리는 전략실행과정(strategy implementation processes)은 수립된 전략을 가장 효율적으로 운영하여 그 목적을 달성할 수 있도록 조직을 디자인하는 과정이라고 하였다. ▌그렇다면 이러한 조직디자인이 어떻게 전략을 효율적으로 운영할 수 있도록 하는가?

조직디자인은 구성원이 조직 내에서 어떻게 활동해야 하는 지를 규정하고 이러한 활동방식이 오랜 기간 반복적으로 지속되면 조직루틴이 된다. 그리고 이러한 조직루틴은 기업 내 여러 자원 및 하위능력들의 결합을 통해 능력을 형성하게 된다. 즉, 조직디자인은 이러한 과정을 통해 조직 능력을 구축함으로써 수립된 전략을 효율적으로 운영될 수 있도록 하는 것이다. 그리고 자원준거론에 따르면 이렇게 구축된 능력은 다시 전략을 수립하는 원천이 된다(그림 11.5 참조).

요약하면, 조직디자인은 수립된 전략을 성공적으로 실행하는 데 핵심적으로 요구되는 능력을 구축하는 수단이다. 따라서 "전략은 구조를 결정한다(structure follows strategy)." 동시에 자원준거론에 따르면 새로운 전략은 조직디자인에 의해 구축된 이러한 능력을 가장 잘 활용할 수 있도록 수립해야 한다. 즉 "구조는 전략을 결정하는 것이다(strategy follows structure)." 이런 관점에서 전략을 수립하고 난 이후 기업은 그 전략에 따라 조직디자인, 즉 구조를 구축하지만, 다시 전략을 수립할 때에는 조직디자인 혹은 구조가 전략수립에 영향을 미친다는 주장[6]은 설득력이 있다.

[그림 11.5] 조직디자인이 전략수립에 미치는 영향

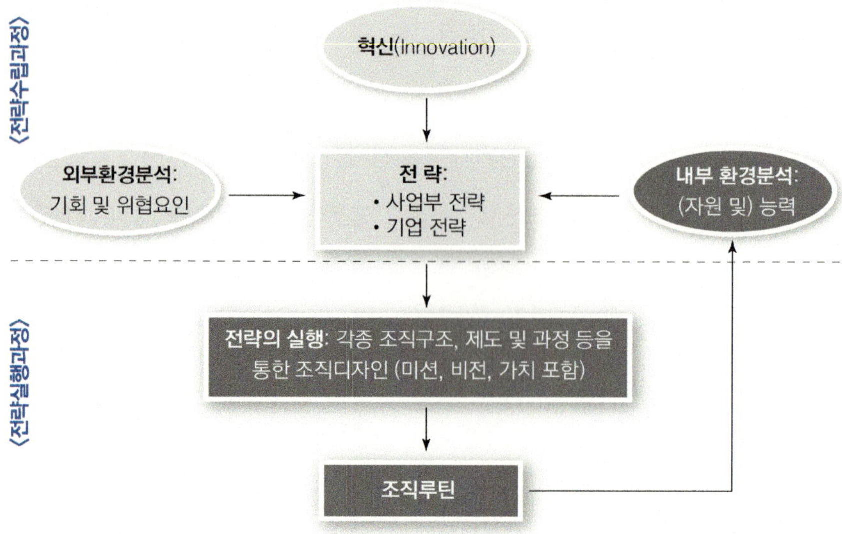

6 Hall, D. J. & Saias, M. A. 1980. Strategy follows structure! *Strategic Management Journal,* Vol.(1): 149-163.

저자소개

박철순

서울대학교 경제학과를 졸업하고 미국 컬럼비아대학교(Columbia University)에서 경영학박사 학위(전략 및 국제경영)를 취득하였다. 그 후 영국의 런던경영대학원(London Business School)에서 아시아인으로서는 최초로 정식 교수로 부임하여 전략 및 국제경영에 관한 연구 및 강의를 수행하였다. 1996년 서울대학교 경영대학 교수로 부임하여 2005-2007년 동 대학 경영대학 부학장, 그리고 2017-2020년 제18대 & 제19대 서울대학교 경영대학 학장 겸 경영전문대학원 원장으로 재임하였다.

Academy of Management Journal, Strategic Management Journal, Journal of Management Studies, LRP: long range planning, Journal of World Business, Corporate Governance: An International Review 등 세계 저명 학술지에 다수의 논문을 게재하였고, 특히 1996년에는 아시아인으로는 최초로 세계경영학회(Academy of Management)에서 세계 최고권위의 경영학 학술지인 Academy of Management Journal의 "1994년도 최우수 논문상"을 수상한 바 있다. 저서로는 『세계 수준의 한국기업에 도전한다』(공저, 2003) 등이 있다.

한국경영학회 부회장(국제협력위원장)을 비롯해 다수의 국내외 저명 학술지 상임이사 및 편집위원, 특히 세계저명 학술지인 LRP: long range planning 특별호의 편집위원장(2003-2007년)을 역임하였다. 그리고 신한은행 이사회 의장을 비롯해 롯데그룹, 하나은행, 현대하이스코, KB캐피탈, 동성그룹, 삼성그룹, LG그룹, SK 그룹, 현대/기아 자동차그룹, POSCO 등에서 사외이사, 자문교수, 또는 강사로 활동했거나 하고 있다. 또한 서울대학교 경영대학 학생 동아리 N-CEO 지도교수와 ㈜매니저소사이어티의 창립멤버이자 사단법인 시오서원(施悟書院)의 이사장으로 인간적인 경영인 양성에도 힘쓰고 있다.

서울대학교 경영대학 박철순 교수 강의록(I)

전략과 경영자

초판1쇄발행 2021년 8월 30일
초판2쇄발행 2025년 2월 15일

지은이 박철순
펴낸이 한헌주
펴낸곳 도서출판 경문사
주소 서울특별시 서대문구 독립문로 21-9
등록 1995년 11월 9일 제300-1995-138호
전화 738-7035
팩스 722-4678
홈페이지 www.kmsp.co.kr

저작권법에 의해 보호를 받는 저작물이므로 이 책의 무단 복사 및 전재를 금합니다.
저자와의 협의로 인지를 생략합니다.

ISBN 978-89-420-0936-7 03320

가격 28,000원